Fostering Changes

How to improve relationships and manage difficult behaviour
A Training Programme for Foster Carers

フォスタリングチェンジ

子どもとの関係を改善し問題行動に対応する
里親トレーニングプログラム
【ファシリテーターマニュアル】

【著】カレン・バックマン、キャシー・ブラッケビィ、キャロライン・ベンゴ、カースティ・スラック
マット・ウールガー、ヒラリー・ローソン、スティーヴン・スコット
【監訳】上鹿渡和宏、御園生直美、SOS子どもの村JAPAN 【訳】乙須敏紀

福村出版

FOSTERING CHANGES

How to improve relationships and manage difficult behaviour

Second edition

© 2011

Karen Bachmann *et al*/British Association for Adoption and Fostering

This translation © 2017 Fukumura Shuppan Inc.

Second edition first published

in English 2011 by the British Association for Adoption and Fostering,

Saffron House, 6-10 Kirby Street, London EC1N 8TS.

謝　辞

サザーク、ランベス、イズリントン、グリニッジのロンドン特別区から私たちのトレーニング・プログラムにご参加いただき、多大な時間とエネルギーを捧げていただいた里親の皆様に心より感謝いたします。また、私たちのファシリテーター・コースに参加され、熱心に考えや意見を述べ、さまざまなエクササイズに取り組んでくださったイングランドの地方自治体からのファシリテーターの皆さまにも心よりお礼を申し上げます。また、里親とともに私たちの仕事を支え、励ましてくださった地方自治体の職員、ソーシャルワーカー、その他の専門家の皆さまにも心より感謝の意を表します。

ペアレント・トレーニングの分野で活躍され、私たちに貴重な指導と教示を与えてくださった多くの実践家の皆さまに感謝申し上げます。特に、マリリン・スチール、ベラ・ファールバーグ、メアリー・ドジャー、ポール・スタラード、キャロリン・ウェブスター・ストラットン、バンス・ホール、レックス・フォアハンドとロバート・マクマホン、ジェラルド・パターソン、センター・フォー・ファン・アンド・ファミリーズの皆さま、マーチン・ハーバート、マット・サンダーズ、ラッセル・バークレイの各氏に感謝の意を表します。

英国ペアレンティング研究所に研究資金を提供してくださった英国教育省に感謝の意を表します。私たちの研究とこのマニュアルの完成はそれなくしては不可能でした。

また、クレア・パレット氏にも心より感謝申し上げます。彼女には、BAAF フォスタリング・エデュケーション・プログラムから多くのご教示をいただきました。

著者について

カレン・バックマン　養子縁組、パーマネント・ケア、国際養子縁組を専門とするソーシャルワーカーとして研鑽を積む。その後、子どもや家族との仕事をするなかで、家族の意思決定、子どものグループ、養子になっている子どもおよび養子の斡旋を支援するためのファミリー・ピクニックおよびトレーニング・セミナーなどの分野でさまざまな取り組みを企画し実践する。1990年代初めにソーシャルワーカーを辞め、ペアレンティング・トレーニング・プログラムの企画、立案、運営に集中し、現在はオーストラリアと英国でさまざまな重要なプロジェクトを推進している。その代表的なプロジェクトには以下がある。

● オーストラリアのコミュニティサービスや健康産業のための技能基準とトレーニング計画の確立。これらの業界におけるトレーニング・プログラムのために多くの指導書を執筆し、オーストラリア全土で使用されている。

● 雇用者3万人、賞金総額6000万ポンドを超えるオーストラリアの競馬産業に対する物品サービス税（VAT）の導入。

最近のカレンのプロジェクトとしては、2012年ロンドン・オリンピックのための就職斡旋および訓練機関である「ワークプレイス」の設立がある。2009年にロンドン大学キングスカレッジの精神医学研究所に招かれ、英国の154の地方自治体に向けたフォスタリングチェンジ・プログラムのためのファシリテーター養成の計画および立案、マニュアルの作成、実施要項の作成に携わる。

キャロライン・ベンゴ　資格を有するソーシャルワーカーとして10年以上の経験を持つ。法定機関およびボランタリーセクターの両方で勤務する。さまざまな民族的背景を持つ、さまざまな形態の家庭──実親家族、里親家族、養子縁組家族──のための仕事に従事し、豊富な経験を有する。

1999年からは、委託されている子どものための仕事を専門に活動し、最初は専門的な里親事業に取り組み、次いで2002年に子どもと青少年の精神医療ソーシャルワーカーおよびフォスタリングチェンジ・プログラムのための共同ファシリテーターとして、モーズレー病院の素行障害・養子縁組・里親養育専門家チーム（Conduct Disorder Adoption and Fostering National and Specialist team : CAFチーム）に参加する。この間、里親家庭および養子縁組家庭を、彼らが直面する固有の困難な過程を通して支援することを専門に治療的に対応し、エビデンスに基づく介入──個人と家族への直接的ワーク──を行う。彼女はまた、養子縁組支援特別職員として2年間勤務し、親のためのグループの運営、目標を定めた介入の提供、養子になる前、またその後の追跡のためのカウンセリングなどを行う。

その後CAFチームに復帰し、家族との臨床実践と、フォスタリングチェンジ・プログラム完成のために尽力する。マニュアルの改訂、ファシリテーターのためのコースの企画立案、そのイングランド全体への展開に貢献する。

キャシー・ブラッケビィ　ソーシャルワークについて学んだ後、長年にわたってロンドン特別区のさまざまな区で子どもと家族のために仕事をする。その後、メンタルヘルスの専門家となる。1990年代初め

に、ソーシャルワーカーとして、モーズレー病院の素行障害・養子縁組・里親養育専門家チーム（CAFチーム）に参加する。

その後、ロンドン特別区の貧困地区で子どものメンタルヘルス専門家として、情緒的問題や問題行動を抱える家族と子どもの治療に従事する。また彼女の仕事の大部分には、同じくエビデンスに基づく介入によって、親ならびに医療および教育分野で働く専門家をトレーニングすることも含まれる。

その後CAFチームに復帰し、臨床専門家として従事する一方で、フォスタリングチェンジ・プログラムの改訂に参加する。同プログラムの効率的な普及を促進するために、イングランド全体の専門家をトレーニングするためのファシリテーター・コースの企画および運営にも携わる。

ヒラリー・ローソン博士　資格を有するソーシャルワーカー、カウンセラーであり、高等教育機関の講師でもある。地方自治体のソーシャルワーカーとして12年間勤務した後、ソーシャルワーカーのトレーナーとなり、その後オープン大学およびサセックス大学の高等教育機関に移り、ソーシャルワーカーの資格取得を目指して学ぶ学生のためにソーシャルワークについて教える。最近では、資格取得後のワーカーへのスーパーバイズという形で教えることを専門とし、ワークに基づく学習およびソーシャルワークの実践について教えている。実践教育および養子縁組後の関わりについての著作を含む多くの分野で著書がある。彼女は現在、若者に関する研究および講義を行うが、博士号を取得した研究も、大学進学過程における若者の学習とアイデンティティに関する研究であった。2009年以降、ソーシャルケア、実践教育、労働力開発に関する多くのコンサルタント・プロジェクトに参加する。最近の業績としては、ソーシャルワークを経験した若者の語りの収集（2011年に出版されるソーシャルワーク教科書のための）、フォスタリングチェンジ・プログラム・マニュアル（本書）の執筆、同プログラム普及のためのソーシャルケア専門家のトレーニングなどがある。

スティーヴン・スコット教授　モーズレー病院における児童思春期精神科コンサルタント。国立養子縁組里親養育クリニックの多職種チームで、養子縁組や里親養育でさまざまな問題を抱えている子どもや青少年を調査し、介入について提示している。彼はまたロンドン大学キングスカレッジ精神医学研究所の子どもの健康と行動分野の教授であり、国立ペアレンティング研究所の研究・発展部門の責任者でもある。ケンブリッジ大学医学部で学んだ後、小児科医として5年間勤務し、より幅広い観点から子どもの福祉に興味を持つようになる。問題を抱えている親と子どもに、集中的な1対1ワークからグループワーク、学校における予防活動など、幅広い実績のある解決法を使って支援を行っている。彼は、アタッチメント障害や反社会的行動など、社会的養護下に置かれた子どもの問題についての理解の改善、里親と子どもの関係性を改善し、若者の生活の質を高めるためのプログラムの開発と試験などを中心に研究を行っている。教育省の基金によって設立された多次元治療里親プロジェクト（Multidimensional Treatment Foster Care project）のナショナル・ディレクターであり、権威ある教科書 *Rutter's Child and Adolesscent Psychiatry*（5th edition, 2008：新版 児童青年精神医学、2015、明石書店）の編集者であり執筆者でもある。

カースティ・スラック　資格を有するソーシャルワーカーとして、法的機関およびボランタリーセクターにおいて10年以上子どもとその家族に直接接触し対処した経験を有する。ソーシャルワークの最前線で子ども保護調査を担当することからキャリアを始め、その後イングランド北部のフォスタリングおよび養子縁組チームで活動するようになる。その後、子どもと青少年のメンタルヘルスを専門とするようになり、地域や病院内の子どもとその家族のために活動する。認知行動療法およびアタッチメントの問題に

強い興味を持ち、社会的養護下にある子どものための専門家グループを立ち上げ、彼らに影響を与えるさまざまな問題を探求する。そのなかでも特に、ストーリーを使って子どものアセスメントを実施し、治療を提供することで委託を支援し、委託の不調を防止することに尽力する。臨床専門家としてCAFチームに参加し、子どもと青少年のメンタルヘルスの枠内で活動し、フォスタリングチェンジ・プログラムの改訂に加わる。特に、ファシリテーター・コースの執筆とイングランド内での普及に尽力する。

マット・ウールガー博士 ロンドン、モーズレー病院の全国児童思春期精神医療専門家サービス（N&S CAMHS）の臨床心理士。現在、情緒的問題や問題行動を持つ子どもと青少年、そのなかでも特に社会的養護下に置かれた子どものアセスメントおよび治療を専門的に行う。ロンドン大学キングスカレッジ精神医学研究所で臨床心理学の臨時講師を務め、国立ペアレンティング研究所の上級研究員として、ペアレンティング調査プロジェクトの調整に携わる。

ケンブリッジ大学卒業後、アンナ・フロイト・センターにおける親子のアタッチメントの縦断的研究によりユニバーシティ・カレッジ・ロンドンで博士号を取得する。その研究では、小学校に入学するまでの子どものアタッチメントならびに情緒的および道徳的発達を追跡した。レディング大学ウィニコット・リサーチ・ユニットにおけるポスドク研究でも、アタッチメント、初期の養育、精神病理学の分野での研究を続ける。その後大学からモーズレー病院に移籍し、臨床心理士として研鑽を積み、ペアレンティング、アタッチメントおよび精神病理学の研究を続けながら、養子縁組里親養育専門家ナショナルチーム内で臨床心理士として活動している。

本書のための予備的および補完的主要文献

American Academy of Child and Adolescent Psychiatry（AACAP）（2005）'Practice parameter for the assessment and treatment of children and adolescents with reactive attachment disorder of infancy and early childhood', *Journal of the American Academy of Child & Adolescent Psychiatry*, 44:11, pp. 1206–1219

Chaffin, M, Hanson, R, Saunders, B E, Nichols, T, Barnett, D, Zeanah, C, Berliner, L, Egeland, B, Newman, E, Lyon, T, LeTourneau, E and Miller-Perrin, C（2006）'Report of the APSAC Task Force on attachment therapy, reactive attachment disorder, and attachment problems', *Child Maltreatment*, 11:1, pp. 76–89

Jackson, S and McParlin, P（2006）'The education of children in care', *The Psychologist*, 19:2, pp. 90–93

Kazdin, A（2005）*Parent Management Training: Treatment for oppositional, aggressive, and antisocial behaviour in children and adolescents*, Oxford: OUP

Prior, V and Glaser, D（2006）*Understanding Attachment and Attachment Disorders: Theory, evidence and practice*, London: Jessica Kingsley Publishers.（邦訳：ビビアン・プライア、ダーニャ・グレイサー著、加藤和生監訳『愛着と愛着障害：理論と証拠にもとづいた理解、臨床、介入のためのガイドブック』北大路書房、2008）

Schofield, G and Beek, M（2006）*Attachment Handbook for Foster Care and Adoption*, London: BAAF

Stallard, P（2002）*Think Good-Feel Good: A cognitive behaviour therapy workbook for children and young people*, Chichester: John Wiley and Sons

目　次

著者まえがき	13
序　文	15
序　説	21
フォスタリングチェンジ・プログラムを実践する前の準備	35

セッション1　57

グループを創設し、子どもの行動を理解し記録する

1	基礎となる理論的内容	59
2	グループワークを効果的にファシリテートする	78
3	必要な機材および備品	84
4	セッション1の概要	85
5	セッション1の流れ	86
6	評　価	101

セッション2　103

行動への影響：先行する出来事および結果

1	基礎となる理論的内容	105
2	グループワークを効果的にファシリテートする	119
3	必要な機材および備品	121
4	セッション2の概要	123
5	セッション2の流れ	123
6	評　価	139

セッション3　141

効果的に褒める

1	基礎となる理論的内容	143
2	グループワークを効果的にファシリテートする	152
3	必要な機材および備品	154
4	セッション3の概要	155
5	セッション3の流れ	155
6	評　価	168

セッション4 171

肯定的な注目

1 基礎となる理論的内容	173
2 グループワークを効果的にファシリテートする	184
3 必要な機材および備品	185
4 セッション4の概要	186
5 セッション4の流れ	186
6 評 価	201

セッション5 203

コミュニケーション・スキルを使い、子どもが自分の感情を調整できるように支援する

1 基礎となる理論的内容	205
2 グループワークを効果的にファシリテートする	214
3 必要な機材および備品	214
4 セッション5の概要	216
5 セッション5の流れ	216
6 評 価	235

セッション6 237

子どもの学習を支援する

1 基礎となる理論的内容	239
2 グループワークを効果的にファシリテートする	253
3 必要な機材および備品	254
4 セッション6の概要	255
5 セッション6の流れ	256
6 評 価	275

セッション7 　277

ご褒美およびご褒美表
1	基礎となる理論的内容	279
2	グループワークを効果的にファシリテートする	286
3	必要な機材および備品	287
4	セッション7の概要	288
5	セッション7の流れ	289
6	評　価	306

セッション8 　309

指示を与えることおよび選択的無視
1	基礎となる理論的内容	311
2	グループワークを効果的にファシリテートする	324
3	必要な機材および備品	325
4	セッション8の概要	326
5	セッション8の流れ	327
6	評　価	341

セッション9 　343

ポジティブ・ディシプリン（肯定的なしつけ）および限界の設定
1	基礎となる理論的内容	345
2	グループワークを効果的にファシリテートする	354
3	必要な機材および備品	356
4	セッション9の概要	357
5	セッション9の流れ	357
6	評　価	372

セッション 10 **375**

タイムアウトおよび問題解決方略

  1 基礎となる理論的内容   377

  2 グループワークを効果的にファシリテートする   397

  3 必要な機材および備品   399

  4 セッション 10 の概要   400

  5 セッション 10 の流れ   401

  6 評　価   422

セッション 11 **425**

エンディングおよび総括

  1 基礎となる 理論的内容   427

  2 グループワークを効果的にファシリテートする   435

  3 必要な機材および備品   437

  4 セッション 11 の概要   438

  5 セッション 11 の流れ   438

  6 評　価   455

セッション 12 **457**

肯定的変化を認め、自分自身をケアする

  1 基礎となる理論的内容   460

  2 グループワークを効果的にファシリテートする   463

  3 必要な機材および備品   465

  4 セッション 12 の概要   466

  5 セッション 12 の流れ   467

  6 評　価   485

  附　録   487

  出　典   489

  参考文献   496

監訳者あとがき   499

付属資料

本書には各プログラムで使用する各種資料が付属しています。

〈内容〉

1．事前里親家庭訪問およびコース評価のための手引き
2．事前里親家庭訪問
3．プログラム前評価質問冊子：小冊子1：コース前評価——子ども1
4．プログラム前評価質問冊子：小冊子1：コース前評価——その他の子どもについて
5．プログラム後評価質問冊子：小冊子2：コース後評価——子ども1
6．プログラム後評価質問冊子：小冊子2：コース後評価——その他の子どもについて
7．各セッション提示パワーポイント
8．各セッション配布資料（プリント）
9．修了証書

＊各資料は、ホームページ（下記）からダウンロードしてください。

http://www.fukumura.co.jp/ → データのダウンロード →『フォスタリングチェンジ』付属資料

著者まえがき

『フォスタリングチェンジ』第2版へようこそ。第1版（Pallett *et al.,* 2005）が、里親の自信を深め、委託されている子どものアウトカム（成果）を改善することに貢献したことは実践のなかで証明されていますが（Warman *et al.,* 2006）、その一方で、ここ5年間に、ネグレクトと虐待が子どもに与える影響についての理解が顕著に深まりました。そのため私たちは、これを反映させたいと思い、アタッチメント理論についてより多くの紙面を割き、また子どもの教育的アウトカムの改善という面で里親を支援する方法についても取り入れる形で第1版を改訂することにしました。子どもとの間に安定したアタッチメント関係を築くことの重要性については以前からよく知られていましたが、遊びを通した感性豊かな対応が、これを達成するための主要な方法であることがますます明らかになりつつあります。里親が、この子どもは実親や前の里親との間に安定したアタッチメント関係を築くことができなかったのかもしれないということを理解するならば、自分がさしのべる温かな手を彼らがなぜかたくなに拒もうとするのかをより理解しやすくなるでしょう。教育の面では、社会的養護下の子どもの学校の成績は依然として非常に低い水準にとどまっています。私たちは、里親が子どもと一緒に読書することを支援し、多くの場合かなり硬直している教育システムにいかに対処していけばいいかを理解することができるように支援したいと思ってきました。

子どもが順調に育っていくのを支援するためにはどうするのが最善かということについてのこうした新たな知見の基礎になっているのは、初期の虐待がいかに子どもの身体的ストレスへの反応に影響を与え、彼らをかんしゃくが起こりやすく、長時間過度に興奮した状態にとどめやすくしているということについての深まりつつある理解です。そのため、この新しいプログラムでは、子どもがより効果的に自分の感情を見きわめ、認識し、表現し、より効果的に対処できるようになるために、里親が養育のなかで実践するテクニックを支援する方法について、第1版以上に重点を置きました。それによって子どもは、より上手に自分の感情を制御することができるようになり、関係性や行動の面だけでなく、ストレスに対する生理学的反応の面でも徐々により落ち着いた状態になっていくことでしょう。質の高い里親養育は、社会的養護下の子どものウェルビーイングを高め、彼らの持つ可能性を最大限発揮するための能力を向上させるだけでなく、ストレスに対する彼らの身体的反応に直接良い影響を与え、脳機能を改善します。これを実現するため、私たちはまた、里親自身も自分の思考、感情、反応により良く対処することができるよう支援することにさらに重点を置きました。そうすることで、里親は養育のなかで子どもにより敏感に反応し、子どもともっと良いコミュニケーションがとれるようになります。

この新しいプログラムは、先行するプログラムなしには存在することはなかったでしょう。

いまは新しい課題に取り組み、そのためこの第2版に関与することができなかった元の執筆者たち、すなわち、クレア・パレット、ウィリアム・ユール、ロジャー・ワイスマンに心からの感謝の意を表したいと思います。この新しいプログラムは、英国のおよそ150カ所の自治体の、2～3名からなるグループ・ファシリテーターの訓練のために公開され、2011年の春には大きな成果が報告されました。訓練を受けたファシリテーターと里親自身からのフィードバックは、どれも大変肯定的なもので、このプログラムが里親に向けて専門的に提供されたことに対して熱い歓迎の意が込められていました。読者の皆様がこのマニュアルを読まれ、フィードバックを送ってくださることを切望いたします。

スティーヴン・スコット（Stephen Scott）

王立内科医協会特別会員（FRCP）、王立精神科医学会特別会員（FRCP sych）

ロンドン大学キングスカレッジ精神医学研究所子ども健康行動分野教授、

ロンドン、モーズレー病院養子縁組里親養育ナショナルサービス責任者

stephen.scott@kcl.ac.uk

参考文献

Pallett, C, Blackeby, K, Yule, W, Weissman, R and Scott, S (2005) *Fostering Changes: How to improve relationships and manage difficult behaviour*, London: BAAF

Warman, A, Pallett, C and Scott, S (2006) 'Process and outcomes in the Fostering Changes programme: foster carers learning from each other', *Adoption & Fostering*, 30:3, pp. 17–28

序　文

ファシリテーターのためのマニュアル

このファシリテーターのためのマニュアルは、フォスタリングチェンジ・プログラムの実践と評価に深く関わってきた児童ケア実践家と研究者のチームによって書かれています。本書は、トレーニングと認定を受けたファシリテーターがフォスタリングチェンジ・プログラムを実施できるように設計されています。もともとフォスタリングチェンジ・プログラムは、扱いが難しい問題行動に対処する際に役立つ実践的アドバイスと方略の必要性という里親のニーズに応えるものとして 1999 年に開発されたものです。本マニュアルは、サウスロンドンのマイケル・ラター・センター内モーズレー病院の子ども病棟に設置された養子縁組里親養育専門家ナショナルチームの実践に基づき作成されたものです。本マニュアルの作成に携わった私たちのほとんどは、このチームのメンバーですが、チームがともに仕事をしている子どもは、里親委託されたことのある子ども、あるいは養子縁組前または養子縁組斡旋中の子ども、および委託不調を経験した子どもです。チームは、心理学者、精神科医、ソーシャルワーカー、臨床専門家といった多職種で構成され、エビデンスに基づいた介入を用いて、子どもやその親、養育者とともに仕事をしています。ここで重要なことは、このチームはまた、素行障害およびその他の情緒的もしくはメンタルヘルス上の問題を有する、実親と生活する子どもとの仕事もしているということです。

当初フォスタリングチェンジ・プログラムは、ロンドン・サザークの里親養育者を対象に初めて実践されました。彼らはそのプログラムに熱心に取り組み、彼ら自身の行動と子どもの行動の両方における肯定的変化が報告されました。そのフォローアップ評価研究（Pallett *et al.,* 2002）では、子どもの行動、子どもと里親の相互作用、そして子どもの問題行動に対処する際の里親の自信における肯定的な変化、およびその結果としてのストレス・レベルの低下を示すエビデンスが示されました。今回のフォスタリングチェンジ・プログラムも、有効性を検証することの重要性を引き続き重視しており、また、これは社会的養護下の子どもを養育する里親のための、そして彼らの具体的で、複雑で、困難な要請に応えるための、英国で唯一のエビデンスに基づき設計されたプログラムです。

フォスタリングチェンジ・マニュアル第 1 版は、2005 年に BAAF によって出版されましたが、そのマニュアルは、里親制度に関係する諸機関すべてにわたるプログラムの

標準化および実践の増進を図るために作成されました。この改訂第 2 版は、12 のセッション（第 1 版の 10 セッションから 2 セッション増やしました）から構成されていますが、特に、効果的なコミュニケーション・スキルと問題解決スキルに重点を置きました。里親が子どもとの間に肯定的なアタッチメント関係を構築するのを支援するエクササイズおよび子どもの感情対処に注目するエクササイズについては、旧版以上に充実させています。ここで強調しておきたいことは、このプログラムは、里親の下にある子どものアウトカムを改善するという点における教育の重要性を訴えた白書 *Care Matters: Time for change*（DfES, 2007）に応えるものであるということです。その白書には、子どもの学校生活にもっと深く関わっていけるように養育者をトレーニングし、サポートすることの重要性が明記されていました。そのため今回のプログラムには、この分野での里親のスキルを発達させるための幅広いトレーニングが含まれています。最後に、この改訂マニュアルはいくつかの学習理論にも依拠しており、成人のさまざまな学習スタイルに適応できるような形で素材が提供されています。これによりファシリテーターは、できるだけ効果的にこのプログラムを実践できるようになりました。

旧子ども・学校・家族省（Department for Children, Schools and Families）は、英国の 152 の自治体のフォスタリングチェンジ・プログラムのファシリテーターをトレーニングするプログラムを実施するために、2009 年 2 月にロンドン大学キングスカレッジに助成金を支給しました。2009 年 5 月には、フォスタリングチェンジ・ファシリテーターの能力向上を図り、認定証を授与するための中核研究拠点として、フォスタリングチェンジ・トレーニングセンター（www.fosteringchanges.com）が設立されました。そしてこの改訂されたフォスタリングチェンジ・プログラムに基づき、4 日間という長時間に及ぶ「ファシリテーター養成コース」が 2010 年いっぱい展開されました。

誰がフォスタリングチェンジ・プログラムのファシリテーターになるべきか？

このプログラムは、地方自治体、ボランティア団体、および独立セクターに登録している里親とともに実施するように設計されています。私たちがファシリテーターとして想定しているのは、地方自治体もしくはボランタリーセクターの里親養育もしくは子どもと家庭チームのソーシャルワーカー、または児童思春期精神保健サービス（CAMHS）の職員、あるいは社会的養護児童のためのサービスに従事しており、心理学、看護学、またはソーシャルワークにおける専門的知識を有している方々です。このプログラムはまた、適切な訓練を受けたことのある里親が他の里親のトレーニングとサポートに協力してくれるときに、より一層効果を発揮します。

このプログラムは、アタッチメント理論、社会的学習理論、認知行動理論に基づいて作成されています。このマニュアルでは、各セクションの始めにその理論的内容について説明していますので、それらの理論をすでに学んでいる専門家も、またあまり深く知らない方も、その概念を用いてプログラムを実施していくことができます。

巻末には、出典を載せ、またさらに深く研究したい方のために参考文献を掲載していま
す。またこのマニュアルの冒頭には、「本書のための予備的および補完的主要文献」の
リストを掲載しています。サポートとスーパービジョンについては以下に説明します。

このプログラムを推進するファシリテーターは、委託されている子どもおよび彼らの里
親とともに仕事をしていくための知識と専門的経験を必要とします。そしてファシリ
テーターのうちの少なくとも１人は、社会的養護下の子どもに関連する諸問題に精通し
ており、彼らを養育することに関連する不安、心配、ストレスに敏感であることが重要
です。

里親に対するフォスタリングチェンジ・プログラムの妥当性

このプログラムは、長期里親、養子縁組前の委託、養子縁組後の委託を含む幅広い養育
者によって使用され、成功を収めています。私たちは、このプログラムが基礎にしてい
る理論とスキルは普遍的な妥当性と適用可能性を有していると考えます。このプログラ
ムは、各コースで学習した理論を里親が実践し練習することに重点を置いていますから、
養育者がこのプログラム実施時期に、少なくとも１人の子どもを委託されていることが
不可欠です。私たちはこのプログラムが、委託されている子どもと生活しているすべて
の里親にとって妥当性があることを確信しています――たとえそれがどんなに困難な
委託であろうと。私たちは、フォスタリングチェンジ・プログラムを通じて、「肯定的
養育（positive caring）」を推進するスキルを奨励し発展させることに成功してきました。
私たちはそのスキルが、里親の養育者としての統合された専門的能力の一部となり、そ
の後、里親が子どもとのやり取りにおいてそのスキルを価値あるものとして認識してく
れるようになることを望んでいます。

フォスタリングチェンジは、基本的に最新のペアレントトレーニング・プログラムに立
脚しています。それは社会的学習理論の方法を用いて親が、子どもに肯定的行動を促進
し限界を設定することによって、子どもとの肯定的な結びつきを構築するスキルを身に
つけさせるプログラムです。私たちは、この能動的で実践的なスキルに基づいた方法と
合わせて、理論的な考えと素材を提供するように努力しました。それによって養育者は、
まず、最初にどのようにして子どもはいま行っているように振る舞い、感じることを学
習してきたか、について考える枠組みを得ることができ、次に養育者として、どのよう
に介入すれば、そのような子どもの行動パターンや子どもの自分自身に対して抱く感情
に変化をもたらすことができるか、について考える枠組みを得ることができます。

里親の役割は、「実親」の役割とは性質が異なるまったく違ったものです。もちろん里
親も、実親が必要としているスキルの多くを必要としていますが、里親は実親とは非常
に異なった枠組みと文脈のなかで子どもを養育しており、特別なスキルと理解を必要と
します。里親はまた、さまざまな必要性を持った、さまざまな状況にある子どもに柔軟
に適用することのできるツールを必要としています。このプログラムは、以下の原則に

フォスタリング・チェンジ

立脚しています。

● 里親のための支援と問題解決方略を提供する。

社会的養護下の子どもを養育するということは、非常にストレスの多い複雑な仕事です。そのため里親には、その経験を消化し、日々の養育によって生み出される思考や感情をじっくり内省する機会が必要です。このプログラムには、里親がグループのメンバーとともに自分の経験と関心を話し合う機会が多く盛り込まれています。たとえば、「家庭での実践」のセクションには、里親が学習したスキルと方略を実際に使ってみる機会が提供されています。

● 里親が子どもの行動について熟考し、「理解する」のを支援する。

ファシリテーターは、可能な限り里親に、子どもの過去の経験と現在の行動の間のつながりを理解してもらいたいと思っています。子どもの行動を、彼らの現在の葛藤や心を占めている問題との関連だけでなく、彼らの過去の経験との関連で考えることは、里親にとってとても重要なことです。里親は、過去の経験や関係性のパターンがどのような形で現在の子どもの行動や関係性に影響を与えているかを理解する必要があります。他の里親と、経験・観察・反省を共有することは特に重要です。それによって里親は、現在直面している葛藤や衝突のいくつかを理解するのが容易になり、そのような経験をしているのは自分だけではないと認識することができます。またプログラムのなかで里親にはある程度の理論的背景を紹介していますので、里親は子どもの行動をさらに深く理解することができるようになります。

● 研修のための協働的アプローチを確立する。

治療的作業において家族と共に実践する多くの異なった方法がありますが、それと同様に、研修を提供する際に里親と関係を構築する方法もいろいろあります。ウェブスター・ストラットンとハーバート（Webster-Stratton and Herbert, 1994）は、支援プロセスのなかで親と共に仕事をしていくための「協働的モデル（collaborative model）」を確立しましたが、私たちもそれに立脚しています。

フォスタリングチェンジ・プログラムでは、ファシリテーターと里親の間に相互作用的な関係を構築することをとても重視します。そこでは、ファシリテーターの知識だけでなく、里親の貴重な経験、スキル、視点が、大きな役割を果たします。里親は、知識の受動的な受け取り手としてではなく、能動的なパートナーとして、自分たちの考えや経験を分かち合い、グループの他のメンバーとともに問題を探り当て、新しい解決方法を模索していきます。ファシリテーターが「専門家」として里親を指導するのではありません。逆に里親は、子どもと里親自身に精通した人として認識されます。その一方でファシリテーターは、委託されている子どもの問題を特定し理解するための専門知識を有しています。それゆえ、グループに参加している里親に、経験を共有し、物事を新しい方法で試してみても安全だと感じられる信頼の雰囲気を創り出すのはファシリテーターの役割です。里親が、自分たちは皆同じような困難、葛藤、願望を、そして問題を解決

したいという強い意志を有しているのだということを理解するとき、グループは協働的な仕事のスタイルを発展させることができます。このような分かち合いと信頼の関係を築くため、ファシリテーターは、里親の言葉を共感を持って聞くことができなければなりません。そのためにファシリテーターは、里親の文化的背景に対する敏感さを持って彼らの感情や考えを引き出し、彼らの観点を理解していることを示すことができなければなりません。「正解」や、里親の見方や感情についての未熟な分析を盾に、グループのメンバーと対峙するのは逆効果です。ファシリテーターの役割は、言葉と行動で理解を示し、問題を明確化し、要点を示し、里親が別の方法を見出すのを支援することです。里親全員が、共通する問題についての解決方法を探索するために協力し合うとき、里親はとても大きなアウトカムを分かち合うことができるでしょう。

● **肯定的で、勇気を与える、養育的な行動の手本となる。**

プログラムがどのような形で実践され、グループの社会的雰囲気がどのようなものとして創られているかが非常に重要で、それがトレーニングの肯定的なアウトカムを大きく左右します（Warman *et al.*, 2006）。ファシリテーターの役割は、上に述べたようなグループの実践に注目するだけでなく、プログラムが里親に身につけてもらいたいと意図しているスキルと態度の手本を示すことです。それは、里親の努力と成果を褒め、ご褒美（報われる感覚）を与えることによって達成されます。そのためファシリテーターは、里親の必要としていることについて十分配慮することが重要です。たとえば、会場までの交通手段や簡単なお菓子や飲み物などについて気遣い、対応することが挙げられます。

● **研修の実践に対して包括的なアプローチを保証する。**

> 子ども、若者、そして彼らの家族と仕事をするときに大切なことは、彼らが生活している社会的背景を幅広く認識し、多くの人々にとって差別体験は日常的な事実であるということを心に留めておくということです。質の高いサービスは、それに携わるすべての人が差別を拒否し、そのことをいつも心に留めて仕事を行うとき、はじめて実効性のあるものとなります。
>
> UK JOINT WORKING PARTY ON FOSTER CARE, 1999

フォスタリングチェンジ・プログラムを実施する際、多くの差別がさまざまな形で存在し、私たちの生活と態度に影響を与えているということを心に留めておくことが大切です。社会的身分、民族、ジェンダー、障害、年齢、ライフスタイル、セクシャリティなどに関係する問題はすべて、私たちが人々と仕事をするときに極めて重要な意味を持っています。力の不平等は、世界中に、そしてグループのなかにも存在しています。里親の差別経験は彼らがグループ内でどのように振る舞い、他の人々とどのように接するかに大きな影響を及ぼします。また、委託されている子どもがどれほど無力感を抱いているか、そしてそれが彼らの里親にどのような影響を与えているかを心に留めておくことも、極めて重要です。

そのためファシリテーターには、以下のことが求められます。

- 自分自身の価値観と偏見を意識する。
- それがグループの考えや学びに対してできる限り悪い影響を与えることがないように、プログラム実施前と実施中を通じて自省する。
- 差別的な言葉や信念に肯定的な方法で立ち向かうことができる。
- 排他的でない、差別的なイメージや考えに立ち向かうことのできる内容を提供する。

このプログラムのさまざまな側面を考えるとき、多様な文化的慣習や個人のニーズおよび文化的背景に対して敏感になり、それを尊重することも重要です。たとえば、里親のグループは、多くの場合、主に女性によって構成されています。そのため、男性養育者が心地よく参加でき、受け入れられていると感じることができるように気を配ることが重要です。

序　説

変わりつつある里親養育の文脈

··

里親養育の様相は、ここ 10 年間で劇的に変化した。里親委託に対する期待の高まり
は、里親の上にのしかかるストレスと要求が大きくなるなかでどこかへいってしま
った。社会的養護下の子どものニーズ充足についての研究とその乏しいアウトカム
についてのエビデンスによって、養育のなかで里親が子どもにもっと効果的に働き
かけられるようにするための支援と研修をこれまで以上に充実させ、提供する必要
性が浮き彫りにされた。

CARE MATTERS: TIME FOR CHANGE（DfES, 2007）

変化する里親委託のパターン

里親委託の形は、その時々の政策と実践を反映して変化しています。実親と共に生活
することができず、地方自治体による「社会的養護」（Children Act 1989）を受ける必
要のある子どもは、1990 年代半ば以降、児童ホーム（children's home）や寄宿学校では
なく、里親家庭に委託されるケースが増えてきました。施設養護から里親養育へとい
うこのような移行は、施設養護の有効性とその費用に関する研究（Rowe and Lambert,
1973）に続いて起こりました。1995 年以降、里親に委託された子どもの割合は、概ね
72 パーセント前後で推移しています。社会的養護下の子どもの数は、長い減少期間の
後、1994 年から 2003 年までコンスタントに増加し、最も多い年は 6 万 1200 人を数え
ました。この数は、2008 年 7 月には 5 万 9500 人まで減少しましたが、2009 年には再
び増加に転じ 6 万 900 人を数えました。それは前年に比べ 2 パーセントの増加でした
（DCSF statistics, 2009）。その増加は、2007 年に広く報道されたピーター・コネリーちゃ
ん（BABY P）の死亡に関する法廷審問の影響だと思われます。

社会的養護下の子どもが抱える複雑なニーズ

里親と施設のどちらで養育されている子どもも、重度の持続的で慢性的な情緒的問題と
行動の問題を抱えています。彼らの多くは、深刻な虐待、情緒的ネグレクト、喪失やト
ラウマによって苦しんでいます。地方自治体によって委託されている子どもと青少年を
対象としたメンタルヘルスに関する英国統計局による最近の包括的調査によって、対象

となった子どもは、各自の家庭で生活している子どもに比べ、非常に高いレベルでメンタルヘルスの問題を抱えていることが明らかにされました。フォードら（Ford *et al.*, 2007）の調査によれば、地方自治体による社会的養護を受けている5歳から17歳の子どもの46パーセントが小児期のメンタルヘルスの障害（a child mental health disorder）を有していましたが、実親と一緒の家庭で育っている子どもにおけるその割合は8パーセントにすぎませんでした。また、社会的養護下の子どもの38パーセントが重度の素行障害を有していましたが、実親と一緒の家庭で育っている子どもにおけるその割合は4パーセントでした。さらに、社会的養護下の子どもの11パーセントが不安障害を有していましたが、実親と一緒の家庭で育っている子どもにおけるその割合は3パーセントでした。そして、社会的養護下の子どもの8パーセントに多動が見られましたが、実親と一緒の家庭で育っている子どもにおけるその割合は1パーセントにすぎませんでした（Ford *et al.*, 2007）。これらの精神障害ほど一般的ではない、たとえば、自閉症を含む広汎性発達障害や、言語障害、チック障害、摂食障害が、サンプル集団の4パーセントの子どもに見られました。そして調査の対象となった子どもの一部には、複数のメンタルヘルスの障害を有している者もいました。実親と一緒の家庭で育っている子どもについての先行研究の結果と比べると、社会的養護下の子どもや若者は、少なくとも1種類の小児期のメンタルヘルスの障害を4倍から5倍も多く有していることになります。

施設に委託されている子どもに最も高い割合でメンタルヘルスの問題が見られましたが、それは先行研究の結果を確証するものです（McCann *et al.*, 1996）。里親委託の子どもでは、半分よりやや少ない割合でメンタルヘルスの障害が見られ、特に素行障害が多く見られました。これらの子どもはまた、警察との間に問題を起こしやすいということも明らかになりました。メンタルヘルスの障害を有する社会的養護下の子どもはまた、身体的健康も不良の傾向にあります。社会的養護下の子どもの3分の2が、視覚、発話および言語、夜尿、ぜんそく、協調運動などに関連した問題を含む身体的愁訴を1つ以上有していることが報告されています。また学業面では、社会的養護下の子どもの62パーセントが、知的発達の面で1年以上遅れていることが報告され、またこの集団の約24パーセントの子どもは、その年齢で期待される水準より3年以上も発達が遅れていることが報告されています。メンタルヘルスの障害を有している社会的養護下の子どもの約3分の1が、3年以上の遅れを示し、特に素行障害および／または多動性障害を有している子どもは遅れが顕著でした。GCSE（中等教育修了資格試験）において良い成績（A－C）を5つ以上取得できたのは、実親と一緒に生活している子どもでは56パーセントであったのに対して、社会的養護下にある子どもではわずか12パーセントでした。何らかの精神障害を有している子どもは、そうでない子どもに比べ、友達と過ごす時間をまったく持たないという報告が4倍も多くありました。これらの研究によって示されたエビデンスから、社会的養護下の子どもは、複雑な問題を抱えるきわめて脆弱な集団であり、彼らの養育者に非常に大きな困難を課しているということがわかります。ただ、このような概括的な推定では見逃してしまう事実があります。それは、社会的養護下に置かれたかなりの数の子どもが、自分の苦悩や不適応を目に見えるサインとしては出していないということです。それは自己防衛的要因やレジリエンスの質によるものか

もしれません。それゆえこれらの子どもは、しっかりと養育され安全な環境に置かれる
ならば、その利点を十分に享受する可能性が高いと言えるかもしれません（Howe et al.,
1999）。

社会的養護下の子どものアウトカムを改善する

> 里親は私たちの社会において比類のない重要な役割を果たしている。彼らは、最も
> 脆弱な子どもに家庭と養育を提供している。ますます複雑化する問題を抱える多く
> の子どもが社会的養護を必要としており、社会は里親に対してこれまで以上に多く
> のことを要求している。こうした背景の下、政府はより多くの里親を募集し保持す
> る必要に迫られている。
>
> EVERY CHILD MATTERS（GREEN PAPER, DfES, 2003）

1989年（イングランドおよびウェールズ）児童法と1995年（スコットランド）児童法は、
社会的養護下の子どもの福祉を擁護し促進することの重要性を高く掲げています。しか
しその法制化以降も、社会的養護下の子どもが市民のなかの一集団として極めて深刻な
ネグレクトにさらされていることに政府は危機感を募らせています。Lost in Care（DH,
2000）などの影響力のある報告書が出版されたことに呼応して、社会的養護の下に置か
れた子どもの生活の質をもっと向上させるべきだという政治的動きがみられるようにな
りました。

社会的排除と闘い、子どもへのサービス全般を改善するための健康および社会サービス
現代化政策の一環として、保健省は1998年にイングランドとウェールズでの「クオリ
ティー・プロテクツ計画」という5年計画のプログラムを打ち出しました（DH, 1998）。
このクオリティー・プロテクツ計画では、社会的養護下の子どもについて、アウトカム
を改善すること、特に委託の安定性を高め、子どもの健康と学業成績を向上させること
が目標として掲げられました。また2002年3月には、それを引き継ぐプログラムとし
て、イングランドとウェールズで3年計画の「チョイス・プロテクツ計画」が打ち出
されました。この新たなプログラムが目指したものは、社会的養護下の子どもの委託選
択肢を増やし、委託の安全性を向上させるということでした。社会的養護下に置かれた
すべての子どもの生活と機会を向上させるというこれらのプログラムが目指した動きは、
2004年の「エヴリ・チャイルド・マターズ施策文書」に受け継がれ、2004年児童法と
して実を結びました。それはエヴリ・チャイルド・マターズ施策が示した5つのアウト
カムに立脚し、すべての子どもと若者が、①健康であること（being healthy）、②安全が
保障されること（staying safe）、③享受と達成（enjoying and achieving）、④積極的貢献
（making a positive contribution）、⑤経済的福祉達成（the economic wellbeing）を目指し
て、機関横断的で効率的なプログラムを実施することの必要性を強調しました。施策文
書 Care Matters: Time for change（DfES, 2007）と2008年児童青少年法は、社会的養護
下の子どもの窮状を政府が改善することを確約し、より高い教育的アウトカム、より安
定した委託、養育者のためのより良い研修と支援を保障するために、巨額の予算を拠出

することを約束しました。

里親のための支援と研修を改善する

これらのプログラムは、里親研修の必要性に光をあてたもので、社会的養護下の子どものアウトカムを改善するために里親研修は中心的な位置を占めるようになりました。このような文脈で、最初のフォスタリングチェンジ・プログラムが立ち上げられました。そこにはある1つの認識がありました。それは、委託されている子どものネットワークの中心に位置する里親に焦点を合わせることによって、子どもの人生経験とアウトカムを大きく改善することができるであろうということでした。十分な支援と研修が提供されるならば、里親は、養育している子どもとの間の関係性を変化の要因として用いることのできる優位な位置にいると言えるでしょう。この改訂版フォスタリングチェンジ・プログラムは、『ケアマターズ』（*Care Matters*［DfES, 2007］）において示されている、社会的養護下にある子どものアウトカムを改善する必要性についてますます増えつつあるエビデンスに応えるものです。いくつかのセクションは、主として子どもの学校生活を支援するための里親の意識とスキルを高めることに焦点を当てていますが、このプログラムの他のセクションで提示されている技法やスキルの多くも、子どもの学校生活を支援するという文脈で用いることができます。

ペアレンティング・スキルを高めることに成功した里親は、里親委託の破綻の回避という点でより良いアウトカムを生み出しているという研究エビデンスがありますが、里親と子どもとの関係性の質も、良いアウトカムにとっては非常に重要であるということも認識されています（Sinclair and Wilson, 2003）。子どもの問題行動に焦点を合わせ、子どもと里親との間の肯定的アタッチメント関係を発展させるために設計された研修プログラムは、里親によって高く評価されており、委託を実践していく能力における里親の信念と自信を高めることに成功しているようです（Minnis and Devine, 2001; Pallett *et al.*, 2002; Warman *et al.*, 2006）。里親のスキルと、委託されている子どものアウトカムの両方を高めるという点で研修の長期的有効性を判断するために、明確な目的を持ち再現可能な評価研究がさらに求められています（Rushton, 2003）。

里親養育の基準を改善する

1999年に、里親養育に関する英国共同作業部会（the UK Joint Working Party on Foster Care）は、里親の募集、アセスメント、認定、研修、マネージメントおよび支援に関する実施規約（1999）を作成しました。その部会はまた、里親養育のための「基準」を発行しました。それは、里親委託の子どもの生活のほとんどすべての側面を網羅しており、法令によって定められた「最低基準」よりもはるかに徹底し、より「子ども中心」であると見なされています。この英国基準は法的権限を有しているわけではありませんが、現時点における最善の実践を象徴するものと考えられています。それゆえ、それは里親委託サービスを提供する機関において是非とも実現されることが望まれるものです。

里親制度を規定する枠組みが、2002年（イングランド）里親養育サービス規則、2003年（ウェールズ）里親養育サービス規定によって改正されました。「イングランド規定と基準」は、現在、改訂作業中です。スコットランドにおける規制枠組みは、2009年社会的養護児童（スコットランド）規定です。また北アイルランドでは、1996年（北アイルランド）里親委託（児童）規定です。これらの規定は、委託されている子どもや若者に里親養育サービスを提供するために必要とされる地方自治体や里親委託機関の義務を列記したものです。これらの規定は、強制力を有しています。2000年ケア基準法第23条(1)と第49条に規定されている国家里親養育最低基準が、2002年3月に出版され（保健省）、イングランドとウェールズで適用されるようになりました。そこには32項目の最低基準が規定されており、里親養育サービスはどのように組織され運営されるべきかが示され、最低限度の期待されるサービス・アウトカムが述べられています。本書を執筆している現在［訳注：原著は2011年出版］、まもなく新しい基準が出版されることになっています。スコットランドの同様の基準は、「国家ケア基準：里親養育および家庭委託サービス」です（北アイルランドには同様の基準はありません）。イングランドでは、里親委託機関は現在、オフステッド（Ofsted）によって個別に査察を受けており、これらの最低基準に則って審査されています。ウェールズでは Care and Social Service Inspectorate Wales: CSSIW によって、またスコットランドではスコットランドケア規定委員会（the Scottish Commission for the Regulation of Care）によって査察が行われています。これらの機関は、最低基準が満たされていない場合、それを満たすように法律的に強制する権限を有しています。2004年児童法（イングランドおよびウェールズ）は、初めて地方自治体に、私的な里親委託（private fostering arrangements）を規制することを要求しました。

フォスタリングチェンジ・トレーニングセンターは、引き続き、これらの里親養育の基準を制定する責任を有する諸機関と共同で仕事を進めていきます。

ペアレンティング・トレーニング・プログラムの歴史

ペアレンティング・トレーニングは、1960年代の米国に起源を持ち、2つの伝統に立脚しています。その1つが行動学習理論です。その理論は、1950年代にスキナー等（1953）によって発展し、大半が成人のための臨床に用いられました。そのなかには、望ましい行動を身につけさせるために病院全体でトークンエコノミーを使用することなどが含まれていました。1960年代になると、その行動学習理論に社会的学習を包含し統合するため、学習理論の枠組みが精緻化されました。その論理的適用の1つが、子どもの社会的行動に関わる偶然性を管理する方法を親に教えるというものでした。この理論は、主にテネシー州のワーラーら（Wahler *et al.*, 1965）や、オレゴン社会的学習センター（1969）を創設したパターソン（Patterson）によって発展させられました。あまり

知られていない2つめの伝統が、プレイセラピーです。オレゴン州ポートランドのコンスタンス・ハンフ（Constance Hanf）は、非指示的な遊びに基づくペアレンティング・トレーニング・プログラムを開発しました（Hanf, 1969）。それは出版されることはありませんでしたが、フォアハンドとマクマホン（Forehand and McMahon, 1981）、アイバーグ（Eyberg, 1988）、ヘンブリー・キギンとマクニール（Hembree-Kigin and McNeil, 1995）、ウェブスター・ストラットン（Webster-Stratton, 1981, 1984）のペアレンティング・トレーニング・プログラムにとても大きな影響を与えました。このような基盤の上に立って、ペアレンティング・トレーニングは、子どもの発達や心理学的治療研究の一連の概念を組み入れました（Scott and Dadds, 2009）。

行動に基づくペアレンティング・プログラム

行動に基づくペアレンティング・トレーニング・プログラムは、数週間にわたる特別なカリキュラムに従って、子どもマネージメントのための行動原理を教えるものです。この構造化された方法で実施されるペアレンティング・プログラムは、児童思春期のメンタルヘルスの領域で最も広く研究されている心理学的介入です。

表1
効果的なペアレンティング・プログラムの特徴

内容

テーマを構造的に配列、手順にそって8～12週で紹介。

遊び、褒める、ご褒美、限界を設定する、しつけなどの主題を展開。

社会的で自立的な子どもの行動および落ち着いたペアレンティングの確立に重点を置く。

親/養育者自身の経験と苦悩に常に向き合う。

広範な実証的研究に裏打ちされた明確な理論的背景。

再現可能な利用しやすい詳細なマニュアル。

実施方法

親/養育者の感情と考えを認識しつつ協働的に実施。

さまざまな困難を取り除き、ユーモアを交えながら楽しく実施。

セッションと家庭でのワークを通じて親/養育者が新しい方法を実践するのを支援。

各ファミリー・ワークでは親/養育者と子どもが共に観察される。グループ・プログラムのなかには親/養育者だけを観察するものもある。

託児、上質な軽飲食、必要な場合には交通手段の確保。

プログラムのフィデリティー（忠実度）の確保とスキル向上のために、セラピストは定期的にスーパーバイズを受ける。

このペアレンティング・トレーニングは、子どもの行動上の問題を治療するための、単体では最も効果的な介入であり、親と子どもの間の相互作用についての大規模研究モデ

ルに明確に基礎づけられています。そのプログラムは当初から、家庭における子どもの問題行動をマネージするための技法に焦点を合わせてきましたが、その後拡充され、子ども自身の問題解決スキルの向上、子どもの仲間関係の改善、読み書き能力と学校における関係性の強化を包含するようになりました。そのプログラムの内容は現在、行動という枠を超えて、信念、情動、そしてさらに広い社会的文脈にまで及びます（Scott and Dadds, 2009）。しかし、ペアレンティング・トレーニングは非常に効果的で、親に好意的に受け入れられているにもかかわらず、治療法の1つとして日常的に実践されている国はまだ1つもありません。

ペアレンティング・トレーニング・プログラムが他の方法と異なる点

ペアレンティング・トレーニングの主な特徴を表1にまとめています。それは他の心理学的介入と次のような点で大きく異なっています。

- 心理教育的方法は多くの臨床家によって用いられています。そこでは、親は子どもの問題の性質について説明を受け、管理するためのアドバイスを受けますが、特別なスキルをトレーニングしてもらうことは期待できません。
- 個別の行動療法は、現れているさまざまな症状に幅広く対応するために多くの臨床家によって用いられています（Herbert, 1987）。それは柔軟性があるという利点があり、各家庭の個別の問題に応じて、内容、ペース、継続期間などを変更することができます。しかしその療法は、体系的なプログラムのように、多様な技法を深く習得させるには適していません。
- ロジャーズの人間性カウンセリング（Rogers, 1961）は、医療現場以外の場所で広く用いられ、カウンセラーが、判断を避けて肯定的に対応し、親を尊重することに重点を置いています。親の言葉にしっかりと耳を傾けることで、関係性を促進し、人気がありますが、それ以外の要素、たとえば、ペアレント・アドバイザー・モデル（Davis and Spurr）のように親が抱えている問題に対する新しい解決法を見出すのを支援するなどの要素がなければ、子どものメンタルヘルスのために得るものはかなり少ないでしょう。
- 家族療法は、子どもの問題行動の管理について相互作用的な観点を持つという点でペアレンティング・トレーニングと共通しています。家族それぞれの考え方と相互関係を明らかにしていくことによって、家族が抱える問題についてかなり深く理解することができます。しかし、概してスキルは授けられず、理論的モデルについてもあまり説明はなく、研究による裏付けも少なく、また評価もあまり実施されていません（Chamberlain and Rosicky, 1995）。
- 人間性ペアレンティング・プログラムは、多くの場合、親と子どもの関係性の改善に、特に子どもとどのように語り合い、コミュニケーションを図るかに重点を置きます（Smith, 1996 のレビュー参照）。このプログラムの強みは、それが地域のボランタリーセクターによって提供されることが多く、そのため親たちにとっては、医療サービスよりも利用しやすく好まれるということです（Cunningham *et al.*, 1995）。短所は、あまり訓練を受けていないスタッフが担当することがあり、また子どものアウトカムを指標にし

た厳密な科学的評価がなされることがめったにないということです。

社会的学習理論に基づく治療的方法（たとえば、Kazdin, 2005）は、時に、感情を無視していることか、ただの「数でこなす治療法」などと言われ批判されてきました。ファシリテーターは、これらの批判を心に留めておくことが重要ですが、同時にそれに対してしっかり反論することができなければなりません。社会的学習理論の方法は、里親とその子どもの感情をとても注意深く見守ります。その方法は、温かく心のこもった関係性の構築を支援することによって、里親と子どもの間の愛情豊かで、敏感な相互作用の発展を重視します。この理論は近年ますます発展し、問題行動のある子どもと生活する里親がどれほど苦しんでいるかを理解することの重要性を、そしてそうした里親の感情に配慮することの重要性を認めています（Scott and Dadds, 2009）。

評価とエビデンスに基づくプログラムの重要性

フォスタリングチェンジ・プログラムは、里親のための研修と支援の方法を作り出すために、行動に基づくペアレンティング・トレーニング・プログラムに依拠しました。里親と実親の間には役割上の大きな違いがありますが、里親も実親同様に、子どもとの関係性を基盤として用いることによって、子どもの行動上の変化と自己イメージおよび自尊心の向上を実現することができます。支援と研修が適切に実施されるならば、里親は子どもの行動変化のための力強い動因になることができ、養育のなかで子どもと対応していくことを通じて、子どもの肯定的で適応的な行動を増やし、不適切で自己破壊的行動を減らすことができます。行動に基づくペアレンティング・トレーニング・プログラムを構成しているさまざまな方略は、そのまま里親のために利用することができます。その多くは、習熟し経験を積むことが必要ですが、日々の実践と反省により身につけることができるものです。

多くの治療プログラムでその不可欠な一部となっている、アウトカムの評価と測定の重要性は、そのままフォスタリングチェンジ・プログラムに受け継がれています。驚いたことに、評価を体系的に組み込んだ里親トレーニング・プログラムはこれまでほとんどありませんでした（Sinclair et al., 2005）。しかしウォーマンら（Warman et al., 2006）は、フォスタリングチェンジ・プログラムに参加した里親が、「子どもの行動に対する肯定的な効果だけでなく里親自身のストレス度の顕著な低下」を報告したというエビデンスを挙げています（p. 24）。なかでも特に注目すべきことは、里親がプログラムの開始時に最も懸念することとして定義した子どもの問題行動において、「驚くほどの改善」が見られたということです。その研究は、里親がそこで学んだスキルと方略を高く評価しながら、同時に、グループワーク経験を通して得られるサポートの重要性、参加者自らが積極的に学ぼうとすることの大切さ、そしてプログラムの内容だけでなくその進め方も重要であるということにも注目すべきであると述べています。

フィデリティー（忠実度）

研究は、プログラム・モデルに忠実であることによってアウトカムは改善されるということを示しています。プログラムに忠実であることは、プログラムの統合性と質の高いアウトカムにとって不可欠です。

フォスタリングチェンジ・プログラムはBAAFから購入することができますが、私たちはプログラムのフィデリティーを確実なものとするために、ファシリテーターが、プログラムの内容だけでなく進め方の基本精神を学ぶことができる4日間のファシリテーター・コースに参加されることを推奨します。

ファシリテーターが質と内容の両方の点でモデルに忠実であることを確認するために、各セッションごとにフィデリティー・チェックリストを用意しています。

正式な認定を望むファシリテーターは、フォスタリングチェンジ・プログラムを実施している自身を撮影した30分のDVDを2つ提出する必要があります。1つめのDVDには、フィードバック・セッションを30分間、そしてもう1つのDVDにはセッションのなかで教えることになっている重要なスキル、「アテンディング」「指示」「結果」または「選択的無視」の4つのなかから1つを教えている様子を30分間記録しなければなりません。詳しくは www.fosteringchanges.com をご覧ください。

ペアレンティング・スタイルと子どもの行動

育児スタイルと子どもの行動の関係について検証する前に、注意点が1つあります！専門家のなかには、確信をもって、子どもを育てる「正しい（right）」方法と「誤った（wrong）」方法があると主張する人がいます。しかし、過去100年の変化から考えると、現在私たちが主張していることは100年後には劇的にひっくり返されているかもしれません。たとえば、ビクトリア朝時代のイギリスでは、子どもは「監視すべきであり、言い分を聞くべきではない（seen and not heard）」と言われ、よく引き合いに出された格言は、「鞭を惜しめば子どもをダメにする（spare the rod and spoil the child）」でした。しかし現代では、子どもの声に耳を傾けることが重視され、体罰は違法であるとする声が一般的です。ペアレンティングの考え方や実践は、時代や文化に応じて変化します。したがって、研究によって示された知見は、この点に留意しながら解釈されるべきです（Deater-Deckard *et al.*, 1996）。

厳しいばかりで一貫性のないしつけ、手厳しい小言、拒絶、ネグレクト、これらはすべての年齢の子どもに影響します。特に監督の欠如が組み合わされば、重大な結果を招きます。そのような子どもは家の外で多くの時間を過ごすようになるからです（Patterson *et al.*, 1992）。いくつかの縦断的研究によって、それらの要因は それぞれの子どもが

もともと持っていた攻撃性のレベルを考慮に入れたとしても、後の反社会的行動の予測要因となることが示されており他の解釈も可能ではありますが、ある種の因果的役割がある可能性を示しています。肯定的なペアレンティングの実践が、それ単独で大きな役割を果たすことがその後の研究で明らかにされました。すなわち、優しさ、子どもと一緒になって遊ぶこと、褒めること、励ますことが、反社会的行動の低さと有意な関係にあることが示されたのです（Pettit *et al.*, 1997）。ただ、たとえある程度肯定的なペアレンティングが実践されたとしても、最も大きな影響を及ぼすと思われるのは否定的なペアレンティングの存在のようです。

ペアレンティング・プログラムの基礎となっている主要な理論

オペラント学習理論

多くの事柄が子どもの社会化に影響を及ぼしていますが、ペアレンティング・トレーニングが依拠する包括的な原理は、オペラント条件づけです。パターソンの綿密な観察（Patterson *et al.*, 1982）によって、反社会的な子どもを持つ家庭では、2つのプロセスが子どもの嫌悪行動（aversive child behaviour）を維持させていることが示されました。第1に、子どもの嫌悪行動はしばしば、親の注目、たいていはしつこい小言や叱責などの否定的な言葉によって強化されていました。それは、親と子どもの間の威圧的な相互作用へと進展していきます。

第2に、親は不快な脅しを繰り返しながらも、多くの場合それを徹底させることができず、諦めてしまい、その結果、子どもの行動をエスカレートさせてしまうのです。親子の綿密な継続的観察を分析することによって、親が威圧的な態度（先に定義したような）を取ると、子どもの反社会的な行動はより増加し、逆に親がそのような態度を取るのをやめると、子どもの問題行動は減少することが示されました（Snyder and Patterson, 1986）。このような研究成果を受けて、子どもの望ましくない行動に対しては選択的無視を行い、その後、落ち着いて特権の取り上げや、すべてのポジティブな強化刺激からの「タイムアウト」などを子どもに課すことを親に推奨する治療プログラムが開発されました。

学習理論は、望ましくない行動を減らす必要と合わせて、適切な行動を奨励する必要を強調しました。望ましい行動に目を向け、褒めることが、ペアレンティング・トレーニング・プログラムの主要な構成要素であり、それは「あなたの子どものよいところをつかめ（catch your child being good）」というスローガンに象徴されています（Becker, 1971）。その後の観察では、子どもの向社会的行動を褒める親の下では、子どもはほとんど問題行動を起こさないことが示されました（Gardner, 1987）。また、厳しいペアレンティングをコントロールした場合でも同様の結果が示されました（Pettit *et al.*, 1997）。

序　説

古典的な学習理論と子どもの行動に先行する出来事

オペラント学習理論は、ある行動を促すと考えられる先行状況よりも、自発的な行動への対応を重視します（Scott and Dadds, 2009 を参照）。しかしながら、古典的学習理論は、行動のきっかけとなる刺激に着目します。この観点からすると、反社会的行動は、そのような行為をしたときに思いがけず良い結果を得たことから単純に発展するのではなく、結果とは関係なく、先行する出来事によって突然引き起こされるものということになりそうです。この考え方は古典的学習理論の行動マニュアルのなかに反映されており、刺激制御と呼ばれています。その行動マニュアルでは、親は子どもの日々の問題行動を記録するように言われます。その後、親はセラピストと共にその問題行動を引き起こす刺激や出来事を探し、適切な変化を起こします（Herbert, 1987）。驚いたことにペアレンティング・プログラムの多くは、トラブルを避けるために 1 日の行動を組み立てたり、ルーチンの予定を事前に立てたりするという方法をほとんど使いません。しかし、たいていの親や臨床家は、実際にやってみるとその方法が効果的なペアレンティングの重要な構成要素であることがわかるでしょう。たとえば、活発な子どもには放課後走り回る機会を作ってやったり、子どもが疲れていたりおなかを空かせているときは仕事を言いつけるのをやめたり、子どもを長く待たせそうなときにはおもちゃや本を与えておいたり、などです。屋内では、お絵かきや料理を手伝わせるなどの創造的な時間を過ごさせること、そして屋外ではサッカーや水泳など身体を動かすことをさせることによって、子どもが自信を高め、社会的スキルを身につける機会を提供することができます。それによって反社会的な行動をする可能性を低くさせることができます。このようなアクティビティを測定する尺度の開発が進行中です。たとえば、Parent-Child Joint Activity Scale（Chandani *et al.*, 2000）など。

社会的学習理論

刺激－反応心理学以外のプロセスは、子どもを社会的世界のなかに統合することを重視します。たとえば、子ども時代の初期のままごとや中期の同一化などです（Bandura, 1977）。これらの社会的学習のメカニズムが、ペアレンティング・トレーニングのなかで明確に説明されることはあまりありませんでした。しかし最近のプログラムのなかには、親自身の攻撃的行動にお互いに目を向けさせ、その自分自身の問題を解決する方法を教え、それによって子どもが、直接的なモデリングの助けを借りて、模倣を通じて親から学ぶことができるようにするものもあります（Webster-Stratton, 1994）。

認知行動理論

認知行動理論は、行動における認知と感情の役割に目を向けさせました。行動主義者の方法は、主として個人に作用する外的出来事に関心を向け、その人が何を考え、どう感じているかにはあまり目を向けません。これに反して、認知行動理論においては、思

31

考と感情が重視され、子どもが出来事をどう解釈し、どう感じたかが子どもの行動に大きく影響すると考えます。この30年で、うつや行動上の問題などの障害を持つ子どもや若者には、特徴的な認知スタイルがあることが示されてきました。そうした子どもは、人との出会いのなかで他人の意図を敵対的なものとして知覚し、葛藤を解決する方法を考え出すことがほとんどできず、攻撃的な解決法が効果的だと考える傾向にあります（Dodge and Schwartz, 1997）。ペアレンティング・トレーニング・プログラムのなかには、認知療法の技法を取り入れたものがいくつかあります。たとえば、親は、自分自身の「セルフトーク」や「内なる声」に耳を傾け、そのなかで絶望的で敗北主義的な認知を見つけ出すように言われます。次にそうした認知を、状況に立ち向かう肯定的な言葉に置き変える方法を見出すよう促されます。（Webster-Stratton and Hancock, 1988）。私たちは、これらの考え方のなかには、里親がストレスの多い状況のなかで考え反応するためのより良い方法を発達させるのを助けるために有益なものがいくつもあることを見出しました。

アタッチメント理論

アタッチメント理論は、最初ジョン・ボウルビィ（John Bowlby, 1969）によって発展し、その後かなり精緻化されました。その理論は、乳児は脅えたり、病気になったり、ストレスを受けたりしたとき、アタッチメントを感じる母親やその他の重要な人物に接触を求めるということを示しました。メアリー・エインズワース（Mary Ainsworth）はこれを確かめるために、ストレンジ・シチュエーション法という方法を開発しました（Ainsworth *et al.*, 1978）。母親は、乳児を別の見知らぬ人と一緒に部屋に残して出て行きます。大半の乳児は動揺しますが、母親が戻ると手をいっぱいに広げて母親を出迎え、母親からなぐさめを得るとすぐに部屋を探索したり遊んだりします。このとき母親は、安全基地を提供したのです。しかしエインズワースは、これとは異なる2つの不安定なパターンに気づきました。1つは母親が戻っても子どもは落ち着いたままというパターン（回避型）で、もう1つは母親が戻ると乳児は母親からなぐさめを得ようとしますが、同時に母親に対して怒り、彼女がしたことに対してとらわれてしまい、部屋を探索したり遊んだりすることに戻れないというパターンです（抵抗型／アンビバレント型）。これらのアタッチメントパターンは、安定型であれ不安定型であれ、子どもが日常的な養育環境に対して最も良く対処することができるように自然に身につけた方略と考えることができます。

その後の研究で、もう1つのアタッチメントパターンがあることが示されました。それは特に虐待を受けている子どもに多く見られるもので、無秩序・無方向型と呼ばれています。その型の子どもは、親と別れたとき、あるいは再会したとき、一連の混乱した奇妙な行動を示します。つまり子どもは、その養育者から安定した効果的ななぐさめを得ることがまったくできないのです。

安定型の反応を生み出す養育スタイルは、子どものニーズに対して敏感であるという特

徴を持っていることが示されました。これに対して回避型の子どもを持つ母親は、子どもとの関係性を拒否するような態度を持っている場合が多いようです。また、抵抗型／アンビバレント型の子どもを持つ母親は、養育スタイルが矛盾し一貫性がない場合が多いようです。そして無秩序・無方向型の子どもを持つ母親は、子どもに対して厳しく虐待的である場合が多いようです。

こうしたことから、良好な安定したアタッチメントとは、親または親に相当する人と子どもとの間に、子どもは保護と関心を求め、それに対して親または親に相当する人は、温かさと慰めと保護をもって適切に対応するという相互作用が存在する状態ということができます。このような形で子どものニーズが満たされると、子どもは信頼と「安全基地」を発達させ、そこから安心して探索に出ていくことができるのです。ここでいう探索とは、単に物理的な環境を知るようになるということではありません。その探索には、子どもの情緒的レパートリーも含まれるのです。子どもは、さまざまな感情を表出しても安全だと感じたとき、感情を使い制御することに慣れていくのです。これこそが、関係性を成功に導く鍵となるスキルなのです。

実親が対処することができないために里親に委託された子どもや児童は、多くの場合、混乱したアタッチメントパターンを有しており、親や親相当の人のことを信用することができず、親密な関係から安全の感覚を得るという期待もほとんど持っていません。彼らは関係性を築く社会的方法を学ぶ機会がほとんどなく、また、たいていの場合、適切に慰められるということがまったくないため、欲求不満をこらえられないことが多いのです。

残念なことに、こうした子どもを個人的治療に送ることがときどき行われています。そして多くの場合、そのような治療では、家庭環境における敏感な反応、包み込むこと（containment）、怒りを含まないしつけ、信頼関係の経験といった、彼らにとって最も必要とされていることに応えるという点では、ほとんど何も行われていないのです。日常的経験として外部世界と触れ合わせることなしに、個人的治療を与えるだけでは、子どもにとっての十分な効果は望めそうにありません。そのような子どもは、里親委託が不調となって、ある里親から次の里親に回されるということになるかもしれません。安定した里親委託が実現されるならば、里親はその子どものアタッチメント経験を修正するために重要な役割を果たすことができます。一例を挙げると、最低6カ月以上里親委託された子どもに関する最近の研究では、実母に安定したアタッチメントを持つ子どもの割合は10パーセントにすぎませんでしたが、その同じ子どもの60パーセントが、里親に対して安定したアタッチメントを持っていました（Joseph, 2010）。

私たちは、子どもや若者をこのような状態にとどめておいてはいけないと強く思っています。そのために私たちは、独自の深く考え抜かれた方法を発展させてきました。このような混乱した状態にある子どもが、里親を限界まで追い詰める場合もあります。いま必要とされているのは、里親が子どもに安全な居場所を提供すること、里親が子どもに怒りをぶつけることがないようにすること、そしてそれによって里親と子どもの間に

信頼の絆が作られるのを支援することです。このトレーニング・プログラムは、社会的学習理論に依拠していますが、私たちが目指す養育スタイルは、まさにアタッチメントを研究している人々が述べている通りです。すなわち、敏感な、機微に富んだ対応をし、子どもを包み込みながら限界と境界を設定することです（Bakermans-Kranenburg *et al.,* 2008）。このプログラムは、里親が、その養育のなかで子どもとの間に堅固な関係性を築き、それによって子どもが、愛すること、安心して関係性を築くことを学ぶことのできる安全基地を提供することができるようになるための実践的な方法を提示しています。そのような枠組みのなかに安定して委託されるならば、子どもは、付随する個人的治療によって自分の心の世界における混乱をもっとよく理解することができるようになり、それを修復することができるようになるでしょう。

フォスタリングチェンジ・プログラムを
実践する前の準備

グループワークを組織し実践していくためには、多くの問題を考慮し決断する必要があります。ファシリテーターであるあなたが行う決定の多くが、あなたが組織し進行していくグループの性格と質に直接影響を与えます。

プログラムを立ち上げる前の実践的な考慮事項

ファシリテーターの経験と専門分野

あなたが行う必要のある最初の決定の1つが、だれがプログラムをファシリテート（進行）していくかということです。この仕事はとても複雑で多岐にわたりますから、協力して仕事をしていくことのできる人が2人必要です。あなたは、あなたとは違う専門的背景を持つ同僚を選び、それによってお互いのスキルと経験を分かち合うような形で協働するか、あるいは、同じ分野からファシリテーターを選ぶようにするかを決断しなければなりません。私たちが推奨したいのは、1人のファシリテーターは3年以上の経験を持ち、養育者と行動についての取り組みをするなかですでにある程度のスキルを身につけているソーシャルワーカーか臨床家にするということです。どのような組み合わせであれ、2人の同僚の間には、個性、経験、価値観の違いがありますが、それをさらけ出し、折り合いをつけていく必要があります。とはいえ、それぞれの専門分野の文化的風土の間には、特別な相違点があり、私たちはそれにあまり気づいていません。また、ワーキングスタイル、基礎知識、言語とコミュニケーション、権力や権威に対する態度などに関して、より明白な相違もあれば、逆に微妙な相違もあります。それらの相違点は、一気に解消できるほど単純なものではありません。それゆえ協働して仕事をする者同士は、プログラムを進めるなかで、相互の見解、理解、スタイルにおける相違点を明らかにしていく準備をする必要があります。もちろん、ある程度異なった見解を持つ同僚と仕事をしていくことは可能です。しかし、グループに参加しているメンバーにとっては、しっかりと統一された推進役の存在が必要とされます。

ファシリテーターのうちの少なくとも1人は、社会的養護下の子どもと仕事をした経験を持ち、里親という役割に内在するストレスと困難をある程度理解していることが必要です。里親と仕事をした経験があれば、それはかなり有利です。また、グループワークやトレーニングの指導をした経験があれば、それも非常に有利です。というのは、ファ

シリテーターは、個人やグループの資質を最大限引き出し、里親が安心して自らを振り返り、探求し、新しい考え方やスキルに挑戦するグループ環境を創造することに慣れている必要があるからです。

もう1つの役に立つ専門的分野が、認知行動理論の知識と行動マネージメントスキルです。ファシリテーターが、里親と委託されている子どもの間の行動および関係性の問題に実際に関わる際、この方法を自由に使いこなせる必要があります。協働して仕事をする者の1人がこの方法を用いて仕事をした経験があれば理想的です。この条件を満たしていない場合は、専門家の支援と指導が得られれば、大変有利になるでしょう。

グループワークの力学に影響を与えるもう1つの問題が、ファシリテーターがフォスタリングチームや機関の一員であるか、あるいは2人ともどちらかと言えば「外部の人間」であるかという点です。外部的なファシリテーターは、里親委託の背景にある情報に限られた形でしか接することができず、欲求不満を感じることがあるかもしれません。その一方で、外部的なファシリテーターであることの優位性もあります。それは里親が、判定されるのを恐れることなく、自分たちの委託についてどちらかと言えばかなりオープンに正直に話せるという点です。ファシリテーターはプログラムの最初から、このプログラムが、里親としての実践のアセスメントの一部であるかどうかをはっきりさせておく必要があります。その場合は、どのような情報が関係機関に伝達されるかについて、里親にあらかじめ知らせておく必要があります。

スーパービジョン（監督）、支援、および臨床的助言

プログラムを成功させるためには、どのような支援やスーパービジョンが必要か考えておく必要があります。里親委託機関あるいは指導や助言を提供することになる委任組織の内部と外部の両方で、どのような資源が利用可能かについて考えておく必要があります。私たちは、この種のプログラムを推進している人に、子どもとの仕事をしていくための認知行動的アプローチに習熟した実践家と一緒に、支援とスーパービジョンの体制を立ち上げてくれるように頼みます。同僚、コンサルタント、あるいは地元のCAMHS（児童思春期精神保健サービス）チームのメンバーに依頼するのもよいかもしれません。あなたは必要としている専門家の支援を得るために、上司や所属機関に助けてもらう必要があるかもしれません。

それと同時に、グループによるプロセスそれ自体のなかに、何らかのスーパービジョンの仕組みを作っておくとよいでしょう。それによってあなたは、仕事の進め方について反省し、それがグループにどのような影響を与えているか、そして逆にグループがファシリテーターであるあなたにどのような影響を与えているかについて考えることができます。多くのサービスが、たとえば、インクレディブル・イヤーズ・プログラム（Incredible Years Program）のような、地域で実践されるグループ・ペアレンティング・プログラムを持つようになるでしょう。それらも、スーパービジョンを得るための

役に立つ資源となるかもしれません。協働してプログラムを推進していく者同士の間でも、お互いに支援とフィードバックを提供し合う時間を設けるだけでなく、セッションとセッションの合間に、グループのなかで何が起こっているかを振り返り、そこでの自分たちの役割を考える時間を設けることが必要です。本書の各セッションの末尾には、ファシリテーターがセッションを自己評価するためのチェックリストが用意されています。

共に仕事をすること

グループワークは強力な手段であり、共に仕事をすることは、全人格をかけた濃密な経験になります。あなたと同僚は、緊密に仕事をしていかなければなりませんし、プログラムのある時点で、お互いの期待、ワーキングスタイル、好む役割に関して衝突するかもしれません。もちろんそうした問題について、前もってある程度話し合っておくこともできますが、グループワークが進展していくなかで明らかになる問題点もあります。とても傷つきやすい問題に直面する場合もあるでしょう。そんなとき2人の間に、お互いの感情や見解をオープンに正直に打ち明けられる雰囲気を作っておくことが大切です。ファシリテーターとしてあなたは、自分がグループのためにどのような役割モデルになるかについて考えておく必要があります。たとえば、あなたのジェンダーや民族性は里親グループのジェンダーや民族性の構成を反映していますか？　もしそうでないなら、あなたはグループのなかにおいても、またもっと広いコミュニティにおいても、違いに価値を置き、それを包含するために何ができるかを考える必要があります。

里親の募集と広報

プログラムのためにあなたが里親を選ぶ方法は、グループの性格に影響します。チラシ、ポスター、ダイレクトメールなどを用いてプログラムの広報をしたいと思うかもしれません。また、機関が発行している里親のためのニュースレターがあれば、それに掲載してもらうこともできます。あるいは機関が里親向けに定期的に送付している機関紙にプログラム・スケジュールと共に情報を載せることもできます。私たちの経験から言うと、里親は、担当のソーシャルワーカーから直接話を聞いたとき、あるいはプログラムのファシリテーターから直接電話で、コースの目的と進め方を聞き、もっと詳しい話を聞きたいかどうか尋ねられたときによく耳を傾けてくれるようです。あなたは、どの里親がプログラムを通して本当に自分を前進させたいと思っているかを見極めるために、時間をかける場合もあるでしょう。また里親委託機関が、特に対応の難しい委託において支援を必要としている里親や、スキルが未熟で改善する必要があると考えられる里親を推薦してくる場合もあります。あなたは、さまざまな能力、長所、個性を持った、十分にバラエティーに富んだ里親でグループを構成し、創造性と柔軟性を持ってプログラムを進めていけるバランスのとれたグループを作るように心掛ける必要があります。

グループの大きさ

グループの大きさはとても重要です！　何人ぐらいのグループにしたいと思っていますか？　私たちの経験から言うと、7〜10人ぐらいが実施しやすいようです。それより少ないと、バラエティーに富んだ構成とは言えなくなり、グループのメンバーからのフィードバックも少なくなるでしょう。逆にメンバーの数が多すぎると、里親1人ひとりが、いま話し合われていることは自分にとってどのような意義を持っているのかについて意見を述べたり考えたりする時間が少なくなってしまう可能性があります。また、そのような大きなグループのなかでは、おとなしい人や自信のない人は、意見を述べるのに気が引けると感じるかもしれません。多くの機関が、里親をプログラムに積極的に参加させるのに苦労しているようです。私たちの経験からすると、プログラムを開始する前に里親の自宅を訪ねると、里親から、参加しますという確かな返事がもらえるようです。

グループの性質

プログラムに応募する資格として私たちが挙げる唯一の条件は、プログラム実施時に、その里親に少なくとも1人の子どもが委託されているということです。その理由は、このプログラムはあくまでも実践的なものであり、里親が、コースのなかで学んだスキルや方略を家庭に持ち帰って実践することが必要だからです。そうしないと、里親であれば誰でも参加可能なプログラムということになってしまいます。次にあなたは、短期委託の里親に絞ったグループにするのか、それとも、家族もしくは親族里親、長期委託里親、および養子縁組前委託の里親を対象とするグループにするのかを考えたくなるかもしれません。このプログラムは最近、養子縁組の養親のための**アダプティング・チェンジ**としても適応されるようになりました。あなたは、特定のグループに的を絞ってプログラムを実践しようと決断するかもしれません。私たちの経験から言うと、養親は多くの場合、独自の要求を持っており、グループを自分たちだけで構成したいと考えています。彼らは、このプログラムでは取り上げていない問題に触れてほしいと言うかもしれません。たとえば、子どもと養育者のそれぞれのアタッチメントの歴史を探索すること、あるいは、養育者の子どもに対する期待および子どもにとっての養親の重要性を検討する時間を設けること、などについて要求するかもしれません。

グループを組織するときに考えなければならないその他の要素としては、里親としての経験が豊富な人と浅い人の組み合わせをどうするかという問題があります。たとえば、グループのなかに委託されている子どもの養育について現在真剣に悩み葛藤している人がいる場合、現在は子どもが落ち着いており、里親としての役割に自信をもち、何があっても大丈夫と感じられている人がグループにいると、大いに助かります。これ以外に考えなければならない問題もあります。たとえば、グループのメンバーの民族性およびジェンダーの混合について、あるいは里親のセクシャリティについてなどです。最後に、あなたはどうすれば参加する人々が自分は歓迎されており、仲間として受け入れられて

いると感じられるかについて考える必要があります。

会　場

会場はどこにしようと思っていますか？　理想的には冷暖房が完備しており、照明も明るく、居心地がよく、快適と感じられる場所が必要です。また、椅子とテーブルが十分に揃っていることも大切です。軽飲食を提供できる場所や、飲み物を作ったり、食べ物を温めたりする設備があればなおいいでしょう。その会場が里親にとって集合しやすい場所かどうかについても考える必要があります。その会場は車や公共交通機関で行きやすい場所にあるでしょうか？　身体の不自由な人でも簡単に行ける場所でしょうか？　駐車場はありますか？　託児施設はありますか？　託児施設が必要かどうか、必要ならばそれをどう手配するかについて早めに決めておく必要があります。近くに託児施設があればよいのですが、なければ場所を探して自前の託児所を設け、保育士を雇う準備をしておかなければなりません。また、地域の関連機関に連絡して、それらを関連規則に従ったものとするためにしなければならないことを確かめる必要が出てくるでしょう。里親委託機関がそのために経済的支援をしてくれるかもしれませんし、一時的に子どもの面倒をみてくれる人を手配してくれるかもしれません。これらは是非とも検討しておかなければならない現実的な問題です。

備品、資料および費用

どのような備品、資料、費用が必要かを早い時期に検討し、何が利用できるかについて細かく上司と交渉する必要があります。会場の使用料、託児所の費用、飲食費、文具費、里親の交通費と保育士のための支出などについて予算を立てておく必要があります。これらの費用は、それぞれの置かれている環境とあなたが直接利用できる資源に大きく依存しています。

フリップチャート［訳注：イーゼルのような台に大きな紙を束ねて掛けたもの］、ラップトップ型のパソコン、スクリーン、DVDプレイヤーは不可欠です。部屋の壁にフリップチャートの書き込んだ紙をピンやセロテープで留めることができれば便利でしょう。私たちはいつも、里親が資料や家庭での実践記録を綴じておくことができるよう、見栄えのいいファイルを提供します。グループ実践でスキルの見本を示したり実践してみたりするために、一揃いのブロックや積み木も必要でしょう。また、ぬいぐるみを用意しておくと、緊張をほぐしたり、興味を起こさせたりするための簡単なエクササイズで役立つでしょう。参加者への「ご褒美」に使うシールも必要です。

あたたかくリラックスできる雰囲気をつくるために、お茶の時間は重要です。健康的なスナック、ビスケット、ケーキなどを用意すれば、里親は「世話してもらっている」という気持ちになるかもしれません。もちろん、グループに参加する人の食生活の好みや習慣に合う飲み物やお菓子を選ぶことも大切です。

時間帯と長さ

どの時間帯にプログラムを実施するようにしますか？　そしてどのくらいの長さにしますか？　プログラムは12週のセッションによって構成されています。ハーフターム［訳注：英国の学校の学期中の中間休暇］にはプログラムも1週間の休みを設けて、その間は里親がベビーシッターの手配をする必要がないようにすると喜ばれます。これらの詳細について、プログラムに参加しようと考えている里親と前もってある程度相談できれば、それに越したことはありません。私たちは、学校の授業のある日の10時から1時までにプログラムを実施しました。そうすると里親は子どもを学校に送り、一日の終わりに迎えに行くことができます。そうすることで里親は休日にゆっくり休むことができ、参加しやすくなりました。

時間帯と長さを考えるとき、あなた自身についても、プログラムの準備とスーパービジョンの時間を十分取れるようにしておく必要があります。

里親をトレーニングに引き込む

里親の多くが、他の専門家が自分たちにあまり敬意を払っていないのではないかと感じることは、それほど珍しいことではありません。そのためファシリテーターは、プログラムの当初から、里親との間に開かれた積極的なパートナーシップを確立する努力をする必要があります。ファシリテーターは、自分が、里親自身、彼らの経験、そして彼らがしている仕事を高く評価し、尊敬しているということを示さなければなりません。

養親や里親と一緒に仕事をする人は、多くの養育者をトレーニングに引き込むことがどれほど難しいことか身をもって体験することでしょう。障害となるものには、トレーニング参加中子どもをみてくれる人の手配、交通手段、子どもの病気、再検討会議への出席、さまざまな約束事などがあります。グループによっては、昼間ではなく夜のほうが参加しやすいということもあるかもしれません。この他にも、養育者との実際の会話からプログラムの実施に影響するその他の要因があることがわかっています。養育者はときどき、委託機関が彼らに課すさまざまな要求に対して、苛立ちを覚え、怒っていることがあります。そのため、プログラムを新たな負担と感じる人もいます。また時には、本当はプログラムにあまり期待していないという養育者もいます。特に、以前実施されたトレーニングがあまり気乗りしないもので、養育者の要求に応えるものでなかった場合はなおさらです。

多くの場合、グループワークへの参加には、リスクが付きものです。特に、グループの決まりごとや期待、そして雰囲気があまりよくわからない場合はそうです。そのためセッション1では、養育者と一緒にグループワークのきまりを決めることにしています。

養育者のなかには、グループの雰囲気に入ること自体に不安を感じる人もいます。これは肯定的とは言い難い過去の学習体験と関係しているかもしれません。あるいは新しい社会的状況に対処することに自信が持てないからかもしれません。学習には、自分を振り返ること、そして時には自分を変えることが含まれていますので、それ自体が脅威と感じられる場合もあります。実践やスキルを重視するコースに対して特に不安を感じる人もいます。自分の弱点がさらけ出されるのではないかと考えるからです。

家庭訪問の重要性

1　不安を払拭し困難を克服する

里親が実践的な困難を克服し、不安を払拭するのを助ける1つの方法が、里親の家庭を訪問することです。家庭訪問は、里親を募集しトレーニングを実施していくための不可欠な手段であると私たちは考えます。それは時間のかかることかもしれませんが、非常に有益で効果的な方法です。家庭訪問の場では、フォスタリングチェンジ・プログラムが里親にもたらす肯定的な結果について、よりわかりやすく説明することができます。また、プログラムに参加することを難しくしている具体的な障害について一緒に解決法を探ることもできます。機関は、交通費を援助したり、プログラム参加中子どもの世話について代案を出したりするなど、いろいろ支援できるかもしれません。

私たちは、家庭訪問はまた、フォスタリングチェンジ・プログラムに対する里親の意欲を高めると考えます。家庭訪問をした里親がプログラムにやってこないことはめったにありません。そして12週の間、里親の出席率は概して80パーセントを超えています。家庭訪問によって里親とファシリテーターの間の関係が形成しやすくなると私たちは考えます。

2　里親のことを知る

家庭訪問によって、里親自身について、また、その住居と家庭の状況、里親が経験しているストレスや格闘している子どもの問題行動について、そしてそれと同時に、里親が持っている長所と能力について幅広く理解することもできます。家庭訪問によって、ファシリテーターと里親の間にラポールが形成されやすくなることは疑いありません。またそれによって、グループが真っ先に取り組んでほしいと思っているかもしれない子どもの問題行動や養育のための方略について知ることが容易になります。すぐにはわかりにくい里親の識字能力や何らかの障害についても家庭訪問によって、より容易に、また相手を傷つけることなく知ることができるでしょう。またファシリテーターはそれによって、里親の民族性、「人種」、宗教、文化に関係する事柄について里親と話し合い、調整することができます。ファシリテーターはときどき、家庭訪問によって、そのような問題の1つがラマダン［訳注：イスラム教における断食月］であり、ラマダン期間中のため、その里親が休憩時間中の軽飲食に参加できない場合もあるということを知ることがあります。私たちの家庭訪問の経験について1つお話しますと、ある里親が、自分は子どもの頃に戦争を経験し、安全な避難場所を探し回ったということを話してくれました

が、それは彼女が養育している子どもの１人が経験したことと同じでした。その情報の
おかげで私たちは、プログラムのなかでそのような問題が持ち上がったとき、ファシリ
テーターとして敏感さを持って配慮するように心掛けることができました。家庭訪問の
際に、コースの全容について聞いていた男性のパートナーが、それに心を動かされ、自分
もパートナーと一緒にプログラムに参加したいと言い出すといったことも経験しました。

知っておくと役立つ事柄を以下にまとめます。

- 里親の子育ての経験について。それは里親委託を通じてですか？　それ以外の仕事上
の経験を通じてですか？　あるいは、自分の子どもを育てることによってですか？

- 委託されている子どもについて。長期委託ですか、それとも短期委託ですか？　その
子どもが委託されるようになった理由、どのくらい前から委託されているか、そして、
以前別の里親に委託された経験があるかどうか、などについてある程度知っておくと役
立ちます。また、養育計画について知っておくことも有益です。たとえば、その子ども
は実親の家庭に戻される予定でしょうか。あるいは、別に委託される予定があるでしょ
うか。また、その子どもは実親と連絡を取り合っているでしょうか。そして、そのやり
とりが特別な問題として子どもに現れていないでしょうか？

- 家族構成について。その家庭に別の子どもはいませんか？　手伝ってくれる年長の子
どもやパートナーがいますか？　その逆に、家庭にはその他に介護を必要としている人、
たとえば、里親が責任を持って介護しなければならない病気の家族、または高齢の家族
はいませんか？

- 里親が養育している子どもの長所と問題点について。たとえば、その子どもがどのよ
うなスキル、性格、能力を持っているか、そして里親はその子どものどんなところが気
に入っているかをあなたは知りたいと思うかもしれません。また同様に、里親が対処の
難しいと思っている、あるいは苛立ちを覚える特別な行動はありませんか？　その子ど
もに関して里親がいつも気にかけていることがありますか？　これらについてあなたが
理解していることで、里親がプログラムのなかで焦点化して取り上げる子どもを決める
役に立つことができます。もちろん、プログラムのなかで得られるスキルは全員が共有
できるものでなくてはなりませんが。

- 子どもの行動に対処する方法に見られる里親の長所と問題点は何ですか。

3　プログラムの中心的な概念およびスキルについて説明する

プログラムのワークのいくつかは、すでにこの家庭訪問で始まっています。それはファ
シリテーターがモデルとして里親に示す関係性のスタイルと、グループで話し合う際の
中心的な問題に関するものです。ファシリテーターは、常に前向きで、肯定的でなければ
ならず、里親の実践のなかに、賞賛すべきこと、正しいと思えることを見出し、それを口
に出して言うことができなければなりません。そうすれば里親は、よりリラックスし、
あまり固くならずにすみます。この最初の家庭訪問において、子どもの問題点だけでなく、
肯定的な側面についても里親が考えることができるようになれば、それでもうプログラ
ムは一歩前進しています。困難な委託に直面しているとき、里親の心は、子どもの問題点
と欲求不満でいっぱいになりがちです。プログラムのなかで里親に身につけてほしいス

キルの1つが、子どもの望ましくない行動にばかり気を取られるのではなく、子どもの肯定的で適切な行動にも気づくことの重要性を常に念頭に置いておくというものです。

里親に、その養育のなかで子どもが見せる望ましい行動と望ましくない行動の両方について話してもらうことが重要です。子どもの問題行動が、「かんしゃくを起こす」ことであれば、かんしゃくを起こしたとき、その子がどのように振る舞うかについて、明確で具体的な言葉で語ってもらうようにします。それは1回目と2回目のセッションで探求するテーマで、社会的学習理論に基づくスキルの有効性の基礎をなすものだからです。そしてこの家庭訪問で里親に、子どもの行動のうち、最も変わってほしいと思う行動にはどんなものがあるかを考えてもらうことも、役に立つ場合があります。里親が子どもに対して、もっとしてほしいと思っていることは何でしょうか（たとえば、他の子どもと仲良く遊ぶ、言われたとおりにする、朝自分で服を着るなど）？　あるいは、あまり見たくないと思っている子どもの行動は何でしょうか（たとえば、不平ばかりを言う、喧嘩をする、協力するのを嫌がるなど）？

嘘をつく、口げんかをする、おねしょをするなどの、具体的な問題行動に的を絞ってほしいと言う里親もいれば、うちの子どもは落ち着いていて別にこれと言って変わってほしいと思う行動はないと答える里親もいるでしょう。しかし、この場合大切なことは、里親に、子どもにとって必要なことをもっと幅広く考え、子どもにどのようなスキルを身につけてほしいと思うかについて考えてみるように促すことです。そのようなスキルとは、子どもが自分自身についての肯定的な感情をもっと発達させること、感情や考えをもっと率直に表出すること、他人の感情にたいしてもっと敏感になることなどに焦点を当てたものかもしれません。あるいは、子どもが自分の行為や決断にもっと責任を持つようになるためのスキルかもしれません。これらのスキルはすべて、このプログラムを通して里親が子どもに促し発達させることができるものです。また、ひきこもり、うつ、孤独など、里親が見過ごしやすい、あるいは、問題行動とは直接関係ないと思いがちな、より内面化された問題もあります。しかし、これらの問題はすべて、極めて重要で関連があり、プログラムを進めていくなかで明らかにしていかなければならないものです。

4　評価尺度を設定する

家庭訪問は里親に、プログラム前およびプログラム後の評価について説明する絶好の機会です。あなたはその場で、里親に、あなたが使うことに決めたプログラム前評価質問冊子を渡すことができます（付属資料3/4に収めてあります）。

私たちはたいていの場合、里親に、彼らが研修中取り上げたいと思っている里子について、その場で評価用紙にチェックを入れてくれるよう頼みます。他にも子どもがいる場合は、質問冊子を人数分渡し、最初のセッションのときに持ってきてくれるように頼みます。

以下に私たちが使う評価尺度について説明し、質問用紙を完成させるための手引きを示します。

評価尺度の使用

評価方法を決める

あなたはプログラム評価のための様式を決める必要があります。プログラム評価は、あなたの上司や委託機関にとって、あなた自身にとって、そしてあなたが一緒に仕事をする里親にとって大切なものです。評価によってサービスの利用者は、プログラムに対する自分の意見を声にすることができ、プログラムの内容の改善に貢献することができます。その一方であなたは、あなたが実践したことの結果と効果について、かけがえのないフィードバックを得ることができます。あなたはまず、プログラムの内容のどのような側面について評価を下してほしいかを決める必要があります。たとえば、プログラムに対する里親の満足度、子どもの行動における変化、里親の子どもに対する態度およびストレスの度合いの変化、あるいは委託不調の割合の変化などについて評価をしてほしいと思うかもしれません。心理学的な支援やスーパービジョンを受けている人は、次に紹介する評価尺度以外にも、さまざまなアウトカム尺度を直接入手できるかもしれません。

フォスタリングチェンジ・プログラムが推奨する評価尺度

私たちが使用している質問紙は以下の通りです。

1 アラバマ・ペアレンティング質問紙

（The Alabama Parenting Questionnaire: APQ）（Shelton *et al.,* 1996）

子どもの問題行動に関連して、ペアレンティング・スタイルの肯定的な面と否定的な面を実践面から判別する尺度。ペアレンティングの実践を以下の如く4つの領域に分けて質問事項を並べています。肯定的ペアレンティング（子どもの良い行動を褒めるなど）、一貫性のないしつけ（悪い行いをすると罰しますよと言いながらそれをしないなど）、行き届かない監督（子どもが外でだれと遊んでいるかを知らないなど）、関与（子どもの宿題を手伝うなど）。

2 子どもの強さと困難さアンケート

（The Strength and Difficulties Questionnaire: SDQ）（Goodman, 1997）

3〜16歳の子どもおよび思春期における適応と精神病理についての尺度。特性について5つの下位尺度に分かれた25の質問から構成されています。①情緒的症状、②行動上の問題、③多動性と不注意、④友達関係の問題、⑤向社会的行動。研究用のスクリーニングツールとして広く使われており、多くの異なった母集団の分析で妥当性が証明されています。質問紙および採点方法に関する情報については、www.sdqinfo.com. を参照してください。

3 アタッチメントの質に関する質問紙

(The Quality of Attachment Questionnaire: QUARQ)

アタッチメント概念に関連する質問紙。子どもが愛情を示し受け入れるか、養育者を信頼しているか、ストレスを与えられた際に助けを求められるかといったことを評価する。16項目についてそれぞれ「まったくない」から「とても頻繁」までの5段階で評価。

4 里親の自己効力感についての質問紙 (The Carer Efficacy Questionnaire: CEQ)

(「里親であることをどのように感じているか？」)

里親が、委託されている子どもの養育について、どれほど良く対処できているか、そしてどれほど子どもの生活に肯定的変化をもたらしていると感じているかをアセスメントする質問紙。質問項目は、里親の知識（「子どもを制御するために何をすればいいかわからない」など）、能力（「私がしていることは、委託されている子どもの行動に変化を起こしている」など）、変化の可能性（「私は委託されている子どもに大きな変化を起こすことができる」など）について調べます。また里親が、たとえば、子どもの教育に関する対応についてどれほど自信を持っているかを、「気がかりなことがあれば子どもの学校に相談に行けると思うか」といった質問で調べます。最後の3つの質問は、里親自身のストレスと生活の質に関するものです。たとえば、「私は未来に確信が持てます」など。

5 ビジュアル・アナログ尺度 (The Visual Analogue Scale: VAS)

私たちはこの尺度のことを、「子どもについての心配尺度 (Concerns about my child)」(Scott *et al.*, 2001) と呼んでいます。里親は子どもの気がかりな行動を3つ挙げ、それぞれについてどれほど心配しているかを、10cmの線分上に示します。この方法はとてもシンプルですが、里親が子どもの行動における変化をどのように感じているかを、非常に明快に、目に見える形で表示することができます。この尺度は、専門家の見立てを示すものではなく、里親の子どもに対する見方を示すものです。この尺度は変化を鋭敏に表示できるということがわかっています。

6 里親のコーピング方略尺度 (The Carer's Coping Strategies: CCS)

この尺度はプログラムで学んだスキル、たとえば、褒める、アテンディング、無視の使用など、に関連しています。

プログラム前質問冊子は最初の家庭訪問のときに、そしてプログラム後質問冊子はプログラムの終わりに、最後から2番目のセッションで配られます。この段階で評価を実施することには、不利な点もあります。子どもの行動における変化が現れるのが他の里親よりも遅い里親もおり、また、行動上の実質的な変化を探るには少し早すぎるかもしれないからです。あなたは、プログラムが終わった後、数週間その評価を保留したいと思うかもしれませんが、そのデータの収集にはより大きな問題が伴うかもしれません。（これらの質問紙は、付属資料3～6に収められています）。

各セッションの終わりには、その締めくくりとして、里親に簡単な「セッション評価用紙」が配られます。それによって私たちは、そのセッションに対する里親の感想について、即座にフィードバックを得ることができます。私たちはこの質問用紙のために、2つの異なった様式を試してみました。その1つは、セッションの具体的な考え方やアクティビティがどれほど役に立つと思うかを質問するもので、もう1つは、グループ学習体験のさまざまな側面について、より全般的に質問するものです。

プログラムの終わりに、私たちはもう1つの質問用紙、「コースフィードバック質問紙」を配ります。そこには、指導方法の有用性、具体的な方略、全般的な方法、およびファシリテーターのスキルについて多項選択式の質問が並べられています。また、それとは別に、自由に答えることのできる質問がいくつかあります。その回答を見ると、コースをそれほど長いとは思わないと答えた里親が多かったこともあり、今回はセッションを2つ増やしています。

12セッション分の「セッション評価用紙」と、プログラムの終わりに使用する「コースフィードバック質問紙」は、付属資料8「各セッション配布資料」の1〜12各セッションの終わりに収められています。また、このプログラムが里親とその子どもの行動にどのような影響を与えたかを効果的に測定するツールとして、先に私たちが推奨したすべてのプログラム前およびプログラム後評価尺度用紙も、付属資料3〜6に収められています。以上付属資料に収められているものはすべて自由に使うことができます。

フォスタリングチェンジ・プログラムの構成

このプログラムの主な目的は、里親が子どもとの間に肯定的な関係性を築き、子どもの問題行動に対処するためのスキルを向上させることができるように、一連の明確で実践的な方略を提供することです。

そのためには、精緻に構築された方法に基づいて、どのように方略を適用するかについての明確な情報を提供し、また、その基礎になっている理論を学習、討論し、お互いの経験を共有し、スキルを実践する、これらの機会を提供することが必要です。里親が、自分はそのような方略を用いる能力があると感じ、自信を持てるように、彼らが家庭で実践するスキルについて、明確な考えを持ち、十分理解していることが不可欠です。

このプログラムで私たちは、毎週3時間ずつ、12週かけて進めていくための理論と素材を提供しています。各セッションはかなりタイトなスケジュールになっています。新しいスキルについて学び、それをトレーニングし、家庭に持ち帰って実践する準備をする、といったさまざまなワークが盛り込まれているからです。ファシリテーターのなかには、プログラムで指示されている時間割、素材、ワークに沿って進めていこうと考える人もいれば、それらから少し逸脱して、自分自身が考えた内容を組み込み、発展させ

たいと考える人もいるでしょう。また、グループが要求することが、あなたの仕事の進め方に影響する場合もあるでしょう。あるいはまた、グループが要求すること、およびグループで優位を占めていると思われる学習スタイルに合わせて、内容を一部変更する必要があるかもしれません。たとえば、特に大きなグループの場合は、それを小さなグループに分けてトレーニングを行うようにする必要があるかもしれません。また、英語が第二言語であるとか、読み書きについて問題があるといったグループの場合は、このプログラムの内容をわかりやすく説明した配布資料に書かれている内容のすべてについて明快に説明できるようにしておく必要があるかもしれません。

各セッションにはパワーポイントによるスライド（スライドに合わせてファシリテーターが行う説明を含む）と、里親のための配布資料が用意されています。どちらもそれぞれ付属資料7/8に収められています。そのパワーポイント・スライドは、ファシリテーターにとっては覚書として、また里親にとっては視覚的補助として役立ちます。ファシリテーターは、プログラムを進めていくなかで、臨機応変にパワーポイントを利用してください。ただし、プログラムの内容を提示していくときのファシリテーターそれぞれのスタイルに合わせてパワーポイントを有効に使っていくためには、前もって少し練習をしておく必要があります。

グループの構造と過程

このプログラムの主な目的は、里親のスキルの向上です。しかしファシリテーターは、里親がグループに持ち込むそれぞれの関心事に注意深く耳を傾けることができなければなりません。これができて初めて、ファシリテーターは里親のために、里親が養育のなかで子どもの言うことに耳を傾け、彼らの遊びに参加する方法のモデルを示すことができ、またすべての里親を1人の個人として心から尊敬しているということを示すことができるのです。ファシリテーターは、里親の関心事と感情にダイレクトにつながり、それと真っ向から向き合うことができなければなりません。そうして初めて効果的にプログラムを進めていくことができ、成果を生み出すことができるのです。時にファシリテーターが、セッションのスケジュールをこなすことばかりに気を取られてしまうことがあります。そうなるとそのファシリテーターは、うわのそらになり、グループのなかで実際に起こっていることを見ることができず、創造的にそして協力的にグループと仕事を進めていくことができなくなります。そのようなファシリテーターに、セッションの内容をうまく里親に伝えることができるはずがありません。

このプログラムで最も難しいことの1つが、明確な構造を提供することと、目標の間のバランスを取ることです。しかしこれと同時に、里親自身がセッションに持ち込んでくるさまざまな問題に対して、柔軟に責任を持って応えることができなければなりません。里親がグループに持ち込んでくる関心事が、グループワークを効率良く進めることの障害になったり、ファシリテーターの手に負えない問題であったりする場合があります。過去の例を挙げると、前回の委託不調のことで、あるいは、私たち以外の専門家と

の意見の違いで、頭のなかがいっぱいになっていた里親がいました。そんなとき私たちは、そうした問題をグループのなかで話し合うのを打ち切り、その里親がそのような問題を解決するために他の適切な支援を見出せるように協力しました。このようにあなたはあらかじめ、グループ内で話し合うことができる事柄と、グループの目的とは離れている事柄を明確にしておくとよいかもしれません。この点を基本ルールの1つに加えることができます。

セッションの構造

ファシリテーターは、プログラムの指針と期待について明確に説明する必要があります。各セッションの目標と構造は、付属資料に収められているパワーポイントが明示しています。そこで示されているセッションの流れを見ることによって、里親は、その日のセッションの内容と学習の進め方に関心を持ち始めることができます。

セッションは、次のような構成になっています。

1. **オープニング・ラウンド**　里親が気持ち良くグループに入っていける雰囲気づくりから始めます。続いて、「今日のセッションの目的」が大まかに伝えられます。

2. **家庭での実践のフィードバック**　セッションの最初の部分の中心的テーマは、前回までのセッションで学習したスキルを家庭で使ってみてどうだったか、ということです。そのスキルや方略を使うのが難しいと感じた里親がいたら、その人に何が起きたのかを話してもらい、次にその人と一緒にグループ全体で、別のやり方としてどんな方法があり得たのかについて考えるようにします。また、うまくいったという里親には、その人の経験から全員が学び参考にできるように、そのスキルをどのように使ったかを具体例を示しながら話してもらいます。このセッションの最初の部分で重要なことは、里親から、この1週間彼らを悩ませた問題や起こった出来事について聞き、それについて里親がどう考えたかに耳を傾けることです。

3. **新しいスキルや方略の説明**　家庭での実践のフィードバックが終わったら、次はこの週で取り上げる新しいテーマやスキルの紹介を行います。さまざまなアクティビティを通じて、里親がその内容を具体的に把握することができるようにしていきますが、アクティビティには、討論、小グループまたは大グループでのエクササイズ、関連するビデオの視聴、そしてロールプレイなどがあります。ファシリテーターは、そのスキルや方略の理論的背景について説明し、グループのメンバーを相手に例を示しながら、それらのスキルや方略をどのように使用するかについての明確な指針を示していきます。

4. **新しいスキルを家庭で使うための準備**　セッションの最後の部分では、次の1週間に家庭で実践するワークに向けて里親を準備させることに集中します。ここで重要なことは、里親に、自分はそのスキルを使う能力を持っており、結果を出すために何をすればいいかを理解しているという自信を持たせることです。そのときに出す課題は、あくまでも実践可能で、よく考え抜かれたものでなくてはなりません。

5. **クロージング・ラウンド**　セッションの終わりに、里親に簡単な評価用紙を配り記入

してもらいます。そしてセッションの終わりのあいさつを行います。この時間帯は、里親がこのセッションで学んだことを吟味し、次の1週間を肯定的に思い描く大切な時間です。

6. **リフレッシュ・タイム**　グループのムードを転換するために計画されたアクティビティの時間です。特にフィードバックの後や、グループのやる気を再充填する必要があると感じたときに行います。必要に応じてファシリテーターはいくつかの切り札を用意しておくとよいでしょう。

問題解決的アプローチ

プログラム全体にわたって、里親が遭遇するであろうさまざまな問題に対して、問題解決的アプローチが取れるように導いていくことが大切です。里親に必要なことは、特定の問題に対する特定の解決法を学ぶことではなく、自分の問題に対して柔軟かつ創造的に考え対処することができるという自信を深めることです。これは家庭での実践が計画通りにいかないとき、あるいは養育のなかで子どもとの衝突に対処していくために新たな方法を自分で考えなければならないときに特に役立つ方法です。「私に見せて（show me）」という技法（Webster-Stratton, 1994）がありますが、この技法は、里親が、直面している養育の問題を説明し、別の解決方法を「練習」することを助けるとても良い方法です。「私に見せて」技法は、里親が自ら考えて行うロールプレイの形態をとります。里親はグループの前で、そのときの子どもと自分の行動の両方をやって見せながら、自分がいま直面している問題の状況を説明していきます。そのあとファシリテーターは里親全員に、それとは違うもっと効果的な形でそのような行動に対処するにはどうすればよかったと思うか質問します。その後ファシリテーターは、自分の考えを述べたり、示唆を与えたり、励ましたりすることができます。

問題解決的アプローチは、「問題」状況に関係すると思われる考え、観察、体験を、グループ内の里親のすべてが共有するということを重視します。このプログラムを通じて里親は、子どもとの対応の際に使うことができる方略と技法の「道具一式（tool-kit）」を手に入れます。里親は、直面する「問題」に対するさまざまな解決法を自分で考えるように、そしてそのなかから最善と思われる解決法を実行するようにと励まされます。たとえば、プログラムのセッションのなかには、子どもの学校生活を支援するように促すことだけに絞ったセッションがあります。しかし里親は、それ以外のセッションで学んだ技法や方略のすべてを、子どもの学校生活の支援に適用することができます。このようにグループ内で経験や考えを共有する方法を通じて、里親がグループに持ち込んできた知識や経験の正当性が確認され、同時に、里親同士がお互いに支援し合い、直面する問題に対して協力して新しい解決法を見出すという活動的な機会が生み出されるのです。問題解決スキルは、問題や困難に対して、よりレジリエンス（弾力性）があり、より自律性のある対応を促進します。このプログラムの問題解決的アプローチを通じて、里親は、問題がすぐに解決できないことに打ちのめされるのではなく、もう一度考え、新たな解決法を試してみようという勇気を強く持つことができるようになるはずです。

学習を促進する環境の創造

成人の学習について、ここ40年、興味深い発見が相次いで発表されました。私たちはいま、成人は多様な方法で学ぶことができるということをこれまでになく知っています。学習サイクル（Kolb 1976, 1984）は、人は新しい情報に接すると、まずそれについて熟考し、次に既知の情報とのつながりを探り、その次にその新しい情報を「試してみる（try out）」と述べています。フォスタリングチェンジ・プログラムは、まさに里親にこのサイクルを経験する機会を提供したいと考えます。最初に、背景となる理論について一通り説明し、次にその理論を理解しやすくするために設計されたエクササイズとグループ討論を行い、その次にそれをすでに経験した状況や、将来経験すると思われる状況に当てはめてみます。そして最後に家庭での実践で、里親はその新しい情報を試してみます。しかし、ここで念頭に置いておかなければならないのは、学習は情緒的な経験であるということです。里親のなかには、学校卒業以来、学習の場に参加したことがないという人がいるかもしれません。また、学生時代の嫌なことを思い出す人もいるでしょう。最初は学習することに対して不安や抵抗を感じる人もいるでしょう。成人学習理論では、自分自身で学習を制御できていると感じることが重要だと強調しています。プログラムの最初の段階で、自分はこのグループにとって欠かせないメンバーになることができ、グループワークではお互いの経験、助言、支援を共有し合うことが最も重視されるという期待感を里親に持たせることが大切です。プログラムの最初のアクティビティの1つである「グループワークのきまり」は、里親が学習パートナーシップを固める最初の機会です。そこでは里親全員が意見を述べ合って、その「基本ルール」を定めます。それによって里親は安心感を得ることができ、自由に意見を交わす雰囲気がつくられます。それと同時に、「グループワークのきまり」を自分たちで定めることによって、里親は、自分の学習に責任を持つ必要性を自覚します。感情は学習の中心に位置しています。そして学習のなかに感情的要素が存在するとき、人は最も良く学習することができます。里親が楽しいと感じ、自然に笑える雰囲気をつくることが大切です。そして逆説的ですが、多くの場合、ユーモアのある雰囲気のほうが、傷つきやすく痛みを伴う問題に触れることを可能にすることが知られています。——グループにおいてもそのような感情が必要とされることがあります。そのような場合、ファシリテーターはグループが里親であることをより肯定的にとらえ、励みとなるような方向へ、どの時点で誘導すべきかわかっていなければなりません。

フォスタリングチェンジ・プログラムはまた、学習スタイルについての最新のさまざまな研究成果に基づいて作成されています。学習スタイルのVAKOG（Visual：視覚、Auditory：聴覚、Kinaesthetic：運動感覚、Olfactory：嗅覚、Gustatory：味覚）モデルという考え方があります。それは、成人は多様な方法で学習するということを重視します。情報が図表や写真を通して視覚的に提示されたときに最もよく学習できるという視覚優位な学習者のために、このプログラムでは多くのビジュアルイメージを使用しています。

講義を聞いたり物語に耳を傾けたりするのが好きな聴覚優位な学習者は、ファシリテーターの説明や、里親がお互いの経験を語り合う討論のなかから多くを学習するでしょう。音楽は、私たちの多くにとって最も共感しやすいものです。プログラムでは、セッションの始めに里親が部屋に入ってくるとき、あるいはその他のタイミングでも音楽を流すことを勧めています。音楽は独特の雰囲気を創り出すことによって学習を促進し、また参加者の不安を取り除くことができます。運動感覚優位な学習者とは、活動的なことを好む学習者のことです。このプログラムには、里親が身体を動かして参加するさまざまなアクティビティがたくさん用意されています。すべての学習者が、プログラムに用意してあるさまざまなプレゼンテーション・スタイル、さまざまな媒体の使用を歓迎するでしょう。とはいえ最も重要なことは、すべての成人学習者と彼らの経験が貴重なものとして尊重され認められることです。フォスタリングチェンジ・プログラムのファシリテーターは、自分を専門家として里親よりも高く位置づけることを避けなければなりません。そうではなく、自分がプログラムに持ち込んだスキルや経験を価値あるものと認め、それに依拠できるという自信を里親が持てるよう勇気づけることに主眼を置かなければなりません。またファシリテーターは、里親のなかにはトレーニングに参加することに非常に大きな不安を覚える人もいるということを過少評価しないようにしなければなりません。そして里親が示すさまざまな行動——抵抗、怒りや欲求不満の表出など——の根底には、不安が潜んでいるかもしれないということを常に念頭に置いておく必要があります。周到に計画を練り、しっかりと準備することによって多くの問題は避けられますが、よく見られる問題状況とその対処法のヒントを以下にまとめています。

グループワーク・スキル：トラブル・シューティング

しゃべりすぎる人がいるとき

グループ討論を1人で取り仕切ろうとする人に対しては、行動を起こす必要があります。「グループワークのきまり」のなかに時間を分け合うことに関するきまりがあるなら、それを示唆するだけでいいでしょう。それがない場合は、行動を起こす必要があります。その人の言ったことを要約し、グループの他のメンバーにこれに関して意見や体験はありませんかと質問するといいでしょう。時にははっきりと、次の人の意見を聞く番ですよとか、他の人にも話す機会をあげてくださいと言ってもいいでしょう。カーペットタイルを使うグループもあります。それを持っている人に発言権があるということを意味しています。そして、たとえば5分以内に、それを次の話し手に回さなければならないと決めておきます。話す人が変わるたびに、そのカーペットタイルがメンバーの手から手へ回されていきます。

あまりしゃべりたがらない人がいるとき

静かな人に対しては、その人が何らかの反応をしたときに励ます必要があります。その人の発言に興味を持ったことを積極的に示すようにしましょう。また、あるアクティビティのときにその人がとても自信を持って行動したとか、メンバーの誰それといるときに生き生きしているとか、ということを察知しておく必要があります。できるだけ、そ

の人が気楽にいられる状況を創り出すように心掛けましょう。ファシリテーターのちょっとした気遣いや勇気づけに肯定的に反応する里親もいます。そしてそれを見分けるのがもう一方のファシリテーターの役割です。

グループ内にカップルがいるとき

パートナー（または親密な友だちでも）がプログラムに一緒に参加するとき、グループに強力な影響を及ぼす場合があります。それがグループワークに有利に作用することもあれば、不利に作用することもあります。カップルは、相手方に抱いている期待感や2人の習慣的関係パターンをグループ内に持ち込むことがあり、時にはそれが、グループという環境の下でお互いの考えや行動、そして相互作用を制限することがあります。私たちはこんなとき、つとめてそのパートナーをそれぞれ1人の個人と見なすようにします。そうすることによってそれぞれが、新鮮な気持ちで考え、自分自身の個人的考えやスキルを発達させる機会を持つことができ、不必要に相手方の期待に妨害されることもなくなります。小グループでエクササイズをするときは、私たちはたいてい、カップルを別々のグループや2人組に分けるようにします。

頑固に自分の行動パターンを貫こうとする人がいて、それがグループワークに悪影響を及ぼしているとき

行動のなかには、変えにくい行動というものがあります。その人の行動が、グループワークにあきらかに悪い影響を与えていると思われる場合は、何らかの行動を取る必要があります。さまざまな方略を試してみる必要があるかもしれません。また、その人にとってそのような行動がどんな機能を果たしているかを考えてみる必要もあるでしょう。1つ例を挙げますと、グループの気分を落ち込ませるような冗談ばかり言う里親がいました。グループ内でそのことをやんわりと注意すると、その人は、ただのジョークですと繰り返し言うばかりでした。そのうちグループの他のメンバーが、トレーニングで彼とペアを組むのは嫌だと言い出しました。また彼がいないときには、グループ内がよりリラックスして開放的になっていることに気づきました。私たちは、グループの前で彼の行動をとやかく言うのは適切ではないと考え、グループの外で彼と話し合うことにしました。そこで私たちは、彼の冗談がグループワークに及ぼしている悪い影響について彼に十分に説明することができました。彼は納得し、次からはそのような冗談は言わなくなりました。

否定的で差別的な言葉を使うかもしれないと思われる人がいるとき

言葉は非常に強力です。ある人が何気なく使った言葉が、他の人にとっては、ひどく傷つき怒りを覚える言葉である場合があります。あなたは常に、グループのメンバーが使う言葉に疑問を投げかける用意をしておく必要があります。とはいえ、それは非難したり上から見下したりするようなやり方ではいけません。その場合はただ、「あなたが言ったことの意味が分かりません。あなたは……のことを言っているのですか、それとも……？」と言うだけでいいのです。その里親に、いまその人が言った言葉の意味を尋ねることで、発言の内容だけでなく、言葉が潜在的に有している影響の大きさについて、

グループ全員で話し合うことができます。

グループにまとまりがないと感じられるとき

グループがなんとなくバラバラで受け身的になっていると感じられるときは、ペアや小グループで行うトレーニングを多く取り入れるといいでしょう。それによってメンバー同士がお互いをよく知り合うようになり、より気楽に安心して接することができるようになるでしょう。その後で、比較的楽に行えるグループ・エクササイズを行い、グループとしてよりリラックスした雰囲気をつくるようにします。ユーモアを取り入れることでグループの固さをほぐすこともできます。私たちはときどき、多少大げさなロールプレイをして、ある特定の相互作用や状況にどのように対応したかを里親に観察してもらい、意見を言ってもらうようにします。グループのまとまりを作り上げるもう１つの方法に、メンバーに輪になって座ってもらい、順番にいま感じていることを一言で表してもらうというのがあります。これは個々のメンバーの感情を認め、尊重し、グループとして統合していくための比較的楽に行える方法です。また匿名の情報を得るために、フィードバック用紙を注意深くチェックすることも必要です。

グループの反応があまり良くないと感じられるとき

グループが、ファシリテーターであるあなたやプログラムに対して、あまり良く反応していないと感じられるときは、フィードバックを得る機会を設けます。プログラムに対する感想を自由に書いてもらってもいいでしょう。また、里親がどのように感じているか、そして彼らが特に役に立つと考えるプログラムは何かを確かめるために、座談会のような場を設けるのもよいかもしれません。

以前、私たち自身や私たちの考えにあまり関心を示していないのではと思われるグループがありました。里親は、何が悪いかについて、これといった意見を述べてはくれませんでした。ファシリテーターとして私たちは、だんだん苛立ちを覚えるようになってきました。里親は私たちの言うことを聞こうとせず、私たちは状況をどう改善したらいいのかわからず悩みました。あるとき私たちは、ファシリテーターとして、このときの自分たちの感情を分析する時間を設けました。するとそのとき、この私たちの感情は、このグループが里親としての役割について抱いている感情とまったく同じではないかと気づきました。そのグループは、最も扱いが難しいティーンエージャーを委託している里親を含むグループでした。私たちは私たち自身の感情を整理した後、グループに戻っていくことができました。私たちは今度は、苛立ちを覚えたり、防御的な姿勢を取ったりすることなく、里親のなかに入っていくことができました。彼らが感じているかもしれない、自分は過小評価されているのではないかという感覚、無力感、そして苛立ちを私たちも感じ取ることができたのです。このときから、私たちは実質的にグループを再建し、グループメンバーが必要としていることや彼らの状況に合わせて、グループワークを進めていく方法を発展させていくことができるようになりました。

グループを包み込む（containing）

グループワークの始まりと終わりは、特に大切です。そこではグループを温かく包み込むアクティビティを行い、グループへの導入とグループから離れるといった移行がスムーズに行えるようにしましょう。私たちは、オープニング・ラウンドをメンバーの気持ちを惹きつけるために使い、クロージング・ラウンドをセッションを締めくくるために使います。オープニング・ラウンドでは、里親1人ひとりに、どんな1週間であったか、あるいは今どんなことを考えているかを簡単に話してもらうようにしてはどうでしょう。あるいは本日のセッションの内容に関係した簡単な導入トレーニングを行ってもいいでしょう。セッションの終わりのクロージング・ラウンドでは、今回のセッションで最も印象に残ったことは何かを質問したり、次の1週間、自分自身をケアするために何をするつもりかを質問したりしてはどうでしょうか。

ファシリテーターのための助言集

以下に、ファシリテーターにとって役に立つと思うことを助言集としてまとめました。かなりの数になりましたが、特に難しいことを並べているわけではありません。ファシリテーターとしての行動や発言の重要なポイントについて考えるときの参考にしてください。私たち自身の経験から導き出したものもあれば、他の実践家の経験から導き出したものもあります。

- 説明や言葉はあくまでもシンプルに。できるかぎり日常使う言葉で語りましょう。そして里親があなたの言うことを理解しているかどうかを常にチェックしましょう。
- 何かについて教えるときは、手短に要点を伝える。ある1つの考えを理解してもらうには、5分あれば十分です。あなたの考えを、言葉だけでなく視覚的に伝えましょう。説明用の大きなフリップチャートやプロジェクターでパワーポイントを使って、あなたが語っている内容のポイントを明示しましょう。
- 明確に——里親の視点に立って、彼らがいま何を一番知りたいのかを考えましょう。指示を与えるときは単刀直入に矛盾のないように。理論について解説するときは、用語をわかりやすく説明し、具体的な例で示すようにしましょう。
- フレンドリーに、そして里親1人ひとりに興味を持っていることを示しましょう。そうすれば里親の意欲も高まり、より集中するようになります。
- 子どもとの衝突や困難に立ち向かおうとする里親の努力を、たとえそれが成功していなくても、正しいことと認めましょう。非難せずに情報を伝え、咎めたり叱ったりしているように聞こえるようなことは言わないようにしましょう。同時に、「正しい方向に向いている」彼らの努力を褒める機会を見つけるようにしましょう。
- 里親の感情を認識し、それを彼らに返すようにしましょう。
- 「ホームワーク」を出す場合は、その背景となる合理性を説明しましょう。今日行った学習とそのホームワークの関連性を説明し、それが子どもの行動を変えることとどのように関連しているかを説明しましょう。
- 里親が家庭での実践を報告したり、ロールプレイで示したりしたときは、必ず何か肯

定できることを見つけ、それを称賛しましょう。

- 里親が提供してくれる個人的な体験から教訓を引き出しましょう。
- すべての人に話す機会を与えましょう。
- どのセッションにおいても、ペアを組んだり、少人数のグループワークを行ったりする機会を設けましょう。それによって里親はお互いをもっとよく知ることができるようになり、思っていることを口に出して言えるようになります。
- ペアを組ませるときは、同じペアにならないように、組み合わせを変えるようにしましょう。
- 感想を聞くときは、最初に発言する人を順番に変えるようにしましょう。
- 議論の境界線を確保するのはあなたの責任です。アクティビティがだらだらと長引いたり、1人の人が仕切ったりするとあなたに非難の目が向いてきます。前向きに物事が進んでいくように、いつでも行動できる準備をしておきましょう。
- あなたのグループが最も集中するのはどのようなアクティビティですか？ グループ討論をとても有意義と認め、そこから多くを学ぶグループもあれば、ロールプレイと実践から最も良く学習するグループもあります。あなた自身のグループが何に最も良く反応するかを見極めましょう。
- あなたの見解に反論が向けられたときは、自分を正当化したり防衛したりすることにとらわれないようにしましょう。里親が言うことに耳を傾け、良く理解し、検討しましょう。必要であればあなたの見解をもっとわかりやすく説明しましょう。
- 興味をひく、活動的で、実践的な素材——グループ討論、実技トレーニング、DVD、実例、ロールプレイなど——を使うようにしましょう。
- セッションが単調にならないように、ペース、ムード、学習方法に変化を持たせましょう。そうすればいつもあなたのグループは集中し活発になるでしょう。
- 否定的経験や愚痴、あるいは他人の悪口を聞くのに、不必要に多くの時間を取られないようにしましょう。
- 里親が肯定的な経験を共有できるようにしましょう。子どもの行動を変えることができた、あるいは子どもの行動に改善が見られたと喜んでいる里親がいたら、それをみんなの前で報告してもらい、拍手で称賛する機会を設けましょう。里親にとっては、自分の成功を皆に認めてもらうこと、またそうした実体験から学習することがとても大切です。
- 楽しい時間にしましょう。笑いは活力を生み出します。それはグループのメンバー間の絆を強め、困難と痛みを伴う里親という仕事を少し楽にします。
- 完璧な人などいません。ファシリテーターがある程度自分の弱点をさらけだす見本を示すことができれば、里親も気楽に自分の限界を見つめやすくなるかもしれません。
- 里親の苦しみを認識する心の準備をしておきましょう。里親は折にふれて、自分の委託、そして自分の役割と葛藤しています。里親にとって子どもを養育するということがどれほど困難であるかをあなたが認識することができれば、里親は本当に支援され、理解されていると感じることができるでしょう。

セッション

1

グループを創設し
子どもの行動を理解し
記録する

グループを創設し
子どもの行動を理解し
記録する

ファシリテーターが知っておくべきこと

1 基礎となる理論的内容
子どもはどのように育ちレジリエンスを発達させるか？
発達段階と社会的養護下の子ども
行動を観察し評価する

2 グループワークを効果的にファシリテートする
ファシリテーターの責任
学習のための安全な環境の確立
グループワークのきまり
守秘義務
積極的関与を促す
プログラム前の準備
セッション前の準備
ファシリテーターのねらいと目標
会　場
セッション 1 を成功させる秘訣

3 必要な機材および備品

4 セッション 1 の概要

5 セッション 1 の流れ

6 評　価
ファシリテーターのためのセッション後評価
フィデリティー・チェックリスト

ファシリテーターが
知っておくべきこと

1　基礎となる理論的内容

子どもはどのように育ちレジリエンスを発達させるか？

このプログラムの中心にあるのは、里子の行動と、その問題行動を変えるために里親はテクニックや方略をどのように使うかということです。とはいえ、そのようなスキルは子どもの発達状況に合わせて適用する必要があります。子どもの生活における養育の重要性を強調するとき、私たちは植物をよく例にとります。植物をある場所から別の場所へ移すと、それまで以上に大変な手間がかかります。植え替えたばかりの植物には、こまめな水遣り、成長を促進するための温かな日射し、根をしっかりと下ろすための上質な土壌が必要です。社会的養護下の子どももまた、ある場所から引き抜かれた状態にあります。彼らを別の場所に定着させるためには、特別な手当てが必要なのです。

このセッション1から、社会的養護下の子どもの経験は、実親の下でずっと育った子どもの経験とはまったく異なるということを常に強調しておくことが重要です——自分の家族との分離、数度にわたる委託先の変更、虐待、トラウマ、そして不確かな未来が子どもに及ぼす影響について里親に深く考えてもらうために。そうして初めて私たちは、このプログラムを通じて里親が獲得する方略やスキルが、どのように、そして、なぜ社会的養護下の子どものために役立つのかを考え続けられるのです。

レジリエンス

プログラムの最初の段階で、里親に、レジリエンスという考え方を紹介していきます。里親は、養育する子どもがどのような経験をしてきたかを考えると、とても暗い気持ちになります。だからこそ里親が、自分は養育している子どもの生活に変化を起こすことができると自信を持つことが重要です。ロビー・ギリガン（Robbie Gilligan）は、レジリエンスを次のように定義しています。

> ……脆弱性のある子どもを、それがどのような形態のものであろうと、最悪の
> 出来事の衝撃から守る彼らに内在する特質。それは子どもや青少年が大きな障
> 害や苦難に直面したとき、彼らがそれに立ち向かい、それを乗り越え、たくま
> しく成長していくのを支える。
>
> （Gilligan, 1997, p. 12 より引用）

この改訂版『フォスタリングチェンジ・プログラム』は、国立ペアレンティング研究所によって 2009 年に実施されたペアレンティング実践家のための SAIL（Study of Adolescents in London：ロンドンの若者研究）プロジェクトの成果に基づいて作成されています。確かに、社会的養護下の子どもが大変困難な状況に置かれていることは事実ですが、里親による養育によって、彼らの生活に根本的で重要な変化が生み出されているということもまた事実によって証明されています。SAIL プロジェクトは、思春期の子ども 62 人の実親、里親それぞれとのアタッチメントパターンを調査し、特に問題のない家庭で育った対照サンプル 50 人と比較しました。里親家庭の子どものほとんど全員が、実親に対して不安定型のアタッチメントを示しました（実母親に対しては 90 パーセント、実父に対しては 100 パーセント）。しかし、その同じ子どもの約半数は里親に対して安定型のアタッチメントを示しました（里母に対しては 46 パーセント、里父に対しては 49 パーセント）。この安定型アタッチメントの割合は特に問題のない家庭で育った子どもと比べて大きな差のないものでした。

このプログラムを通じて里親に伝える必要のあるメッセージは、**現在**、里親が子どもに注いでいるすべてのことは、たとえ将来、里親自身がその結果を目にすることができないにしても、子どもの未来に大きな変化を起こすことができるということです。委託されている子どもは、里親が真実の希望、大志、期待を託す価値のある存在なのです。初期の経験のため、彼らに変化を起こすのは無理だ、という見解に私たちは反対の立場をとります。とはいえ、当然のことですが、社会的養護下の多くの子どもは根本的な器質的障害を持ち、それが能力や気質に大きな影響を与えています。これについては、以下にさらに掘り下げて検討します。トラウマや虐待によって、専門家の助けを必要とするほどの障害を持つに至る子どももいるでしょう。そしてそのような判断がなされるケースは、CAMHS（児童思春期精神保健サービス）などの適切な機関に紹介されます。

もう一度繰り返しますが、里親の正しい支援、スキル、インプット、信念があれば、たとえ道は真っ直ぐではないにしても、委託されている子どもは自分を変えることができるということを里親が理解することが重要です。女優で映画監督のサマンサ・モートンや、ミュージシャンで DJ のゴールディがその良い例です。このようにファシリテーターであるあなたは、里親にその子どもに対して示してほしいと思っている手本を自ら示すことから始めてください。選択のあるところに人生の旅が展開します。インターネット上には、里親に育てられたり養子縁組されたりして大

セッション1　グループを創設し、子どもの行動を理解し、記録する

人となり、有名になった人のリストがたくさんあります。

アタッチメント、脳の発達、不適切な養育 (maltreatment)

不適切な養育や初期のアタッチメント経験の影響を考えるとき、それを最近の脳の発達に関する科学の進歩とつなげて考えてみようと思いつく里親も多いことでしょう。しかしこの分野は、いま最も活気があり急速に進歩している分野ですから、グループの前でファシリテーターがその最新の科学的成果について詳細に説明するのは無理な話です。それよりもむしろ、グループのファシリテーターであるあなたは、そのような質問に対して答えることのできるいくつかの一般的原理を認識しておくことと、特に、里親に向かって、あなた方は初期の環境で不適切な養育を経験した子どもに肯定的変化を起こすことができる存在なのですと、里親としての可能性を再認識させることができるようにしておくことが重要です。

初期の環境が子どもの発達に影響を及ぼすと言うとき、子どもの発達のすべての段階を考える必要があります。たとえば、最も早い時期の環境という場合、それは時間をずっと遡って、誕生前の期間まで含める必要があります。社会的養護下の子どものなかには、出生前に不適切な環境にさらされていた子どもが多くいます。不適切な環境には、栄養不良や、アルコールやタバコ、違法薬物などの神経毒にさらされることだけでなく、母親のストレスも含まれます。そのストレスは、コルチゾールなどのストレス・ホルモンによって胎児にも影響を及ぼす場合があり、就学時の行動や情緒的適応にもその影響が見られることがあります（たとえば、O'Connor *et al.*, and ALSPAC Study Team, 2003; O'Connor *et al.*, 2005)。タバコなどのよく見られる毒物や少量のアルコール摂取でさえ胎児の成長や発達に影響を与えますが、大量のアルコール摂取は、胎児性アルコール症候群を引き起こす場合があります。それは脳の発達に深刻な影響を及ぼし、行動上の問題を引き起こす可能性があります。妊娠中の母親のアルコール摂取に対する胎芽や胎児の脆弱性は、個体によって異なるということが科学的に知られています。そのため、どのくらいの量のアルコールがリスクとなるかと言うのは難しいことです。社会的養護下の子どものリスクに対する感受性の多様性は、このセッションで何度も立ち返るテーマです。そしてそれは、私たちが、初期の不適切な養育によってどのような障害が起こるのか、あるいは起こらないのかを認識する場合の限界を示してもいます。こうした妊娠中の胎児の脳の発達にとっての生物学的リスクは、社会的養護下の子どもが乳幼児期に受けた養育の質について考えることができる時期よりも前に、すでに起こっています。経験が子どもの発達と適応に与える影響を説明する要因には多くのものがあることが研究によって知られています。以下に検討するように、それは多次元的なプロセスであり、それらの複数の要因の相対的寄与は子どもによって異なっています。

脳は、受胎直後から幼児期、そして子ども時代を通して発達し続けるということを強調することが大切です。事実、最近の研究では、発達し続ける部位を特定することができています。それは特に、社会的理解に関係する部位に顕著で、思春

61

期から20代半ばまでを対象にした研究で科学的に証明されています（たとえば、Blakemore and Choudhury, 2006）。これは、脳は静止したものではなく、常に環境との相互作用のもとで発達し、いつもそれが見出す事物に対して適応する、と言い換えることができます。この持続的な反応性は、脳の「可塑性」と呼ばれています。脳に可塑性があるおかげで、子どもは里親の下に委託されると、変化する可能性が高まると言うことができます。その一方で脳は、初期の経験から、ある種の環境を予測するという形で準備する傾向があるということも科学的に知られています。つまり脳は、繰り返し起こることに対して適応し始め、将来起こりそうなことに対してうまく準備しようとするのです。実は、将来の環境に対するこうした準備作用——それは初期の経験が脳の発達に及ぼす影響の背景となります——は、脳の領域を超えて、生理機能などのその他の生物学的システムにまで発展し、さらに子どもが実の親から受け継いだ遺伝子の発現にまで及ぶことがわかっています。初期の不適切な養育の影響は、子どもによって異なった程度で、さまざまな生物学的領域にまで及ぶことがあるのです。

不適切な養育が子どもの発達に及ぼす影響の範囲とその大きさに関する研究を包括的に検討することはこのマニュアルの範囲外ですが、興味をお持ちの読者は、最近の文献を参照してください。それらの文献は特に、不適切な養育の影響が及ぶ部位は広範囲にわたり、神経発達、生理機能といった複数の生物学的システムと遺伝現象との間で同時的に相互的に作用するということを強調しています（たとえば、McCrory *et al.*, 2010）。以下、生理学的研究、遺伝学的研究、動物実験に関連するさまざまなエビデンスを見ていきます。すでにここまでの説明で、かなり複雑な要因が絡みあった問題であることがわかると思いますが、事態はそれ以上に複雑です。すなわち、不適切な養育の種類（とネグレクト）、その苛酷さ、継続期間によって脳の発達に及ぼす影響は異なり、また不適切な養育を受けた年齢によってもその影響は異なるということが最近の研究でわかっています。研究は今ようやくそれらの要素を個々に分析し始めている初期段階にありますが、これから概略を見ていく最近の知見に基づいて、より広いテーマについて検討していくことは有意義なことです。

生理学

不適切な養育の長期的な生理学的影響における「ストレス・ホルモン」＝コルチゾールの役割、特にHPA系（3つの解剖学的部位、すなわち脳にある視床下部、下垂体と腎臓の上にある副腎の間の生理学的関係）を経由した役割に関する優れたエビデンスが多く報告されています。そして、初期の経験が子どもの生理機能を変化させる仕組みについてのエビデンスが、主に動物を使った研究によって導き出されています。特に、初期の経験が、ストレスに対処するための生物学的反応を変化させる仕組みが明らかになりつつあります（以下を参照）。

ラットを使った研究

動物を使うことによって、養育に対する人間の生物学的反応に関係するさまざまな要因を、統制された詳細な調査よって分析することが可能になります。それはもちろん人間を対象にして行える方法ではありませんが、人間にも見出せる生物学的メカニズムをある程度再現することができると考えられます。マウスなどの動物はまた、遺伝的に似た形で繁殖させることができるため、人間では個々の違いを生じさせる個体に内在する脆弱性や強さを（動物では）ある程度コントロールすることができ、それによって養育の質の相違が子どもに及ぼす影響をより直接的な形で検出することが可能となります。

養育の役割とストレス反応システムの関係を探求する大規模な動物実験が行われています。ラットの母親と新生児ラットを使ったいくつかの非常に興味深い実験が、Michael Meaney とその同僚によって行われました（たとえば、Meaney, 2001、Kaffman & Meaney, 2007）。彼らは、ラットの母親が新生児ラットを舐める行為は、通常のグルーミングおよび母親ラットがその子どもを養育する行為の一部であること、そして人間同様、ラットの母親の養育スタイルはそれぞれ個体によって異なるということ、すなわち子どもを舐める回数は母親によって異なるということを発見しました。舐める回数の多い母親から生まれた子どもラットは、その後の成長過程でストレスにさらされたとき、舐める回数の少ない母親から生まれた子どもラットよりもストレスに関係したホルモン（その中にはコルチゾールに相当するものも含まれていました）の産生が少なく、学習においても良い成績を示しました。この実験結果から初期の不十分な養育（舐める回数が少ない）が、子どもラットの生理機能を変え、その後の成長過程におけるストレスに対する生物学的反応を鋭敏化させた、ということがわかります。初期の経験が、子どもの生物学的反応をその後一生持続しそうな形で変化させるとしても、その影響は可逆的です。研究は次のことも明らかにしました。子どもを舐める回数の少ない母親の下で育った子どもラットをそのケージから取り出して、舐める回数の多い母親ラットの下に移動し養育させるようにすると、その良好な養育環境を経験することによって、子どもラットのストレス反応は改善され、同時に学習能力も高まりました。このように、初期の不十分な養育が生物学的発達に及ぼす影響は、養育環境の改善によって逆転させることが可能であり、それは生殖能力を持つにいたる時期を過ぎた後でも同様でした。人間の場合も同様の回復過程と逆転が起こることを示すエビデンスが現在示されています（本文を参照）。

初期の経験が子どもに及ぼす生物学的影響に関する研究は、通常、ストレスに対する子どもの反応の一部であるストレス・ホルモン、特にコルチゾールが制御される仕組みを研究するという形で行われています。ストレスに反応してコルチゾールが通常より多く分泌されると、体は緊急の行動のために準備します。すなわち「闘争か逃走（戦うか逃げるか）」に備えます。それによって、心拍数、血圧、酸素摂取量

は上昇し、同時に消化などその他の重要な身体機能の活動が減少します。これはストレスに対する短時間の急性反応で、身体を即時的な行動に向けて準備させるものです。しかし、こうした反応が長時間持続すると、身体に悪影響を及ぼします。言うまでもなく、そのような反応がその他の重要な生物学的機能の犠牲の上に行われているからです。また、ストレス・ホルモンが高い頻度で分泌されると、脳の発達の特殊な部位、特に記憶と学習に関係する部位に悪影響を及ぼすというエビデンスもあります。こうしてストレス・システムは、HPA系を含みフィードバック・ループを組み込み、危機レベルに達するとシステムの活動自体を減退させ、体内のストレス・ホルモンの量を減らそうとします。

しかしながら、上述の動物実験と同様に、初期に虐待やネグレクトのような高いレベルのストレスを経験した子どもでも、ストレス・システムを変えることができるということが研究で示されました。初期に虐待またはネグレクトを経験した子どもは、ストレス・ホルモンであるコルチゾールの値が慢性的に高い状態にあるか、あるいは反対に慢性的に抑制されているかのどちらかである場合が多いということがわかりました（たとえば、Gunnar and Vazquez, 2001）。このような変化は、ストレス・システムの通常の働きに対するある種の調整不全を示している一方で、非最適環境に対する適応機能を持っている可能性があります。たとえば、成人を対象とした研究では、慢性的にコルチゾール値が高い状態が、極度の不安や恐怖と関係があることが示されました。それゆえ、コルチゾール値の高い子どもは、常に彼らの環境における将来の脅威に備えているということができそうです。しかしながら、常に周囲に脅威がないかを探り、それに備えようとするこうした不安に満ちた警戒や備えは、その子どもが安全で安定した環境に置かれた場合、役に立たないものになります。たとえば、それは養育者の養育行為を不安で警戒するような仕方で解釈する方向に導く場合があります。その一方で、初期の不適切な環境に対する反応として慢性的にコルチゾール値が低い場合、子どもはそれによって、持続する不適切な環境において子どもができるだけ良好に機能できるように準備していると考えられます。しかしこれは、慢性的にストレス状態に置かれた身体にとってほとんど意味のないことです。というのは、慢性的にコルチゾール値が低いことによって、その他の重要な生物学的機能から資源が奪い去られることになるからです。それは、発達に対して否定的影響を与える可能性があります。このような形の準備もまた、その子どもが里親の家庭における良好な養育的環境に置かれたとき、不適応となる可能性があります。なぜなら、そのような子どもに変化を起こすためには、多大な努力を必要とするからです。たとえば、反社会的および攻撃的行動を示す子どもに、慢性的にコルチゾール値の低いパターンが見られます。しかし、ここで喜ばしいことに、里親による質の高い養育は、上の2つのタイプの生理学的調節不全を安定した状態に戻すのを助けることができるというエビデンスが次々に示されています（たとえば、Fisher *et al.,* 2007、Dozier *et al.,* 2008b）。言い換えると、里親による行動に基づく介入は、委託された子どもにみられる生物学的な機能異常を正常な状態へと導くことができるということが示されたのです。

セッション1 グループを創設し、子どもの行動を理解し、記録する

脳の発達

不適切な養育の影響は、脳の構造と機能という両側面から、脳それ自体のレベルで観察することができます。脳の構造における差異とは、脳全体およびその個々の部位の大きさと形がどうかということです。その特徴は、多くの場合、脳構造の静止三次元画像を得るための構造的MRI断層撮影で検査されます。これに対して脳機能の差異とは、それぞれの領域にみられる脳活動の量を意味します。それは、脳のどの領域が認知プロセスを遂行しているか、そしてその領域がどれほど効率よく働いているかを示す指標となります。脳機能の指標である脳活動は、機能的MRI（fMRI）、あるいはEEG（脳波）やPET（陽電子放出断層撮影）などで検査されます。これらを使うことによって、脳活動のダイナミックな情報を得ることができ、どこで神経系の処理が行われているかを観察することができます。不適切な養育を経験した成人と子どもの研究によって、初期の不適切な環境の結果として、脳に構造的および機能的変化が起こっていることが示されました。

この研究はまだ端緒に着いたばかりで、いまのところ、虐待の形態や頻度、激しさ、ならびに不適切な養育を受けた年齢によって、どのような種類の脳の変化が生じるのかを断定的に予測できる段階には至っていません。これとは対照的に、不適切な養育が脳に与える損傷を単純な形で説明し、それをもとに一般的とは言えない治療法を強く推奨する文献をときどき見かけます。しかし現在まで、そのような単純化された定式や劇的な治療法を支持するエビデンスは出されていません。その反対に、不適切な養育に続いて観察されるある種の脳の変化を、ただ単に子どもに与えられた直接的な損傷として見るのではなく、初期の苛酷な状況に対する適応として考えるほうがより有益であることを示すエビデンスが多く報告されています。たとえば、身体的虐待を経験した子どもは、脅すような顔の存在に気づくのが実に早いということ、そしてそれは脳がすばやく反応しているということを示しているということを私たちは知っています。このことは、そのような子どもは、その置かれている環境のなかで脅威となりそうなものを見つけるのが他の子どもよりも得意であり、そしてそれは敵対的な、あるいは予測不能な環境において特に適応的であったろうということを示しています。しかしながらそのようなスキルは、彼らが安全な環境に移ったとたん不適応になります。つまり、そのような子どもは、彼らを助け養育しようと一生懸命になっている里親に対して、脅威の可能性があるものとして過剰に反応してしまうかもしれないのです。しかし同時に私たちは、脳は、子ども時代から成人早期にかけて発達し変化し続けることを知っています。そのような脳の可塑性のおかげで、脳は長い時間をかけて変化することができるという希望が生まれてきます。私たちは里親にいつもこのような希望を抱いてもらうように配慮する必要があります。

遺伝的要因

ファシリテーターのなかには、社会的養護下の子どもの発達と適応を考えるとき、遺伝的要因を考慮することに異論を唱える人がいるかもしれません。しかしながら

65

子どものリスク要因とレジリエンス要因を科学的に説明しようとするとき、遺伝的要因が行動に及ぼす非常に強い影響を無視することはできません。多くの社会的養護下の子どもの行動が、それ以外の子どものさまざまな行動と同じく、遺伝的形質に影響を受けていることにほとんど疑いはありません。遺伝的要因が大きな役割を果たしている最も明白な例としては、文章を読むことに特別な困難を感じるディスレクシアや知的発達における障害があります。委託されている子どもが、これらの領域における実親の何らかの障害を遺伝的に継承しているとしたら、その遺伝的リスクは、彼らが教育を受ける場合の付加的な障害となることがあります。また、薬物やアルコールの問題についてだけでなく、抑うつ、精神病、そして数種の不安障害などの多くのメンタルヘルスの障害のリスク要因として、遺伝的要因があるということを示す強力なエビデンスもあります。もちろん遺伝的要因は、ただ単に問題行動だけに影響を与えるだけでなく、苛酷な環境に対処する能力であるレジリエンスなどの肯定的な人格特性にも影響を与えます。とはいえ、遺伝子が行動に与える影響は複雑で、それは環境に応じて変化することが科学的に示されています。それゆえ、遺伝子を宿命的なものとして考えることや、あるいは生まれと育ちを機械的に分離させて考えることは、ほとんど意味のないことです（Rutter, 2006）。遺伝子はあらゆる子どもの発達に影響する多くの重要な要因のうちの１つにすぎませんが、それが、私たちが社会的養護下の子どもについて考えなければならない幅広い臨床像のなかの一部であることは間違いないことです。

遺伝子の違いによって、劣悪な養育環境に対して感受性の強い子どももいれば、その反対に同じ理由でよりレジリエンスのある子どももいることを、不適切な養育の影響に関する現在の多くの研究が示しています（たとえば、Bakermans-Kranenburg and Van I Jzendoorn, 2007; Belsky and Pluess, 2009）。これは「感受性差異」と呼ばれています。このことは、遺伝子は、否定的環境が子どもに与える影響の規模や範囲に関係しているということを意味しています。たとえば、ある種の不適切な養育を受けた後、その遺伝子のせいで、他の子どもよりも問題行動を起こしやすい子どももいるということが報告されています（Caspi *et al.*, 2002; Kim-Cohen *et al.*, 2006）。しかしながら、それらの「リスク」遺伝子が、別の方法でレジリエンスをもたらしているかどうか——たとえば、その同じ子どもたちは抑うつを発達させにくいということもあり得ます——については、まだ明らかになっていません。これらの遺伝子的影響は、幾分は脳によって媒介されているようです。言い換えると、遺伝子は、さまざまな種類の環境に対して私たちがどのような種類の脳反応を起こすかということに影響を与えると言うことができます。興味深いことに、遺伝子と環境の関係は双方向のプロセスであり、初期の環境が、その後の人生で遺伝子が発現する範囲と程度に影響を及ぼすことがあることが知られています。初期に不適切な養育にさらされることによって、ある種の遺伝子に「スイッチが入れられ（switch on）」、それによってその後の人生で反社会的な行動を起こすリスクが高まることを示す研究が報告されています（Caspi and Moffitt, 2006）。同様に、先の動物実験は、良好な養育は、ストレス・ホルモンに効果的に対処する遺伝子に「スイッチを入れる」場合

があるということを示しています。それゆえ人間においても、同様の遺伝子が存在し、それが良好な養育を経験することによってスイッチが入れられ、その子どもをストレスの多い環境から保護する可能性があるということを期待することができます。実像は複雑ですが、遺伝子、経験、環境、そして行動が非常に密接に絡み合っていることは科学的に確実です。

次ページのサルを使った研究は、初期の剥奪や不適切な養育が、子ザルの社会的、行動的、生物学的結果にさまざまな影響をもたらすということを示していますが、そこでは遺伝子が重要な役割を果たしています。概して、初期にアタッチメントの完全な崩壊を経験したサルは、普通に育てられたサルにくらべ、社会的能力に欠け、攻撃的で、アルコールに対してより大きな欲求を示し、生理学的なストレス抑制の能力が低いようです。またそのようなサルは、脳の発達および免疫や病気に対する抵抗力などの全般的な健康状態に関して、否定的な結果が示されました。そしてここでもまた、劣悪な養育環境を経験した後、より能力の高い母親の下に委託されたサルは、アウトカムを改善し、劣悪な養育の世代間伝達を断ち切ることができました。しかしながら、これらは全般的な所見であり、アタッチメントの混乱を経験したサルの多くが非常に悪いアウトカムを示した一方で、同様のアタッチメントの完全なる混乱を経験したサルのなかにも、かなり順調に生育したサルもいました。このことは、劣悪な養育環境に置かれる前に、すでにサル自体のなかに何かが存在し、それが手厚い実験的な処遇に接することによってレジリエンスを高めたということを示唆しています。すなわち、初期の否定的な経験に直面して、いかにレジリエントであるか、あるいは脆弱であるかを決定したのは、サルが遺伝的に継承した気質だったのです。実は、初期の環境的リスクに対してサルの感受性をより高くしたり低くしたりすることが発見された遺伝的要因のなかには、（先に述べたように）人間において劣悪な養育に対する感受性に影響を与えることが発見されているのと同じ遺伝的要因のいくつかが含まれていました。

これらの研究は、初期の不適切な養育に続いて起こるさまざまな一般的結果について私たちが予測するのを可能にする一方で、そのような不適切な養育が社会的養護下の子どもにどのような影響を与えるのかを前もって確実に知ることはできない、ということも非常に明確に示しています。多くの子どもがさまざまな一般的問題を起こすでしょうが、大変幸運にもひどく不適切な養育に直面しても驚くべきレジリエンスを示す子どももいるでしょう。また、その一方で、劣悪な養育に対して生得的に感受性が高く、里親から見ればわりと程度の軽いと思われる不適切な養育環境に対して非常に激しく反応したと思われる子どももいます。私たちおよび私たちとともに仕事をする里親は、これらの科学的知見を知るにつけ、それぞれの委託されている子どもは唯一無二の存在であり、子ども1人ひとりにとって何が必要かを考えなければならないということを肝に銘じておかなければならないと思います。

フォスタリング・チェンジ

サルによる研究

サル、なかでもアカゲザルは、人間の発達と多くの共通点を示すことから、よく研究に使われてきました（Stevens *et al.,* 2009 and Suomi, 2008 for reviews を参照）。アカゲザルは、人間と共通する生物学的、行動的、社会的特徴を有し、遺伝子も 95 パーセント以上同じです。アカゲザルは階層構造を持つ社会的グループで生活していますが、その階層構造は、個々のサルのコミュニケーション・スキルなどの社会的能力に基づいて決定されます。さらに、その社会的階層構造においてどのような位置を占めるかが、ストレスの度合い、健康状態などのウェルビーイング要因を含む彼らの生活の質に大きく影響します。アカゲザルはまた人間同様に、生得的に備わった性格や気質が異なっており、他のサルにくらべ「生まれつき」攻撃的であったり、より不安に陥りやすかったりするサルがいます。

アカゲザルの発達と人間の発達の間には多くの共通点がある一方で、アカゲザルの乳児の発達は人間にくらべ、より加速された形で行われます。たとえば、アカゲザルが単独で移動できない期間は生後 1 カ月の間だけですが、人間の乳児がハイハイの練習を始めるのは、約 6 カ月が過ぎた頃からです。実際、普通に発達したアカゲザルの子どもは、6 カ月までにすでにその覚醒時の 80 パーセントの時間を母親と離れて過ごし、自分の周りを探索し、必要なときは母親を安全基地として使います。これは明らかに人間の乳児の普通の発達よりも先行しています。

初期の環境リスクがアカゲザルに及ぼす影響を探求する方法として、主に 2 つの方法が用いられます。第 1 の方法は、子ザルを生後 6 カ月間、親ザルと接触させないようにして、子ザル同士で養育し合うようにします。その結果、そのような子ザルは大人のサルとの正常なアタッチメント関係から完全に切り離され、自分たち自身の養育者として行動しなければならなくなります。そのような形で親化（parentified）されたサルは、普通に養育されたサルの集団に戻されると、その初期の不適切な経験の結果、不安度が高く、社会的スキルは劣り、普通に育てられたサルとの対比で、社会的階層の底辺に位置するようになります。それらのサルはまた、仲間のサルに対して、また大人のサルとの社会的相互交流において、より強い衝動性と攻撃性を示します。またそれらのサルは、ストレスを抑制する能力に欠け、若者も大人も両方ともアルコールへの強い欲求を示します。また代謝や免疫といった健康指標も劣り、それが脳の構造と機能に有害な結果をもたらします。このように、社会的発達への影響と生物学的影響は、広範囲にわたっています。

第 2 の連続した研究では、サルは誕生後、母親サルによって育てられますが、食物がときどきしか手に入らない困難な環境の下に置かれます。母親サルは食物を探す必要があり、子どもの世話をする時間が少なくなります。しかし、食物が手に入りやすい状況に変わっても、母親サルが子どもの世話をする時間は少ないままで変わりません。これはおそらく母親サルが、再び少なくなる可能性のある食物を見つけ

ておかなければならないという切迫感にとらわれ続けているからでしょう。それゆえこの状況は、普通のアタッチメント関係における鈍感さによる中断ではなく、アタッチメント関係の質の低下を意味します。ここでもまた、成長しつつある子ザルにはさまざまな行動的、社会的、生理学的結果が生じます。しかしその影響は、第1の研究で見られた母性的アタッチメント対象を排除することによる混乱という明らかなアタッチメント関係の断絶にくらべると、わりと緩慢なものです。

アタッチメントと脳の発達

前に述べたように、ファシリテーターのなかには、アタッチメントと脳の発達を関連づける書物や教材に出会い、それらを基にして治療的介入を強く主張する人がいるかもしれません。しかし今のところ、人間において、アタッチメントの質と脳の発達を直接関連づける研究は、普通に成長した集団を対象にしたものも、不適切な養育を経験した集団を対象にしたものもどちらもほとんどありません（Coan, 2008）。いつの日か、神経科学のこの分野で顕著な進歩が見られたとしても、そのときでさえ、里親の下で養育されている子どもにそのような治療的介入を直接適用することは限られるでしょう。アタッチメント行動は複雑な行動パターンによって成り立っており、神経学的レベルで考えると、それはさまざまな脳システムの最終的な結果なのです。それらの脳システムのいくつかが活動している様子を神経科学によって観察できたとしても、私たちが見ているアタッチメント行動は、通常の神経科学が研究している生体システムよりもはるかに高次のレベルで行われています。アタッチメントを含めた複雑な人間行動に関与しているさまざまな神経系のうちのいくつかがどのように活動しているかを理解することができたとしても、おそらく私たちは今後も、脳の断層画像でアタッチメントの質そのものを「見る」ことはできないでしょう（たとえば、Bretherton and Munholland, 2008 のなかのアタッチメントの内的作業モデルに関連した記述を参照）。それにもかかわらず、これまで見てきたように、特にアタッチメントに絞ったものではないにしろ、不適切な養育と初期の経験によって脳の発達が変化し、それが養子縁組の成立と委託されている子どもの行動に関係しているかもしれないということを示す発達神経科学からの優れたエビデンスが存在しています。この後の節で、私たちは、社会的養護下の子どもに関連するアタッチメント研究のいくつかをより詳細に検討します。

結　論

さまざまな研究のエビデンスが報告されていますが、結論を言うと、ある特定の子どもがある時点で、なぜそのような特別なやり方で行動するのかについての具体的な理由を推定することは不可能です。これに失望する人もいるかもしれませんが、初期の経験と現在の行動の意味あるいは将来辿りそうな軌跡とのあいだに単純なつながりを見出すことは不可能であり、役に立ちません。そのような問題行動は、感情、行動および生物学的要因のきわめて複雑な相互作用の結果なのです。そして、委託されている子どもはそのようなリスクの多くを抱えているかもしれませんが、その現れ方は1人ひとりかなり異なっています。ともあれ、子どもの行動が

経験と、特に子ども1人ひとりの独自の生物学的要因よって影響を受ける多くの道筋を考えると、里親にとっては無意味に思えるような行動でも、それを理解しようとすることは有益なことであり、その子どもを養育するのに有利に働きます。

養育しようとする里親の試みに対して子どもが奇妙に思える反応を示すとき、そうした反応は、以前の否定的なあるいは虐待的な環境に対して有効な適応であったものの反映かもしれません。こうした複雑さを認識しておくことによって、里親は子どもに対してより寛容になることができ、極端で意味のわからない拒絶的な行動に対処しやすくなります。またそのことによって、子どもがその望ましくない行動を変化させるのをより辛抱強く支えてやることができるようになります。そしてその変化が、次のより高いレベルへ前進する可能性があること、それも、思いもよらない形で起こる可能性があることを理解することができるようになります。初期の経験が現在の行動を形作る道筋は多様であり、そのすべてが一様に環境の変化に対応するわけではありません。子どもたちに適切な環境を提供する里親は、当然、彼らの改善を期待することができますが、同時に、さまざまな領域にわたって改善が遅れることも覚悟しておかなければなりません。たとえば、自分の身の回りを整理整頓しておくという日常的な動作の改善は、里親の要求に応えるという能力ほど早く前進しないかもしれません。その一方で、本当に苛酷な形で人生の第一歩を踏み出した子どもでも、その子どもが達成できるものを過小評価する必要はまったくありません。そのような子どもは、ある意味、非常に幸運な子どもなのかもしれません。なぜなら、彼らはそれまでの人生が与えた試練に直面してレジリエンスを発揮したのであり、次に何が来ようとも最善を尽くす準備ができているかもしれないからです。

子ども1人ひとりの感受性は異なっているというエビデンスが示していることは、その子どもの初期の不適切な養育の厳しさが理解できたからといって、その子どもの発達の可能性や生物学的影響を決定することはできないということです。初期の不適切な環境が発達中の子どもに生物学的影響を与えることがあるということを私たちは知っていますが、以前の養育環境が、その子どもの行動や生物学的機能を変化することのない固定的なものにしてしまうというのは真実ではありません。ある種の否定的な経験に対して、他の子どもよりもレジリエンスを発揮する子どももいれば、軽度のネグレクトや不適切な養育に対しても非常に脆弱な子どももいます。同様に、安定した里親委託は不適切な養育を経験した子どもの生理学的反応やアタッチメントの質を改善することができるというエビデンスが示しているように、肯定的な影響は、新たな道筋で子どもの行動や生物学的機能に及び、それを形作るのを促進することができるのです。

発達段階と社会的養護下の子ども

子どもの発達に関する心理学的理論の多く（たとえば、Piaget, 1950; Erikson, 1963）が、その考えを発達段階という枠組みのなかに置いています。それらの考え方は、

セッション 1　グループを創設し、子どもの行動を理解し、記録する

行動理解のための一般的指針としては役に立つものであり、その発達段階を使うことによって、私たちはある特定の年齢の子どもにどのようなことを期待するのが妥当であり合理的であるかを、そして子どもは年齢によってどのように異なっているのかを理解するのが容易になります。

発達段階理論に共通する目的は、さまざまなスキル、たとえば運動、感覚、言語、思考などを 1 つの傘のもとに置くことです。そのことによって私たちは、ある特定の年齢の子どもに関して、発達のすべての領域にわたってどのようなことが生起すると期待することができるか、そしてどのような個人的資質を活用することができるかを知ることができます。しかしながら、さまざまなスキル、感情、行動の発達は、必ずしも一直線ではありません。このことは社会的養護下に置かれた子どもに特に当てはまります。

発達段階は、けっして厳格なルールのように堅苦しいものではありません。すばやく発達段階を通り抜けていく子どももいれば、ゆっくりと進む子どももいます。里親にとって認識するのが特に難しいことは、ある発達領域において見出される能力が、他の領域で見られる能力と釣り合わないこともあるということです。たとえば、言語や思考の領域でよく発達し、非常に賢いと思える 8 歳の子どもが、読み書きの能力や学業の面では、その年齢に期待されるレベルよりもはるかに下ということもあり得るのです。同様に、規則について言い争うときは、非常に高い思考能力を示す子どもが、夜遅くまで出歩くことが大人にどのような感情を抱かせるか、あるいはそれがどれほど危険な状況に自分を置くことになるのかを理解することができないという場合もあるのです。発達段階というのは、その年齢の子どもにとってどのようなことが典型的かを知る手助けとなる指針であることに間違いありませんが、何が起きてもすべてを発達段階に当てはめようと固執したり、それによって目の前にいる子どもの真実の姿を見失ったりすることがないようにしなければなりません。

過去に何らかの激しい混乱を経験してきた子どもの場合、最近獲得した行動の基盤が非常にもろく、すぐに元に戻ってしまうことがときどき見られます。これが起こるのは、そのような子どもは、以前に習得した行動に頼ろうとする傾向が強いからだと考えられます。そのような行動は、彼らの行動レパートリーのなかでは最も良く統合されたものであり、彼らにとっては信頼できるものなのです。しかしこのことは、その子どもが発達段階の前の段階へ「退行した」ということを意味するわけではありません。なぜならその子どもは、その年齢相応の他のスキルを失ってはいないからです。その反対に、その子どもは最近習得したスキルを保持していますが、いま経験しているストレスに直面したとき、それらの新しいスキルを一貫性のある形で表出することが難しく、そのため昔のより信頼のおけるスキルに頼ることになったのです。ボウルビィ（Bowlby）は、アタッチメントに敏感に反応する子どもの発達の見通しに対して、退行という考え方を導入するのは不適切であると強調しています。彼はこう言っています。「乳幼児や子どもの発達に関する現在の知見を考

71

えると、人をつなぎとめているある発達段階はそこで固着することがあり、またそこへ退行することもあるという理論は、新しい発達理論に置き換えられなければならない」（Bowlby, 1988, p.120）。

このことは、こうした「昔の」行動の再発にどう対処すればよいかという問題を提起しています。里親はそれらの行動を、いまの状況では「仕方のない（good enough）」反応と見なし、ストレスのかかっている期間はそれを受け入れようとするかもしれませんが、同時に私たちは、その子どもがすでに保持している、より進歩した、発達段階にふさわしいスキルに戻るように彼らを励ましたいと考えます。もう一度言いますが、このことは、「この子どもは再び戻る必要があり、そこから活力を得る必要のある昔の状態へ退行したのだから、それはこの子どもにとっては良いことだ」と言って、そのような未熟な行動を奨励したり強化したりすることとはまったく違うことなのです。

レジリエンスを育て発達させるためのキーポイント

1 多くの場合、社会的養護下の子どものアタッチメントの質は不適切な養育によって障害されています。彼らの行動はしばしば、過去に彼らを支配していた環境に対する適応を反映しています。環境が改善されれば、たとえば安定した里親委託が実現すれば、子どもたちのアタッチメントの安定性は普通のレベル近くまで高まることが示されています。

2 初期の不適切な養育が、脳の発達、生理、遺伝などの生物学的発達を変えることがあるということは科学的に知られています。しかし、その影響もまた可変的なものであり、変化の可能性は開かれています。不適切な養育が与える生物学的影響を単純な形で説明することは科学的な態度とは言えず、それがすべての経験をひとまとめにし、子ども1人ひとりの個性と可能性を認識することに失敗しているのであれば、そのような考えは何の助けにもならないでしょう。

3 初期の環境が成長しつつある脳に影響を与えることを示す明確なエビデンスがあります。しかしながら、子ども自身とその脳は、その後の人生を通して発達し続けるものであり、アウトカムを肯定的に形作る機会は常に残されています。初期の経験はけっして子どもの運命を決めてしまうものではありません。

4 アタッチメントに関しては、子どもの生物学的変化や、時にはそれに続く奇妙な行動は、以前支配的であった状況に対する適応と考えることができ、その文脈のなかで理解することが可能です。そのような行動パターンが、環境の質が改善されると不適応となり、里親の下で養育されるときの問題行動となることがあります。里親にこのことを認識させるようにしなければなりません。そうすれば里親は、子どもたちの扱いが難しい行動に寛容になることができ、変化の可能性に向けた希望を持ち続けることができます。

5 否定的な環境の経験が生物学的変化を引き起こし、行動までも変化させることがあったとしても、養育環境の改善は、子どもの行動や適応に直接的な良い影響を与え、生物学的改善ももたらされるということを示す明確なエビデンスがあります。この

ことは、里親による養育は、子どものあらゆるレベルの機能を改善するという点で非常に重要な役割を果たすことができ、さらにその改善は、単なる良い行動以上のものに発展し、子どもの生物学的機能やアタッチメントの質にまで及ぶことがある、ということを意味しています。

6　発達段階という考え方は、一般的指針としては有益かもしれませんが、それ以上のものではありません。特に社会的養護下の子どもの発達が、さまざまな発達領域間で不均等があることを考えるとなおさらです。たとえば、年下のきょうだいに対して非常に強い責任感を持って面倒を見る子どもが、自分の身の回りのことにはだらしないということがよくあります。

7　より早期の発達のせいで、社会的養護下の子どもは年齢にふさわしくない行動を示すことがあります。特にストレスのかかっている時期によく見られます。しかし、それを退行と考えることは無用です。ボウルビィが強く主張しているように、アタッチメント理論のなかに退行という概念の居場所はありません。それゆえ里親は、治療的な意味での有効性を示す何のエビデンスもない、発達的に不適応な行動を促すべきではありませんし、そのような行動が生じたときは、それを何らかのストレスのサインと見なして、それに寛容な態度を取り、子どもが年齢にふさわしい行動へ戻れるように理解のある方法で導くようにしなければなりません。

行動を観察し評価する

養育、レジリエンス、そして養育者と子どもの間の肯定的な関係の構築、これらの重要性について里親に認識してもらえたならば、プログラムの重要なスキルと考えについての取り組みを開始します。まず第1に、プログラムのなかで私たちがそれをもとに仕事をする素材となるものは「行動」ですから、行動についてグループで話し合うための理解と言語を統一することが必要です。このような理由から、第1セッションの後半で中心になるのは、観察です。なぜなら、行動について記述し理解することに習熟するには、何よりも観察することが必要だからです。私たちが行動の役割に集中するのは、それが子どもの表出のなかで最も理解しやすいものだからであり、また同時に、安定した里親委託に対する大きな脅威となる場合が多いからです。行動を重視するとはいえ、このプログラムは思考や感情の役割を否定するわけではありません。思考や感情は、行動パターンを変えるのに役立つスキルの発達にとって中心となるものだからです。それゆえこの方法は、先に述べた研究成果と一致します。私たちは里親委託の安定性を確保することによって、子どものアタッチメントの質を変え、そしてさらには彼らの生物学的変化までももたらすことができるのです。

明瞭に

行動の変化に向けた活動の第1段階は、行動を記述するスキルを発達させることです。子どもの問題行動について語るとき、私たちはしばしば一般的な曖昧な用語を使いがちです。たとえば、私たちはよく、うちの子どもは「だらしない」とか「言

うことを聞かない」とか言います。これらの言葉は、それを言う人によってしばしば異なった意味を持っています。それゆえ、だれもが理解することのできる正確かつ明瞭な言葉で行動を記述する方法を学ぶことが重要です。そのためには、子どもが言ったりやったりしていることを具体的に記述することが必要です。たとえば、これまで、「うちの子は怠け者で」と言ってきたのなら、「ベンジャミンは、他の人が夕食の後片付けをしているときでも、ベッドに横になってテレビを見ています」と言うようにしましょう。行動を観察している通りに、すなわち実際に起こっているありのままを言葉で表すように記述します。問題と思われる行動を具体的に明瞭に記述する言葉を使えば、私たちは「問題」をより明確に定義することができ、理解を共有するのも容易になります。行動における変化をもたらすためにどのように介入すべきかについて考えるとき、このような明瞭さが何よりも大切です。

行動を追跡する

これは里親にとって大切なもう1つのスキルです。具体的には、ある特定の行動がどのくらいの回数生じたかを観察し記録することが主な内容です。多くの場合、私たちは日常生活において、子どもの行動に断片的にしか気づいていなかったり認識していなかったりします。そしてしばしばそれに対して、一貫性のない対応をしています。行動を追跡することによって、介入したりそれを変えようと試みたりすることなしに、一歩離れて行動を観察する機会を得ることができます。ある特定の行動が、毎日、あるいは、それよりも短い時間に、どのくらいの回数起こるかを測定し、記録します。それによって里親は、スタート地点に立ち、問題の深刻さを測る基準線を引くことができます。その情報によって里親は、常日頃子どもの行動について自分が言ったり考えたりしていることが本当に正確なものなのかどうかを判断することができます。

里親に対して、問題行動が、いつ、どこで、どのような形で、だれに対して起こったのかを観察し記録するように勧めることもできます。これによって里親は、問題行動についての付加的な背景情報を得ることができ、問題をさらによく理解することが可能になります。さらに、たとえば問題行動のパターンが認識できるようになり、一日のうちのどの時間帯に、あるいはどのような状況でそれが生じるのかを理解できるようになります。このような情報は、行動変化をもたらすためにどのような介入を行えばよいかを選択するときに、非常に貴重なものとなります。

肯定的な行動に気づく

いつもきまった形の問題行動を起こす子どもを養育している里親が、そのような行動ばかりに目を向けるのは当然のことです。最初のトレーニングで、里親に否定的な行動だけではなく、肯定的な行動も記述するように伝えます。なぜなら一般的な傾向として、養育者は問題を起こす行動ばかりに気を取られてしまうからです。しかし、ほとんどの子どもが、80パーセントの時間、問題行動を起こさずに過ごしています。そしてこの中立的な、時には肯定的な行動のベースラインこそが、私たち

セッション1　グループを創設し、子どもの行動を理解し、記録する

が里親に自信を持って増やしてほしいと思っていることなのです。ファシリテーターは、行動を測定し記録することに関して話をするときは、必ずこの重要なポイントを強調し、問題行動と同じように肯定的な行動についても討論を進めるようにしなければなりません。

行動を追跡し測定する方法

行動を測定し記録する方法には、さまざまな方法があります。最も簡単な方法の1つが、集計表を使う方法です。

集計表

問題行動が起こるたびに、集計表にチェックを入れます。この調査法は、1日の回数が15回以内の行動に適しています。

集計表：トムが妹と仲良く遊んだ回数

曜日	その行動が起きた回数									合計
月曜日	✓	✓	✓							3
火曜日	✓	✓	✓							3
水曜日	✓									1
木曜日	✓									1
金曜日	✓	✓	✓	✓	✓					5
土曜日	✓	✓	✓	✓	✓	✓	✓	✓		8
日曜日	✓	✓	✓	✓	✓					5

継続時間記録表

これはある行動がどのくらいの時間継続したかを追跡するのに役立つ表です。たとえば、乳児が1日のうちどのくらいの時間泣いているか、あるいは子どもが朝起きて服を着るのにどのくらい時間かかったか、または夜ベッドに入るのにどのくらい時間かかったかを記録します。

ある行動がどのくらいの時間継続したかを単純に測定し、表に記録します。最後に加算して1日の合計時間を出します。

継続時間記録表：アビゲイルが自分の思い通りにいかずに泣いた時間

曜日	行動が継続した時間（分）						合計
月曜日	5	10					15分
火曜日	2	1	5	8	2		18分
水曜日	4	5	2				11分
木曜日	2	1	5	10			18分
金曜日	10	15	5	3	8	5	46分
土曜日	2	2					4分
日曜日	1	2					3分

時間サンプル表

これは1時間のうちに何度も起こる行動を測定し記録するのに便利な方法です。さっと始まりさっと終わる行動もありますし、始まりや終わりがあまりはっきりしない行動もあります。そのような否定的行動には、ぐずる、めそめそする、反抗するなどがあります。私たちがここに示した例は、肯定的な行動を記録するときにも使えます。里親は、1日のうちで否定的な行動が最も多く見られる時間帯を選びます。そしてその時間帯を、たとえば15分〜30分に分割します。里親は、その細かく分割した時間内にその行動が起きたかどうかを記録します。例に示した時間サンプル表を見ると、この1週間、ゲイルは何回もめそめそしていますが、6時30分から7時の間はめそめそしていません。この情報から里親は、この時間帯にゲイルがめそめそしなかった理由を探し当て、この行動の特定のパターンを推測することができます。

ある行動に対応して新しい介入を実施することに決めた場合、里親はその行動の頻度に何らかの変化が現れているかどうかを見るために、その行動を追跡し続けることが大切です。こうすることによって、里親はその介入が成功であったかどうかを見極めることができます。里親の介入が的を射たものであれば、めそめそする回数は減るでしょう。ほとんど改善が見られなかった場合は、里親はその行動について再検討し、もっと適した良い方略はないかどうか考える必要があります。

時間サンプル表：ゲイルはめそめそしていますか？

曜日	月曜日	火曜日	水曜日	木曜日	金曜日	土曜日	日曜日
4時〜4時30分	Y	y	y	y	Y	y	y
4時30分〜5時	Y	y	y	y	Y	y	
5時〜5時30分	Y	y		y		y	y
5時30分〜6時	Y	y	y		Y	y	y
6時〜6時30分		y				y	y
6時30分〜7時							
合計	4	5	3	3	3	5	4

Yおよびyは「イエス」の略

行動グラフ

里親は出来事ばかりに気を取られて、改善が現れたときにそれに気づかないことがよくあります。そのため、進歩を示す明確なエビデンスを得ることが大切です。それによって、里親はやる気が湧き、それが今度は子どもにとって重要な、正のフィードバックをすることにつながります。子どもはその努力に気づいてもらえず、褒めてもらえないとき、やる気をなくすかもしれません。

行動についてのデータを表示する簡単な方法に、行動グラフがあります。それは、介入によって問題行動の回数や深刻さが変化しているかどうかを示すために使われます。

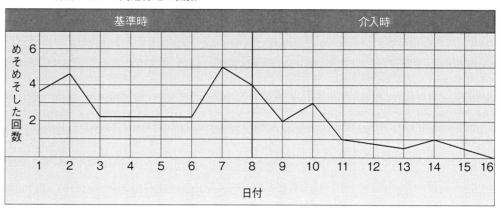

行動グラフ：問題行動の回数

例：里親の観察

アーロン（7歳）は、2人の兄とともにジェーンとボブ夫妻の下に委託されました。2人の兄は、重度のネグレクトと身体的虐待を受けていました。アーロンはジェーンとボブの下でとても落ち着いていて、このままこの家に留まりたいと言っていました。しかし彼は、彼の将来についての裁判所の決定が遅れていることに不安を感じていました。

アーロンは里親のジェーンを喜ばせようと一生懸命で、特に、頻繁に家事を手伝おうとしましたが、それがジェーンには気に入りませんでした。アーロンはソファーにゆっくりとくつろぐことができない様子で、何か手伝える仕事はないかとたえず気を使ってそわそわしているようでした。これは反社会的な行動ではありませんが、不適切な行動に思えてジェーンは心配でした。そこで彼女は、そのような行動がどのくらいの頻度で起こるのかを正確に測定するために、基準観察を行うことにしました。ジェーンは、毎夕食後1時間のアーロンの行動を1週間観察し、彼が手伝おうとして立ち上がる回数を数えました。アーロンはその1時間に12回から27回立ち上がりました。それは、たとえば、赤ん坊のおむつをゴミ袋に入れたり、紅茶のカップを用意したり、空のカップをキッチンに運んだり、テーブルの上を拭いたりするためでした。

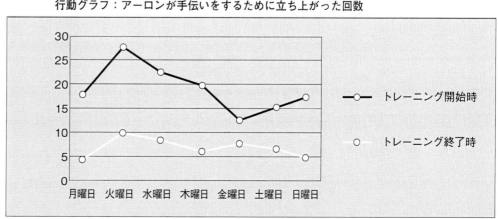

行動グラフ：アーロンが手伝いをするために立ち上がった回数

フォスタリング・チェンジ

アーロンの自尊心を高め、もっと社会的で適切な行動を促すために、ジェーンはさまざまな方略を用いました。ジェーンはアーロンの行動に変化が見られたことを喜びましたが、アーロンの行動をもう一度追跡し、変化の度合いを確認したいと考えました。ジェーンのグラフは、トレーニングの始めの1週間とトレーニング終了時の1週間のアーロンの行動の回数の差をはっきりと示しています。

ジェーンは今も、彼女を喜ばすために家事を手伝おうとするアーロンのニーズについて心配していますが、その回数は格段に少なくなり、彼女にとってほとんど問題にならなくなりました。彼女はアーロンがかなり長い時間1人でくつろぐことができるようになり、レゴやお絵かき、ボードゲームなどの社会的で年齢にふさわしい活動を楽しむことができるようになったことをとても喜んでいます。

2 グループワークを効果的に ファリシリテートする

このセッションは1回目のセッションですから、ファシリテーターであるあなたは、ここでプログラム全体を通して維持していきたいと思う雰囲気を創り出すことがとても大切です。セッション1の前半は、グループをまとめ、その気風を創り出すことに重点を置きます。それには、期待できる成果を明確にすること、基本ルールを定めること、メンバーがリラックスして積極的に学習活動に参加したくなる雰囲気を創り出すこと、などが含まれます。またこの時間は、グループのメンバーがお互いについて知る最初の大切な時間でもあります。ファシリテーターは、コースの始めから、子どもを養育する際に里親に使ってほしいと望むスキルや価値観、方法について、自ら手本を示す必要があります。あなたの価値観、目的、期待について、里親に明瞭に、わかりやすく示すようにしましょう。

セッションの後半では、里親がこの先、数週間活動し学習していく基礎となる重要な考え方やスキルについて探求を始めます。

ファシリテーターの責任

あなたはすでに、プログラムを開始するための準備の大半を終えているかもしれません。とはいえ、この第1回目のセッションは、とても神経を使うセッションです。組織を作り上げるためには、何本もの糸を上手に、しかも同時に撚り合わせていかなければならないからです。ファシリテーターであるあなたは、学習に向けて里親のやる気を起こす環境を創造する責任があります。物理的な環境に配慮し、グループの身体的、実用的、感情的ニーズに応えるための準備を怠らないことが大切です。

次のことを確認しましょう。

● 会場は外部から遮断されていますか？ 温かく受け入れる雰囲気の魅力あるセッティングができていますか？ 活動しやすく、意見交換のしやすいくつろげる雰囲

気になっていますか？（椅子はU字型に配置することを勧めます）。

- 軽食の用意はどうすればよいかわかっていますか？　建物や会場へは、障害のある人でも楽に来られますか？　緊急時の出口、安全設備は確認できていますか？　トイレは利用しやすいですか？　託児施設は利用可能ですか？　などなど。
- 配布プリント、フリップチャート、里親のためのファイル、セロテープ、出席表などの必要な備品、資料は用意できていますか？

学習のための安全な環境の確立

プログラムが始まる前に里親の家庭を訪問しているならば、あなたはすでに里親との間に最初のラポールを形成することができ、委託中の子どもの行動変化に向けて考えさせる過程にすでに里親を巻き込むことができていることでしょう。里親は、家庭訪問をしてくれたファシリテーターに対して強い親近感を感じることができ、同時にあなたは、里親自身、その家庭環境、そしてもしそこに居たなら、彼らが養育している子どもについて、有益な情報を得ることができます。私たちはこのような理由から、可能ならばファシリテーター2人での里親への家庭訪問を強く推奨します。

1回目のセッションで会場に足を踏み入れたばかりの里親は、これからどんなことが始まるのだろうかとまだ幾分不安を感じているでしょう。設備があるなら、温かく迎え入れられているという気持ちを抱いてもらうために、心休まる落ち着いた音楽を流すのもいいでしょう。ファシリテーターがフレンドリーに声をかけ手を差し伸べれば、里親はさらに安心するでしょう。彼らは他の里親に会い、研修についての情報を得て、これから何が始まるのかを理解するにつれ、徐々にリラックスしてくるでしょう。1人ひとりに声をかけながら、これからどんなことを学習し、どのように学習を進めていき、それがどんな風に役立つかを、つまり研修の内容とスタイル、そしてこのプログラムの特徴について簡単に説明するのもいいでしょう（前の章「フォスタリングチェンジ・プログラムを実践する前の準備」のなかのプログラムを進めていくときの原則をもう一度読んでおくことを勧めます）。

グループワークのきまり

プログラムの最初に「グループワークのきまり」を決めておくことが非常に大切です。それによって里親は、グループとして何が求められているか、ファシリテーターにはどのようなことを期待していいか、そして里親同士はお互いにどのようなことを期待していいかを理解することができるようになります。このようなプロセスに慣れている里親もいれば、ガイダンスを必要とする里親もいるかもしれません。こうした「基本ルール」を決めるとき、形だけのものになることがときどきありますが、私たちは経験から、里親に、グループに何を望み、またグループから何を望まれているかを考えるように促すことはとても有意義なことだということを知っています。それによって、スタート地点から里親に、これは自分たちのグループなの

だという意識を持ってもらうことができます。グループが「グループワークのきまり」を定めるのに苦労しそうだと思うときは、ファシリテーターは提案できる素案を前もっていくつか決めておいてもいいでしょう。

この「グループワークのきまり」は、毎週会場の壁に貼っておくようにします。これはセッション9で学習する、「家族のルール」の手本となります。それによって、グループ内で何か問題が起きたとき、グループとしてどのように行動することに決めていたかを里親に思い出してもらうために、この「ルール」に立ち戻ることができます。

守秘義務

信頼関係の確立は、グループワークを進めていくうえで最も重要なことです。守秘義務という問題にどう対処していくかということを、里親と一緒に、じっくりと意味のある形で考える必要があります。グループのメンバーが、グループ内ではこれ以上ないほどに安全だと感じられる必要があります。プログラムを実践していくなかで、メンバー全員が知ることになる情報に関して、どのような事態が起こり得るかを全員が知っておくことが必要です。情報をグループ内に留めておくためにはどうすればいいかを考える必要があるというグループもあるでしょう。そのような情報には、子どもについての情報と里親についての情報の両方が含まれます。またその一方で、グループの外（たとえば自宅）で学んだ考えを共有したい、あるいは共有する必要があると考える里親もいるでしょう。私たちは、里親が自分が養育している子どもについて話をする場合、行動についての情報は伝えるが、その背景となる情報の詳細は秘密にしておくために、ファーストネームだけを使うことを勧めています。またその一方で、ファシリテーターであるあなたは、自分は子どもの安全確保および保護に関わる問題に対して行動を起こす責任があるということを明確にしておく必要があります。それをどのようにして行うかについて説明しておくことが重要です。すなわち、まずは該当する里親に話し、自分は懸念を持っていることを知らせ、さらにどのような理由で懸念しているのか、そして、自分はそのことを口頭と書面の両方で関連する部署に知らせることになることを伝えておくことが重要になります。

あなたはまた、グループ内での里親の行動、実践、学習について、里親委託機関にフィードバックする取り決めがあるのかどうかを明らかにしておく必要があります。里親は、どのような情報がグループの枠を越えて伝えられていくのかを知っておく必要があります。その場合、書面によるフィードバックのシステムを構築しておくといいでしょう。里親に、フィードバックの内容としては、学習したスキルの詳細、成功例、改善が見られた領域、継続して追求していくべき問題などが含まれるということを説明しておきます。コースが終了したら、その文書を里親全員に配布し読んでもらい、その内容に了解が得られたら、それを関係するワーカーに送付

するようにします。里親はまた、このグループが里親養育研修認定計画にどのように適合するのか知っておく必要もあるでしょう。このグループでの成果は、研修と学んだスキルの証明として、それぞれの再評価報告に盛り込まれることを説明しておきましょう。このようなアプローチに対して、これまで里親の反応は非常に好意的で、里親も関係するワーカーも、フィードバックの文書を楽しみにしていました。

積極的関与を促す

セッションの始めから、このプログラムは共同学習プログラムであるということをグループ全体に伝えておくことが大切です。ファシリテーターとしてあなたは、確かに有効だろうと思える方略を里親に授けるだけでなく、彼らを支え励ますためにこの会場にいるのです。里親は、プログラムに積極的に取り組み、自らより多く貢献すればするほど、このプログラムからより多くのものを得ることができます。ファシリテーターとしてあなたは、「答え」を提供する専門家であってはいけません。あなたは、グループのメンバーが共同で取り組み、問題を解決し、自分たち自身の経験、考え、知識、専門技能を共有し、お互いを助け合うように促し、支援していく必要があります。

セッションの始め、グループのメンバーは誰もがその場所に不安を感じ、落ち着かない気分でいることでしょう。彼らに最初から、経験を共有していると感じ、不安をやわらげてもらうために、できるだけ早い段階でメンバー全員に話をしてもらうようにすることが大切です。どのセッションにおいても、オープニング・ラウンドは、メンバー全員にそれをしてもらうための時間帯です。それはとても短い簡潔なラウンドとして設計されており、セッション開始から15分以内にメンバー全員に何かを話してもらう機会を提供するものです。オープニング・ラウンドはまた、そのセッションの中身とつながっていることが大切です。そのため、たとえばセッション1ではポストカード・エクササイズを行います。それによって里親は、お互いについての何らかの情報を交換し合うことができます。私たちはファシリテーターがいつも先頭に立って見本を示すことが最善の策だと考えます。それによってグループのメンバーに、ここは安全な場所ですよということを示すことができ、これから先、トレーニングはどのようにして行われるのかを示すことができます。

あなたのグループに反応することが大切です。多くのことが、メンバーの数、個性、気質によって決まります。グループ活動の形式——たとえば、ペアを組む、少人数グループでするなど——を幅広く準備しておくことが重要です。それによって里親は、さまざまな文脈のなかで話をすることに慣れていき、扱いが難しい話題も小さなグループ内で扱うことができるようになります。グループのメンバーは、お互いを知るようになるにつれて、だんだん寛いだ気分になり、グループのなかにいても、より「アットホーム」な気分になります。

社会的養護下の子どもの民族性はさまざまで、里親もそれを反映しています。ファシリテーターは、プログラム全体を通して、委託されている子どもに関連して、民族性、アイデンティティ、属性といったテーマを取り上げることが大切です。

またファシリテーターは、グループ内の里親の文化的背景について、敏感に反応できなければなりません。なぜなら、さまざまな文化的背景を持った里親がおり、それぞれ育児の価値観、帰属意識が異なっており、特に欧米社会のそれとは異なる場合があるからです。民族的に混合した背景を持つ社会的養護下の子どもも多くいますが、彼らは元の家族から切り離されています。彼らは、自分たちとは違う民族性、違う階級、違う家族規範のなかで生活しているかもしれません。子どもにとって必要なことをどう満たしていくかを考えるとき、里親と一緒にこれらの要因を考える必要があります。ファシリテーターは、文化的差異に敏感であると同時に、委託されている子どもだけでなく、その里親にも影響を与えているかもしれない差別の経験にも敏感でなければなりません。

プログラム前の準備

プログラムを開始する前に、次のことをもう一度確認しておきましょう。

- 里親の家庭を訪問しましたか？
- 里親に友人やパートナーを連れてくるように勧めましたか？
- プログラムに参加している間、子どもたちの面倒をだれが見るかについて具体的な話をしましたか？　たとえば、代わりの里親に頼む、派遣保育士への支払いを里親委託機関が行うための手続きなど。
- プログラムの開始日時、会場などを再確認するために、里親に手紙またはハガキを送付しましたか？
- 会場までの道順、駐車場を、里親とともに確認しましたか？　必要な場合は、地図や会場平面図を渡しましたか？
- 障害のある人が建物や会場に来る方法を確認しましたか？
- 気分転換のための軽食や飲み物などの用意はできていますか？
- 会場の受付係はプログラムの内容を知っていますか？
- 火災時避難通路およびトイレの場所の確認はできていますか？
- プログラムの前日または当日の朝に、里親に電話かメールで確認しましたか？

セッション前の準備

トレーニングの進め方について、次のことを確認しておきます。

- ファシリテーター同士で、それぞれがどのセクションを担当するかを決めていますか？　また、セッションの時間割は確認できていますか？
- 「発達段階」のときに使用する実例をどうするか決めていますか？

セッション1　グループを創設し、子どもの行動を理解し、記録する

ファシリテーターのねらいと目標

● 里親がリラックスしてお互いのことを知り合えるようにします。

● 里親にフォスタリングチェンジ・プログラムの背景と主な原理についての概観を
提供します。

● 子どもの発達段階についての情報を提供し、肯定的な関係を育て構築することの
重要性を強調します。

● 里親が子どもの行動を正確かつ具体的に伝えられるスキルを身につけることがで
きるように支援します。

● 行動を追跡し記録する方法を説明します。

会　場

● 必要ならば、看板や目印を置くようにします。

● 室内の机や椅子などを好ましい形に配置しておきます。

● 里親が会場に到着したときに、一息つけるような飲食物が出せる準備をしておき
ます。

● フリップチャートに魅力的なデザインで参加を歓迎するメッセージを書いておき
ます。

セッション1を成功させる秘訣

　言うまでもなくセッション1は最も大切なセッションです。あなたはファシリテー
ターとして、これから先のグループの雰囲気を創り上げようとしています。メン
バーに対するあなたの接し方、グループを組織していくあなたのやり方、里親の問
題や関心事に対するあなたの反応、これらすべてが、グループのメンバー全員への
重要なメッセージとなっています。コース全体を通して、あなたはグループのメン
バーのためのお手本となります。最初にグループのメンバー全員と対面するとき、
ファシリテーターであるあなたには、経験を積んだ里親が新しい子どもを迎えると
きに使うのと同じスキルが必要とされます。新しい状況に入ってくるときに子ども
が抱く感情を敏感に察知できること、温かく迎え入れる言葉をかけられること、毎
日の日課の手順を教えること、わが家の家族のルールを簡潔にわかりやすく伝える
こと、過剰な情報を与えて子どもを混乱させたりしないようにすること、子どもを
寛いだ気分にさせ楽しい気持ちにさせることなど、里親が子どもを迎え入れるとき
と同じスキルがあなたに求められています。そして最後に、ファシリテーターとし
てあなたは、委託されている子どもに対して里親に示してほしいと望む尊敬と温も
りを持って里親に接することが大切です。

　会場には早めに入り、室内、軽飲食、椅子の準備をしましょう。あなたが里親のた

83

めにしっかりと準備を済ませていると、里親は、自分たちは大切に扱われていると
感じることができます。

3 必要な機材および備品

パワーポイント（2003 以降）の入っているパソコン

フォスタリングチェンジ・プログラム付属資料（http://www.fukumura.co.jp/ からダ
ウンロード）

● パワーポイント・スライド―セッション 1
● 配布プリント―セッション 1―以下を参照
● セッション評価用紙

プロジェクター

プロジェクター用スクリーンまたはその代わりとなる壁面

環境音楽（迎え入れるための）（mp3 プレイヤーまたは CD）

フリップチャート用スタンドとフリップチャート用紙

フリップチャート用マジックインク

紙を壁に貼るためのブルータック（粘着ラバー）

「ご褒美」のためのカラーシール

里親に贈呈する配布プリント用ファイル

ポストカードまたは雑誌から切り抜いた写真

出席表

名札（記名用シール）

水を含む清涼飲料水やスナック類

セッション 1 で配布するプリント

プログラム前評価質問冊子（セッション 1 を始める前にすでに配布している場合は除き
ます）。

セッションで使うプリント

1.1 「フォスタリング・フラワーパワー」

1.2 「発達段階」

1.3 「明瞭それとも曖昧？」

1.4 「明瞭なイメージを得る方法」

1.5 「行動の追跡」

家庭での実践に使うプリント
1.6「肯定的行動と問題行動を追跡する」
1.7「行動記録表のサンプル」
1.8「行動記録表」―里親が家庭での実践に使用するため
1.9「集計表」
1.10「継続時間記録表」
1.11「時間サンプル表」
1.12「里親のための参考文献」

セッション 1 評価用紙

4　セッション 1 の概要

全体で 3 時間

里親の到着	
歓迎の言葉および会場使用上の注意	2 分
オープニング・ラウンド：ポストカード・エクササイズ	8 分
今日の流れと目標	2 分
お互いのことを知る	30 分
フォスタリングチェンジ・プログラムにおける里親の目標	4 分
フォスタリングチェンジ・プログラムの内容	4 分
グループワークのきまり	10 分
子どもはどのようにして成長していくか？	10 分
社会的養護下にある子どもの経験	5 分
レジリエンス	5 分
発達段階	10 分
	合計 1 時間 30 分

休憩時間　15 分

肯定的行動と問題行動を特定する	10 分
明瞭それとも曖昧？	10 分
行動を明瞭に	10 分
肯定的行動と問題行動の再定義	5 分
行動の追跡	5 分
家庭での実践：肯定的行動と問題行動を観察し記録する	25 分
セッション評価	5 分
クロージング・ラウンド	5 分
	合計 1 時間 15 分

全体で 3 時間

フォスタリング・チェンジ

5　セッション1の流れ

到着／出迎え

スライド　　セッション1紹介スライド

配布物　　里親に渡すファイル、名札、シール

道具　　環境音楽

内容
- セッション1の流れを紹介するスライドが映っている会場に、音楽に合わせて里親が入ってきます。会場全体が、里親を温かく迎える雰囲気で包まれています。
- 里親1人ひとりを温かくフレンドリーに迎え入れます。それぞれにファイルと名札を手渡します。そのとき、時間通りに到着してくれたことを称賛、感謝し、ファイルに貼るシールを渡たすのもいいでしょう。
- 里親1人ひとりに自己紹介します。

2分　歓迎の言葉および会場使用上の注意

スライド　　2、3、4

配布物　　なし

道具　　なし

内容
- パワーポイント（以下 PP と略します）2で開始し、里親に正式に歓迎の言葉を伝えます。今日ここに時間通りに来てくれたことへの感謝の意を述べます。簡単な自己紹介をします。なぜ自分がファシリテーターを務めるのか、これまでの経歴、資格、普段どこで働いているのか、など。
- PP3：里親にこのコースを始める理由をもう一度確認してもらいます。フォスタリング［訳注：「里親養育」のほかに「育てる」の意味もある］とは生涯にわたる変化を子どもに生み出すことであることを確認します。
- PP4：里親に会場使用上の注意および一般的連絡事項を伝えます。トイレの場所、火災時避難通路、携帯電話の電源を切ること、出欠の確認、配布資料、名札およびシールの使い方など。

8分　オープニング・ラウンド：ポストカード・エクササイズ

スライド　　5

配布物　　なし

道具　　ポストカードまたは雑誌から切り抜いた写真

内容
- これはグループ全体でするアクティビティです。里親に話をする機会を提供し、自己紹介をしてもらいます。里親に何か話をし、相互交流する機

86

会を早めに提供することによって、グループが形成されるのを促進します。

● ポストカードや雑誌から切り抜いた写真をテーブルまたは床の上に並べます。ポストカードや写真は、テーマ、スタイル、文化などできるだけ変化に富んだものにします。写真、面白い絵や言葉、絵画、風景などを使います。

● 全員に、自分の好きな、または自分に関係があると思われるポストカードや写真を選んでもらいます（何も書いてないカードを数枚置いておくのもいいでしょう。自分で絵や文章を書きたいというメンバーがいたら、それを使ってもらいます）。

● 里親に順番に自己紹介してもらい、なぜそのカードを選んだのかを話してもらいます。

● ファシリテーターのうちの1人が同様にカードまたは写真を選び、その写真や絵のどこが自分を惹きつけたかを言うことから始めるといいでしょう。

2分　今日の流れと目標
••

スライド	6、7
配 布 物	なし
道　　具	なし
内　　容	● PP6：スライドを見てもらいながら、今日のセッションの流れを簡単に説明します。

● PP7：このセッションで目標としていることの概略を述べます。今日1日の流れおよび目標について、質問はありませんかと尋ねます。

30分　お互いのことを知る
••

スライド	8
配 布 物	なし
道　　具	フリップチャートおよびマジックインク
内　　容	これはまずペアで、次にグループ全体で行うエクササイズです。

● このエクササイズを始めるにあたって、あなたはもう一度簡単に自己紹介してもいいでしょう。あなたが、どこで働き、何をしているかなど（里親は多くの場合、ファシリテーターに子どもがいるのかどうかを知りたがります。ですからあなたは、今後この点にどう対処するかを決めておく必要があります）。

● 里親にペアを組んでもらいます。あまりよく知らない人と組むようにするか、数字を言ってもらい、その数字に該当する人と組むようにするといいでしょう。里親にマジックインクと用紙を渡します。

● グループ全体に、「これから12週以上にわたって、みなさんが養育してい

る子どもについて語り合うことになるのですから、それぞれが一緒に生活している子どもについて私たち全員が知っておくと役に立つ」ということを説明します。

● PP8：パワーポイントを指し示しながら、里親に、PP8に列記してある点についてパートナー同士で情報を共有し合うように言います（スライド上の項目順に1つずつ確認していってもいいでしょう）。

● 紙とマジックインクを使って、その都度回答を記録してもらうこともできます。

里親がペアの相手方と自由に会話できる時間を5分ほど与えます。「5分間自由にお話しください」と時間を明確に伝えておきます。

その5分の中程で、「パートナーの両方が同じ程度に情報を共有できるようにしましょう」と呼びかけてもいいでしょう。

● それぞれのペアの情報をグループ全体に伝えてもらいます。ペアの片方が、相手方の情報を紹介するようにしてもいいですし、2人で交互に情報を伝え合うようにしてもいいでしょう。

● 里親が情報を発表している間、あなたはPP8に列記した情報をすべて含めてフリップチャートに書いていきます。

● そのとき、実子と委託されている子どもが判別できるように違う色のマジックを使うようにします。委託されている子ども、実子、両親その他を色分けしてわかりやすく書いていきます。またシールなど何でもよいので、適当と思える方法を使って区別をより明確にしていくこともできます。

このセッション1で作成したフリップチャートは、「里親の家族構成」と言いますが、それは今後毎週掲示する作業文書になります。それによって里親とファシリテーターは、他の里親がどのような子どもを養育しているかを思い出すことができます。もし委託に何らかの変更があった場合は、更新してもらうようにします。

4分　フォスタリングチェンジ・プログラムにおける里親の目標

スライド	9、10
配布物	なし
道具	フリップチャートおよびマジックインク
内容	プログラムに対する里親の要望や意見を聞くことが大切です。それによってあなたは、里親がプログラムに対して抱いている期待を踏まえて、今後の態勢を整えることができますし、里親が触れてほしいと思っている特別な行動上の問題について認識することができます。

セッション1　グループを創設し、子どもの行動を理解し、記録する

- PP9：里親に「プログラムにどのようなことを期待しますか？」と質問し、答えをフリップチャートに書いてもらいます。
- PP10：ファシリテーターであるあなたは、委託されている子どもを養育する里親の仕事をどのように支援するかについてある目標を持っているということを説明します。
- 里親に、あなたの意見や助言の理由を知ってもらうために、グループに対するあなた自身の個人的希望や目標について簡単に意見を述べるのもいいでしょう。あなたが個人的に知っている里親がいて、彼らが直面している当面の問題を理解している場合は特にそうでしょう。
- あなたがプログラムで重視したいと思っている重要な点について少し話をするのもいいでしょう。そのなかには、次のようなことが含まれるでしょう。
  - 子どもの問題行動を理解し、それに対処するなかで新しいスキルを発達させます。
  - 委託されている子どもの教育を促進させるために、教育と新しいスキルを学習することの重要性に価値を置きます。
  - 肯定的な態度で楽しむようにします。
  - 里親の経験と知識を尊重します。
  - 活動的学習と実践的なスキルを促進します。
  - 学習に関与してもらいます。
  - グループとして協働して活動していきます。
- このフリップチャートはセッション12でも使います。

4分　フォスタリングチェンジ・プログラムの内容

スライド　　11

配布物　　プリント 1.1「フォスタリング・フラワーパワー」

道　具　　なし

内　容　　里親がプログラムの内容を理解し、これから先の12週間にどんなことを学習していくかを理解していることが重要です。

- PP11：プログラムでどのようなことを学習していくかについて、里親に簡潔に概略を説明します。
- プリント 1.1「フォスタリング・フラワーパワー」を配ります。プログラムの内容を説明しながら、そのプリントを見てもらいます。それによって里親は、このプログラムの全体像を思い描くことができます。
- 里親に以下の領域について学習することになると説明します。
  - コアスキル：行動を観察する。明瞭に具体的に。
  - 子どもとの関係性を構築するためのスキル。

89

フォスタリング・チェンジ

- – 子どもの教育を促進し支援するためのスキル。
- – 子どもの社会的スキルならびに問題解決スキルを強化する。
- – コミュニケーション・スキル。
- – ポジティブ・ディシプリン（肯定的なしつけ）――限界を設定する。望ましくない行動の結果から学ぶようにする。
- – 自分自身をうまく管理するスキル――自分の思考と感情に向き合い、専門家と相談する。

● 里親に、このプログラムの中心にあるのは、子どもたちに肯定的な注目を向けながら、思いやり、穏かさ、一貫性のある予測可能な環境を提供することの必要性であるということをもう一度確認してもらいます。

10分　グループワークのきまり

スライド	12
配布物	なし
道具	フリップチャートとマジックインク
内容	このアクティビティはグループ全体で行うのが最善ですが、家庭訪問で特別内気な里親がいることが確認されたとき、あるいはグループの人数が特別多いときは、全体をいくつかのグループに分けて行ってもいいでしょう。

- ● 「これから12週間いっしょにプログラムに取り組んでいくことになったのですから、全員が仲良くやっていくことが重要です」と述べます。メンバー全員が、このグループが安全で、互いを尊重し合い、建設的であると感じられることが大切です。
- ● 2つ以上のグループに分けたときは、各グループで5分ほど話し合う時間を取って、それぞれのグループで決めた「きまり」をリストアップしてもらいます。
- ● グループごとに話し合う時間が過ぎたなら、もう一度全員が大きなグループに戻ります。
- ● メンバーが個々に「きまり」や考えについての意見を述べる時間を取ります。
  グループ全体で討議し、まとめ、合意することができたなら、それをフリップチャートに書いていきます。

グループ全体で合意ができたなら、それを列記した用紙を、すべてのセッションの間、壁に貼っておくようにします。それはきっと、「きまり」を再確認してもらいたいときに役立つはずです。もちろんあなたは、グループを何度もファシリテートしてきた経験から、その「きまり」に何かを付け加えたり変更したりすることができます。

セッション1　グループを創設し、子どもの行動を理解し、記録する

以下は、私たちが以前いっしょに取り組んだグループが作り上げた「グループワークのきまり」の例です。

グループワークのきまり

● 守秘義務——私たちはグループ活動の外で学んだことを共有することができますが、里親や子どもの苗字は使いません。

● お互いの見解を尊重します——批判的態度は取りません。違いを認めます。

● 時間を守りましょう——私たちは時間通りに始め、時間通りに終わりたいと思います。

● 敏感さを持ちましょう。特に多様性とお互いの感情に対して。

● お互いの意見に耳を傾ける時間を取りましょう（人の話を中断するのはやめましょう）。

● 話をするのは1人ずつにしましょう。

● 「簡潔に明瞭に」を心がけましょう。

● 理解できないときは質問しましょう。

● 間違いを恐れないこと——私たちはそうして学ぶのです。

● 助け合いましょう。

● 携帯電話の電源は切るかマナーモードにしておきましょう。どうしても返答する必要があるときは、グループに了解を求めましょう。

● セッションに参加できないときは、前もって連絡しましょう。

● 欠席した人には、必ずそのセッションの配付物を送付するようにしましょう。

[備考]

基本ルールを定めることに慣れているグループもあれば、そうでないグループもあるでしょう。あなたのグループがその作業に苦労していると感じたときは、何らかの提案や考えを提供する必要があるかもしれません。

よく吟味しなければならない概念もあります。たとえば、「お互いを尊重しましょう」ということを提案したメンバーがいた場合、その考えを「かみ砕いて」、実践の場では具体的にどういうことを意味しているのかを考えるように促すといいでしょう。

ファシリテーターとしてあなたは、メンバーの討論のなかに、自分自身の考えを入れたいと思うかもしれませんし、ある種の問題について、特に守秘義務という問題、あるいは意見、背景、価値観の相違をどのように扱うかという点についてはどうしても触れてほしいと思うことがあるでしょう。その場合、専門用語を使わないで説明するようにしましょう。

フォスタリング・チェンジ

10分 子どもはどのようにして成長していくか？

スライド	なし
配布物	なし
道具	フリップチャートとマジックインク
	用紙に基本となる植物の形を描いておきます（時間を節約するために、前もって準備しておきましょう）。
内容	グループ全体で行うアクティビティ

- 里親全員に、植え替えられた植物はどんなことを必要としているかを考えてもらいます。そのことによって、いままで住んでいた場所から新しい家庭に移ってきた委託されている子どもに必要とされているものは何かを考える機会を提供します。
- 植物の絵が描いてあるフリップチャートを全員が見えるように掲げます。その後、里親に子どもが必要としているものを発表してもらいます。それを植物の絵の上に書いていきます。
  - この絵の地面に該当するのは、子どものための安全基地です。それは、一貫性のある、落ち着いた、予測可能な、反応性の高い養育を象徴しています。
  - その地面の上に、養育、日課、教育、温もり、愛情、指導、注目と愛情、などの考えを書いていきます。
- 植物の絵を見てもらいながら、それとの類似性を使って、子どもが大きく成長していくためには何が必要かを里親に考えてもらいます。愛情、励まし、指導、境界、日課、おいしい食事、良い教育、などが挙げられるといいでしょう。里親が苦労しているようだったら、いくつかの提案を行い、里親たちが言わんとしていることをより具体的に明瞭に言えるように手助けしましょう。たとえば、日課とは具体的にどのようなことを指しますか、と尋ねることができます。里親は、就寝時間とか皿洗いの時間、ベッドを整える時間などと答えるでしょう。それに対して今度はあなたが示唆して、それらは安全や安定という考え方につながりますねということもできます。
- このとき、民族性、アイデンティティ、属性などのテーマにも触れるようにしましょう。

5分 社会的養護下にある子どもの経験

スライド	13、14
配布物	なし
道具	なし
内容	このエクササイズはグループ全体で行う

セッション1　グループを創設し、子どもの行動を理解し、記録する

- PP13：里親に、社会的養護下の子どもの経験はどんなものだと思いますか、と問いかけます。
- PP14：スライドを指し示しながら、社会的養護下の子どもの経験について説明していきます。
- 社会的養護下の子どもは実の両親と切り離され、将来の不確定性に直面し、複数の里親を経験しているなどのテーマを引き出していきます。これは長い時間をかけたエクササイズではありませんが、委託されている子どもの置かれている状況と、落ち着いた思いやりのある一貫した養育の必要性について考える端緒となるものです。

5分　レジリエンス

スライド	15、16
配布物	なし
道具	なし
内容	グループに向けてファシリテーターが知識を提供します。

- 里親は、たとえその結果を目にすることができないとしても、子どもに大きな変化を起こすことができます。委託されている子どもは、それを養育する人が真実の希望、願望、期待を託す価値のある存在なのです。
- レジリエンスの主要概念を紹介するために、里親にPP15を読んでもらいます。
- PP16：里親は、これらの領域——すなわち自尊心を築き、趣味を見つけるのを助け、責任の感覚を促進するなど——で子どもを支援する基盤となるものであることを確認しながら、レジリエンスの考え方と中心的な構成部分を簡潔に紹介していきます。それらの領域は、子どもがどこへ進もうと役に立つスキルと資質になるもので、過去や未来の逆境に対してクッションとなり得るものです。

これはこのプログラム全体を通して築き上げていくことになる考え方のほんの基本を簡潔に示したものにすぎません。里親に、「この考え方はこれ以降のプログラムのなかでさらに発展させていきます」と説明します。

10分　発達段階

スライド	17、18
配布物	プリント1.2「発達段階」
道具	フリップチャートとマジックインク
内容	小グループで行うエクササイズ

子どものことを、悪くて、意地悪で、言うことを聞かないと決め付けるのではなく、すべての子どもが通る発達段階を通っているのだと理解するためには、里親は子どもの行動に対する考え方を再構成する必要があるかもしれません。

- PP17：里親を2つのグループに分け、それぞれにフリップチャートとマジックインクを渡します。
- PP17：一方のグループには2〜6歳の、もう一方のグループには7〜12歳の情緒的、社会的、身体的、認知的発達段階を特定してもらい、それを用意した用紙に書いてもらいます。
- 話し合う時間を5分与え、その後グループ全体に発表してもらいます。このエクササイズを通じて、里親は以下で示した要点のほとんどすべてを認識できていることでしょう。とはいえ、里親が子どものさまざまな思考段階について理解できていることを再確認することが重要です。
- PP18：里親の発表を受けて、発達段階の要点を説明していきます。

【注記】ここでは私たちは、マリリン・スティール（Marilyn Steele）とマリリン・マリーニャ（Marilyn Marigna）の考え方を採用しています。彼女らの「思考段階（thinking stage）」という考え方は、子どもはさまざまな発達段階において規則と権威をどのように見るかということに基づいています（Steele and Marigna, 2000）。子どもは発達していくにつれて、自分にとって重要と思えるものだけを価値あるものと見なし、自分の好きなように行動するという自己中心的な見方（2〜4歳）から、大人は権威を持った存在であるということを知る段階（5〜6歳）へ進みます。この5〜6歳の子どもたちは、権威について一面的な見方、すなわちそれは大人が持っているものという見方しかできません。彼らは規則に従わなければならないということ、そしてそれを決め強制するのは大人であるということを理解します。7〜11歳になると、子どもは多くの視点があることを受け入れることができるようになります。この段階になると、子どもは主張し、交渉し、取引する──特に両親を相手に──ようになります。なぜならこの段階の子どもは、自分が考え、望むことも同様に大切なことだと考えるようになるからです。12歳以降になると、どのような見方や行動が重要であるかについて、仲間のグループが大きな影響力を持つようになります。そして子どもは自分以外の人の見方や感情についてもより一層気づくようになります。

- このエクササイズは、有意義で楽しいものにしましょう。たとえば、2〜4歳の子どもは自分のことしか考えませんが、それが彼らにできる唯一の考え方であり、彼らの発達段階であり、けっして性格的な欠点ではないということを認識してもらうようにしましょう。
- 子どもの学習は、すべての発達段階において螺旋状に進み、昇ったり下ったりすることがあるということ、そして普通に発達した子どもの場合で

セッション1　グループを創設し、子どもの行動を理解し、記録する

　も、進歩は領域によってそれぞれ異なるのが一般的であるということを里親に再確認してもらいます。

● また、子どもはときどき、特にストレスのかかっているときは、以前の行動に逆戻りすることがあるということ、そしてそれは普通のことであり、一過性のものであることを再確認してもらいます。

● 里親はその子ども1人ひとりのために養育のレベルを正しく調整する必要があります。たとえば、3歳の子どもが別の子どものおもちゃを奪った場合、それはおそらく相手の子どもの感情を理解する能力がまだ十分に発達していないからでしょう。しかし2年もしないうちに、そのことが理解できるようになるでしょう。

● プリント1.2「発達段階」を配ります。

[備考]

里親は、これから学習していくスキルや方略を、自分の子どもの発達の文脈のなかに据えていくことが大切です。里親は、子どもの年齢や発達段階に応じて、子どもに何を期待することが合理的であるかを理解し、悪い行動と受け取られがちな行動を、認知発達という観点から理解する必要があります。たとえば、3歳の子どもの大半は自己中心的であるのが自然で、自分のしたいようにするのがただ1つの方法だと考えるのはとても普通のことです。

もう1つの例を挙げれば、5〜6歳の子どもはよく告げ口をしますが、それはその子どもが、いつ規則が破られたかを大人に知らせなければならないと考えるからです。また、7〜11歳の子どもは大人の権威を以前ほど恐れなくなり、自分の意見を主張するようになります。その年齢の子どもは、自分を仲間の子どもと比較し、自分の意見を通そうと口論し、争う傾向があるのです。

里親はまた、社会的養護下にある子どもの場合、その初期の経験が彼らの発達に影を落としているということを理解する必要があります。委託されている子どもは、通常の発達学習段階の多くを、転居やトラウマ、虐待などで中断させられてきたかもしれません。特に幼年期の子どもは、世界について経験するための足場の大半を養育者に頼っています。それゆえ、委託されている子どもは今日まで、重要な発達段階を通ることなく生きてきたかもしれません。

たとえば、2歳未満の子どもの大半は、「対象の永続性（object permanence）」という認知スキルを発達させています。それは対象が目の前にいなくても存在し続けているということを理解する能力です。しかし委託されている子どもにとって、この認知上のスキルを使って、里親はいま部屋を出て行っているが存在していることはわかっているという形で情緒的安定を確保することは難しいことかもしれません。特に、前の養育者が彼らの人生から突然消えていった場合や、その子どもがこのことを理解する認知能力をまだ持っていない発達段階にある場合はなおさらです。

フォスタリング・チェンジ

15分　**休　憩**

スライド	19
配布物	なし
道具	なし
内容	休憩時間は重要です。この時間は誰もがリラックスし、お互いをもっとよく知る時間です。この時間に食欲をそそるお菓子や飲み物を提供することができれば、里親はそれを喜んで口にし、ファシリテーターの心遣いに心から感謝するでしょう。このプログラムを始める前に、グループの嗜好を把握しておくようにしましょう。

　　　　　　　この時間を利用して、家庭訪問のときに渡しておいた質問紙を回収するのもいいでしょう。

10分　**肯定的行動と問題行動を特定する**

スライド	20
配布物	なし
道具	なし
内容	ペアで行うエクササイズ

- これまで組んだことのない人とペアを組んでもらいます。
- 里親にそれぞれ、いま一番気にかけていて、今後のプログラムの過程で焦点となるであろう子どものことを考えてもらいます。そのときに、前に書いてもらった「里親の家族構成図」を参照するように言うといいでしょう。
- 里親に、その子どもの肯定的行動を1つ、そしてあまり見たくない行動を1つ（つまり、もっと見たい行動とあまり見たくない行動を1つずつ）特定してもらいます。
- このアクティビティには3〜4分使います。
- 次にもう一度グループに戻ります。里親がいま特定した肯定的行動と問題行動を発表しているとき、それをフリップチャートに書いていきます。
- 里親に、いま発表してもらった肯定的行動と問題行動についてはあとで検討し、次のエクササイズに移りますと説明します。
- ファシリテーターへの注意事項：このエクササイズで里親の発表を書き留め、用紙はこのセッションの後半の「肯定的行動と問題行動の再定義」で使用します。

セッション1 グループを創設し、子どもの行動を理解し、記録する

10分 明瞭それとも曖昧?
....

スライド	21
配 布 物	プリント 1.3「明瞭それとも曖昧?」
道 具	プリント 1.3 を完成させるためのボールペン
	フリップチャートとマジックインク
内 容	グループ全体で行うエクササイズ

- プリント 1.3 の内容をフリップチャートに映しておくか、プリントを配布するかして、そこに列記してある子どもの行動の記述について里親に明瞭か曖昧かを判断してもらいます。
- 記述を1つずつ順番に読み上げながら、それらが明瞭かそれとも曖昧かをグループ全体で討論してもらい、最後に挙手でどちらかを決めてもらいます。
- あなたも挙手に参加することができます。
- しかしグループのメンバーはそれに同意する必要はありません。
- 挙手により明瞭と判断された記述については、なぜその記述が明瞭なのかを考えてもらいます。また曖昧と判断された記述については、それを明瞭なものにするためにはどのような事柄が必要かを考えてもらいます。
- 里親に自分の答えをプリントに書いてもらうようにしてもいいでしょう。

10分 行動を明瞭に
....

スライド	22
配 布 物	プリント 1.4「明瞭なイメージを得る方法」
道 具	なし
内 容	グループに向けてファシリテーターが知識を提供

- 記述を明瞭にするためには何が必要かを要約します。
  - 明瞭であることは基本的で最も重要なスキルです。それによってだれもがその行動を思い浮かべ理解することができます。
  - よく観察することによって、
    - 行動をより明瞭に記述できるようになり、それがいつ変化したのかに気づくことができます。
    - 子どもの気持ちにより上手に同調できるようになります。
    - 前後関係(文脈上)の情報を拾い上げることができます。
    - いつ、どこで、だれと一緒のときにその行動が起こるかを理解することができます。
- PP22:「明瞭であるための秘訣」を読み上げます。
- プリント 1.4「明瞭なイメージを得る方法」を配布します。

フォスタリング・チェンジ

5分　肯定的行動と問題行動の再定義

スライド　　23

配布物　　なし

道　具　　「肯定的行動と問題行動を特定する」のエクササイズで作成したフリップチャート

内　容
- 3つ前のアクティビティで里親の発表をもとに作成したフリップチャートを掲げます。
- 前のエクササイズの討論と学習に照らし合わせたとき、これらの記述のどれをもっと明瞭にできるかをグループに向けて質問します。
- グループ全体で、曖昧な記述を再定義していきます。
- 別のフリップチャートに再定義された記述を書いていくのもいいでしょう。それによって里親に、どうすれば行動に関してより明瞭にできるか、より具体的にできるかをもっと明確に示すことができます。

5分　行動の追跡：ファシリテーターによる説明

スライド　　24

配布物　　プリント 1.5「行動の追跡」、1.7「行動記録表のサンプル」、1.9「集計表」

道　具　　なし

内　容　　グループに向けてファシリテーターが知識を提供します。
- PP24 を指し示しながら、子どもの行動を追跡することがなぜ有益かを説明していきます。
- 行動を追跡することによって、以下のような機会が得られるということを説明します。
  - あなたが子どもの行動について思っていることが本当なのかどうかをチェックすることができます。
  - あなた自身の反応を観察することができます。また、いつ、どこで、だれといるときにそのような問題行動が起こるかを特定することができます。
  - 行動が変化しているかどうかを見ることができます。
- 前もって完成させている「行動記録表のサンプル」を見てもらいます。そして里親に「集計表」のつけ方を説明していきます。里親が目で追えるようにプリント 1.7 と 1.9 を配布します。
- プリント 1.5「行動を追跡する」を配布します。

25分　家庭での実践：肯定的行動と問題行動を観察し記録する

スライド　　25

配布物　　プリント 1.6「肯定的行動と問題行動を追跡する」、1.8「行動記録表」、1.10「継

セッション1　グループを創設し、子どもの行動を理解し、記録する

続時間記録表」、1.11「時間サンプル表」

道　具　　フリップチャートおよびマジックインク

内　容　　グループと個人で行うエクササイズ

- 里親に、毎週あるテーマに沿って家庭で実践を行ってもらうことになりますと説明します。家庭での実践によって、里親はそのセッションで学んだスキルを実践することができ、その成功例と次の週の学習内容について話をすることができるようになります。

- 里親に、養育している子どもの問題点だけでなく、肯定的な性格および属性にも目を向けることが大切であることを説明します。

- 里親に、養育している子どものうちの1人について、肯定的行動と問題行動を1つずつ特定し、それを観察して集計表に記録するように言います。

- プリント1.6「肯定的行動と問題行動を追跡する」を配布し、いまから5分間、これから1週間観察しようと思っている肯定的行動と問題行動を1つ以上考えてみてくださいと言います（その行動は、家庭内で生じ、里親が目撃する機会があるものでなくてはなりません）。

- 前のエクササイズ「肯定的行動と問題行動の再定義」で特定した行動をここでもう一度再確認してもらうこともできます。

- 里親が発表した追跡する行動をフリップチャートに書いていきます。そのとき、その行動を明瞭に、正確に、観察できる用語で記述することによって、里親を励まし支援します。

- 里親全員が、これから観察する予定の行動を特定することができたら、今日から1週間、その肯定的行動と問題行動を表の上に記録していくことについて説明していきます。

- プリント1.8、1.10、1.11を配布し、この3枚のどれを使ってもかまわないと言います。それぞれの表の使い方を説明し、里親が追跡しようと思っている行動を記録するのに最も適していると思う表を使ってよいと説明します。

- 里親に重圧を与えないために、プリントは1枚配った後にその説明に十分時間を取り、その次にもう1枚配るという手順を取るようにします。

- ファシリテーターは手分けして、里親が、それぞれが選んだ行動を追跡するのに最も適した表を決めるのを手助けします。

［備考］

- 家庭での実践はできる限り簡単なものにします。たとえば、里親が、子どもがきょうだいの誰かを叩いた回数、または汚れた皿を流し台に持って行った回数を記録したいと言ったら、その行動が生じたときにその都度単純にチェックを入れることを勧めます。あるいは、より頻繁に起こる行動、たとえば、「～してください（please）」とか「ありがとう（thank you）」と言う回数を記録したいという里親がいたなら、それを夕方の1時間か2時間に絞って記録するように勧めます。

99

フォスタリング・チェンジ

> ● 里親が、こうした単なる集計表ではない、別の測定法を使う必要のある行動を選んだときは、「継続時間記録表」または「時間サンプル表」の使い方を説明する必要があります。その２つの表の使い方については、このセッションの「ファシリテーターが知っておくべきこと」前半部分にある解説を参照してください。必要であればプリントを追加します。
>
> ● 家庭での実践は、里親がやり遂げることができるものでなくてはなりません。それゆえ里親には、彼らが明確に理解することができ、日常生活の制約のなかでやり遂げることのできる課題を出すことが大切です。里親に、家庭での実践の内容を書きとめるよう勧めるのがいいでしょう。学習の成果は、家庭での実践にかかっていると言っても過言ではありません。ファシリテーターは里親に、それほど難しい作業ではないことを説明しながら、家庭での実践の重要性と価値を伝えていく必要があります。

5分　セッション評価
・・・

スライド	26
配 布 物	セッション１「評価用紙」
道　具	なし
内　容	● プログラムがどのように行われたかを追跡する必要があるので、各セッションの終わりに、短い文章でできた多項選択式の評価用紙にチェックを入れてもらいますと説明します。
	● セッション１評価用紙を配ります。
	● 里親に、「質問や意見があったらどうぞ」と、ここで少し時間を取るのもいいでしょう。

5分　クロージング・ラウンド：会場を去る前に
・・・

スライド	27、28
配 布 物	プリント 1.12「里親のための参考文献」
道　具	なし
内　容	クロージング・ラウンドのエクササイズです。

● PP27：この１回目のセッションを終わるにあたって、里親１人ひとりに、「今回の到達点」について、あるいは「いまどんな気持ちか」を一言ずつ言ってもらいます。

● このエクササイズはセッションの終わりを締めくくるもので、メンバー１人ひとりに考えや気持ちを声に出してもらう機会を提供します。それによってメンバーのグループ意識が強まり、またファシリテーターは、この第１回目のセッションに対する里親の反応についてのフィードバックを得ることができます。

● PP28：里親に参加してくれたことに対する感謝の意を述べます。セッシ

ョンの終了を告げます。

● プリント 1.12 を配布します。

[備考]

里親からのフィードバックはとても大切です。あなたは里親がプログラムの何を有益と感じ、何をあまり役に立たないと感じたのかを知る必要があります。そうすることで、プログラムが進行していけばいくほど、あなたは里親の考えや必要としていることによく対応することができるようになります。

6　評　価

ファシリテーターのためのセッション後評価

ファシリテーター同士が 2 人で向き合って、今日グループはどうだったかを話し合い検討する時間を持つことがとても重要です。あなたは何を話し合いたいかについて、自分の考えを持っていることでしょう。以下の点について検討したいと考えていることでしょう。

● 何がうまくいったと思いますか？

● もっと別の方法があったのではと思うことがありましたか？

● 内容をすべて扱うことができましたか？

● 里親の評価用紙を見てください――拾い上げるべきメッセージはありませんか？

● 個人個人について、あるいはメンバー全体について、何か観察できたことはありますか？

● 会場、備品、軽食について問題はありませんでしたか？

● 何か気がかりなことはありませんか？　もしあったなら、それらを（次回から）どのようにしますか？

● セッションを欠席した里親がいたなら、電話で連絡し、お知らせやプリントとともに、セッションの内容の概略を送りましょう。

ファシリテーターが 2 人で向き合って、今日グループはどうだったかを話し合うとき、今日のセッションのためのフィデリティー・チェックを必ず行いましょう。それによってセッションのすべての側面を扱うことができたかどうかを、そして必要なスキルと態度の手本を示すことができたかを確認することができます。このチェックリストは、プログラムの認定のために不可欠のものです。

フォスタリング・チェンジ

フィデリティー・チェックリスト

□時間通りに始め、終わることができましたか？

□養育、肯定的アプローチの手本となることができましたか？

□里親の見方や考え方を認めることができましたか？

□里親の経験を尊重しましたか？

□里親の長所と資質を言葉にしましたか？

□里親のフィードバックを称賛しましたか？

□参加者全員が話す機会を持てましたか？

□発達段階について扱うことができましたか？

□レジリエンスについて扱うことができましたか？

□行動を観察することについての考え方とエクササイズについて扱うことができましたか？

□内容を削除してしまったり、扱うことができなかったりしたことはありませんでしたか？

□「グループワークのきまり」を掲示しましたか？

□「里親の家族構成図」を作成し掲示しましたか？

□参加者全員が家庭での実践を持ち帰りましたか？

□里親が会場に到着したとき、および休憩時間に、軽い飲み物やお菓子を出しましたか？

□里親が先に飲み物やお菓子を口にするようにしましたか？

（次のことも）チェックしましょう

組織上／技術上の問題が何か起きて、それに対処した。

里親からの評価用紙を読み、問題があった場合は、それについて今後どう対処していくか決めた。

欠席者に連絡を取り、配布資料を送付した。

里親について何か気がかりな点をみつけ、もしあった場合、それにどう対処していくか計画した。

セッション **2**

行動への影響：
先行する出来事および結果

行動への影響：
先行する出来事および結果

ファシリテーターが知っておくべきこと

1 基礎となる理論的内容
行動上の問題の原因
アタッチメント理論
社会的学習理論
行動の ABC 分析
フォスタリング・プログラムにおける家庭での実践の重要性

2 グループワークを効果的にファシリテートする
ファシリテーターのねらいと目標
セッション 2 の準備
セッション 2 を成功させる秘訣

3 必要な機材および備品

4 セッション 2 の概要

5 セッション 2 の流れ

6 評　価
ファシリテーターのためのセッション後評価
フィデリティー・チェックリスト

ファシリテーターが
知っておくべきこと

1　基礎となる理論的内容

このセッションでは、フォスタリングチェンジ・プログラムが依拠している2つの重要な知識体系――アタッチメント理論と社会的学習理論――を探求していきます。これらの理論を全面的に紹介するためには、ファシリテーターは次のような主要文献を読んでおく必要があります。スコフィールドとビーク（Schofield and Beek, 2006）の『里親による養育と養子縁組のためのアタッチメント・ハンドブック』（*Attachment handbook for foster care and adoption*）、プライアとグレーザー（Prior and Glaser, 2006）の『アタッチメントとアタッチメント障害の理解』（*Understanding attachment and attachment disorders*）、バンドゥーラ（Bandura, 1977）の『社会的学習理論』（*Social learning theory*）。これから見ていく理論的概念の多くは、これらをかなり単純化したものです。また、このセッションで配布する資料プリントでは、専門用語は平易な日常的用語に変換しています。

行動上の問題の原因

セッション2で主に探求していくのは、行動が生起する文脈と、行動がどのようにして先行する出来事とその結果によって形作られるかという2点です。最初に、なぜ行動上の問題が起こるのかを理解するための枠組みを里親に提供することが大切です。そのために私たちは、里親とともにさまざまな要因について検討していきます。医学的要因、状況的要因、身体的および情緒的要因、家庭環境（過去と現在の）、子どもの行動に影響を与える性格・特徴などです。里親は、注意欠如多動性障害（ADHD）、ドメスティック・バイオレンスのなかでの成長、子どもの特別な気質、子どもと里親の生活に関わる不確定性（養育計画などによる）などのさまざまな条件を考慮する必要があります。子どもは、大人が彼らを取り扱う方法から反応を学習する、ということを里親はいつも心にとめておく必要があります。大人の反応は、子どもの行動、他人との関係のあり方、自分自身についての感情に影響を与えます。里親は、虐待的および／またはネグレクト的環境のなかで生き延びていくために不適切なコーピングメカニズムを発達させてきた子どももいるということ

を認識し理解する必要があります。そのような環境の下で育った子どもは、順番を待つなどの適切な社会的行動や社会的スキルを学習してこなかった可能性があります。また、情動調整のコントロールが非常に乏しい場合もあります。これらがこのセッションで探求していく主要な問題点です。これから見ていくアタッチメント理論を説明することによって、これらの問題の基礎となる考え方を構築していきます。

アタッチメント理論

アタッチメント理論は広範囲にわたる理論で、ファシリテーターであるあなたは、すでにそれについて多くを知っているかもしれません。しかし、この理論はこのプログラムの中心となるものですから、ここでそれについて少し時間を取り、基本的な考え方についての最新の成果とそれを支えるエビデンスを見ていくことは有益でしょう。というのも、里親は、アタッチメント理論がどのように自分の子どもと関係があるかをあまりよく知らない場合が多いからです。アタッチメント理論は膨大な研究成果とエビデンスを有する非常に重要な理論です。それゆえ、プログラムの最初に簡単な概略を示しておくことが大切です。そうすれば、里親にアタッチメント理論を基本的に理解したうえでプログラムに参加してもらうことができます。

アタッチメントという言葉は通常、人生の最初の数年間における乳幼児の養育者に対する関係性の質を述べるときに使う用語であり、それは乳幼児と養育者が共に経験する相互作用のパターンの反映であり要約であると、里親に説明することができます。アタッチメントは発達の相互作用モデル（Sameroff and Chandler, 1975）です。すなわち、養育者の行動が子どもの発達に影響を与えると同時に、子どもの行動が養育者の子どもに対する行動に影響を与えるのです。子どもは単なる環境の受動的受け手ではありません。子どももまた環境を創造するのです。子どもが泣くとき、私たちはそれを、子どもが援助を要求しており、養育者からの世話を求めていると捉えることができます。その結果、敏感な養育者は、その子どものところへ行って抱き上げ、子どもが遊んだり探索したりするという重要な仕事に戻れるように、子どもをあやします。子どもは、援助が必要なとき、大人に向かって自分のところへ来てと「求める」ことによって養育者の行動を形作り、養育者は、ある有限な量の適切な注目を与えることによって子どもをなだめることができるということを学ぶのです。養育者は、子どもが遊びに戻ることができるように援助しますが、それによって子どもは、自分は先に進むことができるということや、自信を持って探索をすることができるということ、そしてもし困ったことになったら養育者は来てくれるということを学習するのです。こうして養育者も子どもも学習し、その相互作用によって両者は変容していくのです。

養育者は乳幼児のニーズに敏感に対応することによって、そして必要なときに乳幼児に効果的な養育と世話を提供することによって、乳幼児が情緒的苦痛を制御するのを支援します。このような時間が積み重ねられることによって、乳幼児は、苦痛

セッション2　行動への影響：先行する出来事および結果

と情動の喚起は養育者の敏感な反応によってなだめられるという自信を構築し、ま
たこれは乳幼児の養育者への安定したアタッチメントの基盤を形成していきます。
乳幼児期の安定したアタッチメントによって形成される最も重要な発達的結果は、
効果的な情動制御（または感情制御）です。それは、情動の喚起と苦痛に適切に対
処する能力と言い換えることができます（Sroufe, 1983）。

すべての子どもが安定的なアタッチメントパターンを発達させることができるわけ
ではありません。里親が養育している子どもの多くが、乳児期に養育者の一貫した
敏感な対応によってニーズを満たされるという経験をあまりしてこなかった可能性
があります。それは、苛立ったり、苦痛を感じたりしているときの子どもの生理学
的覚醒レベルと行動に影響を及ぼしている可能性があります。また多くの社会的養
護下の子どもは、養育者が何度も変わることによってアタッチメントを混乱させら
れている可能性があります（Dozier *et al.*, 2008a）。アタッチメントを発達させる最
も重要な時期に、主たる養育者が変わったかもしれません。これらすべての要因が、
その子どものアタッチメントスタイルに影響を与え、それが今度は、その子ども
と現在の養育者の間の関係性の質に影響を及ぼします。研究者は、「ストレンジ・
シチュエーション法」（Ainsworth *et al.*, 1978）と呼ばれる確立された測定法を下に、
乳児期における3つの主要な不安定なアタッチメントパターンを特定しました。そ
の測定法とは、すべての一般的な発達の乳児に対してもある程度の情動の喚起を引
き起こし、アタッチメントシステムにおけるストレスを増大させるように設計され
た、特別な実験室で行う一連の構造化されたエピソードからなる測定法です。中心
となるエピソードは、乳児の養育者からの2回の分離です。そして高度に訓練を積
んだ評価者が、この2回の分離の後に続く2回の再会に対する乳児の反応を評価し
ます。この乳児期の初期のアタッチメントパターンは、人生を通じて表現されるパ
ターンと類似したパターンを持っており、いま現在その子どもが何歳であろうとこ
のことは知っておく価値のあるものです。安定したアタッチメントを形成している
と見なされる乳児の大半が、再会時に泣きながら養育者の方へ手を伸ばしたり、ハ
イハイしたりして、なぐさめに対するニーズをその養育者に示します。しかし、安定
したアタッチメントを形成していると見なされる乳児のなかにも、養育者の分離に
際して、これといった特別困った様子を示さない乳児もいます。そのような乳児は、
自分の情動の喚起に自分の力で効果的に対処することができ、養育者に対してすば
やく微笑みを返すことによって、そしておそらくそれまで遊んでいたおもちゃの方
を指し示すことによって、満足します。これらの乳児は、養育者は分離している間
もその心のなかに自分のことを思っているということ、そして、養育者はいない間
も自分がしていることに興味を持ち続けていたであろうということを知っていると
いうことを示していると思われます。以上述べてきたことからも想像できるように、
安定したアタッチメントパターンを有する乳児は、その養育者が目の前にいること
によってすぐに慰められ、素早く遊びや探索に戻っていきます。これが最も一般的
なアタッチメントパターンで、一般の集団の60 〜 65 パーセントに見られます。

107

「組織化された（organised）」と記述される、不安定型アタッチメントパターンは2種類あります。それが「組織化された」と記述されるのは、その乳児の再会時の行動が、安定したアタッチメントパターンを有する乳児と同様に、彼らがそれまで経験してきた日常的な養育環境への適応として理解できるものだからです。その1つが、不安定－回避型のアタッチメントパターンです。このパターンを有する乳児は、再会時に、その養育者に対する情緒反応を最低限に抑え、同時に慰めてほしいという要求も最低限に抑えようとする傾向があります。分離によって苦痛を感じた乳児も感じていなかった乳児もいるでしょうが、このパターンの乳児たちは、養育者が部屋に入って来たとき、なぐさめに対するニーズも再会の喜びも、ほとんど表出しようとしません。そしてその間、多くの場合、彼らのニーズ、遊びや探索は抑制されています。それは乳児が、彼らが感じているに違いない情動の喚起に直面して必死に自分を抑えようと戦っているように見えます。これは、養育者からの侵入的または敏感性の低い反応を特徴とする相互作用に対する乳児の組織化された、あるいは一貫した反応と考えられます。そのような乳児は、慰めを求めることを回避することを学習したのです。なぜなら、慰めを求めたとしても、それが効果的に与えられたことがないため、それを回避するようになり、たとえ苦痛を感じたとしても、それを求めることなしにすませるようになったのです。これが不安定型アタッチメントパターンの最も一般的な形で、一般の集団の約20パーセントに見られます。

もう1つの組織化された不安定型アタッチメントパターンは、不安定－抵抗型／アンビバレント型と呼ばれます。前の不安定－回避型とは対照的に、このパターンを有する乳児は、再会時に、最大限の情緒的反応を示し、最大限の慰めを要求する傾向があります。このタイプの乳児の大半が、分離の間に非常に強い苦痛を感じています。彼らは、養育者が彼らを抱き上げたとき、泣きながら自分に対する注目を求めることによってそれを明確に示し、泣き止むことはありません。彼らは安定型の乳児よりも長い時間泣き続け、養育者が降ろそうとするとたいてい受動的な抵抗を示します。そして、養育者の方へ近づこうとする試みと、怒りに満ちた抵抗を混合する、ある程度のアンビバレンスを示す場合もあります。ここでまた、この抵抗型／アンビバレント型反応パターンは、その乳児が落ち着いて遊びや探索といった認知的および社会的発達を促す行動へ戻るのを阻害します。このアタッチメントパターンを構成する組織化の原理は、一貫性のない、あるいは関与の少ない養育者に、自分をいつも心のなかに留めておくように、自分のニーズにいつも目を向けるようにさせるための試みと考えられます。このような乳児は養育者の注目を維持しようとしますが、そうした養育を、慰めや、明らかな情動の調整不全を鎮める効果的な方法とは感じていません。このパターンは一般の集団の約10～15パーセントに見られます。

最後に不安定型アタッチメントの第3のパターンがあります。そのパターンは、上の2つのパターンから15年ほど後で発見されました。上の3つの「組織化された」アタッチメントパターンのうちの1つに割り付けられると同時に、す

べての子どもは、ストレンジ・シチュエーション法を通して、「無秩序／無方向 (disorganisation/ disorientation)」の程度に従ってコード化されます。尺度の中央より上のスコアを有するものは、「不安定−無秩序型」と呼ばれます。この特別な不安定型パターンは、安定型を含めて、他のすべてのパターンを凌駕します。このパターンを有する乳児は、彼らのアタッチメントシステムに加えられたストレスに対して、組織化された、あるいは一貫した反応を示すことはありません。彼らは、無秩序になり、身体を前後にゆすったり、静止したり、その他の奇妙な行動を示します。その行動は、養育者と一緒にいるときに特に顕著です。そのため、そのような行動は、養育者が恐ろしかったり（たとえば、虐待的）、その逆にいつも脅えていたりした（たとえば、虐待の被害者）経験によって生起したと考えられています。このアタッチメントパターンを有するタイプは、一般の集団のなかではほとんど見られませんが、ハイリスクの集団（たとえば、親の精神病理や不適切な子どもの養育がある場合）においてはかなり高い割合で見られることがわかっています。ここで注意しておかなければならない重要なことは、このアタッチメントパターンは、反応性アタッチメント障害または脱抑制性アタッチメント障害（RAD/DAD；これらの問題を検討するためには、Prior and Glaser, 2006 または Scott *et al.*, 2011 を参照のこと）という臨床診断とは無関係ということです。

これらのアタッチメントパターンは、それ自体としてはなんら精神病理学上の指標とはなりません。そして実際には、私たち一般母集団の多く（そのうちの約40パーセント）が、乳児期に不安定型のアタッチメントパターンを有しています。しかしながら、不安定−回避型および不安定−抵抗型／アンビバレント型アタッチメントパターンは、それ自身としては、その後の子どもの問題についての弱い不確かな指標でしかありませんが、不安定−無秩序型アタッチメントパターンの否定的結果は強力で、特に、低学年の行動上の問題に関しての強い指標となります（Beek and Schofield, 2006）。とはいえ、無秩序型に分類された乳児において、その育った環境のなかで蓄積される傾向のある一般的なタイプのリスクから、アタッチメントパターンの影響を分別することは難しいことです。以上見てきたアタッチメントパターンは、かなり不変のものであると考えられていますが、エビデンスは、乳児のアタッチメントパターンがその後の人生でそのままに留まっている範囲は、かなりまちまちであることを示しています。そして、養育者の環境が最も不安定で変化しやすいことからハイリスク・グループに入れられていた乳児のアタッチメントパターンの不変性はかなり低いものでした（Prior and Glaser, 2006 を参照）。たとえば、乳児期に不安定型のアタッチメントパターンを示した子どもが、養育環境において顕著な改善を経験し、その後の人生において「獲得された安定型（earned security）」を発達させた例もあります。すでに述べてきたように、安定した里親委託の提供などの介入によって、委託されている子どもと里親とのアタッチメントの安定性が、実親の下で育った子どもとの比較において、ほぼ一般レベルまで高められることがあります。これは獲得された安定型の最もよい例です。

興味深いことに、分離における苦痛の程度は、その子どものアタッチメントの安定性、安定型であるか、回避型であるか、抵抗型／アンビバレント型であるかとはほとんど関係ありませんでした。

社会的学習理論

子どもを養育するなかで遭遇するさまざまな問題行動の原因について里親に考える機会を持ってもらうことができたなら、セッションは次に、より具体的にそれらの行動に焦点を合わせていきます。

里親は引き続き、行動を具体的に観察するというワークを継続しますが、今度はそのスキルを、ある行動の直前に何が起きたか、そしてその後に何が起きたかを見ることに使います。それらは、行動に「先行する出来事」と、行動の「結果」と呼ばれます。そしてある行動が維持されるなかで、先行する出来事と結果が果たす役割を検証する方法を、行動のABC分析といいます。このセッションで私たちは、里親と子どもはどのように影響し合い、その相互作用によってお互いの行動をどのように形作っていくかを探求することを始めます。そしてそこでは、問題のある、望ましくない行動の根底にあるプロセスだけでなく、肯定的で向社会的な行動を促すプロセスについても検討していきます。

行動の大半は学習されるものであるという考え方が、社会的学習理論の中心にあります。私たちの行動は、私たちの周りの環境によって、特に、重要な他者との相互作用によって形作られます。たとえば、あなたが友人や家族のために一生懸命努力して豪華な食事を用意したとします。ところが、彼らがあなたの努力を認めることなく、何のお礼の言葉もなかったとしたら、あなたは次回からはあまり一生懸命になるのはよそうと考えるようになるでしょう。その反対に、彼らがあなたの作った料理に心から感動し、称賛したとしたら、今度彼らが食事にやってくるときは、もっと手の込んだ食事を用意しようと思うでしょう。両方のシナリオとも、あなたがもう一度同じように行動する可能性を減らしたり増やしたりすることによって、他人の行動があなたの行動に影響を与えているのです。

行動のABC分析

行動のABC分析において、
Aは、その行動の前に生起した、先行する出来事（Antecedents）を表します。
Bは、その行動（Behaviour）を表します。
Cは、その行動の後に生起する行動の結果（Consequences）を表します。

先行するまたは背景となる出来事　▶　行動　◀▶　結果

セッション2 行動への影響：先行する出来事および結果

このモデルでは、行動は、少なくとも部分的には、それに先行する出来事とその結果によって影響を受けていると見られます。それゆえ、先行する出来事と結果の一方または両方を変えることによって、行動における変化を生み出すことが可能となるかもしれません。このモデルによって、私たちは行動変化にどのように影響を及ぼすことができるかについて考える簡潔な枠組みを得ることができます。

遠い背景となる出来事

遠い背景となる出来事とは、必ずしもある行動の直前に生起するわけではないものの、その行動に何らかの影響を及ぼしている、子どもの日常的なまたは環境的な側面のことを指します。それは子どもの行動に何らかの影響を与えている可能性のある事柄、たとえば、睡眠不足や質の悪い食生活、薬物、病気、学校についての不安、家庭または学校での関係性の問題、実の家庭についての、あるいはケアプランについての不安などの要因です。これらはすべて、子どもの考えや行動に影響を及ぼしている可能性のある、子どもの生活上の経験の諸側面です。

たとえば、次のような場面を想像してみてください。マットは、まもなく今の里親の家を出て行き、養子縁組のための委託へ移動することになると告げられています。彼は里親からおもちゃを散らかしていることを叱責されると、前よりも攻撃的に反応するようになりました。この場合、この子どもの社会的背景としてこれらの要因を理解することによって、子どもを理解し、その気持ちに共感する里親の能力は改善されます。それによって里親は、より効果的な介入に的を絞ることができるようになります。人生のこの段階で子どもに変化を起こすためには、入念な計画、話し合い、連携が必要です。

先行する出来事またはきっかけ

直前の先行する出来事または「きっかけ」は、行動のすぐ前に起こります。退屈、無視されている、疲れているなどがこれにあたります。ある行動が、いつ、どこで、だれといるときに生起したかを質問することによって、私たちは、その行動を維持させることに関係している社会的環境の諸側面を理解する重要な手がかりを得ることができるかもしれません。これから、さまざまな種類のきっかけの例を見ていくことにします。

● 場所、特定の人物、状況、あるいは1日のうちの特定の時間さえも行動のきっかけとなることがあります。たとえば、歯科医院は多くの場合、子どもにとっては恐怖や不安を喚起する場所です。またスーパーマーケットは、3歳の子どもにとっては、かんしゃくのきっかけとなるかもしれません（たとえば、棚にたくさんの気を引く商品が陳列されており、それに触りたくてたまらなくなるため、あるいは、大人たちが買い物に夢中になって、自分のことを気にかけてくれず退屈になるため）。

時には特定の人物もきっかけになります。たとえば、他の先生はそんなことはない

のに、特定の先生だけが、ある子どもの反抗的な態度のきっかけとなることがあります。また、子どもが、家族や里親の家族の誰かとある特別な問題を起こしている場合もあります。あつれきや衝突が起こりやすくなっているときは、1日のうちで活動の移行の時間、たとえば、就寝、入浴、あるいは朝の最初の出来事などにも問題や衝突が起こりやすくなります。委託されている子どもによく見られるきっかけが、実の家族との接触です。それは多くの場合、非常に重要な、感情が大きく高まる状況で、子どものあらゆる種類のさまざまな反応のきっかけとなるものです。

- 社会的な合図も、きっかけになります。それはちょっとしたことかもしれませんが、かなり強力な影響を及ぼすことがあります。たとえば、非難するような言葉や態度に敏感に反応する子どもがいます。それを敵意や嘲りと受け取るからでしょう。また、特定の表情や声の調子も強い反応のきっかけとなることもあります。

- モデリング。子どもは適切な行動も不適切な行動も真似をします。彼らはテレビで見たり、新聞や雑誌で読んだりした他人の言動を真似することがあります。たとえば、同級生の1人が先生に悪態をつき、乱暴な態度を示すことによってクラスのみんなから称賛され信頼されるのを目にすると、そのような行動を真似したいという誘惑に駆られる場合があります。

- 過去の出来事に関連するきっかけ。現在生起しているきっかけは、観察することが可能で、対処することも容易ですが、過去からのきっかけも現在の行動に強力な影響を及ぼしていることがあります。その場合、現在のある事柄がきっかけとなって過去の出来事が呼び起こされ、それに反応して子どもが行動を起こしている場合が多いようです。たとえば、入浴中に性的虐待を受けたことがある子どもは、里親から入浴しなさいと言われると、恐怖、不安、攻撃性の強い感情が湧きあがるのを経験することがあります。里親からの何気ない指示が、過去の虐待のつらい記憶のよみがえるきっかけとなるからでしょう。

里親には1つの難しい課題があります。というのは、里親は多くの場合、子どもの過去の経験を部分的にしか知らず、子どもの行動の意味を理解できない場合があるからです。子どもがある出来事や状況に不釣り合いに頻繁に反応しているように見えるとき、里親は、そのような状況が子どもの過去の出来事と共鳴しているかもしれないということに敏感になる必要があります。状況によりますが、里親はそのようなきっかけを避けたり変えたりする方法を見つけることができるかもしれません。あるいは、その特定の状況がその子どもにとってどのような意味を有しているのかを優しく探ることもできます。そして、どうすればそのようなきっかけをより肯定的で、対処できる経験に変えることができるかを子どもと一緒に考えることもできます。

- セルフトーク。これは私たちが自分自身と世界について持っている考え方のことです。「頭のなかで自分に言い聞かせること」と言ってもいいでしょう。自分は「馬鹿だ」、そして自分は「何事もうまくやれない」と思っている子どもは、学校で新しい算数の問題に直面したとき、途方にくれ、無力感を感じるかもしれません。その子どもの自分自身についての否定的考え方が、不快な感情を喚起し、それがそ

セッション2　行動への影響：先行する出来事および結果

の子どもを学習環境から遠ざけ、課題に取り組むのを拒絶させているのかもしれません。この例に見られるように、こうした行動のきっかけは目で見ることはできませんが、子どもの頭のなかに潜んでいます。そのため、それは多くの場合、特定することが難しいものです。里親は読心術者ではありません。しかし、子どもが考え感じるその仕方が、彼らの行動に影響を及ぼしているということを認識しておく必要があります。これについてはセッション6でもっと明確に里親に示していくことになります。そこでは認知行動療法の枠組みのなかで、否定的自動思考について探求していきます。

強　化

専門用語の使用を避けるために、セッションのための資料のなかでは、私たちは「強化子（reinforcers）」という言葉を使う代わりに、より日常的な、「報酬（pay-off）」という言葉を使うようにします。しかしながら、この節では内容を明確にするために、主に「強化（reinforcement）」という言葉を使います。

行動に続く結果が肯定的で満足できるとき、その行動は「強化された（strengthened）」と言います。そしてそのような行動は、同じような状況においてもう一度起こりやすくなります。これを表す専門用語が「強化」です（プログラムのなかでは、多くの場合「報酬」という言葉を使います）。例をあげると、ジェイソンの里親が、**「あなたがコンピューターゲームで友達と仲良く遊んでくれて、わたしはとてもうれしく誇りに思うわ」**といった場合、里親はジェイソンの行動を強化しているのです。行動に続く結果が否定的なとき、その行動は弱められ、同じような状況でも起こりにくくなります。おやつや特典を取り上げられたとき、あるいは何らかの制裁が加えられたときなどがこれにあたるでしょう。例をあげると、**マルシアが夕食の後片付けを手伝うのを拒んだとき、その結果として彼女は、あるテレビ番組を見ることができなくなりました。**

行動がしっかりと学習され確立されるためには、その行動は一貫して確実に強化される必要があります。これを「連続強化（continuous reinforcement）」と言います。たとえば、ある幼児が最初に膀胱制御を習得する場合、その幼児が幼児用便器を使ったときにいつも熱心に褒められると、その幼児はより効果的に学習するでしょう。ひとたびこの行動が確立されたならば、その幼児はときどき褒められるだけでいいでしょう。これを「間欠強化（intermittent reinforcement）」と言います。

行動が強化されないとき、その行動は起こりにくくなります。家庭生活においてよく起こる問題が、親や養育者が肯定的な行動に対して十分な強化を与えることを怠るということです。このような状況においては、肯定的で適切な行動は徐々に少なくなっていき、最後には「消去（extinguished）」してしまうかもしれません。例をあげると、マキシンが友達と仲良く遊んでいたのに無視され、彼女の適切な行動には何の報酬も与えられなかったとします。そうすると、今後、彼女が同じように仲

113

良く遊ぶことはあまりなさそうです。そしてその後、彼女が喧嘩をしたり口げんか
をしたりしているときに、彼女の養育者が彼女をたしなめたり、お説教をしたりする
と、彼女の不適切な行動は、彼女が欲しがっていた注目を手に入れさせることに
つながり、こうして逆にその不適切な行動は強化されるのです。今後同じような状
況で、彼女が喧嘩をしたり言い争ったりする可能性は高められたのです（これは大
人にとっては少し理解に苦しむことかもしれません。しかし、子どもの多くは注目される
ことに飢えています。それゆえ全然注目されないよりは、小言や叱責、お説教といった負
の注目のほうを好むのです）。

意図しない報酬

望ましくない行動に対して、知らず知らずのうちに報酬を与えてしまうことがあり
ます。それもまた、望ましくない行動を持続させる大きな理由の1つです。意図し
ない報酬の1つの形態が、その行動によって否定的な結果が回避できるということ
です。たとえば、ケリーが養育者から宿題をやりなさいと言われたにもかかわらず、
何とかしてそれを避けることができたとき、ケリーの行動は強化されるでしょう。
否定的結果（たとえば、宿題をするなど）が回避できることを、専門用語では「負の
強化」と言います。負の強化は、本当に行動を強化し、それを起こりやすくします。
同じような例を挙げますと、ある子どもが学校に行くのを嫌がって、「ちょっとお
なかが痛い」と言ったとします。養育者がそれに過度に同情して、「学校に行かな
くていいよ」と言ったとすると、その子どもの行動は強化されるでしょう。その子
どもの行動は、不安を喚起する状況——学校に行く——を避けられるということ
（負の強化）と、養育者の注目と配慮を獲得するということ（正の強化）の両方によ
って強化されたのです。その子どもの「不安を回避する」行動はこうして強化され、
その結果、その子どもは学校に対する不安を克服し、それに何とか対処するために
必要な方略を発達させるという本来必要なことができなくなってしまいます。

ファシリテーターは、ABC モデルを十分に活用できるように理解しておくことが
重要です。そのモデルは一見簡単そうに見えますが、それを最大限効果的に活用す
るためには、練習と注意深い適用が必要です。

行動トレーニングを受けたことのあるファシリテーターや、認知行動的方法に習熟
した実践家から心理学的教育を受けているファシリテーターならば、このツールを
使う用意ができているかもしれません。この種の支援がない場合、ファシリテー
ターは自分で ABC 観察を実践してみる必要があります。自分の子どもや友人、家
族、または自分自身に対して実施することもできます。きっかけと報酬を実践して
みるときは、配布プリントの「家庭での実践：きっかけと報酬に気づく」が役立ち
ます。また、ABC 分析を実際に行ってみる場合は、ビデオクリップを見るといい
でしょう。子ども向けのビデオやテレビ番組、映画などは、登場人物の対話とやり
とりのなかでかなり多くの劇的な葛藤が描かれていますので、観察の素材にするこ
とができます。

セッション2　行動への影響：先行する出来事および結果

社会的学習理論－正の強化と負の強化：専門用語の説明の続き

正の強化と負の強化という考え方に混乱するファシリテーターもいるかもしれません。それは技術的観点から理解するのが難しい概念かもしれません。強化とは常に、ある行動の結果がすぐに出る場合において、その行動の可能性の増大を表します（たとえば、Kazdin, 2005, p. 49）。技術的に理解するのが難しい理由の1つは、「正の強化」「負の強化」と言うとき、その文脈における「正」と「負」は、結果の内容、すなわち結果の善悪とは関係ないということを理解するのが難しいからでしょう。一般的に「正」「負」と言うとき、私たちはそれを「正しい」「悪い」と理解しがちだからです。そうではなく、何かが現れるという結果を強化する場合を正の強化と言い、何かが除去される結果を強化する場合を負の強化と言うのです。負の強化の例を下にいくつかあげておきました（Kazdin, 2005, p. 53 を改変）。そこでわかるように、適切な行動も不適切な行動も負の強化になることがあります。

負の強化の例

嫌悪状況	行動	どのように嫌悪状況は除去されるか	行動への影響
冷たく刺すような風	建物の中に入る	寒くなくなる	外が寒いときは建物の中に入る
ニコチンの渇望でイライラする	タバコを吸う	渇望は治まりイライラしなくなる	今後タバコを吸う可能性は高まる
親が口やかましく小言を言う	子どもは部屋を出る	小言は聞こえなくなる	今後子どもが小言から逃げ出す可能性は高まる
子どもが騒いでイライラさせられる	親が子どもに適切なしつけをする	子どもは騒ぐのをやめる	今後親は適切なしつけをするようになる
子どもが騒いでイライラさせられる	親が子どもを強くたたく	子どもは騒ぐのをやめる	今後親は乱暴なしつけをするようになる

正の強化についても、同様のパターンがあります。すなわち、たとえば養育者からの注目という結果の現れ（正）は、良い行動と悪い行動の両方を強化する場合があります——親の注目は、向社会的行動を増やすために使うことができますが、子どもの問題行動を維持させる要因にもなります。正の強化の最もわかりやすい例をあげますと、養育者が子どもがきれいに片付けたことを褒めた場合、その子どもは今後もきれいに片づけようとします。この反対に、養育者にとってわかりにくい「正の強化」の一例は、子どもの不適切な行動への注目がその行動を現れやすくしてしまい、その不適切な行動を維持させることがある場合です。たとえば、子どもがなかなか寝ようとしないことに対して、あまり効き目のない注意を何度も与えたとします。すると、養育者はその子どもの行動に注目を与えることになり、子どものそうした対応を強化することになるのです。

115

行動を構成部分に分解する

「かんしゃく」や「口喧嘩」という言葉は、単独の行動を表す言葉ではありません。それらは実は、行動の連鎖であり、多くの場合、ある一定のパターンを辿ります。ある行動が起きたとき、それを個々の構成部分に分け、ある行動が次の行動をどのように導いていったかを検証することがとても役に立ちます。かんしゃくの後半部分はとても劇的で、扱いが難しいことが多いのですが、それは通常とても些細なことから始まります。

スーパーマーケットでの4歳の子どものかんしゃくは、だいたい次のような形で進行します。

1. 子どもがレジの近くでお菓子を見つけた。
2. いくつかをねだった。
3. それらをつかみ、動こうとしない。
4. 大きな声を出し始めた。
5. 泣き出した。
6. 床を蹴り始めた。
7. お菓子を手にしたまま養育者から逃げた。

この場合、養育者が早い段階で介入すれば、子どもはまだ聞き分けがあり、落ち着いていて、気をそらすことができ、かんしゃくを予防することができたかもしれません。たとえば、その子どもに、「昼食のデザートを見つけに行こう」「あなたと妹の新しい歯ブラシを選びに行こう」など声かけすることができたでしょう。

しかし、行動がある水準を越えてエスカレートすると、建設的に介入することがますます難しくなります。すると、養育者の側もますます興奮してイライラするようになり、子どももすぐに聞き分けがなくなります。

行動の連鎖を観察し、識別し、定義することによって、行動がエスカレートするプロセスをかなり明確に把握することができます。

エスカレーションのサイクル

上の例では、子どもの行動だけを記述し、養育者の反応は記述していませんが、子どもの行動が完全なかんしゃくにまでエスカレートするかどうかは、少なくとも部分的には養育者の反応にかかっています。

ストレスがかかったとき、親や養育者は、否定的行動をエスカレートさせる方向にとらわれがちです。そうした反応が、知らず知らずのうちに子どもの側のさらなる不適切な行動のきっかけとなることがあります。上の例で、養育者が自分の意志を明確に持つことができず、ただイライラして、お菓子をねだる子どもに一貫しない

セッション2　行動への影響：先行する出来事および結果

対応を取った場合、養育者の行動は、子どものさらなる不適切な行動のきっかけ
となりそうです。子どもは「掛け金をつり上げ」はじめ、欲しいものをさらに頑強
に要求するようになるでしょう。そうなると今度は養育者のほうも、反応をエスカ
レートさせ、より強く叱ることになります。両者ともさらにイライラし、怒り、自
制心を失っていく結末が見えてきます。こうした連鎖は次の2つのうちのどちらか
の結末を迎えるでしょう。

1　養育者は負けを認め、やけになって、あるいは怒りながらも菓子を買ってあげまし
　　た。このシナリオで子どもは、無作法に振る舞えば振る舞うほど、自分のわがまま
　　を通すチャンスは増えるということを学習します。
2　養育者は急いで泣き叫ぶ子どもを無理やりスーパーマーケットの外へ連れ出します。
　　この場合、養育者は、子どもに言うことをきかせる唯一の方法は、脅しつけまたは
　　強制的に対応することだということを学習します。

両方のシナリオとも、最終的に報われたのは、攻撃性、強制力ということになります。

このような関係のサイクルは、どの家庭でもある程度起こり得るでしょうが、それ
は家族の関係性に対して破壊的に作用し、否定的で攻撃的な関係のパターンを助長
してしまいます。このような相互作用のパターンを学術論文等では「強制的な行動
のサイクル（coercive behaviour cycle）」と呼びます。

フォスタリングチェンジ・プログラムにおける家庭での実践の重要性

家庭での実践のフィードバックは、セッションに欠かせない重要な一部です。その
ため、里親が気楽な気持ちでフィードバックできるようにすることが重要です。里
親が家庭で子どもと一緒に実践するワークは、このコースの素材となります。それ
ゆえ、学んだ考えとスキルを家庭で実践できる里親は、このプログラムから最も多
く学習し、最も多くの成果を得ることができます。

ファシリテーターは、前もってどのようにフィードバックしてもらうかを考えてお
きましょう。1人のファシリテーターがフィードバックを導き、もう1人が注意点
と学習ポイントを書きとめるようにしますか？　発言は自由意思で行ってもらいま
すか、それとも1人ずつ順番に指名していきますか？　全員が適切な時間話せるよ
うにするにはどうすればいいか決めていますか？　どのくらいの時間で話してくだ
さいとあらかじめ枠を決めておきますか？　メンバーの1人が話し続けようとした
らどうしますか？　他人の話に耳を傾け、反応するように促すにはどうしますか？
里親がこの時間帯を、ただ単にファシリテーターへのフィードバックの時間と見る
ことがないようにするにはどうすればいいですか？　あなたはグループがいま最も
必要としていることに臨機応変に対応する必要がありますが、セッションのこの部
分を構造化し導いていくさまざまな方法を一通り考えておくことが重要です。

117

里親に、各自が持ち寄った観察の記録をお互いに見せ合うようにお願いするのもいいでしょう。そうすることによって、討論を集中したものにすることができます。また、もし里親の了解が得られるなら、それをコピーして、セッションが終わった後にじっくりと検討するのもいいでしょう。そうすることで里親家庭での実践をあなたが非常に重要なものと見なし、それに感謝しているということを伝えることができます。里親が頑張ろうという気持ちを持ち続けられるように、彼らの家庭でのワークを称賛することが重要です。

里親がワークの一部しか実践できなかったときでも、その努力や苦労を評価することが大切です。里親が考え方やスキルを適切に適用できたときには、うまくできたことに対して特別な称賛を送りましょう。家庭で実践してきた成果が価値あるものと認められるならば、里親は1週ごとに、家庭で新しい考えを試すことに自信を深めていきます。里親が家庭での実践を難しいと感じたか、それとも易しいと感じたかをチェックし、子どもの行動に関して彼らが感じたことや観察して気づいたことを聞き取ることもまた重要です。「子どもの行動を観察していて、その水準の高さに驚いた人はいませんか？」と尋ねることもできます。ときどき里親は、子どもの行動がびっくりするほど早く変化し始めたことに驚くことがあります。里親はまた、観察を続けた結果、自分自身の行動も変化し始めたことに気づくことがあります。たぶん、彼らは子どもに対してより冷静になり、より注目するようになっていたのでしょう。そして自分が以前ほど口やかましく子どもを叱ったりしなくなり、子どもが普通に振る舞っているときは、ほとんど口出ししなくなったことに気づくでしょう。これらはすべて貴重な称賛すべき観察です。里親は、子どもに対して否定的な注目を与えなくなればなるほど（たとえば、彼らがしたことを、あまり責めない、口やかましく言わない、叱らないなど）、子どもはより良く行動することができるようになるということに気づき始めているかもしれません。このような学習ポイントに注目し、それをフリップチャートに書きとめましょう。

家庭での実践の結果を持ってくることができなかった里親がいたときには、何が彼らの家庭での実践を妨げたのかを知ることが重要です。けっして非難してはいけません。課題を十分理解できていなかった、あるいは新しい子どもの委託があって困難な週だったなどの理由を知る必要があります。そうすれば、彼らと一緒に、どうすればそのような障害を乗り越えることができるかを検討することができます。

里親の多くは非常に忙しい生活を送っており、実に多くの役割や仕事をこなしていかなければなりません。そうした忙しさが家庭での実践を遂行するのを邪魔している場合があります。ファシリテーターは、里親に要求されているものの大きさに敏感になり共感できなければなりません。そして家庭での実践課題が、彼らが遂行できる範囲のものであるように心掛ける必要があります。もしある里親が特に忙しく、またストレスがかかっていることがわかったなら、家庭での実践の課題を単純なも

セッション 2　行動への影響：先行する出来事および結果

のに変更したり、一部に限定したりするほうがいいでしょう。無理をして「できます」と言ってできなかった場合よりも、こちらのほうがはるかにいいのです。家庭での実践のことを忘れてしまった里親がいたときには、それを責めたりしないで、次は頑張りましょうと励まし、「スキルを実践で試した人が、このプログラムから最も大きな成果を得ることができます」ともう一度確認しましょう。

里親のなかには、積極的に記録するようにと励ますことが必要な人もいます。書きとめることによって、何がうまくいき、何がうまくいかなかったかをより明確に知ることができます。書きとめた記録はより客観的なエビデンスになり、里親が後でこのプログラムでどんなことをして、何を学んだかを振り返るとき、きっと役に立つはずです。

週を重ねるなかで、扱いが難しい行動にどう対処すればいいかについて、あなたは里親に、「みなさんの考えや提案を言ってください」と促すことができるようになります。多くの場合、単純に次のように質問します。

そのような状況ではどうすることができたでしょうか？
同じような経験をして、そのとき何かを試してみてうまくいったという人はいませんか？
他の人はどう思いますか？

これは、ファシリテーターに答えを求めるのではなく、自分が持っている資源を重視し、扱いが難しい行動を検討し、妥当で役に立つ解決法を見つけ出す里親自身の能力を重視する方法です。「あなたたち自身の考えを試し、それがうまくいくかどうかを観察してください」と里親を励ますことが大切です。最初はうまくいかなくても、それは全然問題ではありません。もう一度考え、他の方法を試してみればいいだけです。このような問題解決プロセスによって、里親は柔軟に考える力を伸ばし、困難な状況に直面しても、けっしてあきらめることなく、新しい方法を見つけようとする思いを持ち続けられるようになります。

2　グループワークを効果的に　ファシリテートする

ファシリテーターのねらいと目標

- グループのメンバーの積極的な参加を促します。
- アタッチメントが、どのように子どもに、そして子どもと里親の関係性に影響を与えるかを里親に考えてもらいます。
- 行動が、その前に起きたこととその後に起こることにどのように影響を受けてい

119

るか探求してもらいます。

● きっかけと報酬を特定できるように里親の観察スキルを発達させます。

セッション2の準備

● ファシリテーター同士で、どちらがどのセクションを担当するか、そしてセッションを進行させるタイミングをどうするかについて合意しておきます。特に家庭での実践のフィードバックをどのようにするかを決めておきます。

● きっかけと報酬を具体的に示す方法を選択しておきます。

里親にきっかけと報酬を観察してもらうためのDVDクリップを選択する必要があります。あるいは、そのためのロールプレイを準備することもできます。ロールプレイの土台としてプリント2.7「ケーススタディ：ABC観察」を使うこともできます。ファシリテーターが自分で工夫してもいいでしょう。ビデオクリップを探す場合は、ドラマ、映画、コメディ、子ども向けDVDから、きっかけと報酬を観察するのに適したシーンを選び出すのもいいでしょう。2人から3人の登場人物が、相手の心理を巧みにつくやりとりをしながら相互作用を行っている場面が多く含まれているシーンを選び出す必要があります（子ども向けDVDは、素材の宝庫です。たとえば、『ザ・シンプソンズ』［訳注：アメリカのコメディ番組で、一般的な中産階級の家庭を描いたもの］や『ピングー』［訳注：スイスのアニメで、コウテイペンギンの家族のエピソードを綴ったもの］など。映画『クレイマー、クレイマー』の「アイスクリームのシーン」を使うこともできます。これはYouTubeからダウンロードすることができます）。ファシリテーターは前もってビデオクリップを見ておき、行動・きっかけ・報酬を特定し、定義するのにふさわしいシーンであることを確認しておく必要があります。

● ビデオクリップを使う場合は、里親が到着する前に、部屋と器材の準備をすませておきましょう。

セッション2を成功させる秘訣

先週のセッションに参加できなくて、今日初めて参加した里親がいるかもしれません。そのような里親には、この会場に来る前に、前回のセッションで行ったことの概略が伝えられていなければなりません。また、ファイルやプリントも渡されていなければなりません。ファシリテーターはそれらの里親をグループのメンバーに紹介した後、基本ルールを簡単に説明し、「何か付け加えてほしいことはありませんか」と確認する必要があります。ファシリテーターはまた、新しいメンバーの家族構成の情報がグループのフリップチャート上に付け加えられているかどうかを確認する必要があります。

次にファシリテーターは、先週実施したさまざまな内容、経過をまとめておくとい

いでしょう。里親がリラックスして楽しみながら学習し、協働でワークをし、グループで問題解決にあたるということをここでもう一度確認しておきます。このセッションでも引き続き、あなたが里親に学習してほしいと思う行動や、委託されている子どもに対して使ってほしいと思う相互作用スキルをあなた自身が手本となって示すことが重要です。このセッションは、ていねいに注意深く進めることが大切です。そのために、いろいろなアクティビティにどのくらいの時間が割り当てられているかを前もって伝えておき、また、それらのアクティビティで里親はどんなことをするかを大まかに示しておくといいでしょう。里親全員が、自分たちは自分の経験や考えを発表することができると感じられる雰囲気をつくりましょう。そうすれば里親は、グループによる問題解決プロセスに積極的に参加することができるようになります。

このセッションで最も難しい点は、行動における先行する出来事と結果の役割についての理論的理解を、きっかけと報酬を観察し、特定するスキルに移し替え適用するのを支援することです。このセッションは、活動的に、現実と関連づけて行うこと、そして楽しむことが大切です。

これまでの経験では、里親は間違いなくこのセッションによって目を開かされます。背景となる理論によって里親は、普通の家庭で見られるパターンや相互作用の根底にあるプロセスを理解するための枠組みを得ることができます。質問したり意見を述べ合ったりする時間を十分にとってください。そうすれば里親は、学習したことを自分の考えや経験に照らし合わせてみる機会を持つことができます。

このセッションであなたは初めて、里親が家庭で実践してきたことのフィードバックを受けることになります。フィードバックはこのプログラムの重要な一部ですから、事前にしっかりと準備をしておくことが大切です。「ファシリテーターが知っておくべきこと」の節をセッション前にもう一度確認しておきましょう。

3　必要な機材および備品

パワーポイント（2003 以降）の入っているパソコン
フォスタリングチェンジ・プログラム付属資料（http://www.fukumura.co.jp/ からダウンロード）

- パワーポイント・スライド―セッション2
- 配布プリント、セッション2―以下を参照
- セッション評価用紙

プロジェクター
プロジェクター用スクリーンまたはその代わりとなる壁面

121

環境音楽（迎え入れるための）（mp3 プレイヤーまたは CD）
フリップチャート用スタンドおよびフリップチャート用の大きな用紙

フリップチャート用マジックインク
紙を壁に貼るためのブルータック（粘着ラバー）
「ご褒美」のためのカラーシール

セッション 1 で作成した「グループワークのきまり」のフリップチャート
セッション 1 で作成した「里親の家族構成図」のフリップチャート
セッション 1 で作成した「観察された肯定的行動と問題行動」のフリップチャート

先行する出来事と報酬のエクササイズのための DVD クリップ（使う場合）
アタッチメントのための DVD クリップ（ビデオクリップは、
www.psychology.sunysb.edu/attachment/ からダウンロードすることもできます）

出席表
名札（記名用シール）
水を含む清涼飲料水やスナック類

セッション 2 で配布するプリント

セッションで使うプリント
2.1「アタッチメントの発達」
2.2「アタッチメントのさまざまなパターン」
2.3「混乱したアタッチメント」
2.4「社会的学習理論：行動の ABC 分析」
2.5「報酬」
2.6「報酬を特定する」
2.7「ケーススタディ：ABC 観察」
2.8「ABC 観察のエクササイズ」

家庭での実践
2.9「きっかけと報酬に気づく」（家庭での実践）

セッション 2 評価用紙

4　セッション2の概要

全体で3時間

到着

歓迎の挨拶	1分
オープニング・ラウンド：なぜ里親になりましたか？	5分
今日の流れと目標	5分
家庭での実践のフィードバック：観察と記録	40分
気分転換：整列しましょう！	5分
思いつくこと：問題行動の原因	10分
アタッチメント	30分
	合計1時間36分

休憩　15分

社会的学習理論の紹介	5分
先行する出来事またはきっかけ	5分
思いつくこと：直前のきっかけの例	5分
過去からのきっかけ	2分
きっかけとしてのセルフトーク	2分
結果または「報酬」	5分
「報酬」を特定する	10分
ABC観察スキルの練習	10分
家庭での実践：ABC観察	15分
セッション評価	5分
クロージング・ラウンド	5分
	合計1時間9分

全体で3時間

5　セッション2の流れ

到着

スライド	2
配布物	名札、シール
道具	環境音楽
	セッション1で作成した「グループワークのきまり」のフリップチャート

フォスタリング・チェンジ

セッション1で作成した「里親の家族構成図」のフリップチャート
セッション1で作成した「観察された肯定的行動と問題行動」のフリップチャート

内　容
- PP2が映っている会場に、音楽に合わせて里親が入ってきます。会場全体が、里親を温かく迎える雰囲気に包まれています。
- セッション1で作成したフリップチャートを掲示するのを忘れないようにします。

- メンバーが到着したら、ファイルに貼るシールを渡します。会場に入ってくるときの里親の気分とストーリーに応えることが大切です。たとえば、大変な思いをして到着した里親には、労いの言葉をかけ、無事到着できたことを称賛し、シールを渡します。

1分　歓迎の挨拶

スライド　3
配布物　なし
道具　なし
内　容
- 里親にセッション2に来てくれたことを感謝します。PP3を映します。
- 新しいメンバーがいたときは、グループに紹介します。その里親の家族構成をフリップチャート「里親の家族構成図」に書き加えます。

5分　オープニング・ラウンド：なぜ里親になりましたか？

スライド　4
配布物　なし
道具　なし
内　容　これはグループ・エクササイズです。

- PP4を映します。里親になろうと決心させた出来事を各自1つずつ順番に発表してくださいと言います。
- このアクティビティで、里親が自分たち自身のことをさらに共有することができます。また、これによって里親は「きっかけ」という概念について、そして自分の人生の出来事や経験がどのように里親になるという彼らの決心に影響を与えたかを考え始めることができるようになります。

5分　今日の流れと目標

スライド　5、6
配布物　なし

124

道　具	なし
内　容	● PP5：パワーポイントのスライドに映っていることを指し示しながら、今日のセッションの流れを簡単に説明します。
	● PP6：今日のセッションに向けてあなたが考えている目標を簡単に説明します。今日のセッションの流れや目標について質問はありませんかと尋ねます。

40分　家庭での実践のフィードバック：観察と記録

スライド	7
配布物	なし
道　具	なし
内　容	グループ全員がフィードバックするエクササイズです。

● 里親に「これから家庭での実践のフィードバックを皆さんの前で発表してください」と言います。

● 里親全員が適切な時間話しをすることができるように、たとえば、5分前後でお願いします、と時間を区切ります。

● お互い時間を分け合うように促します。

● グループのメンバーに、お互いの発言に耳を傾け、反応するように、そしてこの時間をただ単にファシリテーターにフィードバックする時間と見なさないように促します。

● 里親が一部しかワークを実践できなかったときも、彼らの努力や苦労を称賛することが大切です。里親がうまくできたことに対して特別な称賛を送りましょう。里親が家庭での実践を難しいと感じたか、易しいと感じたかをチェックしましょう。子どもの行動に関して彼らが感じたことや観察して気づいたことに耳を傾けるようにしましょう。

● 家庭での実践の結果を持ってくることができなかった里親がいたときには、何が彼らの家庭での実践を妨げたのかを聞き取るようにしましょう。けっして非難してはいけません。課題を十分理解できていなかった、あるいは、新しい子どもの委託があって困難な週だったなどの理由を知る必要があります。そうすれば、彼らと一緒に、どうすればそのような障害を乗り越えることができるかを検討することができます。

> [備考]
>
> 話が少し長くなるのを許したいという誘惑に駆られても、時間を守ることが大切です。「ファシリテーターが知っておくべきこと」の節の「フォスタリングチェンジ・プログラムにおける家庭での実践の重要性」をもう一度確認してください。

フォスタリング・チェンジ

5分　**気分転換：整列しましょう！**

スライド　8

配布物　なし

道具　なし

内容　このアクティビティによって、グループはより活発になります。

フィードバックの間、里親は長い時間座ったままで、自分が話をするとき以外は聞くことに集中していました。家庭での出来事にもよりますが、かなり難しいテーマが浮かび上がってきたかもしれません。そのため、ここで少し身体を動かして気分転換するのがいいでしょう。

- 整列：里親に立ち上がってもらい、名前のアイウエオ順に並んでもらうように言います。
- どこをアの場所にするかをみんなで決めてもらいます。
- このアクティビティは、ただ単に立ち上がって身体を動かすためだけのものではありません。これによってお互いの名前を覚えてもらうことができます。
- 里親が積極的に加われるように、ファシリテーターも楽しみながら率先して身体を動かしましょう。

10分　**思いつくこと：問題行動の原因**

スライド　9

配布物　なし

道具　フリップチャートとマジックインク

PP9からのカテゴリーをあらかじめ書いておいたフリップチャート

内容
- PP9：問題行動のいろいろなカテゴリーを見ていきます。
- フリップチャートには、そのいろいろなカテゴリーが列記されていなければなりません。医学的要因、状況的要因、家庭環境（過去と現在の両方の）、性格特性、身体的および情緒的発達。
- 里親に、これらのカテゴリーのなかから、問題行動につながりそうなさまざまな原因についてすばやく考えてもらいます。あなたは里親が、ADHD（注意欠如多動性障害）、早産、気質、複数の養育者などの原因にたどり着くことを期待していることと思います。他の原因については、PP9の注を参照してください。
- ここでの主な目的は、問題行動には多くの原因が考えられるということを伝えることです。また、いくつかの要因が複合的に関係して問題行動につながっている子どももいるということを伝えます。

このエクササイズによって、里親は、子どもの問題行動の背後には、さまざま

126

セッション 2　行動への影響：先行する出来事および結果

な原因があるということをもっとよく理解することができるようになるでしょう。こうして私たちは、里親が子どもを決めつけたり、非難したり、レッテルを貼ったりするのではなく、子どもを理解する方向に向かうのを支援することができます。

30分　## アタッチメント

・・

スライド　10、11、12

配 布 物　プリント2.1「アタッチメントの発達」、2.2「アタッチメントのさまざまなパターン」、2.3「混乱したアタッチメント」

道　　具　ストレンジ・シチュエーションDVDまたはアタッチメントの3つのパターンの例を示す同種の資料

1　安定型アタッチメント

2　回避型アタッチメント

3　抵抗型／アンビバレント型アタッチメント

内　　容　これはDVDを使ってグループで行うエクササイズです。

DVD：このエクササイズでは、3つの異なったエピソード（アタッチメントの3つのパターン）を2回見てもらいます。最初は、里親に子どもの視点で考えてもらうためです。2回目は、里親の視点から状況を考えてもらうためです。ストレンジ・シチュエーションDVDを使うときは、そのDVDの操作、そこで示されているアタッチメントの3つのパターン、そしてどこでDVDを止めるかに慣れておく必要があります。

以下の手順に従って、アタッチメントの3つのパターンを示していきながら、ときどき質問をします。グループによりますが、3つのアタッチメントパターンを一度に見せ、その違いをグループに見つけてもらうこともできます。必ずDVDクリップを2回見てもらい、子どもの観点と養育者の観点の両方から質問をするようにします（このエクササイズは、Dozier *et al.,* 2008a から取り入れました）。

● PP10：アタッチメントの喚起──リラクゼーションサイクルを説明していきます。

● サイクルを見ていきながら、泣いているときは抱き上げ、空腹のときは食べ物を与えてくれるような、反応してくれる養育者や両親を持つ乳児は、自分の世界は安全で予測できる環境であるということを学習することを説明します。そのような子どもは、養育者に対して安定型のアタッチメントを持つようになり、養育者を安全基地としながら、外の世界へ出ていき、探索することができるということを説明します。

● PP11：混乱したアタッチメントについて見ていきます。次の点を押さえておきます。

127

フォスタリング・チェンジ

- 子どもは大人が自分を扱うやり方から反応を学習します。
- 社会的養護下の子どもは、ネグレクトや虐待を生き延びるために自分の行動を人や環境に合わせてきました。

● PP12：ストレンジ・シチュエーションDVDについて紹介します。「これからアタッチメントの3つのパターンを順次見ていきます」と伝えます。1回目の視聴では、まず子どもの経験について考えていきます、と説明します。

● DVD：安定型アタッチメントの子どもを示すストレンジ・シチュエーションDVD、または同種のものを見てもらいます。

● クリップが終わったら、里親に次のように質問します。
  • いま、どんなことを見ましたか？
  • 分離に際して子どもはどんなふうに感じたと思いますか？
  • 再会に際して、子どもはどんなふうに感じたと思いますか？

里親から、子どもはすぐに遊びに戻ることができたということについての意見が出なかったなら、あなたのほうから必ずそれについて言及します。

必ずしもすべての子どもが安定型のアタッチメントパターンを発達させるわけではないことを説明します。里親によって養育されている子どもの多くは、乳児期に欲求を満たされて来なかったことでしょう。そのことが、興奮したり苦痛のときの彼らの生理学的覚醒レベルと行動に影響しているということを説明します。

子どものアタッチメントは、複数の養育者の間を移動するということによっても影響を受けています。不安定型のアタッチメントを持っている子どももいます。

● DVD：回避型のアタッチメントの例を示すストレンジ・シチュエーションDVDまたは同種のものを見てもらいます。

● もう一度里親に質問します。
  • いま、どんなことを見ましたか？
  • 分離に際して子どもはどんなふうに感じたと思いますか？
  • 再会に際して、子どもはどんなふうに感じたと思いますか？

● DVD：抵抗型／アンビバレント型のアタッチメントの例を示すストレンジ・シチュエーションDVDまたは同種のものを見てもらいます。

● もう一度里親に質問します。
  • いま、どんなことを見ましたか？
  • 分離に際して子どもはどんなふうに感じたと思いますか？
  • 再会に際して、子どもはどんなふうに感じたと思いますか？

セッション 2　行動への影響：先行する出来事および結果

アタッチメントは相互作用的なプロセスであることを強調します。すなわち、子どものアタッチメントの発達が養育者の行動によって影響を受けているのと同様に、子どもの行動が、私たちが彼らに反応する仕方に影響しているということを説明します。

私たちはここで、里親自身の特質が、その子どもに反応する里親の能力にどのように影響を与えているかについて里親に考えてもらう出発点を築こうとしています。そのために私たちは、メアリー・ドージア（Mary Dozier）の「同種のもので（In kind）」という概念を使います。ドージアは、乳児や子どもが回避的な形で行動するとき、その養育者は多くの場合、あたかもその子どもが自分を必要としていないかのように、心のこもった養育を提供することはできず、同様に、子どもが抵抗的な形で行動するとき、養育者はその子どもに向かって怒りを持って反応しがちであると書いています（Dozier *et al.*, 2001）。

- DVD：DVD の 3 つのアタッチメントのシナリオを、もう一度見てもらいます。グループに、今回は養育者の感情に焦点を合わせて見るように言います。
- 里親に質問します。
  - いま、どんなことを見ましたか？
  - 分離に際して**養育者**はどんなふうに感じたと思いますか？
  - 再会に際して、**養育者**はどんなふうに感じたと思いますか？

安定型のアタッチメントを持つ子どもの養育者にとっては、再会は比較的スムーズで、満足できるものであるという意見を引き出すようにしましょう。そして次に、不安定型の子どもに対しては、私たちは扱いが難しい感情を抱き始めているということを説明します。

抵抗型／アンビバレント型のアタッチメントを持つ子どもに関して、それは母親にとってはとても難しい経験であるということに気づいてもらいましょう。里親がその「悪い」感情に名前をつけるのに苦労しているようだったら、ファシリテーターは次のようなコメントを入れましょう。

私はこの子どもに少しばかり腹が立って、イライラしてきたわ。
もし私がこの子どもの母親だったら、本当に傷つくわ。彼女は子どもをなだめようとして、あんなに一生懸命やっているのに。

ここで、ファシリテーターである私たち自身が、だれでもある種の習性や癖などを持っていること、あるいは、子どものなかには他の子どもよりも

129

イライラさせる子どももいるということを見本として示し、それは正常なことであるということを示すのも有効です。たぶん、あなたが経験した例を話すこともできるでしょう。ここで何よりも里親にわかってもらいたいことは、子どもに対して批判的になったり否定的になったりしないようにするために、私たちは自分自身の反応とかなり激しく格闘しなければならないということです。

● プリント 2.1、2.2、2.3 を配ります。

15分　休憩

スライド	13
配布物	なし
道具	なし
内容	グループに軽い飲み物やスナックを出します。

5分　社会的学習理論の紹介

スライド	14
配布物	プリント 2.4「社会的学習理論：行動の ABC 分析」
道具	なし
内容	グループに向けてファシリテーターが知識を提供します。

● PP14：社会的学習理論を説明していきます。
  - それは、行動の多くは学習されるものであり、それゆえ、取り去ることも、変化させることも可能であると提起する心理学の一理論です。
  - 他人や状況の経験が、私たちの日常レベルの行動を形づくり、影響を与えます（例をあげるようにします）。
  - その中心的な考えが、行動マネージメントの ABC であり、A は「きっかけ」、B は「行動」、C は「結果」を表します。
  - ある行動の前に起こることを「きっかけ」と言い、後に起こることを「結果」と言います。
  - 行動は前に起きたことと、後に起こることの両方によって影響を受けます。
  - 行動は、「きっかけ」か「結果」のどちらかを変えることによって変化させることができます。

セッション2　行動への影響：先行する出来事および結果

5分　**先行する出来事またはきっかけ**

スライド	15
配 布 物	なし
道 　 具	なし
内 　 容	グループに向けてファシリテーターが知識を提供します。

● PP15：きっかけ、行動、結果のプロセスを説明します。

行動の前に起こった出来事を指していうとき、「きっかけ」という言葉を使うことを説明します。

● 直前のきっかけと、遠い背景的出来事があります。
● 遠いきっかけとは、子どもの行動に影響している可能性のあるもので、どちらかといえば、子どもの生活のなかで全般的に続いているものを指します。

それは次のようなものです。
- 薬物や健康不良の影響
- 食事や睡眠の問題
- 里親との対立（葛藤）
- 学校での反復的ないじめ
- 実親や将来の委託についての不安

これらが子どもの情緒的および社会的背景となります。

5分　**思いつくこと：直前のきっかけの例**

スライド	16
配 布 物	なし
道 　 具	前もって用意しておいた、PP16の「直前のきっかけ」を列記したフリップチャート
内 　 容	グループ全体で思いついたことを発表してもらいます。

● PP16：グループに「直前のきっかけ」について紹介し、どんなことでも行動の直前のきっかけになるということを説明します。
● 用意したフリップチャートのほうを見てもらい、里親に各カテゴリーで思いつくことを考えてもらいます。
● 各カテゴリーには次のようなものが含まれます（例は、太字で表示します）。
- 人物：**先生、警官、母親のような対象、父親のような対象**

131

フォスタリング・チェンジ

- 場所：教室、バス、スーパーマーケット、教会
- 時間帯：学校へ行く準備をしているとき、学校から帰るとき、就寝時間
- 状況：面会訪問、授業、パーティー
- 刺激 – 社会的合図となるもの：声の調子、質問される、特定の「表情」
- 模倣（モデリング）– 他人の行動を真似る：同級生、兄弟姉妹、TV に出てくる人物を真似る

そのほかに、ファシリテーターとしてあなたが説明する必要のある 2 つの例があります。過去からのきっかけと、きっかけとしてのセルフトークです。それについては、この後の 2 つのエクササイズで検討していきます。

2分　過去からのきっかけ

スライド	17
配布物	なし
道具	なし
内容	グループに向けてファシリテーターが知識を提供します。

● PP17：連鎖の説明を見てもらいます。

あるきっかけ ▶ 記憶 ▶ 感情 ▶ 行動 ▶◀ 結果

この状況では、あることをきっかけに過去の記憶が呼び起こされています。たとえば、入浴することによって、もしその場所が性的虐待が行われた場所であるなら、子どもの性的虐待の記憶が呼び起こされる場合があります。

記憶は不快な考えや感情を引き出します。そして、それが恐ろしい、あるいは攻撃的な行動という形で表面に出てくる場合があります。

里親は、前後の文脈から外れて突然起きたように見える行動に敏感になる必要があります。なぜなら、それは子どもの過去の体験について理解する手掛かりを与えているかもしれないからです。

あなた自身の実践や経験から、例を出すこともできます。

セッション2　行動への影響：先行する出来事および結果

2分　きっかけとしてのセルフトーク

スライド	18
配 布 物	なし
道 具	なし
内 容	グループに向けてファシリテーターが知識を提供します。

● PP18：連鎖の説明を見てもらいます。

あるきっかけ　▶　思考　▶　感情　▶　行動　▶◀　結果

この状況では、ある特別な出来事によって、子どもの自分自身についての思いや考えが引き出されています。

クレイグは学校でテストを受けるためにじっと座っていなければなりません。このことが彼自身についての否定的な考え、「僕はのろまで、勉強は何にもできない」を引き出しています。

こうした否定的な考えが、彼を不安におとしいれ、パニック状態にさせたのでしょう。そしてそれが今度はまた、彼の成績に悪影響を与えるでしょう。

質問と討論の時間を取ります。

5分　結果または「報酬」

スライド	19、20
配 布 物	プリント 2.5 「報酬」
道 具	なし
内 容	グループに向けてファシリテーターが知識を提供します。

● PP19：好ましい行動の結果に注意を向けることに報酬という言葉を使用することを説明し、以下の点を確認していきます。
● 里親に次のことを説明していきます。
　　－ 行動を系統的に促し、強化するために、ご褒美、褒める、肯定的な注目を使うことができます。
　　－ 報酬によって行動を強め、「強化（reinforce）」することができ、次にまたそれが起こる可能性を高めます。
　　－ 知らず知らずのうちに、望ましくない行動に「報酬」を与えてしまったときに、問題が起こります。
● PP20：子どもにとっては、多くの場合、全然注目されないことよりも、それ

133

フォスタリング・チェンジ

がどのようなものであれ、注目されるほうがいいということを説明します。

● これには否定的行動も含まれます。私たち大人は、ときどき知らず知らずのうちに、子どもとの口論に取り込まれ、エスカレーション・サイクルにはまってしまうことがあります。そうして、負の注目を与えることによって、子どもの行動を強化してしまいます。もちろん、私たちは子どもの否定的行動を強化しようとしているわけではありませんが、不注意にもそのような行動に報酬を与えているのです。

● プリント 2.5 を配布します。

10分　「報酬」を特定する

スライド　　21

配布物　　プリント 2.6「報酬を特定する」

道　具　　プリント 2.6 を使わない場合は、プリントの内容をフリップチャートに書いて、掲示しておきます。

内　容　　グループ全体で行うエクササイズです。

ファシリテーターはこのエクササイズに、プリントとフリップチャートのどちらを使ってもかまいません。このエクササイズは、多くの異なったシナリオを見せることによって、行動とその結果との関係を考えてもらうものです。次のような例を見ていきます。

1　適切な行動に対して報酬がある場合。

2　適切な行動に対して報酬が得られない場合。

3　大人が知らず知らずのうちに不適切な行動に報酬を与えてしまい、それによってそのような行動を強化する可能性のある 2 つの例。

4　最後のシナリオは、不適切な行動には報酬がなく、適切な行動には報酬がある場合です。

● PP21：プリント 2.6 を配布するか、フリップチャートを使用します。

● それぞれのシナリオを読み上げていきます。きっかけとなる出来事から始め、行動、そしてその後に起こることへと続いていきます。

● 里親に、それぞれの状況で子どもにとっての報酬はどのようなものか、そしてその行動がもう一度起こりそうかどうかを考え、発表してもらいます（行動がもう一度起こるかどうかを確実に予測することはできませんが、報酬が与えられたときは、確実にもう一度起こりやすくなります）。最初の 2 つのシナリオを例として使います。

● 討論を導き発展させるために、以下の表を使います。

以下の表では、どのように討論を発展させていくかについてのいくつかのアイデアを提供しています。

セッション 2 行動への影響：先行する出来事および結果

きっかけ	行動	報酬	行動は再び起こりやすくなりましたか？
里親がジェイドに片付けなさいと言います。	ジェイドは片付けます。	里親に、ジェイドにはどのような報酬が（与えられる）あると思いますか？と尋ねます。褒める、おやつを与える、ハグをする、彼女の表に星のマークを貼るなど。	はい
ジェイソンはマックスにゲーム機を貸してと言います。	マックスは貸してあげました。	反応は何もありませんでした。ジェイソンも、そばにいた養育者も何も言いませんでした。報酬はありますか？	いいえ
ケリーはもう寝なさいと何度も言われています。	彼女はテレビを見続けています。	彼女にとっての報酬は何でしょうか？ 1. 口やかましく注意されることによる注目。 2. テレビを見ること。 3. 自分のわがままを通すこと。 4. 寝床に就くのを免れること（寝ないでいること）。	はい
登校の時間です。	アーシャはまだベッドのなかです。彼女は泣きながらおなかが痛いと言っています。	養育者は優しく抱きしめ、朝食をベッドまで運びます。そして今日は学校へ行かなくていいと言います。この場合の報酬は何でしょうか？ 1. たくさんの優しい注目。 2. 食べ物・親密さ・世話。 3. 学校へ行かなくてすむこと——彼女は学校へ行くのに不安を感じていました。	はい
メフメットは宿題が終わったらテレビを見てもいいと言われました。	彼は口ごたえをし、ぶつぶつ文句を言っています。	養育者は無視し、報酬はありません。	いいえ
	彼は宿題をしました。	報酬はテレビを見ることができたことと、褒められたことです。	はい

[備考]

朝ベッドのなかで泣いていたアーシャの例は、里親に少し長く考えてもらい、討論する必要があるかもしれません。私たちは、養育者は子どもに対して気を使いすぎるべきではないとか、世話しすぎるべきではないとか言っているのではありません。なぜなら、委託されている子どもは心配や不安について話す機会を必要としていることが多いからです。しかし私たちは、同情は、ある状況においては不適切な行動を助長する場合があるという事実に里親の注意を向けたいと思っています。アーシャが学校に対して不安を感じているとしたら、彼女はその不安に立ち向かうための支援と勇気づけを必要としています。この例に見られる養育者は、実際は、彼女の不安回避行動を助長し強化しています。

フォスタリング・チェンジ

10分　ABC 観察スキルの練習
・・

スライド　22

配布物　プリント 2.7「ケーススタディ：ABC 観察」、2.8「ABC 観察のエクササイズ」

道　具　DVD

フリップチャートとマジックインク

内　容　これは DVD、ロールプレイ、ケーススタディのいずれかを使って行うグループ・エクササイズです。ファシリテーターは、グループの学習能力を最大限引き出せる方法を選択します。

ケーススタディの場合：ケーススタディには、プリント 2.7 と ABC 観察、里親から出された意見をメモしたフリップチャートを使用します。

● このケーススタディは、ペアまたは小グループで行うこともできます。各ペアまたはグループに、シナリオのコピーが必要です。そこには短いシナリオが書いてあり、里親に日常的な状況のなかで、きっかけと報酬がどのように作用するかを考えてもらう機会を提供するものです。

● 里親に、最初は子どもにとっての、そして次は大人にとっての行動、きっかけ、報酬を特定してもらいます。最初は行動だけを抜き出してもらうほうがやりやすいかもしれません。それには、ジェイムズと養育者の両方の行動が含まれます。それができた後なら、きっかけと報酬を考え発表してもらうのが楽になります。里親はプリント 2.8 を使って、自分の観察を記録することができます。

● ペアまたは小グループでの検討結果を、グループ全体に発表してもらいます。

DVD を使う場合：DVD クリップや子ども向けの動画のなかから、きっかけと報酬を分析するのに適したものを選ぶこともできます。2 ～ 5 分のシーンで十分です。私たちは、『クレイマー、クレイマー』からの短いシーンを使うことにします。里親からの意見を書きとめるフリップチャートも必要です。

● DVD クリップを流します。『クレイマー、クレイマー』では、食事時に子どもとダスティン・ホフマンが負のサイクルのなかでエスカレートしていきます。ここで里親が、親が物事を悪い方へ悪い方へと向かわせているということに気づいてくれれば成功です。こうして私たちは、ペアレンティングという仕事はとてもストレスのたまる仕事であり、どんな親でもうまくいかない日があるということを当たり前のこととして考え始められるでしょう。

● 里親に、いま見ているこの子どもにとっての、そして次に大人にとっての行動、きっかけ、報酬を特定してもらいます。里親はプリント 2.8 に自

セッション2　行動への影響：先行する出来事および結果

分の観察を記録していきます。

● 里親の観察をフリップチャートに書きとめていきます。行動における
ABCの一続きをもっと明確に見ることができるように、その相互作用が
最も象徴的に現れているシーンの一部だけをもう一度流すこともできます。
そうすると、グループは行動をより詳細に、焦点を合わせて分析すること
ができるようになり、私たちがびっくりするようなことに気づくことがし
ばしばあります。

ロールプレイの場合：ファシリテーターは、きっかけと報酬を表現している短
いシーンを、ロールプレイで示すこともできます。自分でシナリオを書いても、
ケーススタディで大まかに示されているシーンを使ってもいいでしょう（前も
ってシーンをよく検討し、きっかけと報酬を自分自身でよく確認しておくことが大
切です）。また、グループからの意見を書きとめるフリップチャートも必要で
す。

● 里親に、いま見ているこの子どもにとっての、そして次に大人にとって
の行動、きっかけ、報酬を特定してもらいます。里親はプリント2.8に自
分の観察を記録していきます。

● 里親の意見をフリップチャートに書きとめていきます。

15分　家庭での実践：ABC観察
・・・

スライド	23、24
配布物	プリント2.9「家庭での実践：きっかけと報酬に気づく」
道具	フリップチャートとマジックインク
内容	● PP23：「今週の家庭での実践はABC観察です」と里親に説明します。里親に、ABC観察のための適切な行動と不適切な行動の2つを選んでもらいます。子どもは一般に、自分の望ましくない行動だけでなく、望ましい行動も見られていると感じるとき、楽な気分になります。そうすることによって、里親は、子どもの扱いが難しい側面だけでなく、長所にも気づくことができます。

● PP24：ABC観察の例として「行動日記」を見ていきます。

● 里親が観察する予定の行動をフリップチャートに書いていきます。そし
て家庭での実践で使うプリント2.9を配ります。この過程で、里親が、観
察にふさわしくない、あるいは観察しにくいと思える行動を考えていると
きは、修正することができます。また、里親が記録の仕方を理解している
ことを確かめることもできます。必要な場合は、PP24を使ってもう一度
説明していきます。

137

フォスタリング・チェンジ

サンプル行動日記 PP24

肯定的行動：セリーナは赤ちゃんの世話を手伝ってくれます。

不適切な行動：セリーナはケイティーにけんかを売ろうとします。

行動 ―肯定的または不適切	いつどこで それは起きま したか？	きっかけ：その直前に何が 起きましたか？	報酬：その後に何が起き ましたか？	その他のコメント
赤ちゃんをお風呂に入れるのを手伝ってくれました――必要な道具を全部そろえてくれました。	月曜日の午後。	私が「赤ちゃんをお風呂に入れる時間だわ」と言いました。――私たちは楽しい時を過ごしました。私はセリーナの行動にとても喜びました。赤ちゃんも楽しそうでした。	セリーナはお手伝いすることも、「お姉さん」として振る舞うことも両方好きなようです。	
セリーナは車のなかでケイティーを押し、叩きました。	火曜日の放課後。	ケイティーが先に車に乗り込みました。ケイティーは「今日は私がママの隣に座る番よ」と言いました。	ケイティーは泣き出しました。私はとても腹が立ち、セリーナを叱りつけました。おかげで私たちの夕方がめちゃくちゃになりました。	セリーナはやきもちをやいていたようです。彼女は私がケイティーと過ごすのを嫌っています。

[備考]

適切な場合は、里親は前のセッションで特定した行動を引き続き観察することもできます。そうすることによって継続性が与えられ、うまくいけば里親にそのような行動が起こる背景についての追加的な文脈的情報を収集してもらう機会を与えることができるかもしれません。また逆に、観察のために新しい行動を選びたいと言うかもしれません。いずれにせよ、ファシリテーターは、その行動がこうした観察に適したものであるかどうかを確認する必要があります。つまり、きっかけと報酬は何かについて、かなり念入りに考えることができる機会を持つためには、その行動が里親の目の前で起こる必要があります。たとえば、学校で他の生徒と喧嘩したというのは、ABC分析に適した行動とは言えません。なぜなら、観察のために里親がその場に居合わせるということはありそうにないことだからです。

里親に、1日に少なくとも1つの行動を観察しましょうと励まします。ある行動が起こった後、それについて考えるためには、椅子に腰を下ろして落ち着ける時間が必要です。なぜなら、里親にとって、きっかけや報酬がすぐに明らかになることはあまりないからです。子どもにとってのきっかけと報酬は何かを理解するためには、子どもはその状況をどのように受け取っていたかをじっくりと考えることが必要です。事前に選定しておいた行動が起きないことがわかったとき、あるいはその行動があまり観察に適さないことがわかったときには、家庭内で起こる他の行動に切り替えるべきです。

5分　セッション評価

スライド	25
配布物	セッション2評価用紙
道具	なし
内容	● セッション2評価用紙を配ります。

セッション2　行動への影響：先行する出来事および結果

- 里親に、質問や意見があったらどうぞと、ここで少し時間を取るのもいいでしょう。

5分 **クロージング・ラウンド：里親にとっての報酬**

スライド　26、27
配布物　なし
道　具　なし
内　容　クロージングのエクササイズです。

- グループのメンバー1人ひとりに、里親としての報酬は何かを言ってもらいます。
- 里親には必ず肯定的な報酬を挙げてもらうようにします。
- PP27：里親に参加してくれたことに対する感謝の意を述べます。セッションの終了を告げます。

6　評　価

ファシリテーターのためのセッション後評価

ファシリテーター同士が2人で向き合って、今日グループはどうだったかを話し合い検討する時間を持つことがとても重要です。あなたは何を話し合いたいかについて自分の考えを持っていることでしょう。以下の点について検討したいと考えていることでしょう。

- 何がうまくいったと思いますか？
- もっと別の方法があったのではと思うことがありましたか？
- 内容をすべて扱うことができましたか？
- 里親の評価用紙を見てください——拾い上げるべきメッセージはありませんか？
- 個人個人について、あるいはメンバー全体について、何か観察できたことはありますか？
- 会場、備品、軽食について問題はありませんでしたか？
- 何か気がかりなことはありませんか？　もしあったならそれらを（次回から）どのようにしますか？
- セッションを欠席した里親がいたなら、電話で連絡し、お知らせやプリントとともに、セッションの内容の概略を送りましょう。

ファシリテーターが2人で向き合って、今日グループはどうだったかを話し合うと

き、今日のセッションのためのフィデリティー・チェックを必ず行いましょう。それによってセッションのすべての側面を扱うことができたかどうかを、そして必要なスキルと態度の手本を示すことができたかどうかを確認することができます。このチェックリストは、プログラムの認定のために不可欠のものです。

フィデリティー・チェックリスト

□時間通りに始め、終わることができましたか？

□養育、肯定的アプローチの手本となることができましたか？

□里親の見方や考え方を認めることができましたか？

□里親の経験を尊重しましたか？

□里親の長所と資質を言葉にしましたか？

□里親のフィードバックを称賛しましたか？

□参加者全員がフィードバックの間、話す機会を持てましたか？

□アタッチメントについての考えを説明し、そのためのエクササイズを実施できましたか？

□きっかけについての情報を説明し、そのためのエクササイズを実施できましたか？

□報酬についての情報を説明し、そのためのエクササイズを実施できましたか？

□社会的学習理論についての理論的情報を扱うことができましたか？

□内容を削除してしまったり、扱うことができなかったりしたことはありませんでしたか？

□参加者全員が家庭での実践を持ち帰りましたか？

□グループワークのきまりを掲示しましたか？

□「里親の家族構成図」を作成し掲示しましたか？

□里親が会場に到着したとき、および休憩時間に、軽い飲み物やお菓子を出しましたか？

□里親が先に飲み物やお菓子を口にするようにしましたか？

（次のことも）チェックしましょう

組織上／技術上の問題が何か起きて、それに対処した。

里親からの評価用紙を読み、問題があった場合は、それについて今後どう対処していくか決めた。

欠席者に連絡を取り 配布資料を送付した。

里親について何か気がかりな点を見つけ、もしあった場合それにどう対処していくか計画した。

セッション

3

効果的に褒める

効果的に褒める

ファシリテーターが知っておくべきこと

1 **基礎となる理論的内容**
行動を理解する：ニーズと不適応行動の関係
褒めること

2 **グループワークを効果的にファシリテートする**
セッション3の準備
ファシリテーターのねらいと目標
セッション3を成功させる秘訣

3 **必要な機材および備品**

4 **セッション3の概要**

5 **セッション3の流れ**

6 **評　価**
ファシリテーターのためのセッション後評価
フィデリティー・チェックリスト

ファシリテーターが
知っておくべきこと

1 基礎となる理論的内容

このセッションで里親は、子どもの自尊心と社会的スキルを向上させ、肯定的なスキルと行動を促すため、褒めることと肯定的な注目をどのように使うかについて学びます。多くの子どもにとって、褒めることと肯定的な注目というこの2つの方略だけが、行動を良い方向に変え、無作法な行動を少なくするのに驚くべき効果を発揮します。ほとんどの子どもが、十分で持続的な称賛、励まし、肯定的な注目を与えてくれる、肯定的で、反応の良い、やりがいのある環境に反応します。このような環境が用意されると、里親と子どもの間に、より大きな信頼、愛情、そして「肯定的な関心（positive regard）」の基礎が形作られやすくなります。もしこのような環境がなければ、懲罰的な方略だけで手詰まりになることでしょう。

行動を理解する：ニーズと不適応行動の関係

プログラムを通して里親に、単に子どもの問題行動を変えようとするだけでなく、それを理解しようと努力することの必要性を強調することが大切です。先週のセッションで私たちは、行動がどのようにきっかけと結果に結びついているのかを里親とともに見てきました。今週のセッションで私たちは、さまざまなニーズもまた行動のきっかけとして捉えることができるということを紹介していきます。行動はニーズを満たす方法となるものです。敏感に反応してくれる、思いやりのある一貫した養育を受けている子どもは、自分のニーズをある程度理解することができ、それをどう表現すればよいかを知っています。そのような子どもは、おなかがすいたときにはそれを自覚し、養育者に何か食べるものを持ってきてほしいと頼むことができます。そして怖いときには、安心を求めることもできます。しかし、ネグレクトや虐待の環境下で育った子どもは、自分のニーズをあまりよく自覚することができず、それを適切で受け止められるような方法で表現することもあまりよくできません。つまり、彼らの行動は不適応になるのです。そのような行動は、機能不全の環境において自分を安全に保ち、自分のニーズに対してある種の反応を与える機能を遂行するものとして現れてきたと考えられます。しかしながらそのような行動は、

143

フォスタリング・チェンジ

より正常な環境の下では問題の多い扱いが難しい行動となります。

子どもの行動が不適応となっているときに里親が直面する困難の1つが、それが里親自身の内部に強い感情を喚起することがあるということです。しかし、それらの感情は、その不適応行動の根底に存在する目的を知るための手がかりを与えてくれているのかもしれません。子どもの不適応行動は、里親に、怒り、無力感、痛み、苛立ち、警戒、不安などの感情をかき立てますが、子どものほうではおそらく、慰め、注目、安心、そして何らかの自己効力感の感覚を欲しているのでしょう。それゆえ、こうした子どもの行動は不適応行動であるということを里親が認識することが大切です。そうすれば里親は、子どもの行動に対して怒ったり、子どもとの間の負の相互作用のサイクルに捕えられたりすることなく、自らの反応を変えることができます。負のサイクルはたいてい負の注目で満たされており、たとえそれが善意から生まれたものであったとしても、里親の反応は無力で効果のないものになりがちです。子どもに対する従来の対応とは異なった対応について里親に考えるように促すことが大切です。たとえば、里親は、注目してもらうために問題行動を起こす子どもに対して、苛立ちを覚えるのではなく、それを無視することができます。子どもが鬱憤を晴らそうとして暴れまわったり、だらしなかったり、行儀の悪いことをしたとき、里親はこれまでのように相手を傷つけ非難するような態度で応酬するのをやめ、落ち着いてフレンドリーに、励ますような形で対応することができるようになります。それは難しいことかもしれませんが、子どもの行動を理解することによって、里親は子どもがいま自分のニーズを経験しつつある（たとえば、安心を求めている、あるいは注目を求めている）ということを知ることができ、扱いが難しい子どもの行動に対して、これまでのように感情を高ぶらせることなく対応できるようになります。

否定的行動に焦点を当てると何が起こるか？

子どもが無作法な行動をしたとき、里親はその問題行動ばかりに心を奪われてしまいがちです。そしてそれが改善されないと、すぐに落胆し、自信をなくしてしまいがちです。里親は、子どもに向かってくどくどと文句を言い、説教をし、欠点ばかりに目をやっている自分に気がつきます。そしてそんなとき、家庭の雰囲気はどんどん悪くなっていき、緊張したものになっていくことでしょう。このような環境の下にある子どもは、自分はいつも問題ばかりを起こしていて、自分の家庭生活は叱責と非難に支配されていると感じるようになります。どうしようもなくなって、最終的に懲罰の行使に頼らざるを得なくなる家庭もあります。しかし、たいていの場合、その先にあるのは行動のさらなる悪化です。こうした方略は、無作法な行動に対して注目を与えるだけでなく、子どもの自信を喪失させ、里親と子どもの間の負のサイクルにつながります。

自分の行動はいつも非難の的として注視されており、そのようなものとして対応されていると感じる環境の下で、子どもがすくすくと育つわけがありません。子ども

セッション3　効果的に褒める

は自分の長所と資質に敏感に反応し、それによって勇気づけられる環境を必要としているのです。社会的養護下の子どもの大半が、否定的な対応ばかりを経験させられるような家庭の出身です。否定的行動に焦点を当てるのではなく、褒めることによって肯定的な行動を促すことに焦点を当てる強力な道具（ツール）を手に入れることができます。養育のなかで子どもの肯定的な行為と資質に目を向け始めると、里親はだんだんと楽観的な気持ちになり、家庭内の相互作用における雰囲気が軽やかになり、楽しくなっていくのを感じるようになります。そのとき里親は、問題行動に過度に焦点を当てることによって陰に追いやられていた子どもの長所に気づくのです。

注目を引く行動に対する異なる反応法
（ディファレンシャル・アテンション）

褒めることは社会的報酬であり、「強化（reinforcement）」の一形態です。それは笑顔でも、背中をなでることでも、励ましの言葉でも、与えることができます。その一方で褒めることは、適切な行動に注目を与える手段と見ることができます。それは行儀よくしているときにも子どもに気づくことができる方法であり、その行動を私は好きだよと子どもにメッセージを送る方法なのです。里親の多くは、子どもが静かに遊んでいるとき、あるいは文句を言わずにお手伝いをしているとき、子どもを褒めようと思ったりはしません。ほんのたまにしか、あるいはまったく褒められないとき、そして適切な行動をしているのに気づかれないとき、子どもは徐々に、積極的に不適切な振る舞いをすることによって里親の否定的な注目を得ようとするようになります。そして、肯定的な行動が見られることも少なくなっていくでしょう。里親が念頭においておく必要のある中心的な考えの1つが、一方では子どもの適切な行動に対して一貫した思いを込めた肯定的な注目を与えるためにどのように褒めることを使うことができるかということであり、もう一方では、行動が不適切なときは、可能な限りどのように注目を与えずに（すなわち無視）いられるかということです。このような注目の仕方を「注目を引く行動に対する異なる反応法」と呼びます。

褒めるにあたっての障害

行動を改善するために褒めることがそれほど肯定的で効果的な役割を果たすとしたら、なぜ私たちはそれをもっと頻繁に使わないのでしょうか？　実は褒めることの前には多くの問題が立ちふさがっています。ここでそれについてしばらく検討することは価値のあることです。

自然に褒めたくなるようなことをあまりしない子どもがいます。特に反抗的な子どもの場合はそうです。そのような子どもに対しては、意識的に努力して、褒めることを見つけたり創り出したりすることが必要かもしれません。また、褒めようとしてもそれを拒否する子どももいます。そのような子どもは、自分に対してとても否定的なイメージを持っていて、自分自身についての温かく励ますようなメッセージ

145

を受け取るのが苦痛なのかもしれません。里親が、自分が疲れていたり、体調が悪かったり、無力感を感じていたり、あるいはストレスがたまっていたりしているときに、子どものこうした困難に直面して、なおかつ肯定的に振る舞おうとするのは、とても努力のいることです。

私たち自身が受けてきたしつけが、不可避的に、褒めようとするときの私たちの仕方に影響を及ぼします。特に子どもの頃あまり褒められた経験のない大人は、褒めることを不自然で、ぎごちなく感じるものです。また、周囲の期待や基準が高いなかで育った人のなかには、自分自身や他人の小さな達成や肯定的な特性に気づかない人がいます。そのような人たちは、褒めることを例外的な行動のために取っておくべきだと考えているのかもしれません。

熱心にあふれんばかりに褒めることは、必ずしも多くの人にとってとても気分の良いことというわけではなさそうです。それはその人の経験や文化の影響によるものかもしれません。あるいは、まさに人間としての生き方に関わることかもしれません。また、肯定的なことに焦点を当てるよりも、うまくいかなかったことに焦点を当てるほうが自然に思える人もいるかもしれません。褒めすぎると子どもをダメにする、あるいは「つけあがらせる」という信念のようなものがいまだに蔓延していて、熱心に褒めることは、どちらかといえば軽率なことだと受け取られる場合もあるようです。私たちはこれまでの経験から、褒めることについての期待や考えについて探求することは、とても価値のあることだということを知っています。どの里親も、褒めることをどう使えばいいかについて考え、試してみることができ、そこで学習した原理をすぐに適用して、自信を持って効果的な形で熱心に褒めることができるようになりました。そして養育している子どもから、すぐに肯定的な反応が返ってきたことに驚いていました。

問題行動に焦点を当てるのではなく、肯定的行動を促すために褒めることを使う

里親はときどき、家庭において対処しなければならない子どもの問題行動で頭のなかがいっぱいになっていることがあります。折に触れてその問題行動に取り組もうとしますが、ほとんど、あるいはまったく成功しないということを経験することがあります。そのようなとき、その問題行動それ自体に焦点を当てるのではなく、逆に、しているところを見たいと思う子どもの行動に焦点を当てるとうまくいくことがあります。そのときに必要となるのが、問題行動に置き換えることのできる行動、すなわち代替行動を選び出すスキルです。その行動は、問題行動と関連のあるものでなければなりませんが、問題行動と同時に行うことのできない行動でなければなりません。たとえば、子どもに口げんかばかりしてはいけませんと叱る代わりに、友だちと仲よく協力し合う形でお話しをするという枠組みのなかにある行動を選ぶことができます。戦略的に、ある行動に変わり得る別の行動を促す方法として褒めることを使うのです。里親は、肯定的行動に的を絞ったうえで、子どもが望ましい

セッション3 効果的に褒める

形で振る舞うときはいつでも正のフィードバックを子どもに返すという回り道をする必要があります。

褒めることを効果的に使う方法

褒めることを効果的に使うためには、次のことが必要です。

● 曖昧もしくは一般的ではなく、**具体的に**。「いい子だね」「たいしたものだ」「よくやった」などという褒め言葉は、子どもにとっては実際に何が褒められているのかがよくわかりません。効果的に褒めるためには、具体的で、特定できるものでなければなりません。たとえば、「算数の宿題を最後までとてもよく頑張ってくれて本当にうれしいわ」とか「私が頼んだ通りやってくれてありがとう」のように。そうすれば里親は子どもに向かって、子どもがどのように振る舞うのが好きかというメッセージを伝えることができます。これは、多くの委託されている子どもにとって特に重要です。というのはその子どもたちは、どのような行動が望ましく適切であるかをまだはっきりとは認識できていない可能性があるからです。自分に何が期待されているのかを認識できるようになるためには、学習が必要です。

● **心の底から**。何のアイコンタクトも熱意もなしに褒めたとしても、それが子どもにとって、とてもやりがいのある経験になるということはあまりなさそうです。エネルギーと思いを込めて褒めるとき、褒める効果はより大きなものになります。非言語的なコミュニケーション方法、すなわち声の調子、触れること、アイコンタクト、微笑み、これらに注目する必要があります。最初こうしたことを苦手と感じていた里親も、練習するうちにたいてい前よりも温かく、誠実に、自然に自分を表現できていることに気がつきます。

● **即座に**。肯定的な行動の後、数秒以内に褒めるのが最も効果的です。なぜなら、それによって子どもの頭のなかでその行動と報酬の間の結びつきが強化されるからです。ある新しい行動を促したいと考えているならば、里親はそれをいつも見つけ出そうとしていなければなりません。望ましい行動に気づいたら即座に、たとえば、ダニエルが、彼の妹がちょっかいを出してきているにもかかわらず、それを無視しているときはすぐに、ダニエルの側に行って褒めることが大切です。子どもたちがおもちゃを片付け始めたら、それが完全に終わるのを待つのではなく、すぐに褒めることが大切です。それによって子どもは、自分の行動は気づかれていて、価値のあるものと見なされているということを知り勇気づけられます。頻繁に、一貫して褒めることから始めることが肝要です。それを遅らせると、褒めることが徐々に間遠くなっていきます。

● **適切に**。褒めるとき、あくまでも子どもの肯定的行動を条件にする必要があります。その子どもが妹と遊んでいたとしても、実際には顔をしかめて妹の名前を大きな声で叫んでいたとしたら、それを褒めるのは適切なことではありません。どのような行動を促そうと思っているのかを子どもに明確にわからせることが必要です。褒める際にどのように言うかが重要です！

明確に、曖昧さのないように褒めることが大切です。そして、「意地の悪い言葉

147

(put-down)」や過去の失敗を思い出させるような言葉と一緒に褒めてはいけません。もし里親が、「**宿題を終わらせたのはよかったけれど、本当はもっときちんとできるでしょ**」と言ったとすると、褒める効果を台無しにしてしまい、逆にやる気をなくさせる結果になります。

褒めることが退屈な任務のようになってもいけません。どれほどその行動が好きかを、そしてそれをどれほど価値あるもの、素晴らしいものと思っているかを子どもに伝えることができるいくつかの異なった方法について里親に考えてもらうといいでしょう。褒めることは、多くの場合、その行動が褒める人自身にとってどのような好影響を与えるのか、あるいは褒める人自身がそれについてどう感じているのかという個人的見地から与えられる場合、最も大きな効果をあげます。たとえば、

私はあなたが……しているときがとても好きよ
あなたが……してくれると私はとても助かるわ
私はあなたがいま作ったお城がとても好きよ……この言い方は「すてきなお城ね」と言うよりも何倍も褒める人自身に引き寄せたコメントになります。

言葉を飾ったり、極端に驚いたりする必要はありません。誠実に褒めさえすればいいのです。褒めるとき、状況をそのまま言葉で表すことが案外効果的です。「きれいな色をたくさん使って絵を描くことができたわね」、こう言うだけで、話し手が子どものすることを真剣に見ていることを伝えることができるのです。それは、「なんて素晴らしい絵」と言うよりもはるかに肯定的です。同様に、「私が頼んだ通りにしてくれて本当に助かるわ」と言うほうが、「あなたって、とても素直な子ね」と言うよりも説得力があり、励ましになることでしょう。後のほうの言い方は、子どもにとっては、とても期待に沿うことのできない重荷のように感じられるかもしれません。

反抗的な子どもを褒める

せっかちで衝動的な子どもを褒めることは、特に難しいことです。そのような子どもはとても活動的で、声も大きく、しばしば家庭内の小さな規則を破ってしまうからです。社会的養護下の子どものなかでは、この種の行動はめずらしいことではありません。里親は特に一生懸命努力して、これらの子どもが「いい子にしているところを捕まえて」、褒めなければなりません。理想的には、子どもには、叱られる以上に褒められることが必要です。しかし、これはなかなか難しいことです。そのようなとき里親は、「自発的な受け入れ」が生じやすい状況を創り出すことができます。たとえば、次のように単純で魅力的な依頼をするのです。「サッカーの試合を中継しているから、テレビをつけてくれない？」「台所からビスケットを持ってきてちょうだい」など。これらは子どもがより受け入れやすい依頼です。そして彼らが言った通りにしてくれたら、少し手を休めて、「ありがとう」と礼を言い褒めるだけでいいのです。こうすると、子どもは、どのような行動が他人を喜ばせ、褒

セッション 3　効果的に褒める

められるかを経験することができるのです。

　里親はまた、子どもがいつもしている無作法な行動をしていないときに褒めることができます。これは子どもを奨励したい行動に出会わせるもう1つの方法です。たとえば、いつもきょうだい喧嘩ばかりしている子どもの場合、1日喧嘩せずに過ごした日の夜に、「カースティ、あなたは今日1日全然喧嘩しなかったわね。おかげで私はあなたたちととても楽しい1日を過ごすことができたわ。よくできたわね」と言うことができます。これも適切な行動を促すために、褒めることと正のフィードバックを使うもう1つの方法です。

お手本を示す：里親を褒める

　どんな里親でも、子どもや家族のためにと一生懸命やっていても、時にはストレスがたまり、やる気をなくすことがあります。そしてソーシャルワーカーが、かならずしも他人の価値を認め褒めることがうまくできるとは限りません。ときどき里親は、自分には頼れる支えがなく、あまり価値も認められておらず、批判を受けやすい、と感じることがあります。そんな里親に対して、ファシリテーターが褒める手本を示すことが大切です。そうすれば里親は、自分たちのスキルや能力が価値あるものとして認められていると感じることができます。そのことによって里親は、自分自身を価値ある存在としてより肯定的に感じることができるようになります。それによって里親はまた、自分自身の生の体験として、褒めることがどれほど強力な動機付けになるのかについて理解することができます。ファシリテーターが褒めるスキルを使うのを見たり体験したりすることによって、里親は、委託されている子どもを褒め、可愛がるためのより有利な地点に立つことができるようになります。そしてまた、自分のことを否定的に考えがちな里親も、それによって自分自身を褒める方法を学習することができるようになります。セッションを通じて里親は、うまくできたことを特定する練習をすることができ、それを認識し大きな声で自分自身を褒めることを学習します。自分自身を褒めることは、里親が自尊心を高めるための最善の方法であり、それはまた、自分自身について肯定的に考え、感じることを学習する必要のある委託されている子どものための強力なお手本となるのです。

褒めることを活用した里親の例
マージョリーと7歳のマーカスの例：肯定的行動に焦点を当て観察する

　マーカスは、極度のネグレクトと激しい身体的虐待が行われていた家庭の4人兄弟の長男でした。他のきょうだいたちは、別の場所に委託されていました。マーカスはとても活動的で落ち着きのない子どもで、じっと座っていることができず、何かに、あるいは誰かに集中することができませんでした。朝はたいてい5時か6時に目を覚まし、他の家族が起きるまで、ベッドの上でバタバタしたり、大声を出したりしました。マージョリーはしばしばイライラして、「やめなさい！」と怒りましたが、まったく効果がありませんでした。そこで彼女は、朝どんなことが起こっているのかを観察することにしました。彼女はベッドに横たわったまま、聞き取れるこ

149

とをノートに書きとめていきました。1週間たったある朝、どういうわけかマーカスはベッドの上で静かに過ごしていました。マージョリーは観察表の上に、可愛い笑顔の絵を描き、それを冷蔵庫の扉の上に貼っておきました。マーカスが「これは何？」と聞いてきたので、彼女は、「あなたが朝ベッドの上で静かにしていてくれたら、私はとてもうれしいの」と説明しました。マーカスは彼女を喜ばせる何かをしたことを非常に喜びました。以下の表は、数週間のうちに彼の行動が変わっていったことを示しています。

マーカスの朝起きてからの行動の観察

月曜日	火曜日	水曜日	木曜日	金曜日	土曜日	日曜日	合計（良い朝）
		5時55分 明かりを点けたり消したりする。おもちゃを全部ベッドに広げる。	6時45分 廊下で騒ぐ。	6時55分 姉と一緒にベッドの上段に上り、大声を出す。	7時 ベッドに入ったり出たり、遊んだり歌ったりする。	7時10分 おもちゃで騒がしく遊び、姉に向かって大声を出す。	0/5
7時 ボードゲームで騒がしく遊ぶ。	7時 大声を出し、あたりを散らかす。	☺	☺	ベッドに入ったり出たり、遊んだり大声を出したりする。	6時45分 家庭訪問の日、ママを起こす。	6時 おもちゃを全部出して騒がしく遊ぶ。	2/7
☺	☺	☺	☺	☺	7時 女の子の部屋に物を投げ入れる。	ベッドの中で懐中電灯で遊びながら歌ったり、大声を出したりする。	5/7
ベッドの中で歌ったり、おもちゃで遊んだりする。	☺	5時45分 女の子の部屋に入ったり出たりし、電灯を壊す。	☺	☺	☺	☺	5/7
☺	☺	☺	☺	☺	☺	☺	7/7

マーカスは朝早く起きてトイレに行った後、他の家族を起こさないように静かにベッドのなかで遊んでいますが、しばらくすると再び眠りにつきます。気がつけばマージョリーは、学校に行く準備が間に合うようにマーカスを起こさなければならなくなっていました。

これは、褒めるという介入の成果を示すための実践ではなく、ある特定の問題行動のベースラインを測定するための観察として行われたものでした。しかしマージョリーが表の上に彼女の笑顔を描きはじめると、彼女の観察表はご褒美表のようなものに変わり、マーカスに、あなたの行動は認められ、褒められていますというメッ

セッション3　効果的に褒める

セージを送ることにつながりました。マージョリーの喜びはマーカスにとっての強力な社会的報酬となり、マーカスに行動を変化するように促す刺激となりました。

ジェーンと7歳のアーロン：行動を変えるために熱心に即座に褒める

アーロンは7歳の男の子で、3人きょうだいの一番上です。彼は実の家庭で大変なネグレクトを経験してきましたが、現在は委託されている里親の下で大変幸せに暮らしています。彼はずっとこの家にいたいと切望しています。

ジェーンはアーロンの問題行動を特定しました。「彼は少しもじっと座っていることができず、いつも私の役に立ちたいと思っています。『何か僕にできることはない？』といつも尋ねてきます」。赤ちゃんのおむつを替える間、アーロンはじっと傍で待っていて、終わるとそのおむつを容器に入れます。また他の家族が食べ終わらないうちに食卓を片付けたり、掃除機をかけたり、ベッドメイクをしたり、皿洗いをしたりします。

ジェーンにとっては、アーロンの「手伝い行動」を褒めるのは、必ずしもいい気分ではありません。もちろん、その行動それ自体は望ましくない行動ではありませんが、年齢の割には手伝いの回数が多すぎるように感じました。アーロンがジェーンを喜ばせることによって委託を継続させたいと切望しているのは明らかです。ジェーンは、アーロンにもっとたくさんしてほしいと思っていることは何かを考えました。彼女は、アーロンがリラックスし、遊び、楽しんでいるところをもっと見たいと考えました。

グループのなかで討論し熟考した後、ジェーンはある計画を思いつきました。彼女はアーロンに、社会的側面の感じられる家事を、それも楽しみながらできることを手伝わせようと考えました。また、彼が何か手伝うことはないかと聞いてきたときは、必ず彼と一緒にそれをすることにしました。

ジェーンの表は、彼女が、アーロンがしたいと言ってくる「家事」をとても上手に喜びと親密さの経験に変換していることを示しています。彼女はアーロンを、「彼がしたこと」ではなく、「どんな子どもであるか」で評価し、それによってアーロンを勇気づけることができました。

アーロンの手伝い行動は消えてはいませんが、その数はずいぶん少なくなり、彼は徐々によりリラックスできるようになりました。彼はときどきテレビ番組を最初から終わりまで通してみることができるようになり、遊びに熱中することもできるようになりました。彼は家族のみんなとトランプをして何時間も過ごしたり、粘土をしたり、レゴでこれまで以上に長い時間を過ごせるようになりました。

お手伝いをするアーロン：アーロンの行動を変えるために褒めることを使う

曜日	行動の内容	観察（私は何を言い、次に何が起こったか）
火曜日	アーロンが何か仕事はないかと聞いてきた。私は皿洗いがしたいかと尋ねた。	彼は皿洗いを手伝ってくれた。洗剤の泡で遊ぶととても喜んだ。私が「ありがとう」と言うと、彼も「ありがとう」と返してくれた。私は髪や顔に泡をつけて楽しんだ。
水曜日	アーロンが何か仕事はないかと聞いてきた。「居間に掃除機をかけてくれない、私がモップをかけるから」と答えた。	音楽をかけながら、彼は掃除機を手にダンスを踊り、私もモップを片手に踊った。私は礼を言った。彼は、「とても楽しかった、また今度できる？」と聞いた。
木曜日	アーロンが何か仕事はないかと聞いてきた。「キッチンの戸棚を拭かなくちゃ、あなた手伝ってくれる？」と聞いた。	私たちは戸棚をきれいに拭いた。彼が下のほうを、私が上のほうを拭いた。彼は椅子の上に立っている私を見上げて笑い、この仕事を楽しんでいた。私は礼を言い、2人でアイスクリームを食べた。
金曜日	アーロンが何か仕事はないかと聞いてきた。「赤ちゃんをお風呂に入れるのを手伝ってくれる？」と言った。	彼はベンをお風呂に入れてくれた。彼はお風呂もベンも好きだ。アーロンとベンは2人で石鹸の泡で遊んだ。私は2人にキスをして、アーロンに、「手伝ってくれてありがとう」と礼を言った。
土曜日	アーロンが何か仕事はないかと聞いてきた。「これから買い物に行くので、一緒に来て荷物を運ぶのを手伝って」と言った。	一緒に買い物に行った。彼はとても重いバッグを、「僕が持つ」と言って持ってくれた。私たちには笑いが絶えなかった。彼におもちゃを買ってあげ、彼の努力に礼を言った。

2　グループワークを効果的にファシリテートする

セッション3の準備

● ファシリテーター同士で、どちらがどのセクションを担当するか、そしてセッションを進行させるタイミングをどうするかについて合意しておきます。特に、家庭での実践のフィードバックをどのようにするかを決めておきます。

● すべての機材と資料が揃っていることを2人で確認します。里親が会場に到着するとき、今日のテーマ——褒めること——に関連した曲を流すと、リラックスさせるだけでなく、テーマについての情報を提示することができます。

ファシリテーターのねらいと目標

● 子どものニーズと行動の間のつながりについて里親が理解できるようにします。

● 子どもを心から明るく褒めることについての考えと思いを探求できる雰囲気づくりをします。

● 里親に、褒められ、肯定される経験をしてもらいます。

● 里親が安心してスキルを実践できる環境を創造します。

セッション3を成功させる秘訣

褒めることについての考え

イギリスでは、褒めることの効果を疑問視する傾向があります。そのため里親が熱心に（！）それに取り組めるようになるには、ある程度の励ましが必要です。このセッションは、最も有益だったと里親が振り返ることのできるセッションの1つです。褒めるスキルを磨くことによって、子どもたちがすぐに肯定的にそれに反応することに多くの里親がとても驚きます。

家庭での実践のフィードバック

このエクササイズでは、里親に時間制限のことを念押ししたくなるときがあるかもしれません（時間を守るのが難しそうなグループに対しては、私たちはペーパーウェイトを道具として使いました。里親は発言中それを持っておきます。そして話し終わったら次の人にそれを渡します。これによって里親に、時間は限られており、全員が話すために同じ時間を持てるようにする必要があることを再確認してもらえます）。

エクササイズ、特に回想のエクササイズの雰囲気づくりに気を配りましょう

このセッションで里親は初めて、養育のなかで子どもに対して直接スキルを使うことになります。実践によってスキルを練習し改良する機会を得ることができますが、ここで重要なことは、里親があまり神経質にならずに気軽な気持ちで実践することができるようにすることです。

ファシリテーターは、里親が楽しく自信を持って実践できるようにできる限り励ますことが大切です。セッションを通してファシリテーターは、心を込めて明確に具体的に里親を褒めるように気を配り、褒めることの手本を示すことができなければなりません。

回想のエクササイズでは特に、ファシリテーターは、敏感性を持ってそれに臨まなければなりません。なぜなら、メンバーのなかには、褒められた経験（あるいは、褒められたことがないという経験）によって何か嫌な感情が喚起させられる人がいるかもしれないからです。

里親があまり語りたがらないことを、けっして無理に話させようとはしないでください。その反対に、みんなの前であえて言いにくい個人的な事柄について話そうとしている人がいたときは、注意深くその話に耳を傾け、それについてその人がどのように感じ、いま話していることがその人にとってどれほど衝撃的な出来事であったかを聞き取るようにしましょう。そして、そのような出来事をみんなの前で語ってくれたその人の勇気と誠実さを認め褒め称えるようにしましょう。

フォスタリング・チェンジ

3　必要な機材および備品

パワーポイント（2003 以降）の入っているパソコン

フォスタリングチェンジ・プログラム付属資料（http://www.fukumura.co.jp/ からダウンロード）

● 　パワーポイント・スライド－セッション 3

● 　配布プリント－セッション 3 －以下を参照

● 　セッション評価用紙

プロジェクター

プロジェクター用スクリーンまたはその代わりとなる壁面

環境音楽（迎え入れるための）（mp3 プレイヤーまたは CD）

フリップチャート用スタンドおよびフリップチャート用の大きな用紙

フリップチャート用マジックインク

紙を壁に貼るためのブルータック（粘着ラバー）

セッション 1 で作成した「グループワークのきまり」のフリップチャート

セッション 1 で作成した「里親の家族構成図」のフリップチャート

セッション 2 で作成した「家庭での実践」のフリップチャート

出席表

名札（記名用シール）

「ご褒美」のためのカラーシール

水を含む清涼飲料水やスナック類

セッション 3 で配布するプリント

セッションで使うプリント

3.1「ニーズと行動」

3.2「褒める」

3.3「代替行動を選ぶ」

家庭での実践

3.4「家庭での実践：褒める」

セッション 3 評価用紙

154

4 セッション3の概要

全体で3時間

到着	
歓迎の挨拶	2分
オープニング・ラウンド：名前と同じ発音で始まる肯定的形容詞	5分
今日の流れと目標	5分
家庭での実践のフィードバック：ABC観察	40分
気分転換：椅子取りゲーム	5分
ニーズと行動	5分
思いつくこと：ニーズと行動	10分
回想──私の褒められた経験	15分
肯定的方略の紹介：強い肯定的な基礎を築く	3分
	合計1時間30分
休憩　15分	
褒めることについての討論	10分
効果的に褒める方法	20分
褒める秘訣	5分
隣の人を褒めてみよう	5分
代替行動を選ぶ	20分
家庭での実践：褒める実践をし、代替行動に焦点を当てる	5分
セッション評価	5分
クロージング・ラウンド	5分
	合計1時間15分

全体で3時間

5 セッション3の流れ

到着

スライド　　2
配布物　　　名札、シール
道　具　　　環境音楽
　　　　　　セッション1で作成した「里親の家族構成図」のフリップチャート

フォスタリング・チェンジ

セッション1で作成した「グループワークのきまり」のフリップチャート
セッション2で作成した「家庭での実践」のフリップチャート

内　容　● PP2が映っている会場に、音楽に合わせて里親が入ってきます。会場全体
が、里親を温かく迎える雰囲気に包まれています。

● セッション1で作成したフリップチャートを掲示するのを忘れないように
します。

● メンバーが到着したら、ファイルに貼るシールを渡します。会場に入っ
てくるときの里親の気分とストーリーに応えることが大切です。たとえば、
大変な思いをして到着した里親には、労いの言葉をかけ、無事到着できた
ことを称賛し、シールを渡します。。

5分　歓迎の挨拶

スライド　　　3
配布物　　　なし
道　具　　　なし
内　容　● 里親にセッション3に来てくれたことを感謝します。
● PP3を映します。新しいメンバーがいたときは、グループに紹介します。
そしてその里親の家族構成をフリップチャート「里親の家族構成図」に書
き加えます。

5分　オープニング・ラウンド：名前と同じ発音で始まる肯定的形容詞

スライド　　　なし
配布物　　　なし
道　具　　　なし
内　容　　グループ全体で行うアクティビティです。

● ファシリテーターと里親が、自分の名前と同じ発音で始まる肯定的な形
容詞を使って自己紹介を行います。ファシリテーターの1人がまずその
手本を示します。たとえば、「私は辛抱強い（patient）ポールです」とか、
「私は賢い（clever）カレンです」というように。これは里親に、自分自身
について肯定的に語ってもらうエクササイズで、「自分を褒める」練習を
します。

自分自身について何か肯定的なことを言うことが苦手な里親がいるかもし
れませんが、そんなときは、気軽に楽な気持ちでこのエクササイズが行え
るよう、グループからの励ましが必要になるかもしれません。

セッション3　効果的に褒める

5分　今日の流れと目標

スライド	4、5
配布物	なし
道具	なし
内容	● PP4：スライドに映っていることを指し示しながら、今日のセッションの流れを簡単に説明します。

● PP5：今日のセッションに向けてあなたが考えている目標を簡単に説明します。今日のセッションの流れや目標について質問はありませんかと尋ねます。

● 今日のセッションは褒めることについてです。

　　　　－ 行動の根底にあるニーズについてもっと深く考えてみましょう。

　　　　－ 褒めることについての私たち自身の経験と考えについて、そしてそれが私たちの褒め方にどのように影響を与えているかについて、もっと深く掘り下げて考えてみましょう。

　　　　－ より効果的に褒めるためのスキルを磨きましょう。

　　　　－ 問題行動に焦点を当てることから離れて、それと関連している、その代わりとなる肯定的行動に焦点を当てる練習をしましょう。

今日のセッションは、肯定的な行動を促すスキルに焦点を当てた連続するいくつかのセッションの最初のセッションであることを強調しましょう。

40分　家庭での実践のフィードバック：ABC観察

スライド	6
配布物	なし
道具	なし
内容	グループ全体で行うフィードバック・エクササイズです。

● ABC観察表を持ってきている人を確認します。

● 観察してきた行動およびそこで特定できた、きっかけと報酬について発表してくれる人はいませんかと尋ねます。

これらのことについて明確に発表できる里親もいるでしょうし、実施しているきっかけと報酬について明確にするために、ファシリテーターからの質問を必要とする里親もいるでしょう。

里親からのフィードバックを受ける時間を、たとえば、5分以内と制限して全員に振り分ける必要があるかもしれません。あるいは、全員が話す機会が持てるように、あなたが時計を見ながら、「では、次の人お願いします」と回していくこともできます。

157

フォスタリング・チェンジ

> [備考]
> きっかけと報酬はかならずしもすぐに明らかになるものではありません。たとえば、子どもがチョコレートをこっそりと食べる喜びはわかりやすいものですが、それにくらべて好きなおもちゃを壊すという行動のきっかけや報酬はわかりにくいでしょう。後のほうの行動の報酬は、もしかするとそれによって自分の否定的感情や否定的な自己イメージ——自分は怖くて、かわいらしくなくて、家族から切り離されるに値する——を確認することができるということかもしれません。その子どもにとっては、そのような感情のほうが、悲しみにとらわれ脆く壊れていくような感覚にさらされるよりも好ましいものなのかもしれません。グループ全員がきっかけや報酬について探索し考えることができるように準備しましょう。きっかけや報酬をあまり明確にできない里親がいても、心配する必要はありません。これは段階的に進んでいくワークです。これから数週間かけて里親のスキルは発達していきます。今日の討論によって、里親は理解を深めていくきっかけをつかむことができるでしょう。

5分　気分転換：椅子取りゲーム

スライド　　7

配 布 物　　なし

道 　 具　　なし

内 　 容　　これはグループをより活発にさせるためのアクティビティです。

- 里親全員に立ち上がってもらいます。
- 椅子を1つ取り除き、1人だけ椅子に座れないようにします。
- ファシリテーターの1人が、「**今日、朝食を食べてきた人は座る場所を変えてください**」などと言ってエクササイズを始めます。
- 1人の人が立ったままになります。今度はその人が、「**黒い靴を履いている人は座る場所を変えてください**」などと言って合図を出します。
- これを4回以上、あるいは里親に再び活気が戻ったと感じられるまで続けます。

5分　ニーズと行動

スライド　　8、9

配 布 物　　なし

道 　 具　　なし

内 　 容　　グループに向けてファシリテーターが知識を提供します。

これは物事をこれまでとは違う観点から考える方法で、里親には少し難しく感じられるかもしれません。しかし、里親は多くの場合、肯定的方略と結合させてニーズと行動について意見を交換することを、有益で、役に立ち、最終的には頭を切り替えさせてくれることと感じるようになります。

セッション3　効果的に褒める

子どもの行動を「良い」、あるいは「無作法」と判断するのではなく、行動の根底にあるニーズについて考えることが大切です。

- PP8：最初に、行動はニーズを満たす1つの方法と考えることができるということを説明します。
- 私たちが眠るのは休息を必要としているからであり、外出するのは仲間に会いたいからである、といったことを説明していきます。
- 注目されたい、賛同してもらいたい、安心したい、安らぎを得たいといったニーズもあるということを説明します。
- PP9：ニーズを満たすために望ましくない行動が起こることがあります。委託されている子どもの多くは、基本的ニーズの多くを満たされてこなかった環境で育ってきたということを里親に理解してもらうことが重要です。
- 里親にとっては理解するのが難しく感じられるかもしれませんが、望ましくない行動は、簡単に言えば、何らかのニーズを満たす試みです。行動が受け入れがたい結果を伴うものであったとしても、その根底にあるニーズ自体は正当なものであるということを強調することが重要です。子どもはやる気を削がれたり、自分自身を情けなく感じたりしたときに、「悪く」振る舞うことがあります。

10分　思いつくこと：ニーズと行動

スライド	10、11、12
配布物	3.1「ニーズと行動」
道具	フリップチャートとマジックインク
内容	グループ全員で思いつくことを発表

- PP10：子どもがニーズを満たすためにする行動には、どのようなものがあるかを里親に質問します。思いつくままを答えてもらい、それをフリップチャートに書いていきます。
- PP11：スライドのポイントを押さえながら、それを（里親が発表した）思いつくことで討議した行動とニーズに関連づけてみます。
- PP12：スライドのポイントを押さえながら、子どもはさまざまなニーズを持っており、子どもの行動はそれらのニーズの結果であるということを説明していきます。そのような行動に対する里親の効果的な反応について問題提起します。

159

フォスタリング・チェンジ

[備考]

多くの里親は、自分の子どもに特有の問題行動についてはすぐに思いつきますが、その根底にあるニーズがどのようなものかについてはなかなか確信が持てません。このセクションでは、里親と一緒に、彼らが養育している実際の子どもについて、その子どもの具体的な行動について、そしてその根底にどのようなニーズがあるかについて考え抜くことが大切です。それらの行動の多くが、後で行うエクササイズ「代替行動を選ぶ」の基礎を形づくることにつながります。

ファシリテーターが里親とともに、その子どもの行動は里親に何を伝えようとしているかを考え、答えが見えてくるならば、これ以上有益なことはありません。

ファシリテーターであるあなたは、家庭訪問やこれまでの2回の観察エクササイズから、里親が養育している子どもについてすでに多くの文脈情報を持っています。

来週行うセッションに参加するときの考え方の手本を示しながら、断言するのではなく暗示するような形で語りかけましょう。たとえば、ジョンは実親との接触の後、少し混乱して不安になっているのではないかしら？　彼の欲しているものは何かしら？　彼の行動にとても興味があるわ。彼は何かを欲しがっているように見えるわ。安心や慰めを必要としているのではないかしら？　といった具合に。

- 「ニーズと行動についてもっと多くの情報を得たい人は、配布プリント3.1をご覧ください」と里親に紹介します。そのプリントをガイドとして使うこともできますし、理解を深めるために読んでもらってもいいでしょう。

15分　回想：私の褒められた経験

スライド	13
配布物	なし
道具	なし
内容	グループ全体で行うエクササイズです。

- 里親を小グループに分けます。
  このエクササイズの目的は、里親が、家族からであれ、友達や先生からであれ、自分が褒められたときの経験を思い出すのを助けることです。

  里親のなかには、このエクササイズで悲しい感情や後悔の念を喚起させられる人がいるかもしれません。最初に、「みんなの前で発表したくないことを発表する義務はまったくありません」と伝えておくことが大切です。

- PP13：里親に、褒められた経験（あるいは、褒められなかった経験）を思い出してくださいと言います。5分間時間を与えます。
- 大グループに戻り、発表してもらいます。それをフリップチャートに書

セッション3 効果的に褒める

きとめていくのもいいでしょう。

● 学習のポイントを引き出していきます。特に、褒められたことによって、自分の行動、あるいは自分自身についての考え方や感じ方に肯定的変化が生まれたことについて語ってもらうようにします。

3分 肯定的方略の紹介：強い肯定的な基礎を築く

スライド	14
配 布 物	なし
道 具	なし
内 容	グループに向けてファシリテーターが知識を提供します。

これはこのセッションの後半で行ういくつかの構成部分——子どもの適切で肯定的な行動を促すために、里親はどのように肯定的方略を使うことができるかに焦点を当てたもの——の導入部にあたるものです。たいていの子どもが、温かく励まされ、敏感に反応してくれる環境に最もよく反応します。

● PP14：スライドに列記してあることを見てもらいながら、肯定的方略を使って適切で肯定的な行動を促す、という考え方を紹介していきます。
   - 褒める、ご褒美、肯定的な注目を使うことによって、里親と子どもの間により大きな信頼と好意の関係が確立されます。
   - それによってより安定した温かい基盤が形成されます。そこではしつけが受け入れられやすくなり、また穏やかなものになっていきます。

15分 休憩

スライド	15
配 布 物	なし
道 具	なし
内 容	ここで里親が一息つくことが大切です。

10分 褒めることについての討論

スライド	16、17
配 布 物	なし
道 具	なし
内 容	ファシリテーターがリードしてグループ討論を行います。

● PP16：スライド上の各文章について考えてもらい、褒めることをどう考えるかを里親に質問します。全部の文章を使っても、1つまたは2つの文

161

フォスタリング・チェンジ

章だけを使うようにしてもかまいません。その文章に書かれてあることに賛成ですか、それとも反対ですか？　褒めることは良いことですか？　褒めることをどのように受け止め、経験していますか？

人々が褒めるときの方法、その頻度は、その人の褒められた経験およびそれについての思いに大きく影響されます。

このエクササイズの目的は、褒めることについての里親の個人的考えや感情を明るみに出し、褒めることが養育している子どもにとってどれほど有益で適切であるかをグループ全体で探っていくことです。

● PP17：里親に、他の人よりも褒めることが難しいと感じている人はいませんか、と質問します。みなさんは自分以外の人を褒めることが楽にできますか、他人をどのくらいの頻度で褒めていますか、と質問します。

ここでは里親が、「正しいこと」を言う必要があると感じるのではなく、自分は実際どうなのかを認識することが重要です。

ファシリテーターは、里親自身のある種の期待が、子どもを褒める彼らの能力を損ねている場合がよくあるということを認識させることを通じて、本音で語り合える雰囲気を作り上げていきます。

上に示したような質問を通じて、討論をリードしていきます。
里親が褒めることについて深く掘り下げて考え、それをみんなの前で発表できるように、上記以外の質問を自分で考えてみてください。

20分　効果的に褒める方法

スライド　　18、19、20
配布物　　　3.2「褒める」
道　具　　　フリップチャートおよびマジックインク
内　容　　　グループに向けてファシリテーターが知識を提供します。

● PP18：スライドを見てもらいながら、褒めることについての基本事項を概説し、以下の点を確認してもらいます。
　　－　褒めることは、肯定的行動を促す1つの方法です。
　　－　そのためには、まず子どもの行動にしっかりと適切に注目することが大切です。そのうえで、あなたがしてほしいと思う行動に向けて子どもたちを褒めましょう。

162

セッション3　効果的に褒める

褒めることについて基本事項を概説します。

- PP19：スライドを見てもらいながら、効果的に褒めることについての要点を説明していきます。各要点を見ながら、ときどき例を示していきます。里親に、いま示した例にはどの要点が含まれていますか、あるいはどの要点が抜けていますか、と質問していきます。
- 里親に、効果的に褒めるには多くの方法があることを説明します。
- PP19：スライドを見てもらいながら、効果的に褒める方略について説明し、例を示します。
- 方略を一通り確認した後、その要点に関連して、意地の悪い褒め方の例を示します。たとえば、「ベッドを整えてくれてありがとう。毎日してくれないのは残念だけど」のように。
- PP20：養育のなかで子どもに喜びや感謝を伝える方法はたくさんあるということを里親に説明します。その方法についてもっと創造的に考えることができるように、里親に喜びや感謝を伝えるさまざまなフレーズを思いつく限り発表してもらいます。それをフリップチャートに列記してもいいですし、意見として聞いておいて、その後、良い例としてPP20を映し出してもいいでしょう。そして全体討論のなかで追加的な意見を出してもらうようにしてもいいでしょう。
- PP20：上のグループ・エクササイズを終えた後、スライドを見てもらい、褒めるときにどんなフレーズを使えばいいかについて、いくつかの例を示します。
- 里親に家庭で褒める方法をさらに多く考えてもらうために、配布プリント3.2を使うことができます。

[備考]

褒めるときに使えるいくつかのフレーズ：

あなたが……できるなんて、素晴らしい仕事をしたね。

……してくれて、本当にいい子ね。

あなたが……すると、私は本当に幸せよ。

あなたが……してくれると、私は本当に助かるわ。

……できるなんて、あなたは自分のことを誇りに思っていいよ。

あなたはとてもきれいに……することができたわね。

あなたが……してくれたとき、私は本当にあなたって賢いと思ったわ。

また、子どもがいるところで、他の大人にその子どもについて自慢することも効果的な褒め方です。

5分　**褒める秘訣**

スライド　　21

配布物　　なし

フォスタリング・チェンジ

道　具	なし
内　容	グループに向けてファシリテーターが知識を提供します。

褒める方略とその方法について理解することができたなら、さらに自分は効果的に褒めることができると心の底から自信が持てるようになる、いくつかの秘訣がありますと紹介していきます。

- PP21：里親とともに秘訣を見ていき、それが褒めることをどのように効果的にすると思いますか？　と里親に質問していきます。
- アイコンタクトや子どもに触れることに、親指を上に向けるなどの手振りも含まれるということに、里親が自然に気づくような雰囲気をつくりましょう。
- ファシリテーターは、里親が、子どもが行った「努力」、すなわち小さな一歩も褒めるべきだと気づくような雰囲気をつくる必要があります。たとえば、テストで10問中3問正解だったとか、宿題をやり終えることはできなかったけれど、それに取りかかることはできたということも褒めます。
- 面と向かって褒められることが苦手な子どもに対しては、他の大人の前でその子どもを褒めることが効果的であるということを説明します。

5分　隣の人を褒めてみよう

スライド	22
配布物	3.2「褒める」
道　具	シール
内　容	グループ全体で行うエクササイズ

ほとんどの人が、自分が思うほど褒めることが得意ではありません。そこで、ここで実際に褒めてみることが役に立ちます。

ファシリテーターが最初にそのスキルの手本を示すことが大切です。

- 1分ほど時間を取って、隣にいる人を褒める点を考えてもらいます。右隣の人にするか、左隣の人にするかを決め、里親に伝えます。
　容姿やグループのなかでの関係性、あるいはその人が以前言った言葉など何でもいいと説明します。表面的なことでも、個人的なことでもかまいません。褒めるための7つの方略を思い出しながら考えるように促します。
- 里親が褒める言葉を思いついたようであれば、順番に隣の人について肯定的なことを言って褒めてもらいます。隣の人を適切に褒めることができたら、その里親にはシール（ご褒美）を与えます。
- 褒めたり褒められたりするとどんな気分になりますか？　と里親に質問

164

セッション3　効果的に褒める

します。

とても楽しかったと答える里親もいるでしょうし、当惑したり、ばかばか
しいと感じたりする里親もいるでしょう。褒められたことを受け入れるよ
うに促しましょう。

● プリント3.2を配ります。

20分　**代替行動を選ぶ**
‥‥‥

スライド	23
配 布 物	3.3「代替行動を選ぶ」
道　　具	シール、フリップチャート、マジックインク
内　　容	ペアまたは小グループで行うエクササイズです。

代替行動を選ぶことによって、褒めるテーマを拾い上げることができ、否定的
な側面ではなく肯定的な側面に集中することができます。このスキルは、問題
行動に焦点を当てるのではなく、それに置き換えることのできる、見たいと思
う行動を選ぶことが重要です。

● PP23：私たちは、特定の問題行動に捉われて、それだけに焦点を当てて
しまうことが往々にしてあるということを説明します。問題が何かを見き
わめ、次にその代わりとなる、見たいと思う行動は何かを考えることが重
要です。それは、「代替行動（alternative behaviour）」、あるいは、「目標行
動（target behaviour）」と呼ばれます。

● スライド上の要点を見てもらいながら、里親に、次のことを理解してもら
います。
　　－ 代替行動は、望ましくない行動と関連しているが、それと同時に
　　　行うことができない行動でなければなりません。
　　－ 代替行動は、実現可能なものでなければなりません。複雑な仕事
　　　を、子どもが実行できる仕事に置き換える必要があります。ブレ
　　　ンダが部屋を片付けることが苦手だった場合、彼女に毎朝ベッド
　　　の掛布団を真っ直ぐに直させることから始めることができます。
　　－ 代替行動を何にするかが決まったら、里親はその新しい行動を支
　　　えるきっかけと報酬について考える必要があります。

● グループをペアか小グループに分けます。里親に、明日から1週間観察す
ることができる、子どもの代替行動を決めてもらいます。よく遊ぶ、行儀
よく食べる、礼儀正しく穏やかな声で話をする、何度も言われてからでは
なく最初に言われたときにする、「～してください」と「ありがとう」が
言える、静かに座っている、などが挙げられるでしょう。代替行動を決め、

165

フォスタリング・チェンジ

そのきっかけと報酬を考えるのに、プリント3.3が役に立つでしょう。このアクティビティには10分かけます。

● ペアを回りながら、里親が代替行動を決めるのを手伝います。代替行動を決めるには、かなり慎重に考える必要があります。ファシリテーターは、創造的でしかも機知に富んでいる必要があります。

● ペアや小グループから大グループに戻ってもらいます。それぞれが決めた子どもの問題行動とその代りとなる行動について発表してもらいます。代替行動をフリップチャートに書いていきます。里親自身にも自分が決めた代替行動をプリントに書きとめてもらうようにします。ここまで10分間使います。

● 適切であれば里親を称賛し、シール（ご褒美）を渡すことを忘れないようにします。

● このフリップチャートは来週使います。

［備考］

上のエクササイズを最後まで行うのに手助けが必要と感じられるときは、次の例を示して少し話し合ってもらうことが役に立つでしょう。

ジョンとサラ

サラは2人の委託された子どもを養育していました。2歳のジョンと6歳のサムです。2人は毎週実母と接触していました。面会の後の帰り道、ジョンはたえず車のなかで唾を吐いていました。サラはこのとんでもない行動が嫌で嫌でたまりませんでしたが、運転中にそれをやめさせるのは難しいと感じていました。「思いつくこと」のエクササイズと同様に、そのグループは全員で、ジョンの行動は何を伝えようとしているのかを考えてみました。ジョンはまだ2歳で、言葉の数も少なく、認知能力もまだ十分に育っていなかったため、自分に何が起きているのかを表現することができませんでした。面会のとき、実母は兄のサムのほうばかりを可愛がっていました。グループとサラは、ジョンは実は面会訪問を辛く感じており、不安で当惑しているのではないかと考えました。彼の行動は、おそらく、安心と慰めが欲しいということを伝えようとしていたのでしょう。代替行動を選択するという家庭での実践を準備するなかで、サラはジョンの行動を変えるためのいくつかの独創的な考えを思いつきました。彼女は、ジョンが帰りの車中でそれを抱きしめて安らぎを得ることができるように、ぬいぐるみを買ってあげました。ジョンが車のなかで唾を吐く代わりにそのぬいぐるみを抱きしめているとき、サラは必ずそのことを褒めるようにしました。彼女はまた、ジョンが帰りの車中で唾を吐く代りに歌を歌うことができるように、童謡のテープを買いました。それから2～4週間の間、サラは、ぬいぐるみを抱くことと歌うことを、注目し褒める目標としました。すると、ジョンの唾を吐く回数は減り、プログラムの終わりにはまったく唾を吐かなくなりました。

5分　**家庭での実践：褒める実践をし、代替行動に焦点を当てる**
・・・

スライド　　24

配　布　物　　3.4「家庭での実践：褒める」

セッション3　効果的に褒める

道　具	なし
内　容	グループ全体で討論します。

今週の家庭での実践は、2つの部分に分かれています。1つは、褒めるための代替行動に焦点を当てること、そしてもう1つは、全般的に褒める練習です。

- PP24：最初の要点を示します。1つ前のエクササイズで里親が特定した、肯定的な代替行動を使います。

- 今週の家庭での実践課題は、1週間を通してその行動に注目し、それが起きたときは即座に子どもを褒めるということです。

- 里親は「代替行動」のセクションで配られたプリント3.4に、その行動とそれを褒めることによって養育している子どもにどのような影響が現れてきたのかを観察し記録していきます。子どもが褒めることに対してどのように反応したかを書きとめるために、観察のセクションで使った方法を使うことができます。

- PP24：2番目の要点を示します。里親は、褒めることが上手にできるようになるために、その練習をする必要があります。里親は1週間を通して、子どもが良い行動をしていると気がついたときはいつでも、それを自然に褒める機会として使うようにします。1日何回子どもを褒めるようにすると目標を決めてもらってもいいでしょう。最初5回褒めると決めていても、褒めることが上手にできるようになったら、その回数を増やしてもいいでしょう。里親は子どもを自然に褒めることができた回数を、その都度プリント3.4の星のマークに色を塗っていくことによって記録していきます。そしてそのとき気がついたことを、備考欄に記入していきます。

- PP24：スライド上の最後の要点を示します。里親に自分自身を褒めるように促します。里親は1日に1回以上自分を褒めるという目標を立てます。最初は心のなかで静かに自分を褒めてもかまいませんが、自信が持てるようになってきたら、それを大きな声に出して言うようにします。これは里親に促すスキルとしては少し変に思えるかもしれませんが、養育のなかで里親が子どもにとって肯定的で機知に富んだ役割モデルになるためには、自分自身をよく評価している必要があります。

- 里親が家庭での実践をどのように行えばいいかを、そしてその努力の跡をプリントにどのように記録していけばいいかをきちんと理解できていることを確かめましょう。

5分　**セッション評価**

･･･

スライド	25
配布物	セッション3評価用紙
道　具	なし
内　容	里親に必ず最後の項目まで評価をしてもらうようにします。

167

フォスタリング・チェンジ

| 5分 | **クロージング・ラウンド：自分自身を褒める** |

スライド　　26、27

配布物　　なし

道具　　なし

内容　　● PP26：里親に、今日うまくできたこと、あるいは楽しかったことについて自分自身を褒めてもらいます。

里親のなかには、これがなかなかうまくできず、何をしゃべったらいいのかわからず、手助けを必要とする人もいるかもしれません。そんなときは次のように言うこともできますと例を示しましょう。「**私はほんとに恥ずかしがり屋でしたが、今日はみんなの前で話すことができて楽しかったです**」。

次のように要点を示すこともできます。

自分自身を褒めることは、自尊心を保つための重要な方法です。特に他人からの明確な褒め言葉や報酬が期待できないときはそうです。それはまた、委託されている子どものために手本を示す価値あるスキルです。なぜなら、委託されている子どもの多くは、どうすれば自分自身を肯定的に考え感じることができるかを学習する必要があるからです。

● PP27：里親が積極的に参加し、熱心に取り組んでくれたおかげでセッションを最後まで行うことができたことに感謝します。

6　評　価

ファシリテーターのためのセッション後評価

ファシリテーター同士が2人で向き合って、今日グループはどうだったかを話し合い検討する時間を持つことがとても大切です。あなたは何を話し合いたいかについて自分の考えを持っていることでしょう。以下の点について検討したいと考えていることでしょう。

● 何がうまくいったと思いますか？

● もっと別の方法があったのではと思うことがありましたか？

● 内容をすべて扱うことができましたか？

● 里親の評価用紙を見てください——拾い上げるべきメッセージはありませんか？

セッション3 効果的に褒める

- 個人個人について、あるいはメンバー全体について、何か観察できたことはありますか？
- 会場、備品、軽食について問題はありませんでしたか？
- 何か気がかりなことはありませんか？　もしあったなら、それらを（次回から）どのようにしますか？
- セッションを欠席した里親がいたなら、電話で連絡し、お知らせやプリントとともに、セッションの内容の概略を送りましょう。

ファシリテーターが2人で向き合って、今日グループはどうだったかを話し合うとき、今日のセッションのためのフィデリティー・チェックを必ず行いましょう。それによってセッションのすべての側面をカバーすることができたかどうかを、そして必要なスキルと態度の手本を示すことができたかを確認することができます。このチェックリストは、プログラムの認定のために不可欠のものです。

フィデリティー・チェックリスト

□時間通りに始め、終わることができましたか？
□養育、肯定的アプローチの手本となることができましたか？
□里親の見方や考え方を認めることができましたか？
□里親の経験を尊重しましたか？
□里親の長所と資質を言葉にしましたか？
□里親のフィードバックを称賛しましたか？
□参加者全員がフィードバックの間、話す機会を持てましたか？

□ニーズと行動についての考え（知識）を説明し、エクササイズを実施できましたか？
□褒めることに関する回想のエクササイズを実施できましたか？
□褒めることについての理論的情報を扱うことができましたか？
□代替行動を選ぶエクササイズを扱うことができましたか？
□内容を削除してしまったり、扱うことができなかったりしたことはありませんでしたか？
□参加者全員が家庭での実践を持ち帰りましたか？

□「グループワークのきまり」を掲示しましたか？
□「里親の家族構成図」を作成し掲示しましたか？

□里親が会場に到着したとき、および休憩時間に軽い飲み物やお菓子を出しましたか？
□里親が先に飲み物やお菓子を口にするようにしましたか？

169

次のこともチェックしましょう

組織上／技術上の問題が何か起きて、それに対処した。

里親からの評価用紙を読み、問題があった場合は、それについて今後どう対処していくか決めた。

欠席者に連絡を取り、配布資料を送付した。

里親について何か気がかりな点を見つけ、もしあった場合、それにどう対処していくか計画した。

セッション **4**

肯定的な注目

肯定的な注目

ファシリテーターが知っておくべきこと

1 基礎となる理論的内容
学習を支援するために褒めることを使う
肯定的環境を発達させる
遊びを通して子どもにアテンディングするスキル

2 グループワークを効果的にファシリテートする
セッション4の準備
ファシリテーターのねらいと目標
セッション4を成功させる秘訣

3 必要な機材および備品

4 セッション4の概要

5 セッション4の流れ

6 評　価
ファシリテーターのためのセッション後評価
フィデリティー・チェックリスト

ファシリテーターが
知っておくべきこと

1　基礎となる理論的内容

このセッションはすべて、肯定的な注目に関するものです。里親は、肯定的な注目を与えるさまざまなテクニックを有効に活用することによって、子どもの発達の2つの重要な側面——遊びと学習——を支援することができます。このセッションは、どうすれば里親は子どもの学習を支援することができるかについての討論から始まります。このフォスタリングチェンジ・プログラムの改訂版マニュアルには、数セッションにわたって、里親が委託されている子どもの学業経験と成績を改善、支援、促進するためのさまざまなアドバイスと方略が含まれています。それは最近の研究によって、子どものアウトカムの改善における学業成績の意義が強調され始めたことに応えるものです。

私たちはまた、子どもの生活における遊びの重要性に、そしてアテンディング（attending：付添、共にいること）と呼ばれる方略を使いながら遊びを用いて子どもとの肯定的な関係を発達させる方法にも焦点を当てます。このアテンディングという方略は、マクマホンとフォアハンド（McMahon and Forehand, 2003, 2005）のような臨床家の仕事を通じて発展してきたものです。**アテンディング**の中心的な考え方は、里親が注目を用いて子どもの適切な行動を促し、ご褒美を与えるというものです。これによって子どもと里親の関係性は改善され、子どもの受け入れと自尊心のレベルを上げることができます。

学習を支援するために褒めることを使う

子どもに良い成績を修めさせるためには、肯定的な学校体験を可能にする基本的なスキルを身につけさせる必要があります。社会的養護下の子どもの多くは、不利な（逆境の多い）人生のスタートのせいで、学校という環境の下で才能を開花させ、成功するために必要な社会的スキルのいくつかが不足しています。学校生活が始まると、子どもは学習するだけでなく、クラスメートと協力し、人の言うことをよく聞き、言われた通りに実行し、いろいろなものを分かち合い、指示に従い、静かに座

173

っていることが必要です。このセッションで里親は、子どもにこれらのスキルを身につけさせるために褒めることを活用する方法を、さらに発達させ続けることが求められます。子どもの自己調整と学校における学習能力と成績の間の関係について、近年ますます理解が深まりつつあります（Duckworth *et al.*, 2009）。集中、注意、柔軟な思考、動機、自信、これらの資質のすべてが、自己調整の領域に属しています。子どもや若者にとって、自己調整スキルと学習および学業成績は正の相関関係にあります（Duckworth *et al.*, 2009）。効果的に褒めることによって、うまくできたことに対する肯定的なフィードバックを子どもに与えることができます。

子どもが、正しく行っていることを認められていると感じるとき、学習は強化されます。そして子どもは肯定されていると感じるとき、さらに困難な課題に挑戦することができるようになります。私たち大人は、子どもの勉強を支援しようとするとき、子どもが間違えたことやうまくできなかったことに焦点を合わせてしまいがちです。このようなやり方は、子どもの低い自尊心や乏しい自己効力感をさらに低めます。特にそれらの特性がいまようやく芽生え始めたばかりで、まだ脆弱なときはなおさらです。学習、練習、目標設定、学業成績などの面における自己調整にとって、自己効力感は不可欠な中核的構成要素です。褒めることは、負のサイクルを断ち切り、子どもが発達させる必要のある必須のスキルや資質を構築することに有効に働きます。私たちはここでは、「〜すること（doing）」を褒めることと、「〜であること（being）」を褒めることを区別します。子どもが「〜すること」を褒めるとき、私たちは子どもの認知、社会および行動的スキルに注目します。そのようなスキルには、人の話をよく聞く、一生懸命考える、順番を守るなどが含まれます。里親がこれらのスキルを褒めることが多くなればなるほど、子どもは里親が何を好むかが、より良く認識できるようになります。

「〜であること」を褒めることは、子どもがどのような人間であるかということを、そして彼らが示す本来備わっている個人的資質を評価することを重視します。思慮深く、熱心で、親切で、思いやりがあるといった子どもの特性を褒めるよりも、彼らが何をしたかに焦点を当てて褒めるほうが何倍も簡単です。しかし、子どもにとっては、彼らがどのような人間であるかについての肯定的なフィードバックを受けることが不可欠です。なぜなら、それらは子どものこれからの人生を通じて彼らの人格的な強さとなり、レジリエンスの要因となるからです。

「〜であること」を褒める
「関係性」の重要性

問題行動は、それ単独では取り組むことはできません。それは養育的な社会的関係性という文脈のなかで考える必要があります。委託されている子どもにとって、言うまでもなく実の家族は極めて重要です。里親は、その関係に置き換わろうとしたり、それを取り去ろうとしたりすることを目指してはいません。その代わり里親は、現場にいる養育者として、強力な影響力を行使することができます。里親は子ども

のためにさまざまな役割モデルを提示することができますし、実の家族とは非常に異なった関係性を経験させることができます。そして子どもはその関係性に育まれて成長していくことができるのです。

里親が養育のなかで子どもをやる気にさせ、励まし、報酬を与え、肯定する方法には実にさまざまなものがあります。

● 里親が、養育している子どもとのコミュニケーションに時間を多く投資すればするほど、行動は改善されやすくなります。里親が、子どもがしたり言ったりしたことに敏感に反応するとき、そして肯定的な励ますような形で子どもとの相互作用を組み立てるとき、子どももそれに反応します。子どもに対するこのような敏感な対応は、里親と子どもとの安定したアタッチメントの基盤の1つです。

● 里親の期待は、子どもにとっては非常に重みのあるものです。子どもはその期待に応えるときもあれば、それを裏切るときもあります。里親は、養育している子どもについての、肯定的で前向きなメッセージを表出することが重要です。期待は現実的でなければなりませんが、子どもが高く目標を掲げ続けられるように、やる気を起こさせられ、励まされるような肯定的なものでなければなりません。明確で達成可能な目標における成功が自信を形成します。そして一生懸命努力したにもかかわらず成功しなかったとき、子どもは自分を信じてくれ、努力し続けるように支援し励ましてくれる人を必要とします。社会的養護下の子どもの多くが、最初の学校生活を、低い自己イメージと失敗の感覚だけを残すものとして経験しています。子どもが成功したとき、彼らが自分を褒めるのを里親が手伝うことができるなら、そして失敗したとき、それを理解し乗り越えるのを支援してくれるなら、さらなる苦難に直面したときに子どもたちを助けるレジリエンスを強化することになるのです。

● 里親は、実にさまざまなニーズ、気質、経験を持った子どもを養育しています。里親はそのような違いに敏感に反応し、彼らとともにやっていくことができなければなりません。そのためには、その子ども固有の能力の発達を促しながら、彼らの個性的な気質とその限界を理解し受け入れる必要があります。さまざまな子どもがさまざまな種類の養育を必要としているのですから、敏感な対応をするためには、里親はこれらのことを考慮し、その子ども固有のニーズに合わせて対応していく必要があります。

肯定的環境を発達させる

社会的養護下の子どものニーズが複雑なのは避けられないことです。彼らは育った環境と経験に関連して特別なニーズを持っていますが、同時に他の子どもと共通するきわめて基本的なニーズも持っています。里親が注目を使って子どもの発達を支援し促進することができる基本的な方法のいくつかをここで見ておくことは有意義なことでしょう。

● いつでも役に立てる状態でいるということは、里親が子どものことを見守ってい

るということを伝える重要な方法です。子どもが質問をしたがっているとき、手助けを求めているとき、あるいは何かを見せたいと思っているとき、里親が今していることをやめ、それに応えることができるならば、子どもに対して、私はあなたの価値と重要性を認めています、という強力なメッセージを送ることができます。子どもが肯定的注目を欲しているときに合わせて短い時間を頻繁に使うことは、ときどき長い時間を使うよりも有益です。なぜならその長い時間の間、集中して、質の高い、敏感な、的確な注目を与え続けることはかなり難しいことだからです。

● 話すことは、肯定的な関係を発達させるための不可欠の構成部分です。考えや情報を共有し、子どもが興味を持っていることについて話し、彼らが言わないではいられないことに対して興味を示すこと、これらはすべて子どもの自尊心を構築するための基本的な方法です。話すことはまた、言語的な発達と社会的なスキルを促進させます。自尊心、社会的スキル、そして大人や友達と効果的にコミュニケーションを取る能力、これらはすべて子どものレジリエンスを構築することにつながります。

● 愛情を示すことは、ほとんどすべての養育関係の統合的部分ですが、社会的養護下の子どもにとっては、これは人一倍デリケートな事柄です。彼らは、ネグレクトや虐待、そして数度にわたる養育者の交代を経験することによって、愛情を示されたとき、それを理解し、それにうまく対処することができなくなっています。里親は養育のなかで、子どもに温かさや愛情を伝える方法を見つけだす必要があります。それは子どもにとって侵襲的でなく安全なもので、また、里親が申し立てに対して過度に脆弱な立場に置かれることがないような方法です。、ここにこそ、褒めることとアテンディングが真価を発揮する場所があります。里親は、私たちがいま主張していることと自治体当局の指導との間に矛盾を感じるかもしれません。里親は注意深く子どもに愛情を与えることについて、里親担当のソーシャルワーカーと話し合う機会を持つことが必要です。なぜなら、当局の子ども保護規定は、子どもに対してこれとは違う対応を取るように推奨しているかもしれないからです。

● 子どものために安全で夢中になれるアクティビティを提供することも、里親のもう1つの役割です。家庭や学校の外で興味やスキルを発達させることができるようになると、たいていの場合、子どもの自尊心や自信は劇的に向上します。ここでもまた里親は、子どもに彼らができることを与えるだけでなく、さらなるレジリエンスの発達のための基盤を据えているのです。

肯定的注目を最大限活用する

> 子どもは他人の注目を得るために行動します……それが肯定的な性質のもの（褒める）であれ、否定的な性質のもの（叱る）であれ。
>
> (Webster-Stratton, 1992, p. 2)

子どもは誰でも「気づかれている」、愛されている、価値あるものと認められていることを必要とします。それは社会的養護下にある子どもでも変わりありません。

セッション4　肯定的な注目

しかし、このような子どもの多くは、過去の痛みをともなう辛い経験に対処しそれを乗り越えていくためには、普通に育った子ども以上に多くの注目を必要としています。

注目の力は偉大です。子どもは私たちの注目から、大人は自分のことを気遣ってくれている、自分のことを考えてくれている、自分のことを好いている、自分の生活のことを真剣に考えてくれているということを学習します。そして意外に思うかもしれませんが、子どもは、まったく注目されないよりは、負の注目であれ、それを受けるほうがましだと思っているのです。

実際、注目を得る最も確実な方法は無作法な振る舞いをすることだと学習している子どももいます。そのような子どもは、静かに遊んでいるときは無視され、無作法に振る舞うときは注目されるという経験を積んできたのでしょう。里親はこれとは正反対の形、すなわち、子どもの適切で肯定的な行動に注目の焦点を合わせるようにし、無作法で不適切な行動への注目は減らすという形を確立する必要があります。この原理は「注目ルール（attention rule）」と呼ばれています。

ほとんどの子どもが、大人が自分自身と自分がしていることに興味を持ってくれているとき、それに励まされ、自信を持ちます。特に大人が、目立った成績だけではなく、自分の日常的な普通の行動に興味を持っているとわかったときはなおさらです。子どもがまったく期待していないときに、子どもに積極的に注目し、彼らが「いい子のときを捕まえる」ということも、里親が身につける必要のあるスキルの1つです。里親からの肯定的注目という経験は、多くの場合、子どもがより協力的になるために必要な励ましとご褒美になるのです。

遊びを通して子どもにアテンディングするスキル

遊び

12歳以下の子どもに肯定的注目を与える最も簡単な方法は、遊びを通してそれを行うということです。遊びによって子どもは、自分自身と自分を取り巻く世界について学習します。遊びはまた、協調運動から創造的・言語的・認知的スキルまで、あらゆるスキルが発達するための機会を提供します。遊びはまた、多くの社会的状況について学習し探索する手段を、そしてまた順番を守る、共感する、協力するなどのスキルを発達させるための手段を提供します。社会的養護下の子どもの多くが、同年齢の子どもにくらべ、このような機会にあまり恵まれずに育ってきました。そしてそのことが彼らの社会的および情緒的発達に深刻な否定的影響を与えています（DfES, 2007）。里親は遊びの重要性を認識し、遊びのなかで子どもと関係を結ぶスキルを身につける必要があります。親たちの多くが、子どものためのおもちゃに多額のお金を使い、子どもがそれで勝手に楽しんでくれることを期待していますが、どうすれば子どもの遊びのなかに加わり、それを支えることができるかを知りませ

177

ん。里親は遊びのなかでアテンディングのスキルを使うことによって、子どもに肯定的で、支持的で、非侵襲的な注目を与えることができます。このような肯定的な遊びの経験は、非常に効果が高く、子どもの心に持続的な喜び、温もり、親密さの感覚をもたらします。

アテンディング

アテンディングは、子どもに付き添い、彼らの自発的な遊びを肯定的に支える脅威的でない方法として用いることができます。アテンディングはもともと、子どもに気を配り、肯定的注目を与え、彼らがどんな子どもで、何をしているかに興味があることを示す関係づけ（relating）の1つの様式です。大人は子どもが決めたことに従い、自分の期待を子どもや遊びのなかに押し付けたりはしません。アテンディングは非常に効果的な方法となり得るもので、大人からの肯定的注目を受けることにあまり慣れていない子どもの場合は特に有効です。それはまた里親に、子どもが世界をどのように見て、どのように経験しているかを、すなわち子どもの内的世界を観察する機会をもたらします。

規則的にアテンディングすることができるようになると、多くの里親が、子どもの内部で自分に対する肯定的感情が芽生えてくるのを、そして自分と子どもとの間に親密さと信頼の強い感覚が生まれるのを目の当たりにすることができるようになります。アテンディングは里親に、子どものニーズに合わせ、それに敏感に対応することができる機会を提供します。このようにして育まれた情動的同調によって、里親と子どもの間の安定したアタッチメントが促進され発達していきます。また、遊びに夢中になっているときに里親から肯定的注目を受けるという経験を通じて、集中力が高まり、適切な向社会的行動にますます長い時間を使うことができるようになり、その結果、学習のための重要なスキルも発達させることができるようになる子どももいます。

アテンディングのためのガイドライン

アテンディングのために、里親は1日10分間を特別な時間として取っておき、それを子どもの遊びのサポートに使う必要があります。その短い時間の間、里親は子どもに全精力を注いで注目を与える必要があります。アテンディングの間、里親は自分に以下のことを禁じておく必要があります。

- 質問をする。
- 子どもの遊び の主導権を握る。
- 指示を与える。
- 教える。
- 批判的なことを言う。

これらに代わって以下のことをする必要があります。

セッション4　肯定的な注目

- **子どものリードに従う。** 里親は自分の考えやイメージを子どもに押し付けるのではなく、子どものリードに従う必要があります。それによって子どもは自分の遊びにさらに夢中になり、そのことによって自立して考え遊ぶ能力を発達させることができるようになります。大人の多くは、教えること、指示を与えること、修正し改善することに慣れていますが、それをそのまま適用すると、子どもを自分（大人）が行くべきと思っているところへ連れて行くことになり、子どもの考えや創造性に付き添うことにはなりません。これらすべてのことは、遊びを、子どもにとってはあまりやる気の起こらない経験にしてしまうことになります。

- **子どものすることを真似る。** たとえば、ケイがおもちゃの車を床の上で走らせているときは、里親は優しくそれを真似します。主導権を握ることなしに、彼女の行動を真似るのです。ケイが里親に、「おもちゃの牛を人形の家に入れてくれない？」と頼んできたときは、理由を聞いたりせず、そのまま彼女のリードに従うべきです。

- **子どものペースで進む。** 子どもはたいてい同じことを何度も繰り返したがります。それは彼らがそのことを完全に「マスターした」と感じたいからです。大人にとってはこの繰り返しが退屈なときがありますが、新しい考え方ややり方を教えて遊びを変える誘惑に耐える必要があります。そんなことをすれば子どもに、「うまく見せるように」というプレッシャーをかけ、子どもが十分にその活動の意味を汲み取る前に、次に移るようにとせかすことになります。

- **子どもが出す合図に敏感になる。** アテンディングの核心は、今ある子ども、そのままの子どもに注目することです。遊びは目的指向である必要はありません。また、子どもにうまくやることを、あるいは人を楽しませることを期待されていると感じさせないことが大切です。里親は子どもの出す合図を拾い上げる必要があります。子どもがある遊びにあまり興味を示していないと感じられるときは、彼らのしたいことに移るように促してください。

- **主導権争いは避ける。** 遊びは子どもに、自分の力と支配権を行使する正当な機会を提供します。これが可能になるとき、子どものコンピテンスの感覚と独立心が成長します。それゆえ里親は、子どもをじゃまして、やる気を削ぐような行動は避ける必要があります。もし子どもがタワーの絵を描いたり、それを積み木で作ったりしているときは、里親は自分のすることが子どものすることよりも目立つことがないようにしなければなりません。ボードゲームはそれ自体としてはあまりアテンディングに適していません。なぜならそれは競争的であり、高度に構造化されているからです。アテンディングの最中、里親はルールを教えたり強制したりしないようにし、子どもが勝つためにルール破りをしたときも、それを問題にしないようにすべきです。重要なことは、子どもがコンピテンスと成功の肯定的経験を積むことなのです。

- **創造性を促す。** 遊びの場においても、ついつい批判めいたことが口に出てしまうことがあります。「それはこんなふうにしたらどう？」とか「これをこんなふうに使えば、もっとうまくいくんじゃないかしら？」と言ったフレーズをつい口走ってしまいそうになります。アテンディングにおいては、里親はけっして子どもを判定

179

したり、修正したり、彼らと言い合ったりしてはいけません。そうではなく子ども
が実験し、創造力を発揮するのを促すのです。重要なのは遊びのプロセス、探索な
のであって、作品を仕上げることではないのです。遊びが里親にとって意味のない
ものに見えたとしても、それはまったく問題ではありません。子どもの創意、我慢
強さ、集中力、努力、これらすべてが褒める対象となり得るのです。重要なことは、
子どもが世界を理解し、それを探索する能力なのです。

- **想像的な遊びを促進する。** 空想やごっこ遊びは象徴的な思考を発達させ、子ども
  はそれを通じて徐々に、現実とそうでないことの区別をつけることができるように
  なります。子どもが人形の着せ替えなどして遊んでいるとき、彼らはそれによって
  あらゆる種類の社会的スキルを練習し、さまざまな役割を演じ、自分以外の人間の
  認識や感情に触れる試みを行っているのです。
- **注意深い観客になる。** 里親は子どもに焦点を合わせ続けることが必要であり、自
  分の遊びに夢中になりすぎないようにしなければいけません。里親は一歩離れて、
  子どものすることを楽しみ、称賛しましょう。すると、子どもはこれまでにない特
  別な感情を経験し、それを喜びます。子どもが遊びを通して彼ら自身を表出すると
  き、里親は、子どもがどのように世界と自分が経験したことを見ているか理解でき
  るようになります。

描写的なコメント

子どもと遊ぶとき、ほとんどの大人が質問に頼ろうとします。「何を描いてるの？」
「豚さんには何色を使うの？」「豚さんは何色か知ってる？」といった具合に。こ
れらの質問は子どもの学習を手助けしているように見えますが、子どものほうで
は、気が散り、競争しているように感じ、興ざめしているかもしれません。質問に
よって子どもの遊びの流れはさえぎられ、大人のやり方が持ちこまれます。それと
は対照的に、描写的なコメントは、遊びの間も里親が子どもと対話するのを可能に
し、より支持的な方法でコミュニケーションを導くことができます。里親は実況中
継のように子どもが実際にしていることを描写するのです。それによって、今まさ
に起こっていることに肯定的な注目が向けられているということが示されます。た
だ、次のように言いさえすればいいのです。「赤い車を全部おいています。そして
青い車も。黄色い車がスピードを上げています。あ、いま止まりました」。たとえ
ば、「あなたはそれらを部屋に入れたんだよね？」といった付加疑問文のような質
問をするのは避けましょう。このような形式のコミュニケーションは、最初はとて
も不自然に感じられるかもしれませんが、練習を重ねることによってぎこちなさは
だんだんなくなっていきます。子どもはときどき里親のこのようなコメントに戸惑
うかもしれませんが、里親が彼らのしていることにただ興味があると説明すれば、
たいてい納得します。里親がアテンディングしているとき、ほとんどの子どもが楽
しく豊かな時間を過ごすことができるようになります。

里親は特定の子どものニーズに合わせてアテンディング・スキルを微調整する必要
があります。特に、集中することが苦手な子どもの場合は、しっかりと描写的なコ

メントを行う形のアテンディングが適しているかもしれません。肯定的な注目の流れのなかで、子どもは集中を維持し、自分を抑制することができるようになるでしょう。描写的なコメントはまた、子どもの向社会的な行動を述べるという形で使うことができます。たとえば、「シャンテル、あなたはそのお家を建てるために本当に頑張ってるわね」のように。遊びにすぐに夢中になる子どもに対しては、描写的なコメントはあまり必要ないかもしれません。しかしその場合でも、里親は多くを語らないにしろ、子どもの行動にしっかりと注目し、対応することが必要です。

アテンディング・スキルは、1日を通して単発的に何度も使うこともできます。養育のなかで、子どもがしているちょっとしたことを説明したり褒めたりする言葉を発することによって、子どもに向けて、自分はいつもあなたのことを気にかけているというメッセージを送ることができます。見ている通りを言葉に出したり、子どもがどのような髪形をしているかをコメントしたり、テレビを見る前に宿題をしているというただそれだけのことを褒めたりするだけでいいのです。

アテンディング・スキルを使用するのを躊躇させるもの

- 里親のなかには、いつも何かにせかされ、忙しすぎると感じていて、子どもの遊びに参加することに気が進まないという人もいるかもしれません。しかし、子どもと里親の遊びは、親密で満足感のある相互作用とすることができます。（言うまでもなく）大人は、同年代の他の子どもとは違い、描写的なコメントや褒めることを使って子どもが自分の周りの環境を探索するのを促進することができる立場にいます。それゆえ遊びは里親に、子どもが成長し発達し続けることに投資する機会を提供するのです。

- 遊びは退屈なときがあると愚痴をこぼす里親もいます。子どもが同じ絵本を何度も見たがったり、バービー人形と何度も遊びたがったりするとき、確かに退屈になることもあるでしょう。遊びは子どものニーズを反映すべきであって、大人のニーズを反映すべきではありません。アテンディングの良いところは、集中的に行うことができ、短時間で済むという点です。アテンディングの時間はせいぜい10分ほどのものです。この時間、里親は子どもに全神経を集中して関わる必要があります。そしてその間は、新聞を横目で見たり、夕食の献立を考えたりすべきではありません。子どもは、里親がこの10分という集中した時間をできる限り効果的にするために、全精力を注いで注目してくれているということを経験する必要があるのです。

- 明確に指示を出し、期待を伝えることによってこそ、子どもの遊びは有益なものになると信じている人がいます。実際、日常的な養育のなかで、子どもを指導し教える機会は山ほどありますが、これとは対照的にアテンディングは、里親が子どもにより敏感に反応し、創造的な仕方で関わることのできる数少ない機会です。非協力的で破壊的な子どもが相手の場合、里親は特に自分のコントロール権を手放すことは難しいと感じるでしょう。そのような子どもとの相互作用は、とかく指示的で批判めいたものになりがちです。しかしそんなとき、里親にアテンディングのスキルを使うように勧めることができたなら、里親はその子どもに対して、彼らが思い

もよらなかった形の相互的で協力的な、満足感のある経験を与えることができるでしょう。里親はときどき、**アテンディング**の時間に子どもがとても集中し敏感に反応してくれることに驚かされることがあります。これと著しい対照をなすのが、いつも心配そうで不安定な子どもです。そのような子どもは自分がリードすることに気が進まず、里親が遊びを組み立ててくれるのを待っています。そのような子どもに対してこそ、里親は、あらゆる機会を活用して、子どもが自発的に行動したり、考えたりすることを促し報酬を与えるようにし、また、大人からの指示や手助けの回数を減らすようにすべきです。

● 里親のもう1つの心配は、モデルガンやレスリングの人形を使った攻撃的な遊びは奨励したくないということでしょう。攻撃的な遊びは知らず知らずのうちに増幅され、興奮のレベルを引き上げることにつながる場合があります。そんなとき里親は、そのような攻撃的遊びから身を引き、子どもの行動がより落ち着いたときに**アテンディング**を始めるといいでしょう。

追加ガイドライン

こんなときはどうすれば……

● 子どもが「無作法な振る舞い」をするとき。子どもが無作法な振る舞いを始めたときは、里親は子どもから離れ、一時的に別のことをすることによってそのような振る舞いを無視するようにしなければなりません。そして子どもが適切な行動を始めたらすぐに子どものところへ戻り、注目を与え続けるようにします。子どもがひどく攻撃的で破壊的なことを始めたら、里親はその遊びを一時中断させる必要があるでしょう。たとえば、こんなふうに言うことができます。「**あなたが粘土を投げ散らかすから、2分ほど遊びを止めなければならないわ**」と。里親は、権限内でできるあらゆる方法を使って遊びを前進させ、破壊行為に終わらないようにする必要があります。

● 終わる時間になったとき。遊びが白熱して、とても楽しい経験になっているとき、それを止めることは難しいことです。里親は次のように言って、子どもに止めるための準備をさせることができます。「**あと2分であなたとの遊びをやめなくちゃならないわ**」と。子どもが抵抗したときは、里親はそれを無視すべきです。そして時間になったら、次のように言います。「**もうやめる時間になったわ。あなたと一緒に……をやれてとても楽しかったわ**」と。これ以上里親を遊びに引き込むことはできないということを子どもに認識させる必要がありますが、同時に、この特別な時間は定期的に持つことができるもので、明日もまた一緒に遊べる時間があるということも認識させる必要があります。里親はその後、子どもに1人で遊び続けることを促すこともできます。

● 2人以上の子どもと**アテンディング**する場合。多くの里親が直面する問題の1つが、さまざまな個性とニーズを持った幾人かの子どもに注目を与える必要があるという場合です。1人ひとりに時間を取ることができるなら理想的ですが、いつもできるとは限りません。子どもたちが全員である1つの遊びをしているときに、2人以上の子どもに同時に**アテンディング**を実施することは可能です。里親は順番に1人ず

セッション4　肯定的な注目

つアテンディングを行い、それぞれに注目とご褒美の言葉を与えることができます。しかし、これにはある程度のスキルが必要です。この特別なスキルについては、プログラムの後半で見ていくことにします。

アテンディングの実例

ムニーザは7歳の子どものアリフにアテンディングを試みましたが、次のセッションに沈んだ顔つきでやってきました。彼女は、アテンディングは完全に失敗し、家庭での実践はできなかったとグループに報告しました。どんなことをしたのかと尋ねられると、ムニーザは次のように説明しました。アリフのしたい遊びはただ1つ、クッションや箱を床に並べて、それを1台の車に見立てることでした。彼はその車で国中を走り回っていたのです。彼女が私はどうすればいいのと尋ねると、彼は静かに後ろの座席に座っていればいいと答えるだけでした。アリフは彼女にそれ以上何も話をさせず、何もさせませんでした。ただ乗客になっていさえすれば良かったのです。ムニーザは、アリフは1週間に3～4回この遊びをし、いつも彼女に同じことをさせるので、アテンディングは全然できなかったと報告しました。

言うまでもなく、ムニーザは素晴らしいアテンディングをしたのです。彼女はアリフのリードに従い、彼の乗客になって後部座席に座り、彼に遊びを続けさせることによって彼の空想に協力したのです。彼女は余計な質問をして彼の遊びを妨害することはしませんでしたし、アリフはそれを何度もやりたがることによって、この遊びがとても気に入っていることを示したのです。

キャロルにはかなり長い間彼女の下に委託されている10歳の男の子がいました。セッションのなかでアテンディングについて討論しているとき、彼女は自分は絶対アテンディングなんかできないと言いだしました。理由を尋ねると、ベンがしたがるのはただビデオを見ることだけだと言うのです。彼は実際ほとんど遊びませんでした。ゲームをやろうと誘っても、ベンは全然興味を示さなかったように彼女には感じられました。

しかし次の週、キャロルはグループに向かって明るく次のように報告しました。彼女は外出し、k-nex という玩具を買ってきました。それはいろいろな大きさと形のプラスチックの棒でした。キャロルは台所の椅子に腰かけ、それを使って1人で何かを作り始めました。するとベンがやってきて、何をしているのと尋ねてきました。彼はしばらく彼女がしていることを見た後、そのプラスチックの棒を数本手に取り、何かを作り始めました。キャロルはそれを見ながら、彼がしていることに描写的なコメントを加え、褒めました。

次の朝、キャロルは再び k-nex をテーブルの上に置いておきました。ベンはすぐにそれで遊び始め、キャロルはまたそれに描写的なコメントを加えました。キャロルが言うには、彼は明らかにその遊びを気に入っており、顔には笑みがこぼれていた

183

フォスタリング・チェンジ

ということでした。次の朝キャロルがバスルームを掃除していると、ベンが突然台所から大きな声で彼女を呼びました。彼女が行くと、ベンは誇らしげに彼が作った作品を見せ、一緒にこれで遊ぼうよと彼女を誘いました。

キャロルはベンの変わり様に驚きました。彼女はほとんど信じられないと言いました。それまでベンは本当に遊び方を知らず、何をすればいいのかまったくわからなかったのに、突然こんなに上手に遊べるようになるなんて一体どうしたことかしら、と彼女は不思議な気持ちになりました。

2 グループワークを効果的に ファシリテートする

セッション4の準備

● ファシリテーター同士で、どちらがどのセクションをリードするかを決め、セッションの時間割を決めます。特に、どのように家庭での実践のフィードバックを受けるかを決めます。
● ファシリテーターは、ファシリテーター研修でアテンディングのスキルについて学習します。そして、フォスタリングチェンジ・プログラムのこのセッションを行う前に、アテンディングの練習を行い、やり方を身につけておきます。

ファシリテーターのねらいと目標

● 里親が褒めることを使って委託されている子どもの学習を支援することができるようにします。
● 里親とともに、肯定的注目を構成するもの（さまざまな要素）を探求していきます。
● 里親に、遊びを通して肯定的注目を与える実践的スキルを練習してもらいます。
● 里親がアテンディングについて討論し、その活用法を探る機会をつくります。

セッション4を成功させる秘訣

アテンディングは、十分に活用するのが難しいスキルの1つかもしれません。子どもとの遊びのなかで、質問をするな、指示を避けるように言われると、大人はどうすればいいかわからなくなってしまうかもしれません。アテンディングというこのセッションのテーマに対する里親の居心地の悪さ、戸惑い、疑いを認識することが大切です。しかし同時にファシリテーターは、アテンディングの利点を強調し、それを試してみて何が起こるかを確かめるように里親に強く勧めるべきです。アテンディングの成果は必ずしもすぐに現れるとは限りません。そのため里親が辛抱強くそれを行うことができるように励ます必要があります。

184

3 必要な機材および備品

パワーポイント（2003以降）の入っているパソコン

フォスタリングチェンジ・プログラム付属資料（http://www.fukumura.co.jp/ からダウンロード）

● パワーポイント・スライド−セッション4

● 配布プリント・セッション4−以下を参照

● セッション評価用紙

プロジェクター

プロジェクター用スクリーンまたはその代わりとなる壁面

環境音楽（迎え入れるための）（mp3プレイヤーまたはCD）

フリップチャート用スタンドおよびフリップチャート用の大きな用紙

色付きマジックインク

紙を壁に貼るためのブルータック（粘着ラバー）

セッション1で作成した「グループワークのきまり」のフリップチャート

セッション1で作成した「里親の家族構成」のフリップチャート

セッション3で作成した「家庭での実践−代替行動」

アテンディングを練習するためのいろいろなおもちゃ（鉛筆、粘土、人形、車、ブロック、組立玩具など）

出席表

名札（記名用ラベル）

「ご褒美」のためのカラーシール

水を含む清涼飲料水やスナック類

セッション4で配布するプリント

セッションで使うプリント

4.1「学習を支援するために褒めることを使う」

4.2「アテンディングの秘訣」

4.3「家庭でのアテンディングのための指針」

家庭での実践（に使うプリント）

4.4「家庭での実践：アテンディングの記録および褒めることを使って学習を支援する」

セッション4評価用紙

4 セッション4の概要

全体で3時間

到着

歓迎の挨拶およびオープニング・ラウンド：肯定的な行動に気づく	5分
今日の流れと目標	5分
家庭での実践のフィードバック：褒める	40分
気分転換：クロスクロール	5分
褒めることを使って学習を支援する：パートAおよびB	5分
思いつくこと：学校に関連して「〜すること」／「〜であること」を褒める	10分
お互いを褒めましょう	5分
合計1時間15分	

休憩　15分

遊び：回想エクササイズ	10分
遊びについての討論	10分
不適切な注目を与える：ロールプレイ	15分
アテンディングについての説明（紹介）	10分
アテンディング：ファシリテーターによるロールプレイ	5分
アテンディング：里親による練習	10分
フィードバック	5分
アテンディングの秘訣	5分
家庭での実践：アテンディングの記録および褒めることを使って学習を支援する	10分
セッション評価	5分
クロージング・ラウンド：今日気がついたこと	5分
合計1時間30分	

全体で3時間

5 セッション4の流れ

到着

スライド　2

セッション 4　肯定的な注目

配 布 物	名札、シール
道　　具	環境音楽

セッション1で作成した「グループワークのきまり」のフリップチャート

セッション1で作成した「里親の家族構成図」のフリップチャート

セッション3で作成した「家庭での実践－代替行動」のフリップチャート

内　　容	● PP2が映っている会場に、音楽に合わせて里親が入ってきます。会場全体が、里親を温かく迎える雰囲気に包まれています。
	● セッション1と3で作成したフリップチャートを掲示するのを忘れないようにします。
	● メンバーが到着したら、ファイルに貼るシールを渡します。会場に入ってくるときの里親の気分とストーリーに応えることが大切です。たとえば、大変な思いをして到着した里親には、労いの言葉をかけ、無事到着できたことを称賛し、シールを渡します。

5分　歓迎の挨拶およびオープニング・ラウンド：肯定的な行動に気づく

スライド	3
配 布 物	なし
道　　具	なし
内　　容	● PP3：里親にセッション4に来てくれたことを感謝します。
	● 里親に、この1週間に子どもの肯定的な面について気がついたことを1つ挙げてもらいます（家庭での実践が褒めることについてでしたから、里親はいくつかの子どもの肯定的性質や行動に注目していたはずです。里親が子どもの行動の否定的な側面に触れることがないように気を配りましょう）。
	● このオープニング・ラウンドは、できるだけ短く終わるようにします。というのは、これについてはこのセッションの後半で扱うことになるからです。

5分　今日の流れと目標

スライド	4、5
配 布 物	なし
道　　具	なし
内　　容	● PP4：スライドに映っていることを指し示しながら、今日のセッションの流れを簡単に説明します。
	● PP5：今日のセッションに向けてあなたが考えている目標を簡単に説明します。今日のセッションの流れや目標について質問はありませんかと尋ねます。

187

フォスタリング・チェンジ

40分 **家庭での実践のフィードバック：褒める**
• •

スライド　6

配布物　なし

道　具　フリップチャートとマジックインク

内　容　これはグループ全体で行うエクササイズです。

● 家庭での実践について発表してくれる人はいませんかと尋ねます。代替行動を特定し褒めることができたかどうかに関わりなく、全員に、子どもを褒めた経験についてのフィードバックを発表してもらうようにします。

● 里親が観察したことやその他の学習ポイントをフリップチャートに書きだすといいでしょう。

グループのなかに何か問題に直面した里親がいたなら、グループでそれについてのロールプレイを行い、何が悪かったのか、他にどんな方法があったのかを討論するといいでしょう。今回の家庭での実践は、比較的簡単なものでしたから、それができなかった人がいた場合は、何がその実践を妨げたのかを見つけることがとても重要です。次はどのようにしてその障害を乗り越えていくかを全員で探求するようにしましょう。ときどき家庭での実践ができなかったと報告する里親がいますが、詳しく聞いてみると実はできていたという場合が多々あります。そのような場合、ファシリテーターは、里親ができていたことを引き出し、それを肯定し、褒めることが大切です。

● 里親に、自分自身を褒めることを思いつきましたかと尋ねましょう。

フィードバックを受けながら、次のような質問を里親に投げかけるといいでしょう。

– 家庭での実践はできましたか？

– 前回のセッションで特定した、代替行動を観察し記録することはできましたか？

– 褒められることを少なくとも5つ見つけることができましたか？

– 普段よりも多く褒めることを使いましたか？

– 具体的に、熱心に、誠実に褒めることができましたか？

– 褒めることは簡単でしたか？

– 褒める実践をしてみてどんな感じでしたか？

– 何か難しかったことはありませんか？

– 褒めることに対する子どもの反応で観察できたことはありませんか？

セッション4 肯定的な注目

> [備考]
> まれにですが、褒めることができる子どもの肯定的な側面を見つけるのに苦労する里親もいます。その場合、ファシリテーターは、その子どもの行動についてかなり詳細な質問をし、たとえ小さなことでも褒めることのできる肯定的な行動を特定できるように、その里親を手助けすることが大切です。

5分　気分転換：クロスクロール

スライド　　7
配　布　物　　なし
道　　具　　なし
内　　容　　グループ全体で行う気分転換です。

● 里親全員に立ち上がってもらい、十分な間隔を取ってもらいます。
● 左の膝を持ち上げ、その膝の上に右の手のひらを置くようにしてもらいます。
● 今度は反対に、右の膝を持ち上げ、その膝の上に左の手のひらを置くようにしてもらいます。だんだんテンポを早くして、行進するような感じにしていきます。
● このエクササイズは、右脳と左脳の間の情報の流れを良くすることによって脳の両半球の協調を改善するものであるということ、そしてそれは字を書く、文章を綴る、耳を傾ける、文章を読み理解することに効果があるということを説明します。
● このエクササイズを2分間続けます。

2分　褒めることを使って学習を支援する：パートA

スライド　　8
配　布　物　　なし
道　　具　　なし
内　　容　　ロールプレイ

● ファシリテーター2人がそれぞれ子どもと里親の役を演じます。子どもが里親に自分が描いた絵や作った作品を見せています。里親はそれを批判し、「〜すればもっと良くなるのでは」と言います。
● その後グループ全体に、このロールプレイを見てどう思ったか、他の対応の仕方にはどのようなものがあるか、この経験をもっと肯定的なものにするにはどうすればいいかを質問します。
● 褒めることでどのように子どもの学習を支援することができるか考えられるように里親の注意を向けるようにしましょう。

189

フォスタリング・チェンジ

3分　**褒めることを使って学習を支援する：パートB**

スライド　　　9、10

配 布 物　　　なし

道　　具　　　なし

内　　容　　　グループに向けてファシリテーターが知識を提供します。

- PP9：スライド上の要点を押さえながら、子どもの自尊心にとって褒められることがどれほど重要であるかを強調します。先週のセッションを欠席した里親がいる場合は特にそのようにします。
- 教育の場での経験における、褒めることを使って子どもを支援する重要性を説明します。里親の多くが、肯定的な学校経験を保障するために子どもは必要な基本的スキルを身につけなければならないということを当然のこととして納得するでしょう。
- PP10：効果的に褒めるための要点をもう一度押さえておきます。

> [備考]
>
> 初期における家庭での乏しい経験が、子どもの学校における集中力や学習能力に深刻な影響を与えている場合が多いということを指摘することが重要です。しかも学校が子どもの不安と失敗のもう1つの原因になっていることもあり、子どもは簡単に学習意欲をなくすことがあります。すると、さらに子どもは学校で良い成績を収めることができなくなり、肯定的なフィードバックを受けることが難しくなります。大人は概して子どもの間違いに目を向けがちですが、それが学校や学習に関係する場合はなおさらです。自分がいま正しいことをしていると大人に認識してもらえると、子どもの学習は強化されます。

10分　**思いつくこと：学校に関連して「〜すること」／「〜であること」を褒める**

スライド　　　11、12

配 布 物　　　4.1「学習を支援するために褒めることを使う」

道　　具　　　フリップチャートとマジックインク

内　　容　　　グループ全体で思いつくことを発表します。

- PP11：里親に子どもをどんなふうに褒めることができるかについて考えてもらいます。特に教育的環境のなかで子どもの支えとなるスキルと資質に焦点を合わせていきます。
- 里親からの答えをフリップチャートに書いていきます。
- PP12：「〜すること」を褒めることと、「〜であること」を褒めることの違いについて見ていきます。「〜すること」を褒めることは、順番を守る、静かに座るといった認知的および社会的スキルに関係しています。「〜であること」を褒めることは、思慮深さ、親切、そして根気強さといったそ

セッション4　肯定的な注目

れぞれの子どもが示す特別な資質に関係しています。

● 褒めることについて、思い出してもらうことができるように、プリント 4.1 を配ります。

5分　お互いを褒めましょう

スライド	13
配 布 物	なし
道 　 具	なし
内 　 容	ペアでもグループ全体でも行うことのできるワークです。

子どもに対して実際にスキルを使ってみる前に、里親はできる限り練習をしておく必要があります。この会場でたくさん練習すればするほど、里親は褒めるといったスキルを子どもに対して使いやすくなります。

里親のなかには、人を褒めたり人から褒められたりすることに慣れておらず、このエクササイズをとても不快なものと感じる人がいるかもしれません。ファシリテーターは、このエクササイズをペアでするのがいいか、グループ全体でするのがいいかをよく考える必要があります。ファシリテーターはまた、里親が褒める練習を安全に行える環境づくりに努力する必要があります。

● 里親にお互いを褒めるように言う前に、ファシリテーターがお手本を示します。
● 里親に、だれかを選んで、その人が持っている、または示しているスキルまたは資質（「〜であること」および「〜すること」）について褒めてもらいます。褒められた里親は、次にまだ褒められていない里親を選んで褒めます。すべての里親が、褒めたり褒められたりするまで続けます。

たとえば、サンドラ、宿題をするための良い環境の作り方についてあなたが言った意見がとても気に入ったわ。ジョン、子どもについて話すとき、あなたはとても思慮深く見えるわ。

15分　休憩

スライド	14
配 布 物	なし
道 　 具	なし
内 　 容	セッションのこの段階で里親が一息つけるようにすることが重要です。

191

フォスタリング・チェンジ

10分　遊び：回想エクササイズ

スライド	15
配布物	なし
道具	フリップチャートとマジックインク
内容	小グループでのエクササイズ

● 里親を2グループに分け、それぞれのグループ内で、子どもの頃よくやった、これは面白かったというゲームや遊びについて話し合ってもらいます。

● 5分間、思い出話を交換してもらいます。

● 大グループに戻り、それぞれのグループからのフィードバックを受けます。そこで出てきたゲームや遊びをフリップチャートに書いていきます。

里親はたいてい、自分たちの経験を分かち合い、楽しかった遊びを思い出すのを喜びます。そうした経験のどのような側面が最も楽しく満足感があったのかについて特定してみましょう。里親はこのエクササイズを通して、子どもが楽しみ、それによって自分のことをよく思えるようになるさまざまなゲームや遊びについて思い出すことができるでしょう。

10分　遊びについての討論

スライド	16
配布物	なし
道具	フリップチャート用紙とマジックインク
内容	グループ全体で行う討論

遊びの利点について思いつくことを発表してもらいます。

遊びの価値と目的について探索するために、遊びについてのいくつかの一般的な討論を行うことが大切です。

● 対立する意見「現在では、遊びは時間の無駄よ！」についての討論から始めます。それによって最初の討論が触発され、里親から反対意見が出されるはずです。子どもと遊ぶことについて、里親が考えていることを引き出していきます。

● スライド上の質問項目を中心に討論を組み立てていきます。

● まず「遊びって何？」という質問を取り上げ、里親が思いつくことについて一般的な意見交換を行います。

● 次に、「あなたは子どもと遊びますか？」「子どもと一緒にどのくらいの時間遊んでいますか？」という質問を取り上げます。

192

セッション4　肯定的な注目

里親が思いつくことについての全般的な意見交換を行います。

● 最後の質問「遊びの利点とは何か？」を取り上げます。

里親に遊びの利点で思いつくことを挙げてもらいます。里親の反応をフリップチャートに書いていきます。

このアクティビティは、以下の点を引き出すことを目的としています。もしこれらが挙がらなければ、あなたが里親に代わりその点を強調していきます。

● 遊びは自分はできるという子どもの感覚と独立心を養います。
● 遊びは子どもが力と制御の感覚を経験できる数少ない機会の１つです。
● 遊びは必ずしも直感的である必要はありません。それは他のスキルと同様の方法で促進される必要があります。
● 遊びを通して子どもは、自分自身について、自分の能力について、そして世界について学習します。それによって子どもは、探索し、物事を試し、自分で問題を解決してみることができるようになります。
● 遊びは子どもが身体的、社会的、知的、そして情緒的に発達する機会を提供します。

15分 **不適切な注目を与える：ロールプレイ**
....

スライド　　17
配 布 物　　なし
道　　具　　遊びのためのおもちゃ
内　　容　　里親によるロールプレイ

肯定的注目というのは、必ずしも簡単に理解することができる概念ではありません。そのためまず最初に里親に、不適切な遊びを経験するとどんな気持ちになるかを体験してもらうことから始めます。これはかなり厳しい、胸に直接響くような経験です。これはまた、ロールプレイを始めるにあたって里親があまりプレッシャーを感じないやり方でもあります。というのは、上手にするように言われるよりもわざと下手にするように言われるほうが気が楽だからです。

● 里親にペアを組んでもらい、それぞれおもちゃを選んでもらいます。
● １人が大人で、もう１人が子どもの役を演じます。１人余るようでしたら、その人はどこかのペアのオブザーバーになってもらいます。

193

- PP17：大人役の人に、ボスのように押し付けがましく子どもと遊んでもらいます。その人は子ども役の人に、質問をしたり、遊びを監督したり、次に何をすべきかを指図したりします。ボスのように振る舞われることが子どもにとってどんな気持ちかをしっかり感じてもらうために、ボスのような振る舞いのいろいろな側面を表出してもらいます。

- 2分ほど経ったところで、役割を交換してもらいます。そうすることで全員に、この種の注目を受ける側に立ったとき、どんな気持ちになるかを経験してもらうことができます。ロールプレイは全体で5分を超えないようにします。

このエクササイズがうまくいっているかどうかを、ファシリテーターはたいてい部屋内のざわつきや声の大きさで判断することができます。里親が熱中しているとき、それは大きくなり、興奮気味になります。里親が養育のなかで子どもにアテンディングしているときには、このようなざわつきや声は小さくなることと比較すると対照的な状況です。

- フリップチャートを2つの縦列に分けておき、1つの列の頭には「感じること」、もう1つの列の頭には「すること」と書いておきます。

- 最初に里親に、子どもとしてどんなことを「感じた」かを発表してもらいます。

このような方法でフィードバックしてもらうことによって、里親に「感じること」と「すること」の違いをわかってもらうことができます。里親が「感じること」ではなく「すること」を言ったときは、それを「すること」の列に書きます。

そして「そのようにしたとき、あなたはどのように感じましたか？」と質問するといいでしょう。里親は子どもとして、怒り、注目を集めたい、価値がない、無視されている、苦痛、イライラするなどの感情を覚えたと答えるでしょう。

このエクササイズはほんの数分のものですが、このような注目をもっと長い時間与えられることで、子どもがどんな気分になるかを里親に十分わかってもらうことができます。里親に、今日の経験はあくまでもエクササイズで作為的なものですが、子どもにとってこのような経験はすべて現実であるということを重要ポイントとして理解してもらいます。

- 次に里親に、子どもの役割のときにどのようなことを「したか」についてフィードバックしてもらいます。

セッション 4　肯定的な注目

大声を出す、叩く、歩き回る、だまりこむ、里親を無視する、おもちゃを放り投げるなどの答えが返ってくるでしょう。ここで注目してほしい重要ポイントは、子ども役をしたときに、「注目を集めるような」、反社会的な、または、ひきこもりやコミュニケーションを拒否するような行動を取ったということです。そしてそれが里親の側からの否定的反応を生んだということです。

時間が許すなら、里親に、「大人として」どのように感じたかをフィードバックしてもらうのもいいでしょう。私たちが里親に望むことは、最終的に、否定的で批判的な大人でいることは不快な経験であり、たとえそれが「ふりをした」大人役であっても、やりがいのない、非生産的なことであったということを認識してもらうことです。里親がロールプレイに熱中しすぎた場合には、里親をその役から素の自分に戻す必要があるかもしれません。その際の最も簡単な方法は、そのような里親に「自分はボスのように振る舞う里親ではありません。私はジェニーよ、私は子どもに敏感に反応できる里親よ」と声に出して言ってもらうことです。

このフィードバックは 10 分以内で終わらせるようにします。

10分　アテンディングについての説明（紹介）

スライド	18、19、20
配布物	なし
道具	なし
内容	グループに向けてファシリテーターが知識を提供します。

● PP18：スライドを見てもらいながら、以下の点を説明していきます。

　　– 里親に委託されている子どものなかには、注目を得る唯一の方法は悪い振る舞いをすることだと思っている子どもがいます。彼らの多くが、肯定的注目以上に多くの叱責を受けることが当たり前になっているような家庭の出身です。そのような状況が彼らを反抗的な行動に走らせるのです。

　　– アテンディングはこれとは対照的に、子どもが適切な行動をしているときにそれに注目する方法です。

　　– アテンディングは、赤ちゃんを相手に私たちがかなり自然にしていることです。私たちが赤ちゃんに向かって話をするとき、私たちはたいてい、温もりのある親密なやり方で、ただ赤ちゃんのやっていることを口に出したり真似したりするだけです。子どもが大きくなると、私たちは子どもに注目し彼らがしていることを描写するのをやめ、指導したり質問を繰り返したりするようになり

195

ます。

 – 最も簡単なアテンディングの方法は、子どもが遊んでいるとき、彼らとともに時間を過ごすことです。

 – 創造的で、空想的で、制約のないゲームが最適です。

 – 理想的には、里親は子どもとのアテンディングのために毎日 10 分間ほど予定を空けておく必要があります。それが無理なら、週のうち 3〜4 回はできるようにしてみてください。

● 里親に、アテンディングはとても強力な道具になるということを説明します。子どもに、自分はいつもあなたのことを気にかけており、あなたに関心を持っている、ということを伝えることができます。子どもはこのような注目を非常に喜び、それをもっと得られるように努力します。

● PP19：アテンディングのときに避けたいよくある失敗について、スライドを見てもらいながら説明します。前もって「ファシリテーターが知っておくべきこと」のアテンディングのセクションを参照しておくといいでしょう。この段階で里親のほうから質問があるかもしれません。

● PP20：スライド上の指針を見ていきます。項目ごとに簡単な例を挙げるようにします。

5分　アテンディング：ファシリテーターによるロールプレイ

スライド	20
配 布 物	なし
道　　具	遊びのためのおもちゃ
内　　容	ファシリテーターによるロールプレイ

アテンディングの要点を明確に理解してもらうために、ファシリテーターはここでロールプレイをする必要があります。

● PP20：ブロック、おもちゃの車、人形などを用いた簡単な遊びの状況を使います。ファシリテーターはそれぞれ、前回のロールプレイで演じた役と同じ大人役と子ども役を演じます。アテンディングのポイントを明確に示すことができるようなやり方で、2〜3 分遊んでみせます。

● 大人役は、遊ぶ様子を描写するコメントをし、子どもを褒め、子どものリードに従います。このロールプレイをしているときは、ファシリテーターは質問をしたり指示したりすることを避けるようにしなければなりません。

● グループからの質問に答えます。

セッション4　肯定的な注目

10分　アテンディング：里親による練習

. . . .

スライド	20
配 布 物	なし
道　　具	遊びのためのおもちゃ
内　　容	里親のロールプレイ

アテンディングのスキルの練習を行い、どんな感じかをつかむことができるように、まず里親がそれをやってみようと思うことが大切です。

● 里親にペアを組んでもらい、1人に大人役を、もう1人に子ども役を演じてもらいます。

● それぞれおもちゃを選び、アテンディングを始めてもらいます。アテンディングの仕方についてスライドの項目を参考にするように言います。

ファシリテーターは順番にペアを回りながら、手助けやアドバイスをしていきます。アテンディングの仕方が本当にわからない里親もいます。その場合は、どうすればいいか、そしてどんなふうに子どもに言えばいいかを実際に示す必要があります。率直に、手伝うような気持ちで接します。たとえば、こんなふうに里親に言う必要があるかもしれません。「子どもに、『あなたはいま青い車をガレージに入れています。赤い車は床の上を突っ走っています。ああ、いま止まりました』という具合に言ってみてください」と。里親の努力を促し成果を褒めることが大切です。

● このロールプレイには2～3分かけます。それが終わったら、役割を交代してもらいます。引き続き、手助けと指導をしていきます。

5分　フィードバック

. . . .

スライド	21
配 布 物	なし
道　　具	フリップチャートとマジックインク
内　　容	グループ全体で討論──アテンディングのフィードバック

アテンディングのロールプレイについての感想を聞くことは、非常に重要です。子ども役のときどんな気持ちだったか、そして前回の「ボスのような」大人と遊んだときの気持ちとどう違うかを里親から聞き出していく必要があります。

アテンディングをしているときどんな気分だったか、そしてそのとき何か難しいことはなかったかを聞き出していきます。

● フリップチャートを縦に2列に分け、それぞれの頭に「感じること」「すること」と書いて、アテンディングのフィードバックを受けていきます。

197

- 子ども役からのフィードバックを、まず「感じること」から受けていきます。価値を認められている、支えられている、リラックスできる、創造的になれる、見守られている、といった感情が挙げられるでしょう。それらをフリップチャートに書いていきます。

- 次に、「すること」のフィードバックを受けていきます。里親に注目する、里親と関係を結ぼうとする、耳を傾ける、集中する、笑う、楽しむ、などが挙げられるでしょう。それらをフリップチャートに書いていきます。

- 次に大人役の里親からのフィードバックを受けていきます。楽しい、誇りに思うなどが挙げられるでしょう。しかし**アテンディング**は最初、不自然で、居心地が悪く、退屈な感じがすることがあるということを認識することも重要です。それゆえ、そのような感情を率直に表明した里親を認め、褒めるようにしましょう。これについてはフリップチャートに書かなくてもいいでしょう。

アテンディングは子どもに焦点を合わせたアクティビティですから、優先されるべきは子どもの楽しみであり、大人の楽しみではありません。発達的遊びのある段階、たとえば、子どもが同じ遊びを繰り返すようなとき、大人はそれを退屈に感じる場合があります。ままごと遊びでお茶を飲む真似を何回すればいいのでしょう！　しかし、それは子どもの社会的および情緒的発達にとって不可欠の構成部分なのです。

[備考]

たいていのグループが、最初アテンディングをかなり不自然なアクティビティと感じます。そのため、里親がそれをぎこちなく感じ、何を言っていいかわからないようなとき、彼らの経験や感情を妥当なものと認めることが大切です。たいていの里親が、疑問を口に出さずにはいられません。なぜなら、それは私たちの多くにとって、まだ根づいていない習慣だからです。しかし練習を繰り返すうちに、それは簡単にできるようになります。

ファシリテーターは、里親が家庭でこのスキルを使い続けることができるように、楽観的に、力強く彼らを励ます必要があります。アテンディングは、大人にとっては必ずしもすぐに最後までやり遂げることのできる経験ではありません。確かに退屈な場合もあります。しかし里親がアテンディングを続けることができたなら、彼らはそれが子ども自身と子どもと里親の関係性にもたらす利益を経験することができるでしょう。

たいていの子どもがこの種の注目を好み、規則的にこの種の肯定的注目を受けられると、その行動も改善されていきます。たとえば、アテンディングは外国語を学習することに似ているといえるかもしれません。つまり、練習すればするほど、流暢にうまくなります。私たちは里親がアテンディングに習熟し、アテンディングの達人になってくれることを望みます。なぜなら、それは批判を最低限に抑え肯定的注目の使用を最大限にしながら、敏感に子どもに反応する方法を確立するための礎となるものだからです。

セッション4　肯定的な注目

5分　**アテンディングの秘訣**
・・

スライド　　22

配布物　　　4.2「アテンディングの秘訣」、4.3「家庭でのアテンディングのための指針」

道　具　　　なし

内　容　　　グループ全体で討論

これは**アテンディング**のロールプレイの総括になります。

● PP22：スライド上の**アテンディング**の秘訣を見ていきます。

● 里親にプリント4.2を配り、いつでも見られるように冷蔵庫の扉などに貼っておいてくださいと伝えます。プリント4.3は、その要点を詳しく説明したものです。**アテンディング**を強化するために、里親と一緒にそれを見ていきましょう。

● 里親が、**アテンディング**に含まれる基本的な考え方を理解できたようだったら、次にもう少し細かい点を見ていきます。以下の要点のなかからいくつかを選び、討論して理解を深めていきます。

  − 子どものリードに従う。

  − 子どものペースで進む。

  − 近くに座る。

  − 子どもの考え方と創造性を褒め促進する。

  − 主導権争いは避ける。

  − 質問の代わりに描写的なコメントを使う。

  − 静かな遊びに対して注目という報酬を与える。

  − 注意深い観客になる。

  − 子どものごっこ遊びに参加する。

  − 遊びを乗っ取らないようにする。

  − 不適切な行動は無視する。

  − 子どもが自分の問題解決方法を実行するように促す。

  − 笑い楽しむ。

  − **アテンディング**を終了する前に、終わりの時間を予告する。

［備考］

制約のないゲームやおもちゃを使い、子どもの創造性と空想のおもむくままに遊ばせましょう。ボードゲームは規則や競争を含んでいますから避けるようにしましょう。3〜4種類の適切なおもちゃを選んでおき、子どもにいま一番したいのはどれ、と選ばせてもいいでしょう。コンピューターゲームは**アテンディング**には向いていません。それゆえ可能な限り避けるようにと里親に注意しておきましょう。しかし、どうしても子どもがしたがった場合は、里親は最後の手段として、子どもがコンピューターゲームをしているとき子どもの近くに座り、褒めることと組み合わせて描写的なコメントを使うこともできます。

199

フォスタリング・チェンジ

10分　家庭での実践：アテンディングの記録および褒めることを使って学習を支援する

スライド　　23

配 布 物　　4.4「家庭での実践：アテンディングの記録および褒めることを使って学習を
　　　　　　支援する」

道　　具　　フリップチャートとマジックインク

内　　容　　今週の家庭での実践はテーマが2つあります。

1　アテンディング

● 今週の家庭での1つめの実践は、里親が時間をやりくりできる限り、規則的に毎日10分間アテンディングを実行するということです。数人の子どもが委託されている里親がいる場合は、1人の子どもに焦点を絞るか、順番にそれぞれ1人ずつ子どもに特別注目するようにするかを決める必要があります。一度に数人の子どもにアテンディングを実行することは可能ですが、最初は1人ずつするほうがやりやすいでしょう。

● 里親に配布した、アテンディングの経験と観察を記録するプリント4.4の表の説明を行います。

● 里親1人ひとりに、子どもとのアテンディングをどう進めるかを聞いて回ります。こうすることによって、自分の子どもに合った適切なアクティビティを何にするか決められない里親に対して手助けと助言を与えることができます。里親の考えをフリップチャートに書いていきます。それは、来週の家庭での実践のフィードバックのときに使います。

2　学習を支援するために褒めることを使う

● 里親に、毎日1回以上、子どもの教育および学校での経験を支援するような形で「～すること」または「～であること」のどちらかを褒めるようにしてもらいます。

● これと合わせて、引き続き、できるなら1日5回、子どもを自然な形で褒めてほしいということを伝えます。

今回は、家庭での実践が少し多いように里親には思われるかもしれません。里親に伝えたいメッセージは、「試しにやってみる」ということ、そしてできることを何とかうまくやってみる、ということです。私たちは里親に、これらのスキルは相互に関連し合って構築されるものであり、より肯定的な家庭の雰囲気と、子どもと里親とのより良い関係性を創り出すものであるということを理解してほしいのです。このスキルを使えば使うほど、里親はより多くの改善を見ることができます。このプログラムを終える前に、里親にとって褒めることは習慣以上のものになり、里親は記録が不要になるほど日常的にそのスキルを使うようになるでしょう。

セッション4　肯定的な注目

5分　セッション評価

スライド	24
配布物	セッション4評価用紙
道具	なし
内容	里親に必ず最後の項目まで評価をしてもらうようにします。

5分　クロージング・ラウンド：今日気がついたこと

スライド	25、26
配布物	なし
道具	なし
内容	● PP25：里親1人ひとりに、今日のセッションで特に興味を持ったこと、または役に立つと思ったことを発表してもらいます。 ● PP26：里親が積極的に参加し、熱心に取り組んでくれたおかげでセッションを最後まで終えることができたことに感謝します。

6　評　価

ファシリテーターのためのセッション後評価

ファシリテーター同士が2人で向き合って、今日グループはどうだったかを話し合い検討する時間を持つことがとても大切です。あなたは何を話し合いたいかについて自分の考えを持っていることでしょう。以下の点について検討したいと考えていることでしょう。

● 何がうまくいったと思いますか？
● もっと別の方法があったのではと思うことがありましたか？
● 内容をすべて扱うことができましたか？
● 里親の評価用紙を見てください——拾い上げるべきメッセージはありませんか？
● 個人個人について、あるいはメンバー全体について、何か観察できたことはありませんか？
● 会場、備品、軽食について問題はありませんでしたか？
● 何か気がかりなことはありませんか？　もしあったなら（次回から）どのようにしますか？
● セッションを欠席した里親がいたなら、電話で連絡し、お知らせやプリントとともに、セッションの内容の概略を送りましょう。

201

フォスタリング・チェンジ

ファシリテーターが2人で向き合って、今日グループはどうだったかを話し合うとき、今日のセッションのためのフィデリティー・チェックを必ず行いましょう。それによってセッションのすべての側面をカバーすることができたかどうかを、そして必要なスキルと態度の手本を示すことができたかを確認することができます。このチェックリストは、プログラムの認定のために不可欠のものです。

フィデリティー・チェックリスト

□時間通りに始め、終わることができましたか？

□養育、肯定的アプローチの手本となることができましたか？

□里親の見方や考え方を認めることができましたか？

□里親の経験を尊重しましたか？

□里親の長所と資質を言葉にしましたか？

□里親のフィードバックを称賛しましたか？

□参加者全員がフィードバックの間、話す機会を持てましたか？

□学習を支援するために褒めることを使うということについての考え方を説明し、
　エクササイズを実施できましたか？

□遊びについて討論することができましたか？

□アテンディングについてのロールプレイを扱うことができましたか？

□アテンディングについての理論的情報を扱うことができましたか？

□参加者は全員アテンディングの練習をすることができましたか？

□内容を削除してしまったり、扱うことができなかったりしたことはありませんで
　したか？

□参加者全員が家庭での実践を持ち帰りましたか？

□「グループワークのきまり」を掲示しましたか？

□「里親の家族構成図」を作成し掲示しましたか？

□里親が会場に到着したときおよび休憩時間に、軽い飲み物やお菓子を出しました
　か？

□里親が先に飲み物やお菓子を口にするようにしましたか？

（次のことも）チェックしましょう

組織上／技術上の問題が何か起きて、それに対処した。

里親からの評価用紙を読み、問題があった場合は、それについて今後どう対処していくか決めた。

欠席者に連絡を取り、配布資料を送付した。

里親について何か気がかりな点を見つけ、もしあった場合、それにどう対処していくか計画した。

セッション

5

コミュニケーション・スキルを使い
子どもが自分の感情を
調整できるように支援する

コミュニケーション・スキルを使い
子どもが自分の感情を
調整できるように支援する

ファシリテーターが知っておくべきこと

1 **基礎となる理論的内容**
子どもが自分の感情を理解しマネージする能力に焦点を当てることの重要性
効果的なコミュニケーション・スキルの向上

2 **グループワークを効果的にファシリテートする**
セッション5の準備
ファシリテーターのねらいと目標
セッション5を成功させる秘訣

3 **必要な機材および備品**

4 **セッション5の概要**

5 **セッション5の流れ**

6 **評　価**
ファシリテーターのためのセッション後評価
フィデリティー・チェックリスト

ファシリテーターが
知っておくべきこと

1　基礎となる理論的内容

子どもが自分の感情を理解しマネージする能力に焦点を当てることの重要性

このセッションでは、里親はどうすれば子どもが自分の感情を理解し調整するのを
支援することができるかに焦点を当てます。私たちは、養育者が子どもの感情に気
づき、敏感であるだけでなく、自分自身の感情を自覚し、それを効果的に扱う手本
を示すとき、子どもは感情的スキルを発達させることができるようになるというこ
とを知っています。これは、養育者が、自分自身のコミュニケーション・スキルを
発達させることによって達成することができます。アタッチメントについての実証
的な研究によって、養育者と乳幼児の間の敏感な、コミュニケーションのある相互
作用は、誕生直後から子どもの感情を落ち着かせ調整させることができるというこ
とが示されました。もちろん、子どもが成長するにつれて、養育者が子どもの情動
状態の調整に関してできることは少なくなっていきます。しかし養育者との敏感性
や、発達的に適切なコミュニケーションを経験することを通じて、子どもは自分の
感情を調整することができるようになるということは依然として事実です。私た
ちは里親に、子どもの情緒的健康（ウェルビーイング）、社会的能力（コンピテンス）
の肯定的発達において里親が果たすことのできる重要な役割を理解してほしいと考
えます。子どもの感情に 情緒的に寄り添うことのできる里親は、安定したアタッ
チメントを構築するための良好な位置に立っているということができます。

コミュニケーションは、活動的で相互作用的なプロセスです。そのためには、何が
表出されているかを理解し、どうすればそれに有効な方法で反応することができる
かを知るスキルが求められます。私たちは人と話すことや人の話に耳を傾けること
に膨大な時間を費やしていますが、それとは対照的に、自分がしていることについ
てはほとんど注意を払っていません。人の話に耳を傾け、それに敏感に反応する能
力は、必ずしも私たちに自然に備わっているものではありません。私たちは気がつ
けば他人を批判し、なだめ、アドバイスし、解決法を提案したりしていますが、本

205

当に人の話に耳を傾けることはほとんどしていません。

このセッションで私たちは、人の言うことに真剣に耳を傾け、それに敏感に反応するために必要なスキルのいくつかを特定しました。また私たちは里親に、常日頃行っているコミュニケーションの方法についてよく考えてもらい、どうすれば子どもがもっと素直に、もっと自由に自分の感情や経験を里親に話すようになれるか探求する機会を提供するアクティビティを工夫しました。

社会的養護下の子どもの情緒的健康

社会的養護下の子どもは、非常に不利な家庭環境の出身です――彼らの63パーセントが、親からのネグレクトや虐待を原因として委託されています。彼らの実家庭は、大半が低収入で、親が精神的疾患を有していることがあり、ドメスティック・バイオレンスや情緒的および身体的虐待が日常的に行われていることが多いようです（Jackson and Thomas, 1999）。セムピックら（Sempick *et al.,* 2008）が、2002年に行った縦断的研究において、社会的養護下の子どもは、その初期の困難に満ちた経験のせいで、同年代の子どもにくらべ、情緒的および行動的支援の必要性が高いということを報告しています。また社会的養護下の子どもは、地域の最も不利な社会経済的集団のサンプルと比較したときでさえ、極めて高い率でメンタルヘルスの障害を有し、精神的満足度が低く、問題行動の発生率が高いということが示されました（Sempick *et al.,* 2008）。

初期の困難な体験は、実家庭や友達、学校での喪失といった問題に加えて、情緒的健康の問題を引き起こす可能性のある安定した委託の欠如も合わさることで一層複雑なものとなっているかもしれません（DCSF, 2009）。社会的養護下の子どもの健康を促進し、改善するという課題が今日再び強く突きつけられています。専門家と里親の両者が、健康という概念に対する全体論的なアプローチを取り、委託されている子どもにいま必要とされていることは、単なる物理的・身体的ケアだけではないということを認識することが重要です。

感情を調整する

子どものレジリエンスを発達させ、良好な関係性を作る能力を改善し、社会的および学習的環境の変化に効果的に適応する能力を発達させるためには、「社会的および情緒的スキル」を重視する必要があるということが、研究、介入および政策の場面で新たに提唱されています。最近では学校において、「サークルタイム（circle time）」などのアクティビティによって、「エモーショナル・リテラシー（emotional literacy）」を発達させることが重視されるようになり、子どもに自分の感情と遊び場における友達関係のあり方について話し合うように促しています。自分の感情を管理する能力のある子どもは、良好な関係性を築くことができ、同級生からも大人からも好かれることが多いということが示されています（Goleman, 1996）。こうした重要な能力の多くが、子ども時代の初期に形づくられ促進されます。混乱した、

あるいは不安定なアタッチメントパターンを持つ子どもは、社会的および感情的コンピテンスの面で不利な状況にあります（Howe *et al.*, 1999）。

乳幼児期およびより子ども時代の初期において重要な発達的課題は、自分の感情を特定し名前を付けるスキルを身につけることです。この重要な発達段階を経験することができなかった子どもは、自分自身の感情と反応を理解し調整することが困難になります。そのような子どもの多くが、自分以外の人間の感情と行動に関わり、それに共感し、それを解釈する能力が低いことが示されています。その結果、そのような子どもは、社会的発達だけでなく情緒的および精神的健康の面で不利な立場に置かれています（Howe *et al.*, 1999）。彼らは多くの場合、自分の感情を行動を通して外部に表出する（外面化、externalising）か、または引きこもる（内面化、internalising）ようになります。多くの場合、里親は子どもの目に見える外的な問題行動ばかりに気を取られていますが、多くの子ども——女児も男児も——が、問題を内面化する傾向があるということに注目する必要があります。このことは里親に、子どもの態度と気分の揺れ動きにもっと敏感になるようにと警告を発しています。

感情調整の乏しさは、また教育的な経験や学習の面で成功するために必要なスキル、たとえば、課題を遂行する、新しいことに挑戦する、自分を動機付けするなどに悪影響を及ぼしています。子どもが自分の感情を表現するのを助けるには、里親がそれを知りたがっていることを態度で示すことが有効です（Fredman, 2004）。里親以上に多くの時間を子どもと過ごしている人はいません。それゆえ里親は、子どもが自分の感情を調整できるようになるのを支援する有利な立場にいると言えます。それはまた、子どものレジリエンスを促進するためのさらなる保護的要素を子どもに与えることにつながります。

子どものことをもっとよく知る

里親は、自分が養育している子どものことを知り理解するために時間を使わなければなりません。しかし、それはただちにできることでも、努力なしにできることでもありません。落ち着いて率直に語ることは、肯定的な関係性を築いていくための不可欠な要素です。そのため里親は、子どもに毎日の普通の出来事や状況、そして興味を持ったことについて話すように励ます機会を多く創り出すことが必要です。子どもは自分の経験、考え、意見が、他の人に関心を持たれていると感じるとき、自分を表出する自信を深めます。

里親は、自分の子どもが最も話しやすい時間は1日のうちのどの時間帯かを考えてみるといいでしょう。話したいことを学校からたくさん持ち帰って来る子どもは、帰宅したらすぐに話したいでしょうし、一緒にお風呂に入っているときや、ベッドに横になっているときに、リラックスして親密な気持ちになり話し始める子どももいるでしょう（もちろん、虐待の経験の記憶がある子どもにとっては、これは適切な時間帯にはならないでしょう）。また、遊びながらお喋りする子どももいれば、車中で、

あるいは自転車の修理など何かをしているときに話しやすい子どももいるでしょう。食器を洗っているとき、あるいはそれを棚に戻しているとき、子どもはわりと気軽に、身構えることなく話すことができます。このような時間帯、子どもは大人の目をしっかりと見て話す必要はありません。そのため、気楽に、あまりどぎまぎせずに会話することができるのです。

守秘義務

里親は、その子どもの養育に関係している他の人々に対して、どのような種類の情報を伝える必要があるかについて明確にしておく必要があります。子どもを養育するようになった早い段階で、里親は、子どもの状況について担当のソーシャルワーカーと定期的に話し合うことになるということを認識しておく必要があります。子どもが里親に、特別慎重に扱う必要のある情報を伝えてきたときには、里親はそのような情報をどう扱うかについてしっかりと明確に伝え、なぜそうする必要があるかを子どもに説明することが最善の対応です。

効果的なコミュニケーションのためのスキル向上

リフレクティブ・リスニング（reflective listening）

リフレクティブ・リスニングの中心をなすのは、子どもの言うことを彼らの視点から聞くということです。そのためには十分に集中し、反応することが求められます。それはテレビを見ながら、あるいは夕食の献立を考えながらできるようなことではありません。やることが山ほどあり、多くの責任を背負っている忙しい里親にとって、このような形の注目を子どもに与えることはけっして簡単なことではありません。しかし、子どもが打ち明けたいことを持って里親のところに近づいてきたとき、このリフレクティブ・リスニングは、子どもに極めて強力な肯定的注目を与えることができます。自分の話に耳を傾けてもらえるということは、子どもにとってそれほど重要な経験なのです。そのことによって子どもは、自分を表出し、自分の考えや感情を探求することができるようになります。そしてそれによって子どもは、自分自身をもっとよく理解できるように発達し、自信と自尊心を高め、里親との関係性をより一層深めることができるようになります。

リフレクティブ・リスニングのために里親は、次のことをする必要があります。

- いましていることをやめ、子どものほうを見ます。
- ボディランゲージと顔の表情を使って、子どもの話に興味があり、何でも受け止める用意ができているということを示します。
- 子どもが言いたいと思っていることをすべて言わせるようにします。
- 子どもが伝えようとしている話の内容や、感情を聞き取るようにします。
- 興味を示すために、そして本当に理解するために、質問を投げかけます（それによって子どもは、言いにくいことでも言えるようになります）。

セッション5　コミュニケーション・スキルを使い、子どもが自分の感情を調整できるように支援する

- 子どもが言っていること、そして感じていることを、理解している通りに子どもにフィードバックします。
- 子どもの視点から物事を見るように努力します。

　発達の遅れのある子どもや、英語を母語としない子どもは、多くの場合、自分の感情や経験を言葉にするのに苦労します。そんなとき、里親は、その子どもの伝えたいことを本当に理解するために、特別な注意を払う必要があります。また、里親自身の文化圏とは異なった文化圏出身の子どもを養育しているとき、その里親は、いくつかの文化圏に存在している非言語的なコミュニケーションの微妙なニュアンスの違いに敏感になることが必要です。微笑み、肯き、アイコンタクトは、文化圏が違えば別の意味をもつ場合があります。子どもの伝えようとしていることがよく理解できず困惑するとき、里親はその子どもの言うことに注意深く耳を傾け、その子どもと一緒に、またはその子どもの出身文化圏に詳しい大人と一緒に、子どもの言っていることを確認する準備をしておく必要があります。

感情の表出に対する敏感性

　感情や、困難な出来事を話すことで、苦悩がやわらげられる場合があります。子どもは、分かち合ってくれる人がいるとき、幸せな気持になり、人生に前向きに取り組むことができるようになります。それゆえ、感情の表出に敏感になることは、良い聞き手になるための必要不可欠な要素です。委託されている子どものなかには、自分の感情を認識し理解する方法を学習してこなかった子どももいます。そのような子どもは、自分の心の内側で何が起こっているのかを理解することができず、当然のことですが、それについて語る言葉を持っていません。そんなとき里親は、子どもの非言語的なコミュニケーションを解釈し、反応することができなければなりません。子どもが伝えようとしていることを声の調子、表情、態度などを通して受け止める必要があります。子どもはその感情や心配事を、たとえば、悪夢、恐怖心、食欲のなさ、寝付きの悪さ、問題行動、遊びなどを通じて表出しているかもしれないということに気づく必要があります。

　子どもは心配事や感情を外部に放出する必要があります。特定の感情がまわりにいる人に受け止めてもらえないと感じるとき、子どもの多くが、自分を表出する他の方法を見つけ出そうとします。それは自分自身を傷つけたり、他の人を受け入れないことであったりします。自分自身の殻に閉じこもり、人と接しなくなり、抑うつ状態になることもあります。また反抗的で破壊的な方法で感情を行動で示すかもしれません。里親は、子どもが自分の感情を、ただ行動を通してだけでなく、言葉によっても表出する方法を学習することができるように、彼らを励まし、支援する必要があります。

　委託されている子どものなかには、人に話を聞いてもらった経験がほとんどない子どももいます。彼らには自分の感情を特定し、それに名前を付けるための援助が必

209

要かもしれません。そうすることでその子どもは、自分自身と他の人間の感情を理解し、共感するためのスキルを発達させることができるようになります。子どもがまだ小さいとき、その養育者は、子どもにとっては目新しいなじみのない物の名前を教えてあげます。これと同じように、子どもが、自分がいま感じている感情を理解できないとき、その感情を何と呼ぶかを教えてあげる必要があります。「**お母さんがどこにいるかわからなくて、とても不安みたいね**」、あるいは、「**お父さんが保護者参観に来られなくて、とてもがっかりしているのね**」といった具合に。感情に名前を付けるためには、感情に敏感である必要があります。そして当然のことながら、里親はときどき間違うこともあります。ですから、里親には子どもの感情がどのようなものであるかについては、アテンディングの際にするように語りかけるようアドバイスするのがいいでしょう。たとえば次のように。「**あなたは本当に悲しいのね**」「**……本当に悲しんでいるようね**」「**……本当に悲しんでいるみたいね**」など。子どもの反応が自分の感情は正しく理解されていないということを示しているように思えるとき、里親はそれに気づき、自分の反応を修正する心構えをしておく必要があります。

感情を表出する

大人のなかには、自分の感情を子どもとほとんど共有しない人がいます。しかし子どもは、悲しんだり怒ったりしても大丈夫なのだということ、そしてそれらの感情は、他人を傷つけたり虐待したりすることなしに表出することができるのだということを知ることによって助けられることが多いのです。「私」を主語にした言葉は、肯定的感情の表出の手本となるだけでなく、否定的感情を人に伝える手本ともなります。それは心の内側の考えと感情についての情報を、明確にダイレクトに相手に伝えることができます。たとえば、「**私はあなたの学校からの連絡帳を読んでとてもうれしかったわ。なぜって、私はあなたがとてもよく努力していることがわかったからよ**」、あるいは、「**妹が私の飾りつけをけなしたとき、私はとても腹が立ったわ。なぜって、私は本当に慎重にやったという自信があったからよ**」という具合に。しかし里親は、「私」を主語にした言葉を、否定的感情を見境なく外に吐き出すために使用してはいけません。とはいえそれは、子どもが里親はどのような経験をし、その出来事や感情をどのように処理しているかを学習する機会を提供することになり、有益な場合があります。それが、今度は子どもが使うことのできる有効なコミュニケーション・スキルになることがあるのです。

質問をする

質問することは、関心があることを子どもに示し、子どものことをもっとよく知るための重要な方法です。特に役に立つ質問の仕方があります。「**今日は学校で何をしたの？**」などの幅広く一般化された質問は、しばしばすぐには答えるのが難しいものです。一方で「**休み時間には何をして遊んだの？**」や「**どの授業があなたは一番楽しかった？**」といった特定された質問は、子どもがずっと答えやすいものです。逆に子どもは、「なぜ」という質問に対しては、それを何か自分を追いつめている

ような、非難しているような質問と捉えがちです。それに対してたいていの子ども
が、自己防衛的で、会話を拒否するような形で答えようとするでしょう。「はい」
「いいえ」で答えるクローズドクエスチョンも、会話を促進するものではなく、そ
れによって会話が打ち切られることがあります。また、特定の答えを示唆する誘導
尋問のような質問も有効ではありません。たとえば、「今日はすべて順調だった？」
と聞かれると、子どもはそうではなかったと言うことを大変難しく感じます。概
して、自由に答えられる形の質問が、子どもが自分の考えや感情を表出するのに最
も適しています。次のような形の問いかけになるでしょう。「その次はどうなった
の？」「それについて教えて」「……したときどうだった？」。これらの質問はさら
に自由に話すことを促し、会話の流れをスムーズにします。

しかし子どもに、特定の種類の答えを返すように促したいときもあります。たとえ
ば、自己卑下して、自分自身に対して否定的感情を持っている子どもと話してい
るとき、肯定的な答えを促すような形の質問をするのが良い場合もあります。「ど
の科目が一番得意なの？」とか「あなたは自分が描いた絵のなかでどれが一番好
き？」などのように。また、質問を一切しないほうが良い場合もあります。たとえ
ば、とても辛い面会訪問だったように思えるときは、「今回の訪問はどうだった？」
などといったあからさまな質問はせずに、子どもにアテンディングし、描写的なコ
メントをするのがいいでしょう。たとえば、観察している通りに、「今日は本当に
長い一日だったわね。とても疲れているように見えるわ」と言うだけでいいでしょ
う。子どもにとってはそのほうが質問されるよりもずっと受容的であり、侵入的に
感じることも少ないでしょう。また、子どももかなり自由にどのように反応するか
を選ぶことができます。

批判的ではない立場を取る

とはいえ、子どもの感情を無批判に受け入れることが簡単ではない場合もあります。
強い否定的感情が表出されたとき、里親の多くは不安を感じ、どう反応すればいい
かわからなくなることがあります。そんなときは最初に、感情とそこで表出されて
いる意図を切り離すことが有効です。たとえば、子どもが里親に、「兄貴を殺して
やりたい気持ちだ」と言ってきたとき、里親はその感情とその強さを正当なものと
認めることはできますが、その意図を認めることはできません。「あなたはお兄さ
んのしたことに本当に怒ってるのね」というように答えます。感情を疑ってみたり、
それに向き合うのを避けたりせずに、その感情について話し合うことを通じて、里
親は子どもに何が起こったかを探求することができ、それを管理（マネージ）する
別の方法を子どもが見つけるのを手助けすることができます。

子どもはまた、自分の人生に起きた悪い出来事、たとえば、家族の一員の病気や死、
あるいは離婚や別居、さらには自分自身が虐待されたことに対しても責任を感じる
ことがあります。社会的養護下の子どもは、多くの場合、辛く厳しい、トラウマ
にさえなるような出来事の連続のなかにある家庭の出身です。そのような子どもは、

自分の不幸に対して何らかの形で自ら責任を感じており、「あなたは悪くない」あるいは「あなたは責められるようなことは何もしていない」という安心を与えてくれる言葉をとても必要としています。里親は子どもの説明や感情を聞いたとき、判断しない、批判もしないという中立的な態度を取る必要があります。同時に里親は、子どもがそうした出来事に対する理解を再構築し、起きた出来事に対してこれ以上責任を感じなくてすむように、そしてその代わりに、受け入れられ、耳を傾けてもらい、気遣ってもらえたという経験を持つことができるように支援することが必要です。

耳を傾けるのが難しいとき

誰もがその人独自の価値体系を持っています。そして私たちは、私たちの宗教的、文化的および個人的信念が、私たちが人の話に耳を傾け、また人に話をするその仕方に影響を及ぼしているということを自覚する必要があります。たとえば、とても繊細な感情を持つ少年や、逆に怒りの表出がとても直接的な少女に対して、彼らを支援することに特別強い違和感を持つ里親がいます。そのような里親は、それらの感情をその子どものジェンダーにふさわしくないと感じているのかもしれません。また、両親のことを批判的に語る子どもを支援することはとても難しいと感じる里親もいます。それが、年長者に対して忠誠や尊敬を示すという里親自身の信念と衝突するからでしょう。また、感情について話をすることが必ずしも子どもに対処する最善の方法であるとは限らないと考える里親もいます。そのような人は、事柄によっては、蒸し返さず、忘れさせることが最善の策であると考えているのかもしれません。自分自身の価値体系をよく自覚すればするほど、どのような場合に自分の価値感が子どものニーズを満たすにあたって邪魔になっているのか、よく理解できるようになります。

私たちの多くは、痛みを避け、困難なことはうやむやにしておこうと考えることがあります。私たちは、自分自身が不快で嫌な思いをする子どもの感情に留まっているよりは、ただ「泣くんじゃない」と言って済ませたくなるときがあります。また、どう反応したらいいかがわからず、何か間違ったことを言うのではないか、あるいは、かえって事態を悪化させるのではないかと恐れるときもあります。そんなときは、それが何であれ、子どもが言う必要のあることにしっかりと耳を傾け、そこに立ち合う以外のことは特に何もする必要はないということを覚えておくといいでしょう。時には解決法として、特にただちに解決できる方法が何もないという場合もあります。そんなときは、答えや、明快な解決法を与えるよりむしろ、ただじっと耳を傾けるのが最も効果のある行動である場合が多いようです。言葉がうまく出てこないとき、あるいはそれが適切だと思われないとき、子どもの身体に触れることが、子どもにあなたのことを大事に思っているということを伝える最も強力な方法となることがあります。また時には抱きしめることで、子どもに安心感を与え、受け止められていると感じさせることができる場合もあります。とはいえ、手や肩、あるいは腕などに触れることに慎重になる必要がある子どももいます。

セッション5　コミュニケーション・スキルを使い、子どもが自分の感情を調整できるように支援する

社会的養護下の子どもの多くが、多くの不確定な状況のなかで生きています。自宅に戻ることになってはいるものの、いつ戻ることになるのかを知らない子どももいます。またこれから先、一体誰と一緒に生活することになるのかを知らない子どももいます。そのようななか子どもが、自分のために下される決定に対して自分は何の影響も与えることができないという深い無力感を感じているのも当然のことです。残念なことに、子どもに、なぜ委託されるようになったのか、そして今後の予定はどうなっているのかについて理解させるために、十分な時間と注意が払われていない場合があります。子どものウェルビーイングの感覚に、情報は極めて重要な要素です。里親は、子どもと子どものための社会サービス機関の仲介役として、子どもの今後の見通しについて逐一情報を得るようにし、その情報が正確で本当であるのかどうかを確認し、子どもが理解できるレベルでそれを子どもに伝える必要があります。

子どもが、里親にも答えがわからない難しい質問をしてきたとき、あるいは真実がとても痛みを伴うものであるとき、里親はとても大きな不安を喚起されることがあります。たとえば、子どもが、いつ母親の家に戻れるのかと聞いてきたとき、実はその母親がアルコール依存症であった場合など、里親は答えに窮するでしょう。そのようなとき、子どもに誤解を与えたり、嘘でごまかしたりしないことが大切です。子どもは明確な情報を必要としているのです。しかし情報は、子どもの不安と感情に配慮した方法で与えられる必要があります。

子どもが無口で内気な場合、里親は敏感に注意深く接する必要があります。自分自身を表出する言葉を持っていない子どももいます。また、人と話をすると悲しく感じたり、それに恐怖を感じたりする子どももいます。また、圧倒されてしまい、過去の痛みを伴う経験や記憶を切り離すことを必要としている子どももいます。そのような子どもに接する場合、里親は、私はいつもあなたのそばにいて、あなたのことを気にかけ心配しているわよという意味を含んだ多くの非言語的（ノンバーバルの）サインを送る必要があるでしょう。また、会話のきっかけになることを望みながら、子どもの心のなかにあると思われることについて単純に優しく話しかけてみることもできるでしょう。あるいは、子どもが他の方法で自分を表出できるようにするのもいいでしょう。子どもの思いや感情を探索するために、お絵かき、人形遊び、ままごとをする時間をつくるのもいいかもしれません。また、子どもの心にある問題と関連するような内容を含んだ絵本を読み聞かせして、それを通じて子どもに話しかけたり、安心させたりするのもいいでしょう。緊張しがちで内気な子どもに対しては、身体を動かすアクティビティや遊びをするのがいいかもしれません。それによってそのような子どもはリラックスし、自分を表出しやすくなるでしょう。とはいえ、子どもがとても混乱し、圧倒されていて、言葉を発することができないという場合もあります。そんなとき里親は、子どものペースに寄り添い、その子どもが話す気になるまでじっと待つ必要があります。子どもはモデリングによって学習します。それは行動の場合と同じように、感情の表出と調整についてもあてはまります。里親はこのことを理解し認識しておくことが大切です。

213

フォスタリング・チェンジ

2 グループワークを効果的に
ファシリテートする

セッション5の準備

● ファシリテーター同士で、どちらがどのセクションをリードするかを決め、セッションの時間割を決めます。特に、家庭での実践のフィードバックをどのように受けるかを決めます。

ファシリテーターのねらいと目標

● 子どもが自分の感情を調整するのを支援するためにはどうすればいいかを里親に理解してもらいます。
● 里親に、自分自身のコミュニケーション・スタイルを見つめてもらう環境を作ります。
● 里親が、安全にリフレクティブ・リスニングの練習ができる環境を作ります。

セッション5を成功させる秘訣

このセッションでは、子どもの痛みを伴う経験の影響について触れます。そして、子どもがその思いや、感情、経験を共有するようになるためには、里親はどのように支援するのが最善かについて考えていきます。これはグループの内部からの強い反応を喚起するかもしれません。ファシリテーターは、里親の感情の表出に敏感になる必要があります。そしてそれに同調し、それを受け入れ、共に取り組みを進める手本を示すことが必要です。このセッションは、熟考し討論する機会を提供するさまざまな種類の多くのアクティビティによって構成されています。

3 必要な機材および備品

パワーポイント（2003以降）の入っているパソコン

フォスタリングチェンジ・プログラム付属資料（http://www.fukumura.co.jp/ からダウンロード）

● パワーポイント・スライド－セッション5
● 配布プリント、セッション5－以下を参照
● セッション評価用紙

プロジェクター

プロジェクター用スクリーン

環境音楽（迎え入れるための）（mp3 プレイヤーまたは CD）

フリップチャート用スタンドおよびフリップチャート用の大きな用紙

色付きフリップチャート用マジックインク

紙を壁に貼るためのブルータック（粘着ラバー）

セッション 1 で作成した「グループワークのきまり」のフリップチャート

セッション 1 で作成した「里親の家族構成図」のフリップチャート

セッション 4 で作成した「家庭での実践：アテンディングと褒めることを使った記録」のフリップチャート

さまざまな感情を書いたカード（里親 1 人に 1 枚のカードがあることを確認します）

出席表

名札（記名用シール）

「ご褒美」のためのカラーシール

水を含む清涼飲料水やスナック類

セッション 5 で配布するプリント

セッションで使うプリント

5.1「感情」

5.2「子どもが感情を調整できるように支援する（1）」

5.3「子どもが感情を調整できるように支援する（2）」

5.4「子どもが感情を調整できるように支援する（3）」

5.5「感情に名前を付け、正当性を認める」

5.6「感情に耳を傾ける」

5.7「感情に名前を付ける」

5.8「質問の仕方」

5.9「リフレクティブ・リスニングのシナリオ」

5.10「リフレクティブ・リスニング」

家庭での実践

5.11「家庭での実践：リフレクティブ・リスニング」

セッション 5 評価用紙

4　セッション5の概要

全体で3時間

到着

歓迎の挨拶およびオープニング・ラウンド：感情の顔	5分
今日の流れと目標	5分
家庭での実践のフィードバック：アテンディングおよび学習を支援するために褒めることを使う	40分
感情についてのワーク：感情当てゲーム	5分
委託されている子どもとのコミュニケーション：導入	10分
良い聞き方、悪い聞き方	10分
感情を管理（マネージ）し表出する	15分
合計1時間30分	

休憩　15分

子どもの話に耳を傾けるのが難しいとき	10分
感情に名前を付ける	10分
思いつくこと：良い聞き手の資質	5分
リフレクティブ・リスニングというスキル	10分
質問の仕方	10分
聞くスキルの練習	15分
家庭での実践：リフレクティブ・リスニングおよび感情に名前を付ける	5分
セッション評価	5分
クロージング・ラウンド	5分
合計1時間15分	

全体で3時間

5　セッション5の流れ

到着

スライド　　2
配布物　　名札、シール
道具　　環境音楽
　　　　セッション1で作成した「グループワークのきまり」のフリップチャート

セッション5　コミュニケーション・スキルを使い、子どもが自分の感情を調整できるように支援する

　　　　　　　　セッション1で作成した「里親の家族構成図」のフリップチャート
　　　　　　　　セッション4で作成した「家庭での実践：アテンディングと褒めることを使った記録」のフリップチャート

内　　容　　● PP2が映っている会場に、音楽に合わせて里親が入ってきます。会場全体が、里親を温かく迎える雰囲気に包まれています。

　　　　　　　　　セッション1と4で作成したフリップチャートを掲示するのを忘れないようにします。

　　　　　　　● メンバーが到着したら、ファイルに貼るシールを渡します。会場に入ってくるときの里親の気分とストーリーに応えることが大切です。たとえば、大変な思いをして到着した里親には、労いの言葉をかけ、無事到着できたことを称賛し、シールを渡します。

5分　歓迎の挨拶およびオープニング・ラウンド：感情の顔

スライド　　　3
配布物　　　5.1「感情」
道　　具　　　フリップチャート、マジックインク
内　　容　　● PP3：セッション5に来てくれたことを感謝します。
　　　　　　　● 里親にプリント5.1「感情」を配ります。
　　　　　　　● ファシリテーターが最初にこのアクティビティのお手本を示します。（プリント5.1の顔のなかから、）今日の自分の感情を最もよく表している顔を選び、その絵をフリップチャートに描きます。
　　　　　　　● 里親にプリント5.1の顔のなかから今日の感情を最もよく表していると思われるものを選んでもらいます。あるいは、彼ら自身についてどう感じているのかを表す顔を確認してもらっても良いでしょう。
　　　　　　　● 里親に1人ずつフリップチャートのところまで来てもらい、自分の今の感情を表す顔を描いてもらいます。

　　　　　　　　　このセッションでは、里親はどうすれば子どもが自分の感情に名前を付け、表出するのを支援することができるかについて多くの時間を使います。それによって里親は、感情を表す語彙を増やし、それを表現することに自信を持つことができるようになります。それはまた里親に、似ているが違う感情、たとえば「悲しい」と「落ち込んでいる」の違いについて考える機会を提供します。

217

フォスタリング・チェンジ

5分　今日の流れと目標
● ●

スライド	4、5
配布物	なし
道具	なし
内容	● PP4：スライドを見てもらいながら、今日のセッションの流れを簡単に説明します。
	● PP5：今日のセッションに向けてあなたが考えている目標を簡単に説明します。今日のセッションの流れや目標について質問はありませんかと尋ねます。

40分　家庭での実践のフィードバック：
アテンディングおよび学習を支援するために褒めることを使う
● ●

スライド	6
配布物	なし
道具	なし
内容	グループ全体でするエクササイズです。

アテンディングは中核的スキルです。そのため、里親全員が、それを実践してみてどうだったかを発表する機会を持つことが大切です。

● 里親に、家庭での**アテンディング**の実践について発表してもらいます。どのようにアテンディングしたか、それに対する子どもの反応はどうだったか、そしてそれが子どもの行動と子どもと里親の関係に特別な影響を及ぼしたかどうかを見ていきます。

● 家庭での実践ができなかった里親がいた場合は、何が起こったのかを発表してもらい、全員でその里親が苦労した問題についての解決法を探ります。

● 里親に褒めることを使った実践について発表してもらいます。そのとき、「褒める表」を見せてもらうのもいいでしょう。

アテンディングは子どもにとって肯定的で、元気づけられる経験だったと答えた里親には、その実践の内容を発表してもらうようにします。

アテンディングについて懐疑的であったり、それを実践する自信がなかったりという里親がいた場合は、その人の考え方と感情を明らかにしてもらい、それについて意見交換をします。

他の人がスキルを実践しそれに成功した例を聞くことは、何よりも説得力があります。それを聞いた里親は、自分もそのスキルを実践し続けてみよ

セッション5　コミュニケーション・スキルを使い、子どもが自分の感情を調整できるように支援する

うと勇気づけられるでしょう。ファシリテーターであるあなたは、里親が
それ以外のスキル、たとえば、学習を支援するために褒めることを使う、
代替行動に焦点を当てる、観察するなどのスキルを使っていた場合は、必
ずそれを評価し、称賛するようにします。

アテンディングをうまく実践することができなかった里親でも、子どもが
上手にできたことを何か褒めることができているかもしれません。

> [備考]
>
> 里親が、「うまくやれなっかたわ」とか、「混乱しちゃった」といった否定的な言葉で発
> 表を始めたときは、起きたことを正確に具体的に述べてもらうようにします。注意深く
> 耳を傾け、その里親がアテンディングの原則に従っている点を引き出します。称賛でき
> る箇所ではすべて称賛するようにしましょう！　たとえば、次のように言うことができ
> ます。「あなたがそこでしたことが、まさしくネイサンのリードに従っているというこ
> とよ。素晴らしいわ」。
>
> アテンディングをするための遊びを見つけるのが難しいという里親もいます。私たちの
> 里親の1人は、おもちゃを繰り返し放り投げる3歳の子どもに対するアテンディングを
> どうすればいいか悩んでいました。その里親は子どもがおもちゃを投げるたびに無視し
> なければならず、短い合間でアテンディングをしなければなりませんでした。その里親
> は課題を続けるために多くの励ましと支援を必要としました。
>
> アテンディングにとても肯定的に反応し、普段以上に協力的になり、集中力が増し、優
> しくなり、礼儀正しくなる子どももいます。里親が、子どもと多くの時間を過ごせるよ
> うになり、子どものそばにいることが楽しくなり、会話が弾むようになり、より多くの
> 肯定的なアクティビティができるようになったと気づいてくれることを願うばかりです。
> そうすれば、里親はアテンディングの価値を理解し、評価し始めるでしょう。

5分　感情についてのワーク：感情当てゲーム

スライド	7
配布物	なし
道具	感情カード
内容	ペアでするエクササイズです。

私たちは里親に、子どもが自分の感情を調整するのを支援するスキルを身につ
けてほしいと思っています。子どもが自分の感情を理解し、それに名前を付け
ることができるようになるのを支援しようとするとき、里親は、自分自身の感情
を認識し、感情に関する語彙を発達させるスキルを身につける必要があります。

このエクササイズの目的は、里親に、子どもにとって感情を表出することがど

219

フォスタリング・チェンジ

れほど難しいかを知ってもらうことです。もう1つの目的は、里親にボディランゲージ——自分自身と子どもの両方——の重要性を認識する機会を提供することです。このエクササイズはまた、重要なポイントを押さえながら、フィードバック後の気分を楽しく明るいものにする機会となるでしょう。

● 里親に、いまからみなさんに「感情の探偵」になってもらいますと言います。
● 否定的なものから肯定的なものまで、幅広くさまざまな感情を使うようにします。このエクササイズの要点を理解してもらうためには、明白な感情と曖昧な感情の両方を使うようにするのがいいでしょう。たとえば、次のような感情を使います。幸せ、悲しい、誇りに思う、自信に満ちている、興奮している、怒っている、怖い、不安、希望に満ちている、がっかりしている、など。
● 里親にペアになってもらいます。各自に、感情を表す言葉を書いたカードを配ります。相手方には内緒にしておくように言います。
● 里親に、それぞれ自分のカードに書いてある感情を行動で表すように言います。最初は無言でやってもらいます。相手方が言葉なしではその感情を言い当てるのが難しそうに思えたときは、言葉を添えることもできますと伝えます。
● すべてのメンバーが終了したら、このエクササイズの難しかった点に焦点を当て、「大人でも感情を表出することがこれほど難しいのですから、子どもが自分の感情を表出するのがどれほど難しいかを理解していただけたことと思います」と締めくくります。

10分　委託されている子どもとのコミュニケーション：導入

スライド	8
配布物	なし
道具	なし
内容	グループに向けてファシリテーターが知識を提供

このセッションでは、耳を傾けることと反応することに焦点を当てます。このテーマの重要性を強調します。

● スライド上のポイントを見てもらいながら、必要に応じて次の点をさらに詳しく説明していきます。
  - コミュニケーションで大事なことは、子どもが何を表出しているのかを理解し、それに有効な形で対応するにはどうすればいいかを知ることです。
  - リフレクティブ・リスニングと対応は、学習し発達させることが

セッション5 コミュニケーション・スキルを使い、子どもが自分の感情を調整できるように支援する

できるスキルです。

- 私たちはさまざまな方法、さまざまなレベルで、膨大な時間をコミュニケーションに費やしています。今日のセッションの目的は、里親に、子どものコミュニケーションと里親自身のコミュニケーションの両方についてもっと意識してもらうことです。

- 里親は、子どもの日々の挑戦から喪失の経験、そして深刻なトラウマまで、さまざまな経験に対応しなければなりません。

- 社会的養護下の子どもとのコミュニケーションは、複雑なものになることがあります。まず第1に、里親は子どもの過去の経験を、そしてそれが彼らのコミュニケーションの仕方にどのように影響しているかを知らないかもしれません。子どもが里親をどのように認識するのか、そして彼らが里親を信用し信頼するかどうかは、彼らの経験した以前の関係性によるところが大きいのです。

- どのような感情が受け入れられ、また何が話し合うことができ、何がそうできないかについては、それぞれの家庭によってルールが異なります。里親は、子どもの情緒的コミュニケーション・スタイルに合わせる必要があります。また里親は、コミュニケーション・スタイルには、幅広い文化的相違があることを認識しておく必要があります。体に触れることが極めてありふれた受け入れられるコミュニケーション・スタイルである文化もあれば、そうでない文化もあります。またアイコンタクトのパターンも文化によってかなり異なっています。大人とアイコンタクトを続けることが、率直で誠実なコミュニケーションの証明であると受け止められる文化もあれば、それを、大人を敬わない無作法な態度であるとする文化もあります。

- 英語が母国語でない子どもたちは、簡単に意志を伝える言葉を持っていない場合があります。また学習障害のある子どもは、自分の経験を言葉に変換するのに大変苦労する場合があります。虐待やトラウマを経験した子どものなかには、それについて語る心の準備ができておらず、それを語ることができない子どももいます。

10分 **良い聞き方、悪い聞き方**

スライド	9
配布物	なし
道具	なし
内容	ペアでするエクササイズ

このエクササイズは、下手な聞き方とリフレクティブ・リスニングの違いを鮮明にするためのものです。また里親にリフレクティブ・リスニングにはどのよ

221

うなものが含まれるのかについて考えてもらうように援助することができます。

- PP9：スライド「話しましょう」を見てもらいながら、全員に、これは傾聴するスキルについて探求するエクササイズですと説明します。

- ペアを回りながら、片方の里親を1番に、もう1人の里親を2番に割り振っていきます。1人が話し手で、もう1人が聞き手になります。

- 1番の里親に、何か楽しかったこと、または興味を持っていることについて2分ほど話してもらいます。最近の休日のこと、娯楽のこと、本のことなど、気楽に話せることなら何でもいいと伝えます。

- 2番の里親には、聞き手になってもらいます。今回は悪い聞き手になってもらいます。彼らは話し手とのアイコンタクトを避ける必要があります。退屈してあまり興味がないように振る舞います。話し手に背を向け、部屋を見て回ったり、時計や衣服を触ったりして、相手方の言うことにほとんど興味を示していないように振る舞います。

- 2分経過したら、ファシリテーターの1人が合図を出し、役割を交代します。今度は2番の人が話をし、1番の里親が悪い聞き手になります。

- スライド上の最初の2つのフィードバック質問を取り上げ、里親にその体験についてどんな気持ちだったかを語ってもらいます。
    - 最初に話し手はどんな気分だったかを語ってもらいます。相手方が自分の言うことに耳を傾けていないとき、最初から怒りを感じ、嫌な思いをしたことでしょう。
    - 次に「下手な」聞き方が、話し手の感情とその行動にどのような影響を与えたかについて探っていきます。
    - 相手が興味を持って聞いていないことがわかったとき、話し手は話を続けることができましたか？
    - 次に聞き手はどう感じたかを発表してもらいます。というのは、その役割のとき、里親は、悪い聞き方をするのに戸惑ったかもしれないからです。

- 今度は里親に、アイコンタクトを保ち、興味を持っている表情を示しながら話し手のほうに体を傾け、注意深く傾聴することを始めてもらいます。

- 1番の里親が話をし、2番の里親が注意深く傾聴することを2分間続けてもらい、その後役割を交代します。

- スライドの最後のフィードバック質問を取り上げ、注意深く聞いてもらう経験についてのフィードバックを受けます。
    - 良い注目を受けるとどんな気分でしたかと里親に尋ねます。特にどんな点がよかったですか？　それはあなたの態度に影響しましたか？　聞き手はどんなことに気づきましたか？　と尋ねます。

セッション5　コミュニケーション・スキルを使い、子どもが自分の感情を調整できるように支援する

15分　感情を管理（マネージ）し表出する

　スライド　　10、11、12、13、14、15、16

　配 布 物　　5.2「子どもが感情を調整できるように支援する（1）」

　　　　　　　5.3「子どもが感情を調整できるように支援する（2）」

　　　　　　　5.4「子どもが感情を調整できるように支援する（3）」

　　　　　　　5.5「感情に名前を付け、正当性を認める」

　道 　 具　　なし

　内 　 容　　グループに向けてファシリテーターが知識を提供します。

ファシリテーターによるロールプレイです。

なぜ子どもは感情を適切に表出することが難しいと感じるのでしょうか？

● PP10：スライドを見てもらいながら、里親に以下の点を理解してもらいます。

　　－　社会的養護下の子どもとのコミュニケーションは複雑になることがあります。里親は子どもが過去にどのような経験をしたかを知らず、それが子どものコミュニケーションの仕方にどのように影響を与えているのかを認識していない場合があります。子どもが里親をどのように認識しているのか、そして彼らが里親を信用し信頼するかどうかは、彼らのこれまでの関係性に大きく左右されます。

　　－　英語が母国語でない子どもは、意志を簡潔に伝える言葉を持っていない場合があります。また、学習障害のある子どもは、自分の経験を言葉に変換するのに大変苦労する場合があります。虐待やトラウマを経験した子どものなかには、それについて語る心の準備ができておらず、それを語ることができない子どももいます。

　　－　心の内部にある思いと感情を人に伝える方法を学習することは、子どもが成長していくために非常に重要なスキルです。

　　－　社会的養護下の子どもは、たいていの場合、人生上の複雑な出来事や、折り合いをつけていかなくてはならない困難を多く抱えています。彼らは別離や、喪失、不確定性と闘わなければならないのです。多くの子どもが将来に対する不安や恐れを抱いており、また、過去の痛みを伴う虐待的な記憶に苦しんでいる子どももいます。里親は子どもの日々の感情の表出に対処しなければならないと同時に、今後あるかもしれない虐待やトラウマについての重大な告白にも対処しなければなりません。

　　－　社会的養護下の子どものなかには、感情について学習しそれを認識するために必要な、養育的で支援的な関係性を経験したことのない子どももいます。そのような子どもの多くは、自分の心のう

223

ちで何が起きているのか、そしてそれを人にどう伝えればいいのかを知るための語彙と理解力を持っていません。

- 里親は子どもの情緒的コミュニケーションのスタイルに同調する必要があります。また里親は、コミュニケーション・スタイルに影響を与えている幅広い文化的相違にも敏感でなければなりません。体に触れることが極めてありふれたコミュニケーション・スタイルとなっている文化もあれば、そうでない文化もあります。また、アイコンタクトのパターンも文化によってかなり異なっています。

- PP11：スライド上の要点を見てもらいながら、里親に次のことを理解してもらいます。
  - 子どもたちのなかには、自分の感情はだれにも受け止めてもらえないということ、そして養育者に対しても自分の感情を安全に打ち明け、表出することはできないということを学習してきた子どももいます。そのような状況において、子どもは自分の感情を内面化しそれを閉じ込める場合もあれば、それを外面化し行動によって示す場合もあります。

- PP12：スライド上のポイントを確認し、必要があればさらに詳しく説明します。

子どもが感情を調整できるように支援する

- PP13：スライド上の要点を見てもらいます。里親は、どうすれば肯定的感情と否定的感情の両方を他人に伝えることができるかの手本を示すことができます。そうすることによって子どもは、悲しい思いをしたり幸せな気分になったりしてもかまわないということ、そして他人を虐待したり傷つけたりすることなく、自分の感情を管理（マネージ）することができるということを学習できるようになります。これは学ぶべき重要なメッセージです。

「足場を組む（scaffolding）」という言葉については、かなり詳しく説明する必要があるかもしれません。足場を組むとは、子どもが自分の感情を表出するための道具一揃い（ツールキット）を発達させるのを支援する過程のことです。それは子どもが自分の感情を言語によって表現することができないとき、その子どものためにその感情を特定してやることから始めます。ファシリテーターであるあなたは、里親が感情を特定し、それに名前を付けることができるように支援し、自分自身の感情に名前を付けるように促します。足場を組むための第1歩について、PP14で説明しています。

セッション5　コミュニケーション・スキルを使い、子どもが自分の感情を調整できるように支援する

- PP14：子どもが自分の感情を効果的に表出することができるようになるのを支援しようとするとき、里親はまず自分自身の感情の表出の仕方について考える必要があります。スライド上の要点を見ていきます。

　判断したり、叱ったりしないこと。社会的養護下の子どもの多くは、自分に、そしてたぶん他人にも起こった悪い出来事について、いくらかは自分にも責任があると感じています。たとえば、虐待された経験を持つ子どもが、その出来事に対する責任と罪悪感を内面化し、「自分が悪い」「自分にも責任がある」と感じるのはよくあることです。そのような子どもが、自分は愛されている、自分は魅力的だと感じられるようになるためには、里親が彼らに繰り返し安心感を与え、肯定的な言葉をかける必要があります。

- 里親は子どもの感情を正当なものと認めることができますが、その意図をいつも正当と認める必要はありません。たとえば、子どもが、「今度は弟をたたいてやる！」と言ってきた場合、その子どもの怒りと不満は認めてやりますが、実際にその行動を取ろうとすることは認められないとはっきりさせることが大切です。
- 感情について話すことで、里親が子どもの感情に関心を持っており、それを重要なことと考えているということを伝えることができます。それによって会話を始めるきっかけをつかむこともできます。里親は自分の感情を声に出して手本を示すことができますし、遊びのなかで感情を会話の一部にすることもできます。
- 里親は、
    - （子どもと一緒に）本を読み、テレビを見、人形を使い、遊びを通じて、感情を日常生活の一部にすることができます。
    - 子どもが自分の感情を表出し、それを管理（マネージ）することができたことを褒めることができます。
    - 自分の感情を使って、子どもに手本を示すことができます。

感情に名前を付け、正当なものと認める——里親ができること

- PP15：子どもが自分の感情をどう表出すればいいのかがわからないとき、里親に必要なことは、その感情に名前を付けてやり、それを子どもの文脈のなかに置いてやることです。多くの場合、里親はその感情に関連した言葉を日常の会話のなかに組み入れることによって、それをすることができます。その例をスライドで示しています。
- PP16：ファシリテーター2人が、それぞれ里親の役と子どもの役をして絵本を読んでいます。里親は本のなかに出てくる感情を特定し、子どもに主役の感情について語りかけます。そして子どもに、「あなたもこんな気持ちになったことがある？」「それはどんなとき？」と尋ねます。このロールプレイは、子どもに焦点を合わせた形で、いろいろな道具を使って

225

フレンドリーに感情について話し合う手本を示すものでなければなりません。このロールプレイは2〜3分のものにします。

- 里親が悪い感情だけでなく、良い感情についても特定し話し合うことができるようにすることが大切です。
- 里親にプリント5.2、5.3、5.4、5.5を配ります。

［備考］

感情に「名前を付ける」ことによって、子どもはその感情の正当性が認められ、理解されたと感じることができるようになります。しかし、このスキルは慎重に使う必要があります。なぜなら里親は、いつもそれを正しく行うことができるとは限らないからです。里親に、子どもがいまどんな感情を持っているかについて、常に興味を持ち続けるように促しましょう。

里親は、子どもが自分の感情を特定し、それを管理（マネージ）し表出する適切な方法を見つけられるようになるのを支援する重要な役割を担っています。

感情について話し合うことによって、里親は子どもに、自分はいつもあなたの感情に関心があり、それを大切なものだと思っているということを伝えることができます。そうすることによって、コミュニケーションを開かれたものにすることができます。里親はまた、自分の感情を声に出して言ってみたり、絵本を読み聞かせしたり、一緒にテレビを見たり、人形を使ったり、遊んだりすることによって、感情を会話の一部にすることができます。

私たちは、メアリー・ビーク（Mary Beek）とギリアン・スコフィールド（Gillian Schofield）の作成したDVD：*Attachment for foster care and adoption* を使っています。これはBAAFから入手できます。それに収められているビデオクリップには、里親と子どもが『フクロウの赤ちゃん』を読みながら、フクロウの赤ちゃんの気持ち、すなわち、お母さんフクロウがどこかへ行ってしまってとても不安という気持ちについて考えているところが描かれています。これはロールプレイとは異なった方法で、里親に、さまざまな道具や手段を使って安全で押し付けがましくない方法で、子どもに感情について語りかけることができるということを示すためのものです。BAAFは、子どもがさまざまな感情を探索することができるようにするための絵本を数冊出版しています。*Nutmeg series*、*Morris and the Bundle of Worries*、*Spark Learns to Fly*、*Dennis Duckling* などがあります。

15分　**休憩**

スライド	17
配布物	なし
道具	なし
内容	ここで里親が一息つくことが大切です。

セッション 5 コミュニケーション・スキルを使い、子どもが自分の感情を調整できるように支援する

10分 子どもの話に耳を傾けるのが難しいとき

スライド	18、19
配 布 物	5.6「感情に耳を傾ける」
道 具	なし
内 容	グループに向けてファシリテーターが知識を提供

ファシリテーターによるロールプレイ

● 人の話に耳を傾けることは難しいということを導入しながら、里親に次のことを説明していきます。
  - 私たちは、自分の宗教的、文化的および個人的信念が、私たちが人の話に耳を傾け、また人に話をするその仕方に影響を及ぼしているということを自覚する必要があります。里親のなかには、強い否定的感情、たとえば、近い親類の誰かに対する敵意や怒りを表出することに居心地の悪さを感じる人もいるでしょう。また、少女や少年はどう振る舞うべきかについて特別な規範を持っている人もいるでしょう。そのような人は、よく泣いたり不安になったりする少年や、怒りを率直に表す少女の話に耳を傾け、それを支えることに違和感をもつかもしれません。
  - また耳を傾けるのがより難しいと感じる子どものストーリーもあります。それが聞き手に責任を感じさせるからです。大人である私たちは、ときに辛い痛みを伴う告白を聞くのを避けたいと思うことがあります。どう答えていいのかがわからず、不安になるからです。人の話に耳を傾けることに伴う辛く厳しい側面を認識し、それを探ることも重要なことです。

● 里親は子どもに対してうっかり間違った方法で反応することがある、ということをロールプレイで示していきます。1人のファシリテーターが、パーティーに呼ばれなかった子どもの役を演じます。もう1人のファシリテーターが里親の役を演じます。その里親は良かれと思って、中身のない言葉で子どもに対応します。その出来事を取るに足りないことと言ったり、別のことで子どもの気分を紛らわせようとしたりする対応に終始します。たとえば、子どもがパーティーに呼ばれなかったことで落胆しているとき、「**気にすることはないわよ。たいしたことじゃないんだから。私たちも楽しみましょうよ。2人でボーリングに行かない？ 心配しないで……**」といった具合に。ファシリテーターは、誤ったスキルを提示していくとき、プリント5.6を参照にすることができます。
● 里親がいかに役に立たない方法で対応することがあるかを十分に示すことができるように、数分かけてロールプレイを行います。

227

フォスタリング・チェンジ

● 里親に、これは私たちがごく普通に思いつく対応の仕方で、私たちはしばしばこのように子どもに対応しているということを強調します。子どもが困難に出会ったり、嫌な思いをしているとき、私たちはよく彼らの気分を別のことで紛らわせたり、思いつきで解決法を言ったりすることがあります。里親は悪意をもってそうするわけではなく、まったく反対に良かれと思ってそうするのです。しかしこの場合、里親は子どもの気持ちを認識できておらず、子どもにとって実際の助けにはならないのです。このような対応によって、子どもは自分の気持ちが認められず、理解もされていないと感じ、それゆえ欲求不満となり、怒るのです。

聞き手としての私たちの役割は、まず何よりも子どもの話に耳を傾け、子どもが私たちに言わなければと思っていることすべてに立ち会うことです。

里親にプリント 5.6 を配ります。里親はそれを、家に持ち帰ることができます。

● PP19：子どもの話に耳を傾けるのが難しいと感じるときは、子どもを手助けするような方法で対応することが大切です。耳を傾ける方法としてスライド上の要点を確認していきます。

－ 子どもの気持ちに寄り添うようにします。

－ 自分が間違ったことを言うのではないかと心配なときは、ただ静かに注意深く子どもの言うことに耳を傾けるだけでいいのです。耳を傾けることは、それ自体が力強い対応です。

－ 子どもが黙ってしまったときは、ゆっくりと進めてください！子どもは話したくないのかもしれません。思いと感情があまりにも痛みを伴うものなので、その子どもは自分を閉ざし、それを切り離したのかもしれません。混乱しているのかもしれませんし、圧倒されて いるのかもしれません。

－ 力付くで物事を推し進めようとしないでください。子どものペースに合わせてください。子どもは、準備ができたら話し出すでしょう。

－ 急いで解決策を探そうとしないでください。大人はときどき問題を「固定する」ことがあります。しかし、もっと重要なことは、子どもの辛い思いに耳を傾け、立ち会い、それを包み込むことです。それは子どもが自分の出来事や感情について初めて話すことができた機会かもしれません。里親が耳を傾けてやることによって、子どもはその経験を自分についての理解と自分についてのライフストーリーのなかに統合することができるのです。

　－ 誠実に対応してください。私たちは、嘘の約束、たとえば、「もちろんそうよ、すぐにお家のママのところに戻れるわよ！」

セッション5　コミュニケーション・スキルを使い、子どもが自分の感情を調整できるように支援する

などと言って、子どもを安心させたいという誘惑に駆られること
があります。しかし、それは子どもを欺くことになり、最終的に
信頼を損ねてしまいます。子どもの質問にどう答えればいいのか
がわからないときは、あくまでも誠実に対応します。

- 適切と思える場合は、子どもに触れます。子どもの感情があまり
にも痛々しくて言葉が見つからないとき、子どもに触れることに
よって、思いやり、心配、理解を伝えることができます。

- 子どもが話すのが辛そうだったら、彼らが自分を表出できる他の
方法を探してください。絵を描く、人形を使う、ままごとをする
など何でもかまいません（分離、トラウマ、喪失などの問題を扱っ
た子ども向けの物語がたくさんあります。BAAFからもたくさん出版
されています）。

10分　感情に名前を付ける

スライド	20
配 布 物	5.7「感情に名前を付ける」
道　　具	なし
内　　容	グループ全体でのエクササイズ

- PP20：プリント5.7を配ります。里親にどれか1つの文章を選んでもらい、
そのとき子どもがどんな気持ちかを考えてもらいます。エクササイズの最
初に手本を示すために、ファシリテーターは（プリントとは）別の例を使
うことができます。

可能ならその例は、これまでのセッションであなたが知っている、グルー
プのメンバーの子どもが実際に取った行動をもとに作り上げてもいいでしょ
う。たとえば、キャラは、実の母親が面会に来られないと告げられたと
き、怒って壁に落書きをしました、という具合に。そのとき里親は、「**あ
なたはママが面会をキャンセルしたことを本当に怒って、がっかりしてい
るようね**」と言うことができるでしょう。

- 数分時間を取って、じっくり考えてもらいます。
- 里親にどの文章を選んだかを言ってもらい、その行動の記述から考えら
れる子どもの感情を答えてもらいます。

このエクササイズをとても難しいと感じるグループもあります。そんなと
きは、ファシリテーターの2人が最初にこのエクササイズをやって見せる
といいでしょう。苦労している里親がいるときは、グループ全体に「誰か
手助けしてあげることができる人はいませんか」と尋ねるといいでしょう。

229

フォスタリング・チェンジ

- ファシリテーターは、できる限り里親を手助けし、励ましましょう。そして里親が文章を完成させることができたときは、称賛しましょう。里親に興味を持って取り組むことを思い出してもらいましょう。積極的に取り組み、立派にこのエクササイズができたことを称賛し、里親に美しいカラーシールを渡します。

- 自分が回答する番を終えた里親すべてに、その努力に対してカラーシールを渡します。

このスキルは必ずしも自然にできるようになるものではありません。多大な努力と集中力が要求されます。そのため、里親の努力を称賛してこのエクササイズを締めくくりましょう。

[備考]

子どもが言葉で、あるいは言葉以外の方法で伝えようとしていることに耳を傾けるとき、そして子どもが言わんとしていることであなたが理解したことを優しく子どもにフィードバックするとき、里親はアテンディングのスキルを使うことができます。幼い子どもが自分の感情を理解し、それを表出するのに困難を感じているとき、里親はその子どもの感情をしっかりと受け止め、名前を付けてやることが大切です。子どもは物の名前を覚えるときとほとんど同様の方法で、感情を表す言葉を学習する必要があります。里親は次のように語りかけることができます。「ピートが今日遊びに来られなくて、あなたは本当に悲しそうね」「先に宿題をしなさい、と私に言われたので、あなたは私に怒っているみたいね」など。子どもにいまどんな気持ちなのかと質問する代わりに、子どもに寄り添い、観察したままを言葉にするといいでしょう。アテンディングの遊びと同様に、このような形で子どもの話を聞くことによって、侵入的でなく、子どもの示す手がかりやリードに敏感に反応することができます。しかし、これをするためにはかなり敏感性を研ぎ澄ましておく必要があります。なぜなら、里親はいつも子どもの感情の状態を正確に解釈できるとは限らないからです。

5分　思いつくこと：良い聞き手の資質

スライド	21
配布物	なし
道具	フリップチャート、マジックインク
内容	グループ全体で思いついたことを発表

- PP21：前のエクササイズを出発点にしながら、里親に、良い、思いやりのある聞き方の特徴を挙げてもらいます。

- 里親の意見をフリップチャートに書いていきます。

- 討論を導いていくために質問を使うこともできます。たとえば、「子どもに自分は真剣に話を聞いていることを伝えるために、どのようにする、あ

セッション5 コミュニケーション・スキルを使い、子どもが自分の感情を調整できるように支援する

るいは言う必要がありますか？」と質問します。

討論のなかで出なかった場合は、以下のような点を付け加えることができます。

- いましていることをやめ、子どもに注目します。
- 何らかの形でアイコンタクトを維持します。
- 自分の声の調子、表情、姿勢に注意します――それらは押し付けがましくなく、関心と温かさを子どもに伝えることができるものでなければなりません。
- 子どもの話をさえぎらず、子どもが言いたいと思っていることを最後まで言わせるようにします。
- 子どもが言わんとしている内容だけではなく、伝えたいと思っている気持ちも聞き取るようにします。
- 関心があることを示すために、また、明確に理解するために、質問をします。
- 子どもが言わんとしている、あるいは感じているとあなたが理解したことを、子どもにフィードバックします。
- 子どもの視点で出来事を見るようにします。
- 子どもが言いたいことをすべて言い、話し続けることができるように励まします。

10分 リフレクティブ・リスニングというスキル

スライド	22、23
配布物	なし
道具	なし
内容	グループに向けてファシリテーターが知識を提供し、全体で討論します。

- PP22：リフレクティブ・リスニングというスキルの特徴を要約したスライド上のポイントを見ていきます。
- PP23：リフレクティブ・リスニングとは、子どもに、スライドで示しているような利点を与える特別なスタイルの聞き方であることを説明します。リフレクティブ・リスニングがどのように子どもを支援するかの要約としてスライド上の要点を押さえていきます。

[備考]

子どもが自分の思い、感情、過去の出来事を打ち明け、伝えることができるようになるためには、里親の側からの質の高い注目が必要です。

フォスタリング・チェンジ

> リスニングの中心は、子どもが言っていることの内容を聞き取るということですが、それと同時に、言葉以外の方法で子どもが伝えようとしていることを観察し解釈することが必要です。
>
> 感情の表出を敏感に受け止めるということが、良い聞き方の不可欠の要素です。
>
> 子どもは自分の感情を必ずしもすべて言葉にできるわけではありません。子どもは混乱したり、気持ちが高ぶったり、感情を自覚していなかったりすることがあります。
>
> 里親は、子どもが態度や行動を通して伝えるメッセージに敏感でなければなりません。

質問の仕方
10分

スライド　24、25
配布物　5.8「質問の仕方」
道　具　なし
内　容　グループに向けてファシリテーターが知識を提供し、全体で討論します。

● 里親に、質問をすることは重要な基本的スキルであるということを説明します。それによって私たちは情報を得ることができ、会話を促進させることができます。どのように質問するのが最も効果的かをしばらく考えてもらいます。次のような点を押さえておきます。

　　－ 質問をすることによって、里親は子どもに、自分はあなたのことに関心があるというメッセージを伝えることができます。

　　－ 里親の質問の仕方が、子どもの答え方に影響を与えます。時に質問が子どもに脅威を与え、子どもが話をするのを抑制することがあります。多くの子どもが、「今日学校で何をした？」という質問を受けたとき、あまり言うことを思いつきません。それよりも、もっと具体的なことを聞くほうがいいでしょう。「今日の国語の**時間、どんなことをしたの？**」「**休み時間、どんなことをして遊んだ？**」という具合に。

● PP24：避けるべき質問を見てもらいながら、次のような質問を避けることがなぜ良いのかを説明していきます。

　　－ 「なぜ？」という質問は避けるようにします。なぜなら、それは非生産的だからです。子どもは「なぜ？」と聞かれても、ほとんどの場合、何と答えたらよいのかわかりません。そのような質問をされると、子どもは何か責められているようでプレッシャーを感じてしまいます。

　　－ 「はい」「いいえ」で答える形式の質問は避けるようにします。なぜなら、それは会話の流れをせき止める傾向があるからです。

232

セッション5　コミュニケーション・スキルを使い、子どもが自分の感情を調整できるように支援する

　　　　　　　　－　誘導的質問は避けるようにします。それは特定の答えを示唆し、子どもが本当に考え感じていることを口に出すのを妨げるからです。たとえば、「楽しかった？」と聞かれたとき、子どもはその期待に反して「いいえ！」と答えるのをとても難しく感じます。

● PP25：スライドを見てもらいながら、子どもが自分自身を表出するのを可能にする良い質問の仕方があるということを説明します。

　　　　　　　　－　自由回答式の質問（オープン・クエスチョン）は子どもが自分を表出するのを促します。「**次にどうなったの？**」「**ネットボールの試合について教えて？**」「**叔母さんと会って、どうだった？**」という形の質問です。

　　　　　　　　－　時に、ある型にはめて質問をするのが有効な場合があります。たとえば、何事も否定的に、自分を卑下するように見てしまう子どもに対しては、肯定的な答えが返ってくるような質問をするといいでしょう。たとえば、「**今日一番良かった出来事は何？**」「**この物語で一番楽しかったのはどのあたり？**」など。

　　　　　　　　－　質問を一切しないことが最善の場合もあります。子どもに向けて描写的なコメントをすることによって、子どもをあまり緊張させずに会話を始めていくきっかけになることがあります。「今日の面会訪問はどうだった？」と聞く代わりに、「**面会から帰って来たのね**」と言って、子どものほうから答えがあるかどうかを見るためにしばらく待ちます。ある気分や感情が観察できたときは、それをコメントします。「**なんだか悲しそうね**」「**なんだか楽しそうね！**」という具合に。

15分　**聞くスキルの練習**
・・・

スライド　26、27

配布物　5.9「リフレクティブ・リスニングのシナリオ」、5.10「リフレクティブ・リスニング」

道　具　なし

内　容　ファシリテーターがロールプレイをします。

続いて里親がロールプレイをします。

● PP26：ファシリテーターが、「子どもの話に耳を傾けるのが難しいとき」と同じシナリオを使ってロールプレイを行います。

1人のファシリテーターが、パーティーに呼ばれなかった子どもの役を演じます。もう1人が里親の役です。

233

フォスタリング・チェンジ

今回、里親はリフレクティブ・リスニングのスキルを使います。

- 里親とともに、今回のロールプレイと前回見てもらったロールプレイとどこがどのように違うかを討論します。
- 里親にプリント 5.9 を配ります。
- 里親にペアを組んでもらいます。1 人が子ども役で、もう 1 人が里親役です。各ペアの子ども役の人に、シナリオの 1 つを渡し、太字の部分だけを声に出して読んでもらいます。
- このロールプレイでは、子ども役の人は言葉ではない方法で自分の感情を伝える必要があります。里親役の人の課題は、子どもが心を開き、感情や経験を打ち明け共有できるよう、子どもの出す手がかりに反応できるかどうかです。このロールプレイに少なくとも 5 分使います。

里親が苦労しているようでしたら、手助けする準備をします。里親に、自由回答式の質問をするように、描写的なコメントをするように、感情に名前を付けるように、感情を認めるように、あるいは子どもに触れるようになど促すことができます。

- PP27：フィードバックを受けます。子ども役の人はどんな気持ちでしたか？　自分の経験を話すことはできましたか？　里親がしたり言ったりしてくれたことは役に立ちましたか？　それとは違ったやり方があったと思いますか？　里親役の人はどんな気持ちでしたか？　それは簡単でしたか？　それとも難しかったですか？　このフィードバックに少なくとも 5 分使います。
- 里親にプリント 5.10 を配ります。

5分 **家庭での実践：リフレクティブ・リスニングおよび感情に名前を付ける**

スライド	28
配布物	5.11「家庭での実践：リフレクティブ・リスニング」
道具	なし
内容	家庭での実践についての討論です。

- PP28：今週の家庭での実践は 2 部構成になっています。リフレクティブ・リスニングと感情に名前を付けることです。
- 里親にプリント 5.11 を配ります。「子どもと話をする機会を探し、リフレクティブ・リスニングを実践し、感情に名前を付けることをしてみてください」と里親を励まします。肩ひじを張らないお喋りでも、深刻な会話でもどちらでも可能です。里親は家庭での実践をプリント 5.11 に記録します。

セッション5　コミュニケーション・スキルを使い、子どもが自分の感情を調整できるように支援する

里親の質問に答え、子どもに対するアテンディングをできる限り頻繁に続けるように励まします。そうしながら、子どもの感情に名前を付け、それを子どもにフィードバックするように促します。

もしコースのこの時点でハーフターム［訳注：英国の学校の学期中の中間休暇］になったら、里親に次週は休み前の最後のセッションになることを伝えます。

5分　**セッション評価**
・・・

スライド　　29
配 布 物　　セッション5評価用紙
道 具　　なし
内 容　　里親に評価を完了してもらうようにします。

5分　**クロージング・ラウンド：今日気がついたこと**
・・・

スライド　　30、31
配 布 物　　なし
道 具　　なし
内 容　　● PP30：里親1人ひとりに、今日のセッションで特に興味を持ったこと、または役に立つと思ったことを1つ発表してもらいます。
　　　　　　● PP31：里親が積極的に参加し、熱心に取り組んでくれたおかげでセッションを最後まで終えることができたことに感謝します。

6　評　価

ファシリテーターのためのセッション後評価

ファシリテーター同士が2人で向き合って、今日グループはどうだったかを話し合い検討する時間を持つことがとても大切です。あなたは何を話し合いたいかについて自分の考えを持っていることでしょう。以下の点について検討したいと考えていることでしょう。

● 何がうまくいったと思いますか？
● もっと別の方法があったのではと思うことがありましたか？
● 内容をすべて扱うことができましたか？
● 里親の評価用紙を見てください——拾い上げるべきメッセージはありませんか？

235

フォスタリング・チェンジ

- 個人個人について、あるいはメンバー全体について、何か観察できたことはありませんか？
- 会場、備品、軽食について問題はありませんでしたか？
- 何か気がかりなことはありませんか？　もしあったなら（次回から）どのようにしますか？
- セッションを欠席した里親がいたなら、電話で連絡し、お知らせやプリントとともに、セッションの内容の概略を送りましょう。

フィデリティー・チェックリスト

□時間通りに始め、終わることができましたか？
□養育、肯定的アプローチの手本となることができましたか？
□里親の見方や考え方を認めることができましたか？
□里親の経験を尊重しましたか？
□里親のフィードバックを称賛しましたか？
□参加者全員が話す機会を持てましたか？

□コミュニケーションについての考えと、エクササイズを扱うことができましたか？
□子どもが感情を調整できるようになるのを支援することについて扱うことができましたか？
□子どもの話に耳を傾けるのが難しいときの対応について、そしてリフレクティブ・リスニングについて扱うことができましたか？
□内容を削除してしまったり，扱うことができなかったりしたことはありませんでしたか？

□「グループワークのきまり」を掲示しましたか？
□「里親の家族構成図」を作成し掲示しましたか？
□参加者全員が家庭での実践を持ち帰りましたか？

□里親が会場に到着したときおよび休憩時間に、軽い飲み物やお菓子を出しましたか？
□里親が先に飲み物やお菓子を口にするようにしましたか？

（次のことも）チェックしましょう

組織上／技術上の問題が何か起きて、それに対処した。
里親からの評価用紙を読み、問題があった場合は、それについて今後どう対処していくか決めた。
欠席者に連絡を取り、配布資料を送付した。
里親について何か気がかりな点を見つけ、もしあった場合、それにどう対処していくか計画した。

236

セッション **6**

子どもの学習を支援する

子どもの学習を支援する

ファシリテーターが知っておくべきこと

1 基礎となる理論的内容
社会的養護下の子どもの教育状況 および読書や宿題の支援
里親自身の思考、感情の管理（マネージ）の支援

2 グループワークを効果的にファシリテートする
セッション6の準備
ファシリテーターのねらいと目標
セッション6を成功させる秘訣

3 必要な機材および備品

4 セッション6の概要

5 セッション6の流れ

6 評 価
ファシリテーターのためのセッション後評価
フィデリティー・チェックリスト

ファシリテーターが
知っておくべきこと

1 基礎となる理論的内容

このセッションでは特に、里親が委託されている子どもの学業を支援するときに必要な方法に焦点を合わせていきます。そのためまず最初に、子どもの学校での経験についての感情と願望に目を向けていきます。そして、教育という面で社会的養護下の子どもを支援するのに私たちがどれほど失敗してきたかを示す統計を見ていきます。次に、これまで否定的経験しかしてこなかった子どもに対して、里親はどうすれば学校と家庭の両方の学習を支える適正な環境と方法を提供することができるかについて考えていきます。教育は私たちすべての心のうちに、複雑で扱いの難しい相反する感情を生起させます。そのためにはまず、里親が自分自身の思考と感情を管理（マネージ）することができるようになるための枠組みを提供することにします。また、このセッションで私たちは、里親が思考、感情、行動の間の関係を理解することができるように、認知行動理論のいくつかの概念から引き出された1つの方略を紹介します。里親はいつでも、どうすれば子どもの否定的で自己卑下的な思考パターンを、より肯定的で、自信の持てる思考パターンに変えることができるかを考えなければなりません。そうすることによって里親は、養育のなかで子どもに対して肯定的に自信を持って対応することができるようになります。

社会的養護下の子どもの教育状況[*]

> 委託されている子どものアウトカムを改善するためには、第1級の教育を手に入れることが重要です。それは彼らの人生を通したアウトカムを改善するための基礎となるものです。
>
> （CARE MATTERS: TIME FOR CHANGE WHITE PAPER, DfES, 2007）

1997年以降、委託されている子どもの教育の改善が政策の優先事項となっていま

---

[*]教育に関連する資料の多くは、BAAF の Fostering Education Project（*Supporting Children's Learning*, Pallett *et al.*, 2010 を参照）に基づき、また、それから入手しています。Fostering Changes Programme のこの側面の発展に対する BAAF の支援に心から感謝いたします。

す。それは *Care Matters* において再び強調され、政府は社会的養護下の子どもの教育的アウトカムを改善する重要な政策の1つとして、教育に関連して里親を支援し訓練することを掲げました。スコットランドでも同様のことが強調され、それは *Learning to care*（Scottish Funding Council and NHS Education for Scotland, 2008）のなかに記述されています。社会的養護下の子どもの学業成績は、そうでない子どもにくらべかなり劣っています。彼らはその置かれている養育状況のせいで、制度的および個人的レベルで数倍も不利な状況に置かれ、差別を受けています（Jackson and Thomas, 1999）。委託されている子どもの教育は、安定した養育の欠如、家庭での支援の欠如、高い退学率、そして、他の子どもにくらべ高い割合で特別支援教育（SEN）を受けているという事実によって、しばしば中断させられています（DCSF, 2009）。

社会的養護下の子どもの教育に関連する統計は、非常に厳しい数字を示しており、彼らの養育に関係するすべての改善目標のなかでも非常に低い成果しか出せていないことが裏付けられています。イングランドでは、子ども全体で見ると、その3パーセントが特別支援教育を受けていますが、社会的養護下の子どものなかで見ると、その数字は28パーセントにも達しています（DCSF, 2009）。同様の傾向はスコットランドでも見られます。全体の子どもの99パーセントが、1つ以上のGCSE（中等教育修了資格試験）またはGNVQ（職業資格）を取得していますが、社会的養護下の子どもでは、その割合は66パーセントにすぎません（DCSF, 2009）。この数字は、1年間を通して安定した委託の下にある子どもを対象にしたものですから、不安定な委託の下にある子どもの場合はもっと低い数字になっているはずです。一方、優秀と認められる生徒集団のなかに、社会的養護下の子どもはほとんど顔を見せていません（DfES, 2007）。このように、子どもに対して教育的成果を挙げることができていないという事実は、子どものその後の人生における雇用や向社会的行動といったアウトカムの面にも影響を及ぼしています。社会的養護下の子どもの16パーセントが、卒業後未就職のままであり、ケアリーバー（18歳までに社会的養護を終了した人）の30パーセントが、教育、雇用、訓練のどの機関にも属していません（DfES, 2007）。また、刑事責任を問われる年齢になってからは、社会的養護経験のある青年は、そうでない青年にくらべ、警告を受けたり起訴されたりする割合は2倍に上っています（DCSF, 2009）。

専門家や里親にとって必要なことは、若者が自らの教育的経験について語っていることに耳を傾け、理解することです。しばしば誤った推測がなされ、それが彼らの教育的環境を否定的で、非支援的なものにしています。委託されている若者も、他の子どもと同じ希望と大志を抱いています。彼らは自分たちの肯定的属性を理解し、自分たちに対して肯定的で現実的な期待、特に教育的および学業成績での期待を寄せてくれる養育を必要としています（Jackson, 2006）。これは社会的養護下の子どものレジリエンスと保護的要素の促進にとって重要な構成部分です。私たちが委託されている子どもに対して抱く大きな希望は、普通の親が自分の子どもに対して抱く

それとまったく変わらないものなのです（*Care Matters*, DfES, 2007）。

これまでのセッションで私たちは、子どもが自分の情動状態を調整する能力——それを私たちは、感情調整または自己調整と呼んできました——を強化促進するための基礎となるスキルを提供してきました。「自己調整（self-regulation）」という言葉はまた、教育の文脈においては、子どもが教室のなかで適切に振る舞うために必要なさまざまなスキルについて述べるために使われています。この文脈において「自己調整」は、学習および良好な学業成績と正の相関関係を持つ情緒的、社会的および認知的スキル——たとえば、自主的に学習し、目の前の課題に集中し、グループ活動に参加し、衝動的および破壊的行動を慎む——を表す言葉として使われています（Duncan *et al.*, 2007; Duckworth *et al.*, 2009）。感情的状態を調整する子どもの能力は、明らかに、ここで使われているような幅広い自己調整の構造と関係しています。そのため今後は正確を期して、「自己調整」という言葉を、教室におけるこうした幅広いスキルを表すものとして使い、感情喚起の適正なレベルを維持するために必要なスキルについて考える場合は、「感情調整」という言葉を使うことにします。

特別な教育的ニーズ

社会的養護下の子どもが高い割合で特別な教育的ニーズを有するという事実を考えるならば、ファシリテーターが教育制度について全面的な知識と理解を有していることが重要です。ファシリテーターは、里親がその養育している子どもに必要な追加的な特別なニーズを特定し、それによってその子どもの権利を擁護するのを支援することができなければなりません。教育制度は、里親にとってはあまりなじみのない用語が多く出てくる複雑なものです。セッション7で、里親が他の専門家とコミュニケーションを取るのを支援するための戦略について見ていきます。そのためこのセッションでは、特別な教育的ニーズに対応するシステムで用いられるいくつかの用語とプロセスを理解するための簡単な手引きを提供するだけにとどめます。

特別な教育的ニーズを有する子どもの大半が、通常の学校に通うことが可能です。しかし、社会的養護下の子どもの親としての責任（parental responsibility）の問題が複雑になっている場合があります。なぜなら、それが地方自治体に属していることもあれば、地方自治体と里親の間で共有されている場合もあるからです。こうした事情のため、教育制度は里親にとってわかりにくいものになっており、里親がそのなかで自由に活動することを難しくしています。しばしば教師は、子どもに問題行動が生じたとき、里親に直接面会し、その子どもを退学させることを承認するよう求めます。その一方で、里親はその子どもの個別教育計画については何の相談も受けないことがあります。里親には親としての責任がないという理由からです。

学校のなかにも社会サービス機関のなかにも、社会的養護下の子ども、特に特別な教育的ニーズ（スコットランドの用語では追加的支援ニーズ）を有する子どもを効果的に支援するための枠組みが存在します。学校のなかには、スクールアクション・

プラスから始まるいくつかの段階からなるアセスメントプロセスが存在していま
す。そこで中心的な役割を果たすのが、特別な教育的ニーズ・コーディネーター
(Special Education Needs Co-Ordinator: SENCO) と呼ばれる人たちです。公立学校の
すべてに SENCO が配置されています。スクールアクション・プラスでは子どもの
学習を前進させることができないと判断されたときは、地方自治体の教育委員会は、
その子どもの特別なニーズについて一定の評価を実施します。そして社会サービス
機関は、このプロセスについて報告を受けます。ここで重要なことは、里親もこの
プロセスについて相談を受けるように促されるべきであり、それに関与すべきであ
るということです。そうでなければ、その子どもについての里親の見方や、里親し
か知らない最も重要な子どもの日々の行動の様子が見過ごされてしまう可能性があ
るからです。

2008 年児童青少年法以来、すべての学校には社会的養護下に置かれた子どものた
めの特別教員が配属されることが法的に義務付けられました。通常は SENCO がそ
の任に当たります。スコットランドでは、社会的養護下の子どもを担当する教員は、
特任上級主事 (Designated Senior Manager) と呼ばれます。こうした教員は、子ど
もの個別教育計画 (Personal Education Plan: PEP) をコーディネートし作成する責
任を有しています。PEP の作成は、イングランドとウェールズの義務教育の下に
あるすべての社会的養護下の子ども―― 5 歳から 16 歳まで、また保育園や幼稚園
に入園している場合は 3 歳――のための法的義務とされています。PEP は子ども
のこれまでの経過の概略を示し、短期および長期の目標を定めますが、6 カ月ごと
に審査を受けます。スコットランドでは、追加的支援ニーズのある子どものために、
支援コーディネート計画 (Co-ordinated Support Plan: CSP) が作成されます。里親は、
子どものための適切な支援が実行されるように、子どもの計画作成に関与し、会議
に出席し、特任教員と連携を取る必要があります。またソーシャルワーカーは、す
べての社会的養護下に置かれた子どもがこうしたプランを持てるようにする責任が
あります。地方自治体のなかには、社会的養護下の子どものための特別教育アドバ
イザーを置いているところもあります。その任務は子どもが追加的な教育資源を得
られるよう、また権利が擁護されるように支援することです。

養育者が子どもの読書を支援することの重要性

読書を重視することが重要です。いくつかの実証的研究が、良好なアタッチメント
と読書、そして学業成績の間にはつながりがあることを示しています。そのつな
がりが生じる機序は、子どもと養育者が経験を共有する喜び、そして不安定なア
タッチメントとは対照的な安定したアタッチメントによって、しつけや注目の再
方向付け（リダイレクション）が少なくて済むということにあるようです (Bus and
van IJzendoorn, 1988; Bus et al., 1995)。それゆえ、子どもと養育者の関係の質こそ
が、良い読書および良い読書習慣を強化する中心になると言うことができます。実
際、養育者と一緒にいることに安心を感じる子どもは、新しい概念を探索し、新
しいことに挑戦する能力が高いことが知られています (Sroufe, 1983; Sroufe et al.,

セッション6　子どもの学習を支援する

1983)。そしてそのような子どもは、難しい課題に直面したときは、養育者が自分を助けるためにそこにいてくれるという期待を多く持っていることが知られています（Bretherton, et al., 1979）。努力している最中に励まされる子どもは、社会的な面でも学業の面でも良い実績を上げています。読書は重要な生活スキルです。私たちは道路標識を読み、理解し、買い物に行き、パスポートや運転免許証を申請することができなければなりません。読書スキルの劣る人は、そうでない人にくらべ、雇用や生活の機会、アウトカムの面で、かなり不利な状態に置かれます。

子どもと養育者が一緒に読書することは、親密で価値のあるアクティビティです。それは単に学習のための機会をもたらすだけでなく、感情や出来事、考えを安全で思いやりのある空間で話し合う機会をもたらします。たとえば、子どもに彼らの特定の人生の状況について理解させようとするとき、直接その問題について子どもと話し合うよりも、その前に、物語に出てくる第三者を通じてそれを理解させるほうがはるかに容易です。私たち大人は多くの場合、子どもに、正しく読みなさいとか、「良書」を読みなさいといった指示を出したくなります。そして子どもがしている努力や示している興味に注目するのではなく、彼らがしている過ちに注目し、それを叱る傾向があります。このセッションでは、子どもが読書の喜びを発達させるのを促進する環境を養育者が創造することの重要性を強調していきます。私たちは里親に、子どもと一緒に読書する時間を定期的にとるように勧め、自分自身が読書している姿を子どもに見せ、家中にたくさんの読む素材を置いておくように促します。私たちは、子どもが読書の時間を有意義で、勇気づけられ、楽しむことのできる時間として経験してくれることを望んでいます。

子どもの学習を全般的に支援する養育者の役割

里親は、委託されている子どもの教育的経験のあらゆる側面を支援するという重要な役割を担っており、それを忍耐強く果たし続けていかなければなりません。里親が、子どもの学校行事や興味、宿題に関心を持ち、それに実際に参加するならば、子どもの教育的経験と成績は飛躍的に違ったものとなるでしょう。教育を支援するということは、ただ単に子どもを毎日学校に送り出すということ以上のことを養育者に要求します。また、養育者は課外活動や余暇活動の重要性を認識する必要があります。そのような活動は「**価値観や大きな希望を持つことを子どもに教え、学業を向上させる中核となる、より広い内面的および社会的スキルの発達を支援する**」（DfES, 2007）ことにきわめて重要な役割を果たします。社会的養護下の子どもは、同年代の他の子どもたちと同じように文化、芸術、スポーツ、レジャーにアクセスする権利を持っています。

子どもが毎日きちんと宿題をするのを支援することが非常に重要です。養育者は子どもが学習するのを可能にする、やる気の出てくる環境を用意し管理していくことが必要です。子どもは間違うことができるということが重要なのです。里親は、社会的養護下の子どもの多くはこれまでの経験のせいで低い自尊心しか持てないとい

243

う事実を認識し、それを考慮したうえで、学習環境を整える必要があります。子ども
もの低い自尊心が、宿題などの課題に取り組み、それを最後までやり通す彼らの能
力に影を落としているのです。子どもは間違うことによって、自分はダメな子ども
でいつも失敗ばかりしていて、何の希望もないという感情が強化される場合があ
ります。養育者は子どもへの批判を最低限に抑え、子どもを最大限に支援し、褒め、
励ますことを通じて、こうした子どもの感情を変化させていくことができる他には
ない特別な立場にいます。それを継続することによって、子どもは学習の喜び、自
信、達成感を感じることができるようになります。このセッションでは里親に委託
されている子どもの学習に目を向け、それを支援する新しい方法を提示することか
ら始めます。その後のセッションで私たちは、里親とともに引き続き、学習と社
会的環境の両方で子どもを支えることができる子ども自身の認知スキル、たとえば、
問題解決スキルをどうすれば発達させることができるかを探っていきます。社会的
養護下の子どもは、低い社会経済的グループ出身の子どもと同様、先に特定したさ
まざまなストレッサーによって、肯定的自己調整スキルを発達させる能力という面
で不利な立場にあります。しかし実証的研究によって、このような子どもたちもそ
ういったスキルを発達させ、利益を得る能力を有しているということが証明されて
います（Duckworth *et al.*, 2009）。里親は子どもの自己調整と問題解決能力の発達を
促進させることのできる最も良い立場にあるのです。

さまざまな学習スタイル

子どもはみんなそれぞれ好みの学習スタイルを持っているということを、里親が理
解することが重要です。私たちは子どもの学習スタイルを里親とともに探っていく
ために、それを聴覚的、視覚的、運動感覚的という範疇に分けています。視覚的学
習者は、見ることを通して学習し、多くの場合、絵や表、また、それらの前に書か
れてある言葉から情報を吸収するのがわかりやすいと感じます。聴覚的学習者は、
言葉を聞き、事物を語ることを通じて最もよく学習します。運動感覚的または触覚
的学習者は、活動的で現場主義的な学習を好み、たぶん2つのことを同時に、たと
えば、落書きなどをしながら学習するのを好みます。この学習スタイルは、推察通
り、長い時間静かに座って勉強するのが苦手な子どもに多く見られます。

学習スタイルはこのような3つのタイプにグループ分けでき、また、私たちはだれ
でも好みの学習スタイルを持っていますが、実際には私たちはみな、これらを組み
合わせた学習方略を用いており、ある課題にはこの学習スタイルを、別の課題には
別の学習スタイルを使うという具合に、それらを使い分けています。これは、人の
学習スタイルは非常に多様であることを意味しています。ここで最も重要なことは、
子どもが新しい課題を学習するのを支援しようとするとき、その子どもはそれを支
援しようとする人とまったく同じ方法で学習するわけではないということを認識し
ておくことです。里親は子どもはさまざまな方法で学習するということについて柔
軟な考えを持っておく必要があり、どの学習スタイルがその子どもに最適なのかを
見極める必要があります。私たちは里親に、自分の子どもはどのようにして学ぶの

が好きかを考えてもらうためのクイズを出します。そして里親に、その考えを実際に自分が養育している子どもを支援するために適用してもらいます。

思考と感情を管理（マネージ）する：
里親が困難な状況に対処するための方略を発達させることを支援する

養育者は、子どもを養育することで不可避的にさまざまな感情を喚起させられます。そのなかには、怒り、悲しみ、抑うつ、欲求不満、ストレス、不安などの不快な感情も含まれます。こうした扱いが難しい感情も、人生の一部であり、通常少しであれば、対処し、許容することもできます。しかしある限界を超えると、それは苦悩となり、養育している子どもについての考え方、対応の仕方に有害な影響を与えることがあります。このセッションでは、認知行動療法（Cognitive Behavioural Therapy: CBT）モデルの考え方のいくつかを取り上げ、それを活用して、里親が子どもの教育に取り組むときに遭遇するさまざまな問題を解決する方法を考えるのを支援します。認知行動療法の利点の1つは、それが今ここ（here and now）の問題を扱うものであり、困難な状況に対処する実践的な方法を提示するということです。認知行動療法は、最も単純な形では、問題となる出来事や困難な状況に焦点を当て、それを小さな構成部分に分割し、たとえば、その出来事に続く思考、感情、身体的感覚、行動について、それぞれ別々に考えるように促します。そうすることによって、出来事の否定的影響によって圧倒されそうになる感情に立ち向かい、出来事の個々の構成部分について冷静に考えることができるようにします。そうすることによって、それらの構成部分について、長い目で見るとより有効な別の解釈を考えられるようにします。

もちろん、このプログラムのコースには、認知行動療法の原理について広範囲に里親に理解してもらう余裕はありませんが、困難な状況が生じたとき、里親がそれについてこれまでとは違うより有効な形で対処する方法について考えることができるように、いくつかの使いやすい単純な道具を提供したいと考えています。そうすることによって里親に、問題を解決するときに活用できる特別な道具を提供したいと思います。

ではここで、状況に対する私たちの考えや知覚が、どのように私たちの感じ方に影響を与えるかを探るために例を挙げてみましょう。

ビリーは、長い間教師に対して無作法な振る舞いを続けていましたが、またしても教師に悪態をつき、退学を命じられてしまいました。

この状況に対して彼の里親が感じると思われる3つの感じ方を挙げてみます。

1 里親はうんざりし、怒り、敵意さえ抱きます。彼女は次のように考えているのかもしれません。

「ビリーにはお手上げよ！ 彼って本当に無作法で、行儀が悪いんだから。彼が学校に行かないんだったら、もうこれ以上この家においておく自信がないわ」。このような心理状態では、この里親は、ビリーを非難し、長々と小言を言い、叱りつけることによって、彼女の欲求不満を晴らそうとするでしょう。

2　この状況に対するもう1つのありそうな反応は、落胆し、自信をなくすことです。里親はこう考えているかもしれません。「ビリーは一度も私が頼んだ通りに振る舞ったことがない。私はこれ以上彼に対応できるかどうかわからない。私は全然彼を管理できていない。私はダメな里親ね。たぶん彼はもっと強い権限を行使できる人と暮らすべきだわ」。このような心理状態では、この里親はビリーのことを嘆き、彼に向かって愚痴をこぼすでしょう。彼女がビリーに対して堂々とはっきりした態度で臨み、何らかの結果を出すことは望めそうにありません。

3　しかし、この状況に対するもう1つ別の対応があります。次のようにも考えられるかもしれません。「ビリーは明らかに学校に行くのを嫌がっているわ。彼の話をよく聞いて、どうすれば彼の学校生活をもっと支えることができるかを考える必要があるわ」。これは前の2つにくらべ、はるかに効果的で前向きな対処の仕方であり、里親はこの問題に対して何かをしようと勇気が湧いてきそうです。

この3つのシナリオが示していることは、多くの場合、私たちを苦しめているのは、その出来事そのものではなく、それに対する私たちの解釈の仕方であるということです。このように認知行動療法を使うことによって、私たちは、否定的思考を識別し、それをより肯定的で勇気が湧いてくるようなものに置き換えることができるようになります。

認知行動療法の考え方の適用
――養育者と委託されている子どものために

認知行動療法モデルを使うことによって、役に立たない思考パターン（否定的なセルフトーク）と、不快で役に立たない感情との間のつながりを探ることができます。それによって、状況を判断し解釈するその仕方が、感情と行動に影響を及ぼしているということを学ぶことができます。このセッションでは、子どもを養育するときに遭遇するさまざまな苦しい感情に対して、より効果的に対処するために、里親は認知行動療法の考え方をどのように活用していくことができるかという点に焦点を当てます。里親は、これらの考え方を探っていくときに用いた枠組みを使うことによって、養育のなかで、子どもが自分自身とそれを取り巻く世界に対して、もっと肯定的にもっと建設的に考えるように指導し励ます方法について考えることができるようになります。

社会的養護下の子どもの多くが、これまで自分自身についての否定的なメッセージの受け手になってきました。彼らはまた、これまでの関係性の経験から、自分自身のまわりのすべてに対して否定的な考えを持つようになっています。自分に起こった悪い出来事についての罪悪感を内面化し、物事が悪い方向へ進むのは自分のせい

だと考える子どももいます。そのような子どもは、弱く壊れやすい自尊心しか持っていません。そのような子どもは成長するにつれ、その考え方を自己破壊的な方法、たとえば、薬物乱用、抑うつ、攻撃性、自傷行為などの方法で外面化する傾向があります。

認知理論

認知理論では、出来事についての考え方が、その出来事に対する情緒的反応が肯定的になるか否定的になるかを決定する、と提起します。状況に対する異なった解釈が、異なった感情と生理学的反応を生み出すのです。

状況　▶　思考　▶　反応

次のシナリオを考えてみてください。

状況	▶	思考	▶	反応
その里親の子どもは学校を無断欠席し、地元の菜園に火を点けました。		彼は手におえないわ。彼はけっして私の言うことを聞こうとしない。彼はまったく信用できない。私はもう面倒を見ることはできない。私には荷が重すぎる。		感情的：怒り、不安、打ちのめされる、落胆、罪悪感。生理学的：神経過敏、胸のつかえ、食欲不振、不眠。行動的：一貫性がない、緊張している、落ち着きがない、過剰反応。

この里親の否定的感情を理解する鍵は、現在進行していることについての彼女の考えにあります。その考えが、彼女が状況に対してどれほど落ち着いていられるか、あるいはストレスを感じるかを決定するのです。彼女を不安にし、圧倒された気持ちにしているのは、彼女がこの特定の状況に付与した意味なのです。もちろん、これとは違った結果を生む異なった解釈は数多くあります。

すべてが悪い方向に向かっているように感じられる日々をだれもが経験したことがあるでしょう。そんなとき、私たちは思考と感情の負のサイクルに捉えられてしまいます。一例を挙げてみましょう。家族の1人から嫌な気持ちにさせられる電話がありました。そのことをあれこれ考えていると、車のキーが見当たらないことに気づきました。会社には遅れるし、そこでまた、今日どうしても必要なレポートを家に置き忘れてきたことに気づきました。私は、遅刻したことに文句を言ってきた同僚にまくしたてました。そして最後に私は希望していた日に有給休暇を取ることができないと告げられ、かんしゃくを起こしてしまいました。この種の状況では、現在起こっていることに対する私たちの否定的な思考や感情は堂々とまかり通り、出来事の負のスパイラルに油を注ぐ結果になります。これとは反対の例を挙げてみましょう。別の日、流れは反対方向に向かっていました。通りがかりの人から肯定的な言葉をかけられ、自分自身とまわりの世界についてとても肯定的な気分になり、肯定的に考えられるようになりました。そのため私は、より外向的に、より活動的に

なりました。この状況では、ある1つの良い出来事が、次の良い出来事を導き、こうして肯定的に上向きに出来事の連鎖ができ上がりました。里親が日々のストレスについて考え、それに対処しようとするとき、このような考え方を適用することが必要です。そうすれば里親は、「悪い日」のシナリオの行き過ぎを避けることができます。

「否定的自動思考」

否定的で役に立たない思考を指すときに使われている言葉が、「否定的自動思考（negative automatic thoughts: NATs）」です。「否定的セルフトーク」「チャターボックス」と言われることもあります。これらの言葉は、私たちが頭のなかで、私たち自身、他人、自分を取り巻く世界について自分自身に語る否定的な物事の総称です。多くの人が、自分自身と自分の能力に対して否定的で自己破滅的な考えや負の期待を抱いています。これらの思考は、多くの場合ほとんど「自動的」に起こり、ほとんど気づかれないまま私たちの心を通り過ぎていきます。そうした思考は、いつも不正確で、現実に対するある歪みを包含しています。たとえば、1日の終わりに何か追いつめられているような気分のとき、私たちはたいてい、とても後ろ向きで、悲観的な言葉を使って思考します。「ああ……このレポートを終わらせることなんてできない。これまでだって、うまく文章を書けたことがない。自分の考えを理路整然と紙の上に書くなんて私にはできっこない」と。このような思考は、意識される場合もあれば、意識されない場合もありますが、その後に続く不安の感情は多くの場合、意識されます。その結果、私たちの多くが、ますます動揺し、集中することができなくなります。

思考、感情、行動を変える

私たちの行動と感情は、両方とも私たちの思考から強力な影響を受けています。概して私たちは、いつストレスを感じたか、悲しくなったか、不安になったかを知ることができます。なぜなら、私たちはこれらの不快な感情を、私たちの身体の内部のさまざまな違和感として経験するからです。私たちはまた、これらの感情が私たちの行動を変えるのをたびたび自覚しています。しかしこれとは対照的に、私たちは自分の否定的思考にはあまり気づいていません。そのため、こうした否定的思考に気づくためには、私たちは不快な感情からさかのぼって、その引き金になった状況と思考を発見しなければなりません。

こうして引き金になった思考や思いを特定することができたなら、私たちはその妥当性を検証し、それをより建設的で対処できる思考に置き換えることができる地点に立つことができます。その新しい思考は、以前とは違った感情的反応を喚起し、新しい異なる結果を促進します。

認知行動的ワークは次のステップを踏みます。
1　不快な感情および／または身体の不快感と緊張に気づく。

セッション6 子どもの学習を支援する

　　2　それらの反応の引き金になった否定的思考を識別する。

　　3　多様な方略を用いてその否定的思考を減らしていく。

　　4　それらを落ち着いた対処できる思考に置き換えていく。

状況　　　　　　　　思考　　　　　　　反応　　　　　　　結果
何が起こったか　　　頭のなかで何が進　　感情的：　　　　　結果はどうだったか
　　　　　　　　　　　行したか　　　　　生理学的：
　　　　　　　　　　　　　　　　　　　　行動的：何をしたか

不快な感情に気づく

多くの人にとって、否定的な思考よりも不快な感情や覚醒状態のほうが、はるかに認識しやすいものです。

突然生じた怒りや苛立ちにすぐ気づく人もいれば、彼らが経験した身体的感覚のほうが気づきやすいという人もいます。顔が火照る、顔や腕の筋肉がひきつる、胸が締め付けられるなどの感覚です。これらはすべて、ある動揺させる思考が反応の連鎖を発動しているサインです。

否定的な思考に気づく

不快な感情や感覚に気づいたとき、自分自身に「いま何が起こったのか？」「私の**心のなかを何が通り過ぎて行ったのか？**」と問いかけると、私たちは出来事の連鎖を認識することができます。多くの場合、たいていの人がこの方法によってかなりの正確さで否定的な思考を追跡することができ、自分の苦悩の引き金となった状況と役に立たない思考パターンを識別することができるようになります。

自分の思考と感情を区別するのが難しいときもあります。たとえば、「自信がない。自分は無能だ」と言うことがあります。しかし、私たちが感情から思考を解きほぐすことができれば、私たちはその否定的な思考を識別し、それに立ち向かっていくための良好な地点に立つことができます。それによって私たちは、思考——自分は無能だ——と、感情——自信がない——を区別することができるようになります。

否定的思考のサイン

否定的思考を識別しようとするとき、ある種の事柄を探し出すことが有効です。否定的思考は一般に、不正確で役に立たない方法で形づくられています。そしてそれらはたいてい以下のような特徴を有しています。

● **一般化**　「私は本当に太りすぎている」「彼はただの怠け者だ」。このような全面的なレッテル貼りは、多くの場合、その問題は永遠不変のものであるという認識を含んでいます。

● **大げさに言う**　「私はうまくやれたためしがない」「わたしはいつもへまをする」。

249

この種の思考には、たいてい「みんな」「だれも……ない」「いつも」「けっして」といった言葉が含まれています。それによって、状況を実際以上に深刻に感じているのです。

● **過剰な期待**　たとえば、里親は、子どもに対して常に忍耐強く対処する、家中を一点のシミもないように掃除する、といったことを自分自身に期待することがあります。自分自身への期待が過剰になり硬直化し、その期待が現実のものとならなかったとき、私たちは傷つき、絶望的になりがちです。

● 「すべきだったのに」「はずだったのに」「できたのに」「彼らは言われたとおりにすべき」「私はこの子を管理できなければ」。「～するべき」「～はずだ」「～しなければならない」などの言葉は、物事は「こうあらねばならない」という誤った期待を前提にしています。当然のことですが、そのような理想にはなかなか到達できません。そんなとき、大人はしばしば「裏切られた」「だまされた」と感じることがあります。それによって、葛藤や怒りの感情が喚起されることもあります。

● **思い込み**　「彼にノーとは言えない。彼はきっと頭を横に振るから」「彼女に、この子どもを育てることは難しいなんて言ったら、彼女はきっと私のことを役立たずと思うに違いない」。他人の思考や感情について、ある思い込みに捉われるとき、私たちは自分の行動を限定してしまいがちです。この種の「読心術」は、現実に対する私たちの考えをチェックするのに何の役にも立ちません。

● **破局思考（Catastrophising）**＊　学校が休みの日、子どもたちは大声を出してあれこれと要求してきます。1人の子どもが、里親が大事にしていた皿を割ってしまいました。彼女は思いました。「もう限界！　やっていられないわ──あの子は私を精神錯乱状態に追い込もうとしている」。状況を大惨事のように思い込むことによって、この里親は、事態は収拾不能であると自分に暗示をかけています。そのことが彼女の無力感と怒りを増幅させています。

否定的思考を減らすには？

思考が不正確で役に立たないとき、それを検証し、対処し、さらに反論することも必要です。その思考を肯定的で、役に立つものに置き換えるときに使うことのできるさまざまな方略があります。そのいくつかを紹介します。

● **肯定的に、正確に、そして具体的に**　全面的なレッテル貼りを認めない。「彼はまったくわがままで、無責任なんだから」と言う代わりに、里親は次のように言うことができます。「彼は自分のしたいことに夢中になることがあるわ。でも、それ以外のときはとても思いやりがあり、家のみんなには親切よ」。「私は不器用で、鈍感よ」と考えるよりは、その代わりに「私はときどき無神経な言葉を投げることがあるわ。でも、いつもは理解と思いやりがある」と言うことができます。一般化してしまう思考を、より具体的で正確な思考に置き換えましょう。そして否定的な側面だけでなく、肯定的な側面も認識するようにしましょう。

＊この用語は認知行動療法の文献で使われているものです。

セッション6 子どもの学習を支援する

- **思考の標準化**　状況に対して、それが普通ではない異常なことのように対応するのではなく、それを普通の状態であると見なすことによって標準化します。「私は**本当に傷つき、頭にきたわ。でも、それは自然なことよ**」という具合に。ある問題に直面して途方に暮れたとき、だれもが同じような欲求不満や限界に直面することがある、と考えることが大切です。問題を極端なものと考えず、わりとありきたりのこととして認識するとき、解決法も見つかりやすくなります。「**里親の多くが、ときどき大げさに振る舞うことがあるわ。私が謝ることにする。そして、みんなでできることを考えることにするわ**」。

- **肯定的で対処可能な思考に置き換える**　思考が否定的で役に立たないとき、それをもっと落ち着いた対処可能なものに置き換える必要があります。里親は、「**もう最悪！**」と独り言を言う代わりに、「**確かに難しいわ。でも、私は対処できる。世界が終わるわけじゃなし**」。また子どもについて、「**この子は本当にでたらめで、注意散漫よ——これじゃ成績が良くなるはずがないわ**」という考えをより肯定的な次のようなメッセージに置き換えることができます。「**この子は私の支援を必要としているし、私が支え励ますことによって、この子はきっと集中することができるようになるわ**」。

- **柔軟になる**　完璧な人なんて1人もいません。自分や他人に対して柔軟な期待を持つことが大切です。「**私が素晴らしい料理人なんて誰が言ったの**」、あるいは、「**アーイシャがいつも私の言うとおりにするなんて、思ってもいないわ。常に従順な子どもなんて、いるはずがないわ**」と考えましょう。硬直した期待をやめ、達成できない不合理な基準を当てはめるのをやめるとき、私たちは落ち着き、楽な気分になることができます。

- **覚えておきましょう**　私たちは人が何を考えているかを知ることなんてできないということを。「**ジャスミンは私を怒らせようとして、わざと服を床の上に脱ぎっぱなしにしているわ**」と考えると、その里親は腹が立ち、怒るでしょう。しかし彼女が、子どもの変わってほしい行動に焦点を当てると、はるかに肯定的になり、建設的になることができます。「**ジャスミンは服を床の上に脱ぎっぱなしにする悪い癖があるわ。彼女が服をちゃんと片づけることができるように、それをご褒美表の対象にしましょう**」。

- **状況を客観的に見る**　何事も自己批判的に捉え、問題を自分自身の欠点の反映と捉えがちな人がいます。子どもがなかなか片づけることができないのを目にして、「**私って甘すぎるのね。ローレンに自分で最後まで物事をやり通すようにさせるのは、私には無理**」と考えると、その里親は落胆し自信をなくしてしまいます。物事を一歩下がって、あまり自分に関係づけないように見ることが大切です。自分を落ち込ませず、より客観的に見ることが必要です。「**私が見たい行動は何かしら。どうすればこの状況を変えられるかしら。何か他のやり方はないかしら**」と。このように考えることによって、より柔軟に物事を捉え、建設的に対処できるようになります。

- **自分を褒めてみる**　概して私たちは、自分を肯定したり激励したりするよりも、自分を責め、自分に腹を立てることのほうが多いようです。しかし、自分の努力と成果を評価し褒めることができるようになることが大切です。そしてよくやったと、

自分の「背中を軽くたたく」気持ちになることが大切です。里親は、自分自身に肯定的になる習慣を身につけることによって、とても有利な地点に立つことができます。自分の強さと能力に気づき、それを認めることができるようになるにつれ、里親の自信と自尊心が育ってきます。里親が否定的なセルフトークに対処し、自分を褒めるお手本を示すことによって、子どもは肯定的に思考することの大切さを学ぶことができるようになります。「この前、隣の人があなたの行動についてとやかく言ってきたけど、私は少しも動揺しなかったわ。私はその人の言うことにしっかり耳を傾け、自信を持って行動した。私はそんな自分がとても気に入ってるわ」。

● **ユーモアを使う**　笑うと緊張がほぐれ、落ち着きます。家のなかが散らかり放題で、子どもがギャーギャー騒いでいるとき、里親が事態をあまり深刻に考えず、一歩下がって笑うことができれば、物事は案外うまくいくでしょう。

対処することに焦点を当てる

否定的自動思考を識別し、それに対処する方法を学ぶことができる人もいれば、それをかなり難しいと感じる人もいます。否定的思考と格闘するよりは、ストレスの多い状況で自分自身を励ますのに使うことができるさまざまなアファメーション（断言）または「コーピング・ステートメント」を作成することが有効でしょう。それによって落ち着いてリラックスした気分になることができ、この困難な状況を乗り切ることができるという自信が湧いてきます。

コーピング・ステートメントとは、肯定的な言葉やフレーズを1人称現在形で表したものです。それは短く、的を射たものでなくてはなりません。

私はやり遂げることができる。私は対処することができる。
私は良い養育者です。彼が落ち着いて安定していられるためには、私が必要です。
私は以前これをやり遂げたことがある。だから大丈夫。
私はそれをすることができる。ゆっくりと呼吸して、落ち着いて。
私はやり遂げた。素晴らしい。

里親は、予想できる困難な状況を考え、そのときに心に浮かぶであろう否定的メッセージに対抗するにはどのような種類のステートメントがいいかを考えて、自分独自のコーピング・ステートメントを作っておくといいでしょう。語呂が良く、肯定的で、的を射ており、達成可能なステートメントにすることが大切です。

アファメーションを使うことに慣れていない人が多いでしょう。しかし、肯定的な思考を育むことによって、私たちは経験するストレスのレベルを下げることができ、より建設的に、より効果的に行動することができるようになります。

セッション6 子どもの学習を支援する

2 グループワークを効果的に ファシリテートする

セッション6の準備

● ファシリテーター同士で、どちらがどのセクションをリードするかを決め、セッションの時間割を決めます。特に、どのように家庭での実践のフィードバックを受けるかを決めます。

● 思考と感情のエクササイズのためのフリップチャート（四分割した図形）を準備する必要があります。

● 里親が家に持ち帰ることのできる、小さなカードにアファメーションを書いておきます。

ファシリテーターのねらいと目標

● 里親に、社会的養護下に置かれた子どもの教育状況について、いくつかの洞察を与えます。

● 委託されている子どもの読書と学習を支援するために肯定的方略をどのように活用するかについて、里親とともに検討します。

● 思考の方法がどのように感じ方と行動に影響を及ぼすかについて、里親が探求するのを支援します。

● 里親がどのように困難な状況に対処する方略を発展させるために思考と感情の管理（マネージ）を行うことができるかについての考え方を提供します。

セッション6を成功させる秘訣

教育という問題は、人々の心に強い、時に扱いが難しい感情を喚起することがあります。ファシリテーターは、里親はそれぞれ異なった教育的経験を有しているということを認識しておく必要があります。教育という問題は、敏感さを持って取り扱う必要のある問題です。しかし里親は多くの場合、教育について討論する機会を喜んで受け入れます。なぜなら、彼らは養育している子どもの学校制度の複雑さを目の当たりにし、それにうまく対処していかなければならないからです。子どもがいつも学校で問題ばかり起こしているとき、里親は恥ずかしい思いをしたり、困惑したり、屈辱を感じたりすることがあります。里親は思考と感情を管理（マネージ）することで、学校でのミーティングなどで、難しく不快な感情を管理（マネージ）するための枠組みを得ることができます。

253

フォスタリング・チェンジ

3　必要な機材および備品

パワーポイント（2003 以降）の入っているパソコン

フォスタリングチェンジ・プログラム付属資料（http://www.fukumura.co.jp/ からダウンロード）

● パワーポイント・スライド—セッション 6
● 配布プリント・セッション 6—以下を参照
● セッション評価用紙

プロジェクター

プロジェクター用スクリーンまたはその代わりとなる壁面

環境音楽（迎え入れるための）（mp3 プレイヤーまたは CD）

フリップチャート用スタンドおよびフリップチャート用の大きな用紙

フリップチャート用マジックインク

紙を壁に貼るためのブルータック（粘着ラバー）

セッション 1 で作成した「グループワークのきまり」のフリップチャート

セッション 1 で作成した「里親の家族構成図」のフリップチャート

セッション 5 で作成した「家庭での実践」のフリップチャート

さまざまな子ども向け書籍、コミック、雑誌（里親の目に留まるようにあちこちに置いておく）。

里親が家に持ち帰ることのできる小さなカードにアファメーションを書く。

里親がアファメーションを書くための白紙のカード。

思考と感情のエクササイズのためのフリップチャート（四分割した図形）を準備する必要があるでしょう。

出席表

名札（記名用シール）

「ご褒美」のためのカラーシール

水を含む清涼飲料水やスナック類

セッション 6 で配布するプリント

セッションで使うプリント

　6.1「学習スタイル・クイズ」

　6.2「リーディング・フレンドリー」

6.3「子どもが学習するのを支援する」
6.4「良好な学習環境の創造」
6.5「思考と感情」
6.6「否定的自動思考（NATs）をとらえる：探し出すべき徴候」
6.7「否定的思考を変える」

家庭での実践

6.8「家庭での実践：読書と宿題を支援する」
6.9「家庭での実践：思考を変える」
6.10「家庭での実践：感情を通して考える」

セッション6評価用紙
コース中間評価用紙

4　セッション6の概要

全体で3時間

到着	
歓迎の挨拶およびオープニング・ラウンド：今週あなたを幸せな気分や笑顔にさせてくれたこと	5分
今日の流れと目標	5分
家庭での実践のフィードバック：リフレクティブ・リスニングおよび子どもが自分の感情を調整し、名前を付けるのを支援する	40分
社会的養護下にある子どもの教育状況	5分
学校での思い出	10分
人によって違う学習方法（学習のさまざまな方法）	10分
思いつくこと：子どもの学習を支援する	10分
	合計1時間25分

休憩15分

フレンドリーな読書	5分
子どもと一緒に読書する方法	15分
宿題を手伝う	5分
里親が自分自身の思考と感情に取り組むこと	5分
思考と感情について探求する：否定的自動思考（NATs）をとらえる	20分
否定的思考に気づきそれとたたかう	5分
否定的思考とたたかうための方略	5分

家庭での実践：読書と宿題を支援する、および自分自身の思考と感情を

記録する	5分
セッション評価	5分
クロージング・ラウンド	10分

合計 1 時間 20 分

全体で 3 時間

5　セッション 6 の流れ

到着

スライド	2
配 布 物	名札、シール
道 具	フリップチャート用紙、マジックインク
	環境音楽
	セッション 1 で作成した「グループワークのきまり」のフリップチャート
	セッション 1 で作成した「里親の家族構成図」のフリップチャート
	セッション 5 で作成した「家庭での実践」のフリップチャート
内 容	● PP2 が映っている会場に、音楽に合わせて里親が入ってきます。会場全体が、里親を温かく迎える雰囲気に包まれています。
	セッション 1 で作成したフリップチャートを掲示するのを忘れないようにします。
	● メンバーが到着したら、ファイルに貼るシールを渡します。会場に入ってくるときの里親の気分とストーリーに応えることが大切です。たとえば、大変な思いをして到着した里親には、労いの言葉をかけ、無事到着できたことを称賛し、シールを渡します。

5分 歓迎の挨拶およびオープニング・ラウンド：
今週あなたを幸せな気分に、笑顔にさせてくれたこと

スライド	3
配 布 物	なし
道 具	なし
内 容	● PP3：里親にセッション 6 に来てくれたことを感謝します。
	● オープニング・ラウンド：目的は、みなさんが読書の肯定的経験に触れるのを支援することです。短い軽快なラウンドにしましょう。
	● 里親 1 人ひとりに、この 1 週間、自分を幸せな気分に、笑顔にさせてくれ

セッション6　子どもの学習を支援する

たことを報告してもらいます。

グループに尋ねる前にファシリテーターが見本を示します。たとえば、
「子どもを学校に迎えに行ったとき、彼女は笑顔でハグしてくれた」「昨晩、
家でゆっくりくつろぐことができた」など。

5分　今日の流れと目標

スライド	4、5
配 布 物	なし
道　　具	なし
内　　容	● PP4：スライドを見てもらいながら、今日のセッションの流れを簡単に説明します。

● 休憩の前に、子どもの学習を支援する方法について探求するつもりであると説明します。そして休憩の後は、自分自身の感情を管理（マネージ）するための手段と方略について考えていきます。

教育は、特に私たちの心に強い感情を喚起することが多い問題です。そのため、これらの道具は子どもの学習を支援するときに非常に役立つものです。

● PP5：今日のセッションに向けてあなたが考えている目標を簡単に説明します。今日のセッションの流れや目標について質問はありませんかと尋ねます。

40分　家庭での実践のフィードバック：リフレクティブ・リスニングおよび子どもが自分の感情を制御し、名前を付けるのを支援する

スライド	6
配 布 物	なし
道　　具	なし
内　　容	グループ全体での討論

● 里親が先週1週間、家庭での実践にどのように取り組んできたのかを聞き取ります。

リフレクティブ・リスニングも、子どもが自分の感情を制御するのを支援することも、どちらも敏感さと集中力、思慮深さを必要とします。何とか努力して、感情について内省した里親、時間を見つけてリフレクティブ・リスニングを試してみた里親、どちらも称賛することが大切です。

257

フォスタリング・チェンジ

● 里親がしてきたこと、そして彼らが気づいたこれまでとは違うこと、それらを強調し称賛するようにします。

里親が、ちょっとうまくいかなかったとか、他にもっと良いやり方があったのでは、といった感想を口にしたとしても、挑戦したという事実が重要なのです。もしそれを見つけることがどんなに難しかったのか認める発言があった場合は、それを正直にグループに言ってくれたことを称賛するようにしましょう。

これらのスキルは本当に難しいもので、それを実際にやってみようと思うことができる能力や自信も、里親によって異なります。里親がお互いに、難しかったことや成功したことを認めることができるようになればなるほど、彼らはお互いに「頑張ろう」と励まし合うことができるようになります。

5分 社会的養護下にある子どもの教育状況

スライド	7、8、9、10、11
配布物	なし
道具	なし
内容	グループに向けてファシリテーターが知識を提供

● PP7：スライドを指し示しながら、社会的養護下の子どもや若者が自分の教育体験についてどのように語っているかを読んでもらいます。ファシリテーターが音読する必要はありません。

● PP8：社会的養護下に置かれた子どもについてのバーナードスの報告のスライドを見てもらいます。委託されている子どもは、養育者に次のようなことを理解してもらいたいと思っていることを知ってもらいます。
　彼らは、
　　－　学校に興味があります。
　　－　勉強することができます。
　　－　行儀よくできます。
　　－　本当のことを言います。
　　－　「良い子」です。

● PP9：スライド上の要点を示しながら、学校での達成度と肯定的アウトカムの関連性を強調します。

● PP10：スライドに示されている、社会的養護下の子どもの教育に関する統計データを見てもらいます。あるいは、データを見せる前に、里親にどのくらいのパーセンテージですかと尋ねながら進むのもいいかもしれません。そうすることによって、里親はその数字にさらに興味を持つことでしょう。

● PP11：スライド上の要点を見てもらいながら、社会的養護下の子どもの

セッション6 子どもの学習を支援する

状況は以下の通りであると強調していきます。

- 学校に行っていない時間が長すぎる。
- 宿題や家庭学習の支援が不足している。
- 身体的、情緒的、精神的健康に対する適切な養育が不足している。

10分 学校での思い出

スライド	12
配 布 物	なし
道 具	なし
内 容	グループでするエクササイズです。

- 里親に自分の学校生活を振り返ってもらい、学校について考える文脈を提供します。学校で楽しかったことを、各自1つずつ発表してもらいます。
- 具体的に話すようにお願いします。

多くの人にとって学校生活は辛いものであったかもしれないということも認識しておくことが大切です。そのため、このエクササイズは短く、かなり軽快なテンポで進めるようにします。

10分 人によって違う学習方法（学習のさまざまな方法）

スライド	13、14、15、16、17、18
配 布 物	6.1「学習スタイル・クイズ」
道 具	なし
内 容	グループに向けてファシリテーターが知識を提供

- このセクションの目的は、養育者に学習方法について考えてもらうことです。私たちはそれぞれ独自の学習方法を持っています。ここでは私たちが好む3つの学習方法——視覚的、聴覚的、運動感覚的——について見ていきます。
- PP13：主な3つの学習スタイル——視覚的、聴覚的、運動感覚的——があることを説明します。「**数字がどうも苦手で……**」「**つづりがどうしても覚えられなくて**」などと言う人に会ったことがあると思います。ファシリテーターが自分のことを例に挙げます。「私は**視覚的なことが苦手で、何か物の寸法を言ってくれと言われると、お手上げです。私は実際に測ってみないとわからないのですから**」と。
- PP14：スライド上の要点を示しながら、視覚的学習者はどのようにして情報を得るかを説明します。視覚的学習者は、絵や写真を使うとよく情報を取り入れやすくなります。

259

フォスタリング・チェンジ

● PP15：スライド上の要点を示しながら、聴覚的学習者はどのようにして情報を得るかを説明します。聴覚的学習者は耳で聞いて得られる情報をよく保持し、思い出すことができます。

● PP16：スライド上の要点を示しながら、運動感覚的学習者はどのようにして情報を得るかを説明します。運動感覚的学習者は、情報を処理するとき、活動的で触覚的な方法を好みます。どれかの学習スタイルが他より優れているというわけではありません。実際は、私たちの多くが２つ以上の学習スタイルを活用していますが、やはり最も好む学習スタイルというのがあります。ここで私たちがロールプレイを使うのも、この学習スタイルを好む人がいるからです、ということを指摘することが重要です。

● PP17：プリント6.1 を配り、学習スタイル・クイズをしてもらいます。２分間時間を取ります。あらかじめ、ファシリテーターはこのクイズをセッション前にやっておきます。

● 里親が学習スタイル・クイズを終えたら、自己採点してもらい、自分の基本的な学習スタイルを知ってもらいます。

● 里親にそれぞれの学習スタイルを言ってもらい、それに驚いたかどうかについて意見を述べてもらいます。それぞれの学習スタイルの名前を挙げながら、それに該当する人に挙手してもらい、その里親に、自分の学習スタイルに驚いたかどうかを聞くといいでしょう。自分は１つ以上の学習スタイルだという里親がいないかどうかを尋ね、もしいたら、その人にも意見を言ってもらいます。

● PP18：里親にスライドを見せ、書いてあることを読んでもらいます。これによって、脳がことばの隙間を埋めることによって私たちは視覚的にことばを学習することができるということをわかってもらいます。また、情報を取り入れ処理するとき、私たちは意識と無意識の両方を使っているということを強調します。また、この機会を利用して、失読症を含む学習障害のある人は、私たちが想像する以上に多いということを認識してもらうようにします。

[備考]

どの学習スタイルが良く、どの学習スタイルが悪いということはありません。実際は、私たちは２つ以上の学習スタイルを併用しています。しかし、それでも各々が最も好む学習スタイルというものがあります。里親にどのようにして学習するのが自分にとって最適かを考えてもらい、次に、委託されている子どももそれぞれ独自の学習スタイルを持っているということを強調します。

セッション 6　子どもの学習を支援する

10分　　**思いつくこと：子どもの学習を支援する**
・・・

スライド　　19、20

配 布 物　　なし

道　　具　　フリップチャート、マジックインク

内　　容　　グループ全体で思いついたことを発表

● PP19：学習スタイルについて知ったいま、里親に子ども独自の学習スタイルをどうすれば支援することができるかについて考えてもらいます。

● 里親にそれぞれの考え方を尋ね、それをフリップチャートに書いていきます。

運動感覚的学習スタイルの子どもには、より実践的に教える方法を使います。たとえば、短時間集中した後、それを身体で表現する、それを作ってみるなどのアクティビティを続ける、といった答えが出てくるといいでしょう。視覚的学習スタイルの子どもの里親からは、絵を描く、映画を見る、マインドマップを使うなどの方法が挙げられるでしょう。また、聴覚的学習スタイルの子どもの里親からは、子どもが歌える面白い歌を作る、録音するなどの方法が挙げられるでしょう。

● PP20：フリップチャートに書いたことから、いくつかの重要ポイントをまとめます。必ず以下のポイントを含めるようにします。

　　－ 毎日学校に通い、宿題をする習慣を身につけさせることが、大切です。

　　－ 子どもの読書を支援し、里親が肯定的態度と期待を子どもに示すことが重要です。

　　－ 子どもや若者は自分が学校に関心を持っているということを里親に理解してほしいと思っています。

　　－ 子どもは里親に、自分に対して肯定的な期待を持ってほしいと思っています。そして教育の面で支えてほしいと思っています。

● 子どもが大半の時間を一緒に過ごし、最も重要な関係を持っているのは里親である自分たちであるということをもう一度自覚してもらいます。また、このような意味で里親は子どもの教育を支援し促進することができる立場にある唯一の存在です。

15分　　**休憩**
・・・

スライド　　21

配 布 物　　なし

261

道　具	なし
内　容	ここで里親が一息つくことが大切です。

5分　フレンドリーな読書

スライド	22、23
配布物	なし
道　具	なし
内　容	グループ討論

● 子どもは達成に向けて努力しているときに励まされると、社会的にも学業的にもうまくいきます。読書は重要な生活スキルです。私たちは道路標識を読み、理解し、買い物に行き、パスポートや運転免許証を申請することができなければなりません。読書スキルの劣る人は、そうでない人にくらべ、雇用や人生の機会、アウトカムの面でかなり不利な立場に置かれます。私たちは里親に、読書は子どもにとって習慣になり得る、やりがいのあるアクティビティであるということの重要性を確実に理解し、受け入れてほしいと思っています。

● PP22：里親に、家族全員が読書する時間をもっと多くとるようにするにはどうすればいいかについて、意見を出してもらいます。以下のような提案が出されるでしょう。

- 子どもがまわりにいるとき、新聞、雑誌、書籍を読むことによってお手本を示す。
- 子どもと一緒に本を読むとき、明るい快適な場所に座る。
- 一緒に読んでいる本について子どもと話をする。
- 一緒に図書館や本屋さんに出かける日をつくる。
- 子どもと一緒に読む——熱心な聞き手になる。
- 子どものレベルに合った読めるような本をおいておく
- 子どもにも興味が持てるような本をそろえておく。
- 子どもが自分の本を置けるように、共有スペースに本棚を置いておく。
- テレビ、ビデオゲーム、コンピューターゲームの時間を制限する。

● PP23：このスライドを使い、この討論で里親が確認すべき点を要約します。

15分　子どもと一緒に読書する方法

スライド	24、25、26
配布物	6.2「リーディング・フレンドリー」
道　具	読書のロールプレイのために用意しておいた本や雑誌
内　容	グループに向けてファシリテーターによる知識提供

セッション6　子どもの学習を支援する

ファシリテーターによるロールプレイ

里親によるロールプレイ

● PP24：スライド上の要点を示しながら、里親に、効果的に子どもと読書する方法について説明していきます。

私たちは里親に、批判を最低限に抑え、最大限褒めるという方法で読書に臨んでほしいと思っています。以下の点を確認しましょう。

- 途切れることのない注目を与え続けましょう。
- 1日最低でも10分間は子どもと一緒に読書しましょう。
- 子どもの横に座りましょう。
- 温かく愛情をこめて。
- 肯定的に、そして子どもが読書に興味が持てるように励ましましょう。
- 良くできたとずっと褒め続けましょう。
- 一緒に本を読む時間をあなたも楽しんでいることを子どもに伝えましょう。
- もし子どもが本が嫌いであれば、創造的になり、コミック、コンピューター雑誌など、子どもの興味を引くものを見つけましょう。
- 大事なのは、何を読むかではなく、本を読むという行動なのです。
- 子どもがしぶしぶ読書していたとしても、ご褒美を与えましょう。
- 読書は楽しいものですから、子どもと一緒に楽しみましょう。

● PP25：スライド上の要点を見てもらいながら、時には子どもと読書で関わることが難しく、一生懸命になる必要があることも里親に強調しておきましょう。子どもが読みたいという本について、批判的になることのないよう覚えておいてもらいましょう。

● PP26：スライド上の要点を見てもらいながら、読書が子どもと里親にもたらす利点を強調します。

子どもと一緒に読書をすることによって、里親と子どもの間のアタッチメントが促進されます。それによって、子どもは読書の技術を習得できるだけでなく、世界について学習し、里親と話し合うことのできる安全で親密な空間を手に入れることができます。読書は、子どもに世界についての理解を発展させるのを助けるさまざまな考え、構成概念、人生の物語を紹介することができます。良い読書スキルは、子どもの自信と自尊心を高め、人生で直面するさらなるレジリエンスのスキルを育てることを促進します。

● ファシリテーターが、それぞれ里親と子どもの役を演じ、子どもと一緒

263

フォスタリング・チェンジ

に読書をする手本を示します。子ども役の人が単語に詰まって困っている
というのは、良い例になります。その後、里親に「さあ、次はみなさんの
番です」と告げます。

● 里親にペアになってもらい、1人が里親役、もう1人が子ども役になって
　もらいます。読む材料を手渡します。

● このアクティビティは、1組につき2分を超えないようにします。新しい
　設定で初めてこうしたスキルを練習するとき、2分でもとても長く感じます。

● フィードバック：里親にこのエクササイズはどうだったかを聞きます。
　かなり難しかったという感想が多いことでしょう。一生懸命ロールプレイ
　をしてくれたことに感謝して、全員にカラーシールを手渡しましょう。

● プリント6.2を配布します。

5分　宿題を手伝う

スライド	27、28
配布物	6.3「子どもが学習するのを支援する」
	6.4「良好な学習環境の創造」
道具	なし
内容	グループに向けてファシリテーターが知識を提供

● 宿題をきちんとする習慣を身につけることは、子どもに学習スキルを改
　善し構築するためのきまった時間と空間を与えることを保障するための鍵
　となります。

● PP27：スライド上の要点を確認してもらいながら、里親はどうすれば最
　も良く子どもが宿題をするのを支援することができるかについて話し合い
　ます。

● 以下の点も強調します。

　　－ 批判したり、緊張させたりしないようにしましょう。

　　－ どんな努力でも頻繁に褒めましょう。

　　－ 少しぐらいの不作法は無視しましょう。

このセクションの目的は、里親に、どうすれば読書と同じような養育的な方
法で、子どもが宿題をするのを支援することができるかについて考えても
らうことです。里親に、きっかけと行動の関係をもう一度思い浮かべても
らいます。そうすることによって里親は、宿題に関連した肯定的行動を生
み出すきっかけ、たとえば、学習できる静かで快適な空間、励まし褒めて
くれる里親がそばにいること、などについて考えることができるでしょう。

しかし、子どもが学習することを怖がったり、用心深くなっていたりして
いるとき、多くの場合、宿題は恐怖の対象となり、あらゆる方法を使って

セッション6 子どもの学習を支援する

でも避けたいものになっているかもしれません。その場合、宿題をすることが、里親と子どもの間の葛藤と格闘の場になってしまいます。また里親のほうでも、子どもに宿題をさせることが辛くなり、宿題をやらせることを避けたいと考え始めることにもなりかねません。そうなれば、否定的で、自己破滅的なパターンが出来上がってしまいます。

● PP28：スライドを見てもらいながら、里親に、これらはABC方略のC、つまり行動に対する報酬にあたるということを思い出してもらいます。行動によって肯定的で意図した通りの報酬が得られたとき、その行動は再度起こりやすくなります。このことは、宿題をすることが子どもにとってまだ真新しい習慣で慣れていないとき、特に有効です。里親は宿題が終わったら、子どもに、テレビを見る、コンピューターを続けるなどの子どもの好きなアクティビティをさせてやることによって、子どもに報酬を与えることができます。「～したら、次に～（when...then...）」というルール、たとえば、「**宿題をやり終えたら、X-box をしてもいい**」を使いましょう。

これは読書の場面でも使うことができます。

● プリント6.3と6.4を配ります。

里親が自分自身の思考と感情に取り組む
....

スライド	29、30
配布物	6.5「思考と感情」
道具	なし
内容	グループに向けてファシリテーターが知識を提供

このセクションでは、「里親はどうすれば子どもを支援することができるか」ということから、「里親はどうすれば、養育に喚起されることのある扱いが難しい自身の感情に対処することができるか」ということへ焦点を移していきます。この段階でこの問題を取り扱うのは、里親に、子どもの学校や教育により一般的に接触するときに喚起されるかもしれない自身の難しい感情や思考について探求してもらうためです。それらの方略は、さらに一般化して、養育することの大変さから生み出されるストレスに対処するときに里親が使うことができるものとなります。

● PP29：スライドを見てもらいながら、里親に、人生で遭遇することがあるさまざまな問題は、私たちの感じ方と考え方の両方から直接的な影響を受けているということを理解してもらいます。
　　－　不幸な気分になったとき、私たちはいつもと違うように振る舞う

265

傾向があります。たとえば、悲しくなったり、うつになったりしたとき、私たちはいつもにくらべ、あまり外向的でなく、フレンドリーでもなく、自信もありません。また、私たちの考え方も私たちの行動に大きな影響を及ぼします。

- 私たちが人生で遭遇することがあるさまざまな問題は、私たちの感じ方と考え方の両方から直接的な影響を受けています。

● PP30：スライド上の要点を見てもらいます。ファシリテーターはここで自分自身の例を1つか2つ挙げるといいでしょう。たとえば、道で知人とすれ違いましたが、その人は自分の存在に気づきませんでした。そんなとき、私たちは次のように考えるかもしれません。

● 「だれも私のことを、知る価値のある人間と見ていない。いままでも、だれも私に気づいてくれなかった。私って、きっと退屈なんだわ」。この種の思考は、自分をうつにし、落胆させ、自信をなくさせます。そうなると行動のすべてが自信のないものになっていきます（たとえば、社会的接触を避けるなど）。

● その一方で、次のように考えるかもしれません。「彼女は自分のことを何様と思っているのかしら。偉そうな顔をして通り過ぎて行ったわ。彼女は自分を特別な存在と思っているに違いない」。この種の思考は、先ほどとは対照的に、私たちを怒らせ、カッとさせます。すると私たちは普段にくらべ、何に対しても反抗的になり、攻撃的な態度を示すようになります。

● しかし、この状況に対してこれらとは違うもう1つの反応があります。それは「彼女はきっと、今日コンタクトレンズをはめるのを忘れたのね」というものです。この考え方は、状況を自分に関連付けて考えるのではなく、客観的に説明しようとしています。それはまたユーモアの雰囲気を持っています。これは、「考える人」の側にも、通り過ぎて行った女性の側にも、何の否定的判断も付与していません。この考え方は、感情に対しても、行動に対しても何の否定的影響も及ぼしていないように思われます。

この例でわかるように、私たちは出来事をさまざまな形で解釈することができます。つまり、私たちの心を動揺させるのは、出来事そのものではなく、私たちがそれに付与する意味なのです。このように私たちの考え方は、私たちの感じ方を決める重要な要素なのです。

しばしば専門家と仕事をすることが難しく感じられることがあります。子どもの担任の先生と話をしなければならなくなったとき、以前の権威ある人物との、特に学校での個人的な経験を思い出すことがあります。また社会には、もっと高い権威を許されている専門家（たとえば、医者や病院のコンサルタントなど）もいます。またその職業柄、「とても巧みに話す」人もいます（たとえば、弁護士など）。複数の専門家との会合の場合など、里親

セッション6　子どもの学習を支援する

は、あがってしまい言いたいことを正確に伝えられないのではと、とても不安になることがあります。私たちはまた、困難な状況のなかで他人と交渉するとき、無力感を持つことがよくあります。このセッションで私たちは、自己主張スキルについて討論し、さまざまな状況で喚起される思考や感情を里親に分析してもらいます。そうすることによって里親は、自分の思考や感情に対処する肯定的方略を発達させることができるようになるでしょう。

20分　思考と感情について探求する：否定的自動思考（NATs）をとらえる

スライド	31、32、33
配布物	なし
道具	フリップチャート、マジックインク 用意しておいた四分割図のフリップチャート──次頁の図を参照。
内容	グループ・エクササイズ

このエクササイズは2部構成になっています。第1部は、困難な状況の下で喚起されることのある否定的な思考や感情について探求していきます。第2部は、否定的な思考を、より役に立ち勇気が湧いてくる新しい別の思考と置き換えるにはどうすればいいかについて探求していきます。

里親が難しく不快な思考や感情を喚起させられることが多い、学校を中心としたシナリオを想定してもらうといいでしょう。

私たちがよく使うシナリオは、次のようなものです。ある日担任の先生から、養育している子どもの教室や運動場での振る舞いについて話し合いをしたいので、学校に来てほしいという電話を受けました。その先生が言うには、彼の行動はもはや耐えられるものではなくなっており、このままでは退学させてもやむを得ないということでした。

また別の方法としては、悪い日のシナリオに里親自身の体験を加えて1つのシナリオを作り上げてもいいでしょう。たとえば、「雨が降っています。子どもたちが泣いています。……」という場面を設定し、そこに里親からの意見を付け加えていきます。それが終わったら、そのシナリオを、「そこへソーシャルワーカーから電話がありました。いまからそちらの家に伺いたいというものでした」とか、「そこへ学校から、ジョニーは退学に決まりましたという電話がありました。ちょうどそのとき、彼がドアを開けて入ってきました」といったシナリオで締めくくります。

● PP31：里親に、今日は悪い日であるという設定を与え、2つのきっかけ

267

を与えます。次に里親からの提案を受けていきます（前頁を参照）。里親に、このシナリオはいま目の前で起きていると想像してくださいと言います。里親がシナリオを正確に覚えておくことができるように、ここでもう一度全体のシナリオを繰り返す必要があるでしょう

- 里親に、そのときの思考はどんなものかと質問します。

- 第1部：1～4の以下の手順で進んで行きます。四分割の図を使い、否定的な思考、感情、そしてそれらが行動に及ぼす影響を特定してもらいます。

    1 フリップチャートに四分割の図を描きます。

    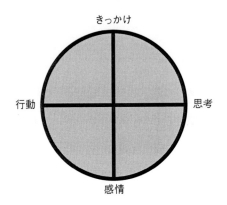

    里親にきっかけ（たとえば、学校の先生からの電話）を特定してもらいます。

    2 里親に、その電話の直後に心に浮かぶであろう否定的思考を思い浮かべ、特定してもらいます。それをフリップチャートの「思考」の傍に書きます。里親がまだその役になりきれていないときは、いくつかヒントを出します。私たちのほとんどが、多くの場合、自分の否定的思考を完全には意識していません。というのも、それは記憶されないまま私たちの意識をかすめていくだけだからです。しかし困難な状況の場合、私たちは自分の否定的思考に気づくことが多くなります。そして自動的に「最悪のシナリオ」を考えるようになります。

    3 里親全員に、特定してもらったそれらの否定的思考に続き、どのような感情が生じるかについて考えてもらいます。それを四分割の「感情」の傍に書いていきます。

    4 里親に、私たちはどのような振る舞いを目にすることになるでしょうか、それについて何か気づくことがあるでしょうか、また、このようなとき、あなたならどのように振る舞っていますか、と質問します。これはすぐに里親の役に立つでしょう。このような

セッション6　子どもの学習を支援する

状況で、否定的思考と不快な感情を持ちながら、あなたはどのように行動すると思いますか、という質問に対する里親の答えを「行動」の傍に書いていきます。学校を出ていくとき、否定的な思考と不快な感情は、里親の先生に対する態度と子どもに対する態度の両方に影響を与えるでしょう。ここで、この両方の相互作用を考えるように促すといいでしょう。

里親は、否定的思考を特定する前に不快な感情を思いつくかもしれません。その場合は単純に、それを「感情」の傍に書き、その感情はどのような思考から続くものでしょうかと質問していきます。これがこの四分割図を使うことの利点です。なぜなら思考、感情、行動はすべて関連していますから、重要なことはどこから始めるかではなく、進めていく過程なのです。

● PP32：否定的自動思考（NATs）について、以下の点をこのアクティビティのまとめとします。
　　　－　否定的思考は、私たちの情動状態を高め、しばしば合理的に考え行動する能力を阻害します。
　　　－　否定的思考は、たいてい不正確で役に立たない方法で形づくられています。
　　　－　否定的思考に気づいたとき、私たちは、それをより肯定的で勇気が湧いてくる別の思考に置き換えることができる地点に立っています。
　　　－　その新しい思考により肯定的な感情が生じ、それによって今度はアウトカムについてより建設的に考えることができるようになります。

● 第2部：思考を変える

PP33：新しい四分割図の描いてある新しいフリップチャートを使いながら、この一連のアクティビティをもう一度行います。しかし今度は、里親の思考をもっと前向きで、肯定的な思考に変えて行います。たとえば、**「少なくとも、あの先生は私に電話してきたわ。ということは、話し合って一緒に問題を解決したいと思っているのね。彼女は、このままでは退学させてもやむを得ないとは言ったけれど、退学させますとは言ってないわ」**という具合に。

● これ以外にもっとバランスのとれた考え方を思いついた里親はいませんか？　あるいは、否定的結論につながらない別の考え方にはどんな考え方がありますか？と質問します。より肯定的に、前向きに、積極的に考えるように促し、その考え方を「思考」の傍に書いていきます。

269

フォスタリング・チェンジ

- その新しい思考を心に抱いたとき、里親はどんな気持ちになるかを質問し、それを「感情」の傍に書いていきます。このとき感情はあまり強いものではなく、極端でもありません。
- この新しい思考と感情に続く里親の行動はどんなものでしょうか、と質問します。

このエクササイズは、肯定的で前向きで積極的な思考プロセスは私たちの感情のあり方と行動の仕方を変える力を持っているということ、そして合理的で建設的な結果をより達成可能なものにするということを示すものでなければなりません。この枠組みは、里親が否定的で不快な感情を経験するあらゆる種類の状況に適用することができます。

5分　否定的思考に気づきそれとたたかう
••

スライド　　34、35
配 布 物　　なし
道 　 具　　フリップチャート、マジックインク
内 　 容　　グループ討論。

- PP34 および PP35：スライド上の要点を見てもらいながら、里親から例を挙げてもらいます。そうすることによって里親は、否定的自動思考についてより深く理解することができるようになるでしょう。あるいは、スライドのポイントをフリップチャートに書き、それに里親の挙げた例を書き加えていってもいいでしょう。

私たちの多くが、否定的思考に気づき、それを捉えるためには練習する必要があるということを説明します。以下に、否定的で歪んだ思考の徴候をいくつか挙げておきますので、それを紹介しながら、里親から例を挙げてもらうようにします。

- **一般化**　大まかで一般的な断言やレッテル貼りで、無差別に否定するものです。真実を含んでいる場合もありますが、全体としては正確でも「真実」でもない断言です。
- 例を挙げてもらいます。「彼はだらしない」「私って無能よ」「私はもっともらしいことなんて言えない」など。
- **大げさに言う**　これらの断言は、その性質上極端で、しばしば「だれも〜ない」「みんなは〜」「けっして〜ない」といった言葉を含んでいます。
- 例を挙げてもらいます。「みんな私のことを肥っていて醜いと思っているわ」「だれも私の言うことなんて聞いてくれない」など。

セッション6　子どもの学習を支援する

- **過剰な期待**　私たち自身および他人についての高い、非現実的な、硬直した基準からできています。その期待が満たされなかったときには、落胆し、絶望することさえあります。
- 例を挙げてもらいます。「里親というものは、水道管が破れて家中水浸しになり、ひどい風邪を引いているときでも、自分は真っ白な誕生日ケーキを手作りできると思うものなの」など。
- **思い込み**　私たちはよく考えもしないで、他人の考えや動機について思い込むこむことがあります。
- 例を挙げてもらいます。「担当のソーシャルワーカーに、今度の新しい子どもとはうまくやれていないなんて言えないわ。だって彼女は、私が子どものあら探しばかりしていると思うでしょうから」など。
- 「すべきだったのに」「だったのに」「できたのに」など　これらの言葉には、「すべき」「はずだ」「しなければならない」などの決めつけが含まれています。この種の言葉は、道徳的な憤りを感じさせ、怒りと葛藤に油を注ぎます。
- 例を挙げてもらいます　「私はやり遂げなければならない」「彼らは言われたとおりにすべきよ」など。

否定的思考とたたかうための方略

5分

スライド　　36

配 布 物　　6.5「思考と感情」

　　　　　6.6「否定的自動思考（NATs）をとらえる：探し出すべき徴候」

　　　　　6.7「否定的思考を変える」

道 　 具　　フリップチャート、マジックインク

内 　 容　　グループ討論

以下に否定的思考とたたかうための方略をいくつか示しています。これらを紹介しながら、それらを実際に適用することができるように、里親に例を挙げてもらいます。このエクササイズは、里親がそれらの方略を、過去に専門家や子どもの学校関係者を相手にしなければならなかった具体的な体験と関係づけることができるなら、より有効なものになります。

- PP36：否定的思考とたたかい勝利するための方法にはいろいろなものがある、ということを説明します。たとえば、次のような方法です。
  - セルフトークをもっと正確なものにする。
  - 過激な断言や、否定的で一般的なレッテル貼りを避ける。
  - 役に立たない思考を反駁する実証的根拠を探す。たとえば、「ロビンの先生は私のことを役立たずと思っているに違いない」と考

271

フォスタリング・チェンジ

えたときは、自分自身にこう問いかけます。「それは本当？正確なの？」否定的思考をより現実的で具体的な思考に置き換えます。

● 里親に、新しい別の考え方を創造してもらいます。次の言葉をもっと正確にするにはどうすればいいと思いますか？　たとえば、「私は自分がいま何を話しているかわかっているし、それが役に立つ重要なことであると知っている」。

● 里親に、どうすれば否定的なセルフトークとたたかうことができるかを質問します。里親に、うまくできた例を挙げてもらいます。

● 状況を標準化し、多くの人が同じように感じているということを認識することが大切だと説明します。たとえば、次のように。「私はとても疲れているわ。でも、それは驚くことではない。カールのものすごい活発さに付き合ったら、どんな里親でも同じように感じるはずよ」。

里親に、引き続き例を挙げてもらいます。

● ユーモアのセンスを持つことが役に立つ、と里親に説明します。

● 自分を褒めることを考え、言葉にします。自分自身に対してアファメーションやコーピング・ステートメントを唱えます。自分を落ち込ませるのではなく、努力したことと自分の能力を称賛します。

● 自分を落ち着かせ、前向きにさせる言葉を唱えます。覚醒状態のレベルを制御する呼吸法と筋肉弛緩法を使い、落ち着いたリラックスした心理状態を創り出します。興奮した思考は落ち着いた思考に置き換えることができ、それによって事態に対処する能力も確固としたものになります。例を挙げ、「エイミーは私を挑発しているわ」と考える代わりに、どのような考え方がありますか、と里親に質問します。「時間を置く」「ゆっくり深く呼吸する」「落ち着くことができる、と自分に言い聞かせる」などの答えが返ってくるでしょう。

● プリント 6.5、6.6、6.7 を配ります。里親はそれを自宅で読み返すことによって、再度確認することができるでしょう。

40分 **家庭での実践：**
読書と宿題を支援するおよび自分自身の思考と感情を記録する

スライド	37
配布物	6.8「読書と宿題を支援する」
	6.9「思考を変える」
	6.10「感情を通して考える」
道具	なし
内容	● PP37：「ABC方略の枠組みと今日のセッションで学んだ『学習を支援す

272

セッション6 子どもの学習を支援する

る』方法を使った宿題をしてもらいます」と里親に伝えます。プリント
6.8にその結果を記録してもらいます。どのようにその表を完成するかを
里親と一緒に見ていきます。

- 週のうち1回または2回、ストレスを感じたり、怒ったり、落ち込んだり、
不安になったりする場面を見つけてもらいます。

- プリント6.9にそのときの思考を記録してもらいます。難しそうという里
親には、困難でストレスの多い状況に対処するのを助けるアファメーショ
ンを作成し、それを使ってみるようにと勧めます。

- 週のうち1回または2回、ストレスを感じたり、怒ったり、落ち込んだり、
不安になったりする場面を見つけてもらいます。

- プリント6.10を使い、そのときの感情を記録してもらいます。難しそう
という里親には、困難でストレスの多い状況に対処するのを助けるアファ
メーションを作成し、それを使ってみるようにと勧めます。

どのようにプリントを完成させるかをよく説明します。

5分 セッション評価

スライド	38
配布物	セッション6評価用紙
	コース中間評価用紙
道具	なし
内容	必ずセッション評価用紙に記入してもらうようにします。

必ずコース中間評価用紙も完成してもらいます。

10分 クロージング・ラウンド：アファメーション

スライド	39、40、41
配布物	なし
道具	アファメーション・カードおよび里親が書くための白紙のカード
内容	● 床またはテーブルの上に、用意したアファメーション・カードを並べます。里親の人数の2倍の数を用意しておきます。カードの上には以下のような文章が書かれています。

私は親切で思いやりのある里親です。

私は子どもを養育する才能があり、エネルギーもあります。

私は学習し変化することに前向きです。

私は養育している子どもを勇気づけ自信を持たせます。

私は肯定的で勇気を与えることのできる里親です。

273

私は前向きな人間です。

里親1人ひとりの顔を思い浮かべ、その人にぴったりと思える文章を書くようにしましょう。

次に白紙のカードを並べます。

- PP39：里親に以下のことを説明します。
    - アファメーションとは、いつでもどんなときでも自分に言い聞かせることができる肯定的な言い方のことです。
    - アファメーションは、人生に対して肯定的態度を保ち続けることができるようにするために使うことができます——「**私は挑戦と新しい状況を楽しみます**」。あるいは、ストレスの多い状況を切り抜けていくために使うことができます——「**私はそれをやれる、深く息を吸って、吐いて、そして落ち着いて**」。
    - 言い回しは肯定的で、前向きに感じられるようにします。

- PP40：里親に、「自分に関係がありそうなアファメーション・カードを1枚または2枚取ってください」と言います。あるいは「白紙のカードを取って、それに自分に向けたアファメーションを書いてもいいです」と伝えます。それはこの何週間か自分を勇気づける肯定的な文章であるべきです。それは、
    - **私は……**、で始まるようにします。
    - 肯定的に。
    - 簡潔に。
    - 具体的に。

もし支援や援助が必要な人がいれば、手助けします。

- 全員で、いま選んだ、あるいは自分で書いたアファメーション・カードを読み上げてこのセッションを締めくくります。
- PP41：このセッションに積極的に参加してくれ、一生懸命ワークしてくれた里親全員に感謝し，セッションを終了します。

これがハーフターム［訳注：英国の学校の学期中の中間休暇］の前の最後のセッションとなる場合は、そのことを里親に告げます。

その場合は、はがきまたはメールで、良い休日を過ごしてください、次のセッションの日時は○○ですと書いて送るのを覚えておきましょう。

セッション 6 子どもの学習を支援する

6 評 価

ファシリテーターのためのセッション後評価

ファシリテーター同士が 2 人で向き合って、今日グループはどうだったかを話し合い検討する時間を持つことがとても大切です。あなたは何を話し合いたいかについて自分の考えを持っていることでしょう。以下の点について検討したいと考えていることでしょう。

● 何がうまくいったと思いますか？
● もっと別の方法があったのではと思うことがありましたか？
● 内容を扱うことができましたか？
● 里親の評価用紙を見てください──拾い上げるべきメッセージはありませんか？
● 個人個人について、あるいはメンバー全体について、何か観察できたことはありますか？
● 会場、備品、軽食について問題はありませんでしたか？
● 何か気がかりなことはありませんか？ もしあったなら（次回から）どのようにしますか？
● セッションを欠席した里親がいたなら、電話で連絡し、お知らせやプリントとともに、セッションの内容の概略を送りましょう。

フィデリティー・チェックリスト

☐ 時間通りに始め、終わることができましたか？
☐ 養育、肯定的アプローチの手本となることができましたか？
☐ 里親の見方や考え方を認めることができましたか？
☐ 里親の経験を尊重しましたか？
☐ 里親の長所と資質を言葉にしましたか？
☐ 里親のフィードバックを称賛しましたか？
☐ 参加者全員が話す機会を持てましたか？

☐ 教育と宿題についての考えと、エクササイズを扱うことができましたか？
☐ 思考と感情についての考え方を扱うことができましたか？
☐ 思考と感情についてのエクササイズを扱うことができましたか？
☐ 内容を削除してしまったり、扱うことができなかったりしたことはありませんでしたか？
☐ 参加者全員が家庭での実践を持ち帰りましたか？

275

□「グループワークのきまり」を掲示しましたか？
□「里親の家族構成図」を作成し掲示しましたか？

□里親が会場に到着したとき、および休憩時間に、軽い飲み物やお菓子を出しましたか？
□里親が先に飲み物やお菓子を口にするようにしましたか？

（次のことも）チェックしましょう

組織上／技術上の問題が何か起きて、それに対処することができた。

里親からの評価用紙を読み、問題があった場合は、それについて今後どう対処していくか決めた。

欠席者に連絡を取り配布資料を送付した。

里親について何か気がかりな点を見つけ、もしあった場合、それにどう対処していくか計画した。

セッション **7**

ご褒美およびご褒美表

ご褒美およびご褒美表

ファシリテーターが知っておくべきこと

1 基礎となる理論的内容
アサーティブ・コミュニケーションとアイ（私）・メッセージ
ご褒美を使って肯定的行動を強化する

2 グループワークを効果的にファシリテートする
セッション7の準備
ファシリテーターのねらいと目標
セッション7を成功させる秘訣

3 必要な機材および備品

4 セッション7の概要

5 セッション7の流れ

6 評　価
ファシリテーターのためのセッション後評価
フィデリティー・チェックリスト

ファシリテーターが知っておくべきこと

セッション 7 では、私たちはまず、里親が専門家と効果的にコミュニケーションを取る方法を発達させるのを支援することから始めます。次に、子どもがどのように感情を表出しているか、そして、どうすれば子どもが自分の感情を調整できるようになるのを支援することができるかに里親が細心の注意を払うことの重要性にもう一度戻ります。最後に、子どもの肯定的行動を促進するために、ご褒美と強化をどのように使っていくかについて探求していきます。

1 基礎となる理論的内容

アサーティブ・コミュニケーションとアイ（私）・メッセージ

このセッションで私たちは、どうすれば里親は専門家と効果的にコミュニケーションを取ることができるかに注目します。まず、コミュニケーション・スタイルには大きく分けて 3 種類あるという説明から始めます。攻撃的、受身的、そしてアサーティブ［訳注：相手を尊重した誠実な自己主張］の 3 つです。続いて私たちは、里親にアサーティブになるための 1 つの方略を紹介し、その方略を用いてロールプレイを行ってもらいます。そのロールプレイのなかで、アイ（私）・メッセージという考え方を紹介します。アイ・メッセージは非常に効果的なコミュニケーション形態で、大人に対しても子どもに対しても使うことができます。このセッションで私たちは、その考え方を、子どもの教育を支える養育者を支援するというテーマを引き継ぎ、里親が子どもの学校の教師とコミュニケーションを取るという状況で使ってみます。里親は、学校という文脈のなかで子どもを支援し、その権利を擁護するために、アイ・メッセージを使うことができます。

これらの方略は、子どもに対しても使うことができます。子どもの不適切で、難しい行動によって、里親はときどき、怒り、苛立ち、拒絶されている気分を感じ、欲求不満を募らせることがあります。特に里親が、自分のニーズと感情はまったく無視され、認められていないと感じるときに、このような状況が起こりやすくなりま

す。たとえば、9歳の子どもが、いつも食べ物を床にこぼし、家中を散らかしてまわり、その後を里親が片付けてまわるのが当然のように振る舞うとき、その里親はだんだん腹が立ってきます。彼女は、この子どもは、自分でできることを私にしてもらうことを当たり前と思い、期待しているのではないかと考えたくなってきます。子どものこうした行動にイライラが募ってくると、里親はその感情をどう処理すればいいのか、わからなくなってしまいます。そして、そこで危険なことが起こるかもしれません。里親はその子どもに対して否定的な注目しか与えないようになり、子どもを口やかましく叱り、説教ばかりするようになるかもしれません。

里親は、自分を支援してくれるネットワークを持っていることが大切です。そうすれば里親は、そこで自分の思考や感情の重荷を一旦降ろし、加工することができます。そうすることによって、それを欲求不満の爆発という形で「外面化」することなく、管理することができるようになります。しかし時には、里親が自分のニーズや感情を子どもに伝えるほうが良い場合もあります。もちろん、子どもの心を傷つけたりしない方法を用います。そんなとき、アイ・メッセージが役に立ちます。アイ・メッセージによって、里親は、自分の感情を認識し、責任を取ることができるようになります。

ご褒美を使って肯定的行動を強化する

褒める、肯定的注目を与えるといった社会的報酬は、子どものウェルビーイングと発達にとって必要不可欠のものです。それらは子どもに、新しい行動とスキルを獲得しようという強力な動機を与えます。しかし、行動における望ましい変化をもたらすには、社会的報酬だけでは不十分な場合もあります。最初は社会的報酬にあまり反応しない子どももいます。そのような子どもでも、間を置かず与えられる有形の報酬によって動機付けられることがよくあります。

報酬には主に2種類あります。社会的報酬と有形の報酬です。
- 社会的報酬には、褒めること、注目することなどがあります。特に年少の子どもにとっては、親と里親は社会的報酬の重要な供給源です。それらは言葉によっても、親指を立てる、笑顔を向ける、ハグする、背中を軽く叩くなどの合図による非言語的な方法でも伝えることができます。
- 有形の報酬には、特別な楽しみ、アクティビティ、特権、シール、食べ物、お小遣いなどがあります。有形の報酬は、ある特定のスキルや日課、たとえば、歯磨きや友達と仲良く遊ぶなどを実行するように促すとき、とても有効です。子どもが、達成したことに対するご褒美に何か有形のものを得るだけでなく、努力と労苦は認められ褒められるものなのだということを経験することができるように、有形の報酬は社会的報酬と組み合わされると、最も効果的に作用します。一般に、有形の報酬は一時的な方略でしかありません。ある行動を長期的に持続させ、それをやりがいのあるものにさせるのは、社会的報酬です。

子どもそれぞれの好み

里親は自分の子どもが何を最大のご褒美と考えるかを見出しておく必要があります。それは子どもの気質、それまでの生い立ち、文化的背景によって異なることでしょう。里親は彼らの好きなものについて、子どもに直接尋ねる、あるいは子どもが何を楽しんでいるか、または空いた時間に何をして過ごしているかを観察することによって発見することができます。漫画を読む、庭や公園を駆け回る、コンピューターゲームをするなどでしょう。子どもが喜び、里親がご褒美にすることができるアクティビティには、あらゆる種類のものがあります。その行動が危険なものであったり、反社会的なものであったりしない限り、それを、特定の限られた時間することを許されるご褒美として使うことができます。

いつご褒美を与えますか？

ご褒美は、特定の行動が起きたそのときに随伴して与えられる必要があります。そして必ず、望む行動が行われた後に与え、けっしてその前に与えることのないようにします。それは時に、「～したら、次に～」ルールと呼ばれることがあります。それは具体的には、子どもがある特定の方法で行動したとき、それに特定の結果が随伴するという意味です。「**宿題をしたら、遊びに行ってもいいわ**」といったものです。

子どもに新しいスキルを学習させようとするとき、その行動がなされるたびにご褒美を与えることが必要です。たとえば、子どもにおまるを使うこと、あるいは食事の後、お皿をシンクに持っていくことを学習させているとき、そのような行動がなされるたびに一貫して間違いなく褒めることが大切です。これを連続強化といいます。その行動が定着し、子どもが自分のスキルに自信を持つようになったら、ご褒美はときどき与えるだけでいいでしょう。これを間欠強化といいます。スケジュール化された間欠強化は、行動を維持させるのに非常に効果的です。

ご褒美は、計画的にも、自然発生的にも使うことができます。子どもが良い行いをしたとき、ときどき驚くようなご褒美を子どもに与えると、それは非常に特別な、とても嬉しいご褒美に感じられ、子どもに、いつも良い行いをしようという気持ちを起こさせます。また前もって計画しておき、子どもがある特定の方法で行動をする動機を与えることもできます。これは特に里親が子どもに、ある特定のスキルや行動を促進し発達させたいと思っているときに有効です。

結果を用いる

もちろん、結果は否定的（嫌悪的）なときも肯定的（報酬的）なときもあります。ご褒美を効果的なものにするには、次のようなことが必要です。

● **明確であること**　子どものなかには、行動とその結果の間の関係を保持し続けることが難しい子どもがいます。そのため里親は、ある特定の行動をしたら、どのよ

うな結果が伴うかということを、明確に具体的に示す必要があります。「もし……したら、あなたはとても困ることになるわよ」といった曖昧な脅しは、子どもの行動にほとんど影響を与えません。なぜなら、行動の結果が少しも明確ではなく、意味が不明だからです。ご褒美も同様に、具体的であればあるほど効果的です。子どもは、この行動をすればどのようなことが起きるかを正確に知る必要があります。「何か良いことを一緒にするわよ」あるいは「良いものを買ってあげる」では不明確で不十分です。子どもに、「学校が終わったら、好きな友達と公園に行ってもいいわ」とか、「一緒にケーキを作りましょう」といった形でご褒美が与えられることを知らせることが大切です。

- **すぐに行うこと**　行動の結果がすぐに示されるとき、効果は最大になります。行動と結果の間の時間が長くなればなるほど、学習の効果は弱まり、あまり役に立たないものになっていきます。特に、集中力のない子どもほど、行動の結果について学習するのが難しくなります。そのため、そのような子どもには、「いまここで」という結果を経験させるのが有効です。子どもにとっては、「いい子ね、今度買い物に一緒に行ったとき、新しいボールを買ってあげる」と言われるよりも、その場ですぐに、シールやトークンを与えられるほうが、はるかに良いご褒美になります。

- **一貫性があること**　子どもは、行動の結果に関するきまりが一貫しているとき、より早く学習することができ、この結果はあの行動から直接生じたものであるという関係を知ることができます。サラは、あるときは学校に行く準備を終えていないのにテレビを見てもいいと言われましたが、別のときには同じことをしていたのに里親は不機嫌な顔で怒っていました。これではサラが混乱するのは無理もないことです。朝食を食べ終えたら着替えを済ませ、学校に行く用意をし、それが終わったらテレビを見ることができるということがサラにとって明確になっているなら、サラにとっては、選択とその選択の結果は明確です。このような知識こそが彼女の行動に大きな影響を与えるのです。それによってサラはまた、自分に起こることを自分でコントロールしているという感覚を得られるでしょう。

- **意味があること**　どのような種類のご褒美が子どもにやる気を起こさせるかについて、里親は思い込みをもたないようにすることが大切です。マクドナルドに行くことが良いご褒美だと里親が思っていても、子どもにとってはそれはあまり面白くも、わくわくすることでもないという場合があります。里親はいま養育しているその子どものことを知ること、そしてその子どもは何が好きで何が嫌いなのかを知ることが必要です。

- **頻繁に行うこと**　子どもは、行動に関連して1日を通して何度もフィードバックを受けるとき、よく学習します。どのような行動が受け入れられ、どのような行動が受け入れられないかを学習するためには、その都度褒められ、笑顔を向けられ、(よくやったねと)親指を立てられること、また、(よくない場合には)褒められないことが必要です。

- **バランスを取ること**　子どもは十分に正のフィードバックを受けることが必要です。褒められることよりも多く叱られ、小言を言われると、その子どもはやる気と自信をなくすでしょう。

セッション7　ご褒美およびご褒美表

ご褒美表

ご褒美表は、代替行動または「目標」行動および「目標」スキルを促進する効果的な短期戦略を提供します。それはまた、肯定的な行動に注目し強化するための構造も提供します。ご褒美表は、トイレを使う、夜はベッドで静かに眠るといった主要な発達課題にも、静かに遊ぶ、食器を洗うといった特別な行動を促すためにも使うことができます。すぐに達成できる目標もあるでしょうし、結果を見るまで時間と辛抱を必要とする行動もあるでしょう。

「代替」行動を選ぶとき、里親は最初比較的達成が容易な行動を選ぶほうがいいでしょう。幼い子どもの動機を持続させるためには、成功体験が必要です。ご褒美表を使うプログラムが軌道に乗ったら、それを子どもにとって興味があり、やりがいのあるものにするために、課題とご褒美を改訂するといいでしょう。今週ウィリアムが朝食を30分以内で食べることができたなら、次の週の目標を20分以内にするといった具合です。ご褒美表はたいてい2〜3週間の期間が最も良い効果を出し、それ以降は効果が弱まります。それに対して、社会的報酬は効果が弱まることがありません。そのため、有形のご褒美をなくしていった後も、褒めることは継続的に続けるべきです。

ご褒美表を立ち上げ実行していく基本的な手順は以下の通りです。

- 里親が見たいと思う行動を肯定的な言葉で記述します。
- 星のマークやシールを手に入れるには、何をする必要があるかを説明します。
- 何枚シールを集める必要があるかが子どもにわかるように、目標を設定します。
- その枚数シールを集めたらどのようなご褒美がもらえるかを、子どもと一緒に決めます。

ご褒美表は注意深く正しく使う必要があります。そうでなければ効果がなくなる可能性があります。ご褒美のタイミングと選択、課題の難しさをよく考え、明確にする必要があります。ご褒美の対象となる行動を具体的に示すことが重要です。そしてペースが大切です。最初は小さな達成から始めましょう。ご褒美表は、それを作成するときに子どもが全面的に参加すると、成功する可能性が高くなるようです。ご褒美表の目的は、子どもに自分の行動により多く責任を持つようにさせることです。子どもは、ご褒美プログラムを里親と自分が共同して取り組むものと見なすとき、それに向けて頑張りたいという気持ちを強く持つようになります。子どもを、ご褒美表を作成したり飾りつけしたりすることに参加させることができます。ご褒美を何にするかを決めるにあたって、子どもが参加できるということが最も大切な点です。

ご褒美の選択

有形の報酬は、大人が容易に入手または手配できる、あまり高価でない合理性のあ

283

るものにする必要があります。あまり高価でないお菓子、特権、外出、里親と特別な時間を過ごす、などがいいでしょう。時に子ども自身が、ある特定の結果のためにその行動をしたいと言い出すことがあります。たとえば、「星のマークをある個数獲得したら、週末、友達を家に呼んで遊んでもいいでしょう」とか、「ビデオゲームを借りてもいいでしょう」と聞いてくることがあります。また時には、「ご褒美メニュー」のなかから選びたいという子どももいるかもしれません。そのメニューには、さまざまな特権やお菓子が並べられ、それを獲得するために必要な星やシールの数が記載されています。こうすれば子どもは、必要な数の星のマークを獲得すれば自分の望むご褒美を選ぶことができるようになります。

トークン・システム

適切な形で行動したら具体的なご褒美をすぐに与える必要がある子どももいます。その場合は、ボタンやビンの蓋などをトークンにし、その都度与えるようにするといいでしょう。その子どもにとって、それらは、有形のすぐ手に入れることができる行動のための強化子とすることができます。その過渡的な強化子によって、その子どもは、まだ先にしか獲得することができない最終的なご褒美に向けて頑張ることができるでしょう。トークンはどこにでも持ち運ぶことができて便利です。たとえば、バスのなかで静かにしていることができない子どもには、バス旅行の間、静かにしているご褒美としてトークンを与えるようにするといいでしょう。トークンをある個数ためると、お店で何か好きな物を買ってもいいということにすることもできます。トークン・システムは、ご褒美表ととてもよく似た働きをします。

- 里親は子どもにしてほしいと思う社会的行動、あるいは子どもに責任を持って遂行してほしいと思う仕事を決めます。静かに遊ぶ、おもちゃの取り合いをしない、里親と一緒に外出したりお店に入ったりするときは、里親の傍を離れない、などです。
- 子どもに、これらの行動は里親である自分があなたにしてほしいと思っている行動であり、ご褒美を与えたいと思っている行動であるということを認識させます。トークンは手作りするか、どこかから入手する必要があります。子どもに、トークンを入れておく入れ物に飾りつけをするように勧めるのもいいでしょう。
- 里親と子どもで、トークンを集めるとどのようなご褒美または特権がもらえるかについてリストを作成します。トークン・システムは、年少の子どもの場合は単純なものでよく、ご褒美の種類もそれほど多くする必要はありません。年長の子どもの場合は、工夫を凝らした複雑なシステムにすることもできます。里親と好きなビデオゲームをすることができる、デザートを選ぶ権利がある、泡風呂に入ることができるなどの、毎日できる小さなご褒美から、特別なビデオを見ることができる、週末遅くまで起きていてもいいといった中間のご褒美、そして、外で少し贅沢な食事をする、旅行に行くなどのもう少し大きくて長期的なご褒美まで用意することもできます。
- 里親は子どもがどのくらいの個数トークンを集めることができるかを見積もり、各ご褒美に何個トークンを集める必要があるかを決める必要があります。年長の子

どものためのガイドラインとして、集めた個数の3分の2を短期のご褒美に、3分の1を中期または長期のご褒美に使うことができるといったきまりを設けておくといいでしょう。

● 仕事を継続してやり通すことができた場合は、ボーナス・トークンを獲得することができるようにすることも必要です。たとえば、1週間毎日ベッドメイクを自分ですることができた場合、週末に余分にトークンを獲得することができる、といった形です。

トークン・システムが実施されるようになったら、それを公平でバランスのとれたものにするために調整する必要があるかもしれません。最も重要なことは、子どもが成功し、それによってご褒美をもらえるという経験をすることです。そのため、その課題は遂行可能なものでなければなりません。簡単すぎたり、難しすぎたりした場合は、難度を上げたり下げたりすることができます。しかし、子どもが無作法な行動をしたとしても、罰としてトークンを取り上げるようなことをしてはいけません。ご褒美システムは、他の懲罰的な結果から独立したものにしておく必要があります。そうしないと、子どもはやる気をなくしてしまいます。

このトークン・システムは、子どもが4歳から7歳のときに最も効果があるようです。それよりも年長の子どもの場合は、ポイント・システムを使うほうがいいでしょう。トークンをポイントに替えますが、あとは同じように進めていきます。

ある里親の実践例

ベティはカリーナという9歳の女の子を里子として養育することになりました。彼女はネグレクトと身体的虐待を経験していました。ベティにはその前にもう1人、ジェンマという同じく9歳の女の子の里子がいました。カリーナが家にやってきたその日のうちに、2人の間に嫉妬心が芽生えたようでした。カリーナは、ジェンマがベティの注目を引いている間は、自分に注目を向けるのは難しいとわかると、ジェンマにちょっかいを出したり、いじめようとしたりしました。

ベティは2人のためにご褒美表を立ち上げました。カリーナがジェンマに優しく話しかけたり、彼女のために何か役に立つことや肯定的なことをしてあげたりしたときは、カリーナは金星を1個獲得することができました。10個金星を集めたとき、彼女はご褒美として、ベティの妹のアビゲイルの家に泊まりに行くことを許されました。それはカリーナにとっては特別なご褒美でした。

ベティは、ジェンマにもご褒美表をこしらえました。そのため彼女は自分の部屋をきれいに片づけることができ、のけ者にされたと感じることはありませんでした。それはまた、カリーナを特別な配慮の必要な「扱いが難しい」子どもとして、例外的な扱いすることを避けることにもつながりました。

フォスタリング・チェンジ

2 グループワークを効果的に
ファシリテートする

セッション 7 の準備

● ファシリテーター同士で、どちらがどのセクションをリードするかを決め、セッションの時間割を決めます。特に、どのように家庭での実践のフィードバックを受けるかを決めます。

● 家庭での実践で里親が使ういろいろな種類のシール、色紙、印刷されたご褒美表（さまざまな種類のものをインターネットからダウンロードすることができます）を買い揃えておきます。

● 里親のための有形の報酬として使うシール、果物、ナッツ、お菓子などのご褒美を用意します。

ファシリテーターのねらいと目標

● さまざまなコミュニケーション・スタイル、特にアサーティブ・コミュニケーションについて里親とともに探求していきます。

● 強化子がどのように作用するかを里親に説明し、子どもの行動を支え変化させるためにご褒美システムをどのように使うかについて、里親とともに創造性を持って考えていきます。

● 里親が自信を持ってご褒美表を使えるように支援します。

セッション 7 を成功させる秘訣

このセッションもまた有形の報酬についてのものですから、セッションを通して里親に、努力のご褒美としてちょっとしたものを与えることによって有形の報酬の使い方の手本を示すことができます。家庭での実践のフィードバックが終わったときなどがいいでしょう。難しい課題をやり抜いてくれたことに対する報酬としてシールやお菓子を与えることによって、褒めること、そしていつも楽しい気持ちでいることの手本を示すことができます。

多くの里親が以前にもご褒美表を使ったことがあることでしょう。そしてそのうちの何人かは、それを使ってみたもののあまり効果はなかったと言うかもしれません。ご褒美システムは、自分が養育している子どもの必要性、能力、動機に合わせて作成する必要があります。このセッションの難しい点の1つは、新しい行動やスキルを奨励するためにご褒美システムを使うとき、それを成功させるためには、とても慎重に、そして綿密に考え計画しなければならないということを里親に理解しても

286

セッション7　ご褒美およびご褒美表

らうことです。

グループのなかに委託された子どもの養育に苦労している里親がいること、あるいは自分の能力に自信をなくし、自尊心が低くなっているように見える里親がいることに気づいたなら、「里親は自分自身を気遣い、自分自身を褒めることが必要である」という考え方をグループに浸透させることが必要かもしれません。このセッションで、里親は、自分自身が喜ぶご褒美について考えるように、そしてこれから先1週間の自分自身の努力と達成に対して自分自身を褒めるように促されます。

3　必要な機材および備品

パワーポイント（2003以降）の入っているパソコン

フォスタリングチェンジ・プログラム付属資料（http://www.fukumura.co.jp/ からダウンロード）

● パワーポイント・スライド－セッション7

● 配布プリント、セッション7 – 以下を参照

● セッション評価用紙

プロジェクター

プロジェクター用スクリーン

環境音楽（迎え入れるための）（mp3プレイヤーまたはCD）

フリップチャート用スタンドおよびフリップチャート用の大きな用紙

フリップチャート用マジックインク

紙を壁に貼るためのブルータック（粘着ラバー）

セッション1で作成した「グループワークのきまり」のフリップチャート

セッション1で作成した「里親の家族構成図」のフリップチャート

セッション6で作成した「家庭での実践」のフリップチャート

ご褒美表のための備品、たとえば、さまざまなシール、ご褒美表のフォーマット、サンプル、カード、気分転換のときに使うお手玉

出席表

名札（記名用シール）

「ご褒美」のためのカラーシール

チョコレート、果物、小さな入浴剤などの有形の報酬

水を含む清涼飲料水やスナック類

287

セッション 7 で配布するプリント

セッションで使うプリント
    7.1「感情を通して考える」
    7.2「衝突を管理（マネージ）する」
    7.3「アイ・メッセージ」
    7.4「報酬と強化」
    7.5「私の子どもの喜ぶこと」
    7.6「有形の報酬を使うためのガイドライン」

家庭での実践
    7.7「家庭での実践：ご褒美表を立ち上げるための準備」
    7.8「ご褒美表サンプル－サッカー」
    7.9「ご褒美表サンプル－花瓶」

セッション 7 評価用紙

4 セッション 7 の概要

全体で 3 時間

到着	
歓迎の挨拶およびオープニング・ラウンド：この 1 週間自分が良くできたと思うこと	5 分
今日の流れと目標	5 分
家庭での実践のフィードバック：読書と宿題を支援する、および自分の思考と感情を記録する	40 分
気分転換：名前呼びゲーム	5 分
子どもが自分の感情を調整するのを支援する	5 分
子どもが困難を管理（マネージ）するのを支援する：なぜ問題が起こるのか？	10 分
感情を管理（マネージ）する	10 分
衝突を管理（マネージ）する	10 分
さまざまなコミュニケーション・スタイルを使う	10 分
	合計 1 時間 40 分

休憩 15 分

強化と報酬	5 分
自分の子どもに有効なご褒美	10 分

セッション7　ご褒美およびご褒美表

ご褒美表を立ち上げるためのガイドライン	20分
家庭での実践：ご褒美表を使う	20分
セッション評価	5分
クロージングラウンド	5分
	合計1時間5分

全体で3時間

5　セッション7の流れ

到着

スライド	2
配布物	名札、シール
道具	環境音楽
	セッション1で作成した「グループワークのきまり」のフリップチャート
	セッション1で作成した「里親の家族構成図」のフリップチャート
	セッション6で作成した「家庭での実践」のフリップチャート
内容	● PP2が映っている会場に、音楽に合わせて里親が入ってきます。会場全体が、里親を温かく迎える雰囲気に包まれています。
	● セッション1で作成したフリップチャートを掲示するのを忘れないようにします。
	● メンバーが到着したら、ファイルに貼るためのシールを渡します。会場に入ってくるときの里親の気分とストーリーに応えることが大切です。たとえば、大変な思いをして到着した里親には、労いの言葉をかけ、無事到着できたことを称賛し、シールを渡します。

歓迎の挨拶およびオープニング・ラウンド： この1週間自分が良くできたと思うこと

5分

スライド	3、4
配布物	なし
道具	なし
内容	● PP3：里親にセッション7に来てくれたことを感謝します。
	● PP4：里親全員に、この1週間良くできたと思うことを言ってもらいます。ファシリテーターが例を示します。たとえば、「難しいミーティングの間、落ち着いていられたことが本当にうれしかった」とか、「スージーのために特別な時間を計画したことを誇りに思うわ」など。

289

フォスタリング・チェンジ

5分 **今日の流れと目標**

スライド　5、6

配布物　なし

道　具　なし

内　容　● PP5：スライドを見てもらいながら、今日のセッションの流れを簡単に説明します。

　　　　● PP6：今日のセッションに向けてあなたが考えている目標を簡単に説明します。今日のセッションの流れや目標について質問はありませんかと尋ねます。

40分 **家庭での実践のフィードバック：**
読書と宿題を支援する、および自分の思考と感情を記録する

スライド　7

配布物　なし

道　具　チョコレート、果物、小さな入浴剤などの有形の報酬

内　容　● PP7 里親に、子どもが読書と宿題をするのを支援した経験について質問します。「何がうまくいきましたか？」「どんな経験をしましたか？」「何が起こりましたか？」と質問します。

　　　　● 質問に答えてくれた里親に有形の報酬を1個手渡します。これは努力に報いるお手本を示すことになります。

　　　　子どもの読書や宿題に対する自分の態度を変えることはそれほど簡単ではなかった、という里親もいるかもしれません。そのことを里親と一緒に認め、グループの前でその難しさを発表してくれた里親を称賛することが大切です。

　　　　家で子どもの読書と宿題に関する方略を実践してみて、何らかの成功または変化を経験した里親に注目することが重要です。それによって、それ以外の里親もその経験から学習することができます。

　　　　● 自分の思考と感情を把握する経験について里親に質問します。
　　　　● どのようにして新しい代替思考を創造することができたかを里親に質問します。そして学習のポイントを引き出します。ここまでの6週間で私たちはさまざまな方略を里親に説明してきました。里親はさまざまなスキルを実践しているでしょう。

290

セッション7　ご褒美およびご褒美表

> [備考]
>
> 家庭での実践を妨げるどんな障害についても、里親と一緒に問題解決にあたりましょう。いつも新しい方略を家庭で実践しようとした里親の努力を評価し、褒めましょう。子どもの読書と宿題を支援することについて発言のなかった里親には、他の方略を使っていなかったか考えてみるように促します。たとえば、褒めることを使っていたかもしれません。
>
> 思考と感情についての方略を使った里親については、どのような状況でそれを使ったかを聞きましょう。その経験を表に記入していた里親がいたなら、それを他の人に見てもらうことができれば、とても役に立ちます。

5分　気分転換：名前呼びゲーム

スライド　8

配布物　なし

道具　小さなお手玉

内容　グループでするエクササイズです。

グループによっては、今回がハーフタイム［訳注：英国の学校の学期中の中間休暇］のあと初めてのセッションかもしれません。そのため、このエクササイズによって他の里親の名前を思い出しながら、楽しい時間を過ごすことは今後のセッションにとても役立ちます。

- PP8：里親全員に立ち上がり輪になってもらいます。
- お手玉を他の里親に向けて、その人の名前を呼びながら投げるゲームです。ファシリテーターが最初に手本を示します。
- 全員がお手玉を投げるまで続けます。

5分　子どもが自分の感情を調整するのを支援する

スライド　9、10

配布物　なし

道具　なし

内容　グループに向けてファシリテーターが知識を提供します。

セッション5で始まった、子どもが自分の感情を調整するのを支援することについての討論を再開し、さらに深める機会です。

- PP9：私たちが自分の感情を表出しようとするとき、ときどき間違うことがあるということを説明します。

291

フォスタリング・チェンジ

感情を経験し表出する仕方は、人それぞれ違います。それは私たち1人ひとりの個人的経験、個性の違い、家族および文化的背景の違いなどに影響を受けています。私たちがある感情を伝えようとしても、ときどき相手が、私たちのボディランゲージや声の調子、外見などに対して異なった解釈をすることがあります。

● 里親に、人は主に3つの方法で感情を表すということを説明します。私たちが言う内容、私たちの見え方、私たちの言い方の3つです。スライドを見てもらいながら、順番に要点を示し、以下の点を説明していきます。

    – 私たちが言う内容には、私たちが選ぶ言葉、その使い方、それを並べる順序も含まれます。

    – 私たちの見え方には、顔の表情、ボディランゲージ、ジェスチャー、相手との物理的距離などが含まれます。

    – 私たちの言い方には、声の調子、喋っているときに特別の言葉に強勢を置くことなどが含まれます。

● PP10：社会的養護下の子どもは、混乱したアタッチメントの初期経験のせいで、自分が感じている本当の感情とは違う感情を見せることが多いということを説明します。スライド上の要点を説明していきます。

ある感情を感じても、それを大人に伝える方法を知らない子どももいます。またそうすることが、安全ではなく、受け入れられなかったという経験をしてきたかもしれません。困難なアタッチメントの歴史を経験してきた子どもは、自分が傷ついているときでも、里親に対して怒りを示すことがあります。

また、まったく感情を示さない子どももいます。彼らは経験から、大人は表出されたニーズに対して怒りで対応するものだということ、あるいは大人はニーズにはまったく応えようとしないから、それを示しても何の役にも立たないということを学んできたからかもしれません。

10分　子どもが困難を管理（マネージ）するのを支援する：なぜ問題が起こるのか？
....

スライド　　11、12
配布物　　7.1「感情を通して考える」
道　具　　なし
内　容　　グループに向けてファシリテーターが知識を提供します。

● 私たちはだれでも、怒りのような否定的感情の表出にはとても簡単に気づくということを説明します。大人である私たちは、子どもが無作法であ

292

セッション7 ご褒美およびご褒美表

ったり、他の子どもと言い争いをしたり、大声で怒鳴ったりしているとき、すぐに怒ってしまいがちです。特に自分自身が何か問題を抱えているとき、私たちの多くが役に立たない方法で振る舞うことがあります。ときどき私たちは、何も考えずに行動したり、感情に支配されたりすることがあります。不安や怒りのような強い感情によって、問題を考え抜くことを妨げられ、何をすべきか、何を言うべきかについて正しく判断することもできなくなることがあります。また私たちは、ある状況に違った方法で対応する仕方を学習してこなかったり、他にどうすればいいかを知らなかったりする場合があります。このことは特に社会的養護に置かれている子どもに当てはまります。

● PP11：スライドの項目を1つずつ指し示しながら、グループ全体に向けて、なぜ問題が起こるかについて説明していきます。
    − 考えずに行動する。
    − 感情に支配される。
    − 他の解決法が見えない。

考えずに行動する：ときどき私たちは、何が起こるかを真剣に考えることなしに、ある事柄に向けて突き進むことがあります。しばしば決定と選択があまりにも早く行われすぎて、直面する状況に対する適切な行動は何かということが十分考慮されないまま行動を起こしてしまうことがあります。

感情に支配される：私たちはときどき、不安や怒りのような強い感情に支配され、何をすべきか、何を言うべきかについて正しく判断することができなくなることがあります。

他の解決法が見えない：私たちはときどき、ある物事をするとき、他の方法についてまったく考えられなくなることがあります。ある考えに取りつかれ、他の解決法が見えなくなってしまうのです。

● PP12：私たちは考えることなしに行動したり、感情に支配されたりすることがあるということを説明します。不安や怒りのような強い感情は、問題を考え抜くことを妨げ、何をすべきか、何を言うべきかについて正しく判断するのを妨げることがあります。また私たちは、ある状況に違った方法で対応する仕方を学習してこなかったり、他にどうすればいいかを知らなかったりする場合があります。このことは特に社会的養護下の子どもに当てはまります。こんなときに役立つ1つの方法は、子どもと一緒に感情について考えることです。

● PP12：スライドの項目を指し示しながら、子どもに次のような質問を投げかけることができるということを説明します。
    − どんなことがあなたを怒った気分にさせますか？

293

フォスタリング・チェンジ

- あなたが怒っていることを他の人はどうやって知りますか？
- あなたが怒っているとき、あなたは何をしますか？
- 怒ることは役に立ちますか、それとも役に立ちませんか？

このような質問を子どもに投げかけるとき、里親は叱ったり決めつけたりせずに、好奇心を持って臨むことが大切です。私たちは子どもに、感情は行動に影響を与えることがあるということに気づいてほしいと思っているのです。そうすれば子どもは、自分の否定的な問題行動を変えていくための方法について考え始めることができるようになるでしょう。子どもと一緒に使うためにプリント7.1を配ります。

感情を管理（マネージ）する

10分

スライド	13、14、15
配 布 物	なし
道 具	なし
内 容	グループに向けてファシリテーターが知識を提供

ペアエクササイズ

● 子どもが悔しい思いをしながらも自分を必死で落ち着かせようとしているとき、あるいは怒っていてもその出来事から離れようとしているとき、そのようなときに私たちが子どもに注目することは、めったにないということを説明します。
● PP13：スライドの要点を確認してもらいます。
● PP14：スライドの要点を確認してもらいます。

子どもが自分の感情を管理（マネージ）するのを支援するために、私たちはここで、ディファレンシャル・アテンション（最初にセッション3で紹介しました）という考え方に戻りたいと思います。私たちは里親に、「感情の探偵」として、子どもが怒っているときに気づく（注目する）のではなく、子どもが自分を何とかして落ち着かせることに成功したときに、積極的にそれに気づくようにし、それを褒めてほしいと思っています。この方略は、子どもが自分の感情を調整する方法を学習するために必要な足場、すなわち感情的教えを子どもに与えることから始まります。もし子どもが正しいやり方で行動していることに気づいてもらえたり、褒められたりしたならば、その行動は再び起こりやすくなります。

● 里親にペアになってもらいます。番号を割り振って相手方を探してもらうようにしてもいいですし、ファシリテーターがペアでワークしてほしい

294

セッション7　ご褒美およびご褒美表

と思う人を指定してもいいでしょう。

● 里親に次のシナリオを手渡します。

シナリオ1

タネカがやってきて、エラが彼女のおもちゃで遊んでいるのを見つけました。タネカはエラに向かって大きな声で怒鳴りました。しかし、彼女はすぐに別のおもちゃを手に取り、静かに遊び始めました。

皆さんは、タネカが自分の感情をマネージできたことをどのように褒めますか？

シナリオ2

マーカスはそのクラブに初めて参加するのが不安でたまりませんでした。しかし、彼は思い切って行き、楽しいときを過ごすことができました。

皆さんは、マーカスが自分の感情をマネージできたことをどのように褒めますか？

● PP15：質問の答えを考える時間を4分与えます。

各ペアに1つのシナリオを与えてもいですし、2つとも与えてもかまいません。

● ペアを回り、このエクササイズの手助けをします。里親に、セッション5で学習したポイント（感情を調整する）を思い出してもらいます。里親は、タネカやマーカスの怒りや不安をなだめ、それを最低限に収め、子どもにとって楽な方向に向けたいという誘惑に駆られるかもしれません。その誘惑に打ち克つのは難しいと感じるかもしれませんが、たとえそれが善意からであるとしてもその誘惑に打ち克つ（子どもの自己調整に任せる）ことが重要です。里親はそのときの子どもの感情を評価し、それに名前を付け、正当なものであると認めることができます。里親に「挑戦してみてください」と声をかけましょう。里親全員が、どのように褒めるかについて討論に参加するように促しましょう。

● ペアを解消し、大グループに戻ってもらいます。みなさんはタネカとマーカスをどのように褒めますか、と質問します。

● 最後に感想を聞きます。このエクササイズは難しかったですか？　それとも、やさしかったですか？　不自然に感じましたか？　家でもできると思いますか？

295

フォスタリング・チェンジ

10分 衝突を管理（マネージ）する

....

スライド	16
配 布 物	7.2「衝突を管理（マネージ）する」
道 具	なし
内 容	グループに向けてファシリテーターが知識を提供

ロールプレイ

● 子どもに自分の怒りを効果的にマネージできるようになってほしいと思うなら、大人である私たちがそのスキルのお手本を示すことが大切です、と里親に説明します。里親はさまざまな専門家と話をし、連絡を取り合うことが期待されています。また、相手がどんな人であれ、養育している子どもの権利を擁護する必要があります。これらの仕事を効果的に遂行していくためには、里親はどのように他人とコミュニケーションを取っていけばいいかを理解する必要があります。

● PP16：3つの主要なコミュニケーション・スタイル──攻撃的、受身的、アサーティブ──があることをもう一度確認します。

攻撃的でいること。このスタイルの目標は勝つことです。次のような言葉が聞こえてきそうです。「私はこう考えます」「私はこうしたいのです」「私はこう思います」「あなたは愚かだ」「あなたの感情や思いは私には関係ないし、重要でもない」。

受け身でいること。このスタイルの目標は衝突を避けることです。「私には関係ない」「あなたの言うとおりにします」「私の考えや思いはたいしたことではない」「あなたの好きにしてください」「私は取るに足りない人間です」。

アサーティブでいること。このスタイルの目標は両方が勝利することです。次のような言葉が聞こえてきそうです。「私は状況をこんなふうに見ますが、あなたはどう思いますか？」「私はこんなふうに感じますが、あなたはどうですか？」

里親が自分自身のコミュニケーション・スタイルを、そして、人とどのように交わっているかを認識することが重要です。

● プリント 7.2 を配ります。

セッション7　ご褒美およびご褒美表

10分　さまざまなコミュニケーション・スタイルを使う

スライド　　17、18、19、20、21、22、23、24

配布物　　　7.3「アイ・メッセージ」

道具　　　　なし

内容　　　　グループに向けてファシリテーターが知識を提供します。

ファシリテーターとグループ内の希望者がロールプレイを行い、次に里親が
ロールプレイを行います。

● PP17：子どもに自分の怒りを効果的にマネージできるようになってほし
いと思うなら、大人である私たちがそのスキルのお手本を示すことが大切
だと説明し、今回はそれを練習する重要な機会であることを伝えます。

里親はさまざまな専門家と話をし、連絡を取り合うことを期待されていま
す。また、どんな相手に対しても、養育している子どもの権利を擁護す
る必要があります。効果的な方法でこれらの仕事をこなしていくためには、
里親はどのような方法で他人とコミュニケーションを取っていけばいいか
を理解する必要があります。

● 1人の里親に教師の役をしてもらい、ファシリテーターが里親の役をしま
す。その子どもは学校で問題を抱えています。

● 最初、ファシリテーターは攻撃的な里親の役を演じます。2分前後で終わ
らせるようにします。

● 教師役の里親からの感想を受けます。次にグループに対して、攻撃的な
態度についてどう思うかを聞きます。

● いくつかの感想を受けたら、再びロールプレイを行います。今度は、ファ
シリテーターは受身的な里親の役を演じます。

● 再び教師役の里親とそれ以外の里親からの感想を受けます。そして、こ
の特定のコミュニケーション・スタイルの持つ欠点を浮かび上がらせてい
きます。

● PP18：里親に、攻撃的、受身的スタイルのどちらも効果的ではないこと、
そして、アサーティブ・コミュニケーションを目指す必要があることを説
明します。

● PP19にまとめてある要点を確認してもらいます。

● PP20、21、22：スライドを見てもらいながら、アイ・メッセージの使用
について説明していきます。

アイ・メッセージを使うことによって、里親はニーズや感情を行動によっ
て外面化することなしに、それを他人に伝えることができます。

297

そのような里親は自分の感情を認識することができ、それに対して責任を取ることができます。これが感情を適切に表出する方法、すなわちアサーティブ・コミュニケーションのモデルです。大人が自分はひどい扱いを受けた、軽く見られたと感じたときに、アイ・メッセージはとても役立ちます。この方略によって、その人は、誘いに乗ることなく冷静に、アサーティブで誠実なアイ・メッセージを送ることができます。

● 里親に、アイ・メッセージは通常、次のような言い方で使うということを説明します。

「あなたが（そんなふうに振る舞うと）、わたしは……と感じます。なぜなら……。私は……したいのです」
たとえば、
「あなたが私に相談なしに決定したら、私はとても傷つきます。なぜなら、あなたはまるで私のことを何の役にも立たないと思っているように見えるからです。私はあなたに私ともっと話し合ってもらいたい、と思っているのです」

● PP23：グループのなかから希望者を募ります。1人に里親になってもらい、もう1人に教師になってもらいます。
● 今回も上と同じシナリオでロールプレイをしてもらいますが、今度はアイ・メッセージも含めて、アサーティブになる方法で説明したテクニックを使って行ってもらいます。
● PP24：里親がロールプレイをしている間、このスライドを映しておきます。そこにはアイ・メッセージのフォーマットが書かれていますから、ロールプレイの間、言い回しを思い出すときに使うことができます。
● 里親にアイ・メッセージについて参照してもらうためにプリント7.3を配ります。

ロールプレイで使うシナリオ
あなたの子どもは学校に行くのを嫌がっています。あなたは教師と話をしたいと思っています。

アサーティブ・テクニック：自分の権利を明確に主張します。
教師に次のように言います。「私の子どもがどのように過ごしているかについて、先生とお話しする時間を持ちたいのですが」。

アサーティブ・テクニック：他の人の気持ちを敏感に感じ取ります。
教師に次のように言います。「先生が教室で30人もの生徒を見ていること

はわかっています。でも、私は私の子どものことが気がかりなのです。私はできるだけ早く、私が心配していることについて、先生と話し合いたいのです」。

アサーティブ・テクニック：彼らが以前に約束したことを思い出してもらいます。
教師に次のように言います。「先生は火曜日の1時に会いましょうと言いました。私はその時間にそこへ行きましたが、先生はもういませんでした。どうされたのでしょうか。私はいまでも先生と話し合いたいのですが」。

アサーティブ・テクニック：その行動が自分をどんな気持ちにさせたのかをその人たちに知ってもらうようにします。
教師に次のように言います。「会う約束をしてくれたとき、先生は5分だけならいいと言いました。でも、私の子どもに何が起こっているのかを知るには5分では足りません。先生は本当に私の子どものことを心配しているのだろうかと、私は少し動揺、憤りを感じました。私の子どもが学校でもっとうまくやっていけるように、2人で解決法を探りたいのです」。

アサーティブ・テクニック：あなたの要求が退けられようとしているときは、あなたの権利を繰り返し強く主張します。
教師に次のように言います。「私は校長にお会いしたい。先生が自分のできることはすべてやったと思っていることは理解できます。しかし、それでも私は校長にお会いしたいのです」。

衝突を回避しようとするとき、それを冷静に確固とした態度で示すと、最も効果を発揮します。それゆえ里親が、自分の否定的感情を相手方との相互作用のなかに浸出させないようにすると、成功する確率は最も高くなるということができます。

交渉の相手との衝突によって、里親はときどき悔しい思いをしたり、怒ったり、動揺したりすることがあります。

[備考]

アイ・メッセージを子どもに使う：もちろん、里親はアイ・メッセージを、自分が養育している子どもに対しても使うことができます。それはその子どもにとっても、感情をアサーティブに適切な方法で表出するお手本になります。

アイ・メッセージは肯定的な感情を伝えるときにも使うことができます。里親はそれを使うバランスを理解することが大切です。

フォスタリング・チェンジ

アイ・メッセージは、ユー（あなたは）・メッセージよりも効果的で相手を尊重した方法です。ユー・メッセージは子どもを叱り、責める感じがあります。「あなたは私のことを全然尊敬していないようね」「あなたは私の言ったことを絶対してくれないのね」「あなたって、いつも自分のことしか考えていないのね」などです。とはいえ、アイ・メッセージを子どもに使う場合、使いすぎないことも大切です。使いすぎると効果が薄くなり、里親の感情について多くの情報を子どもに与え、負荷をかけすぎることになりかねないからです。アイ・メッセージの目的は、里親がどう感じているかを、そして、なぜそのように感じるのかを伝えることであり、子どもに罪悪感を持たせることではないからです。

15分 **休憩**

スライド　　25
配 布 物　　なし
道 　 具　　ご褒美用のシール
内 　 容　　この段階で里親が一息つくことが重要です。

セッション7はとてもやることの多いセッションです。そのため形式ばった形で感想を聞くよりも、一息つくことを重視しましょう。軽食を手渡しながら、意見や考えを拾っていく感じにします。里親にここまでかなりハードなワークをこなしてくれたことを感謝し、感心していることを伝えましょう。熱心に取り組んでくれたことに感謝して、シールを余分に渡すのもいいでしょう。私たちは、里親がロールプレイをしてくれたとき、あるいは特に熱心にやってくれたと感じるときに渡すために、特別興味を引く面白いシールを用意しておきます。

5分 **強化と報酬**

スライド　　26、27
配 布 物　　7.4「報酬と強化」
道 　 具　　なし
内 　 容　　グループに向けてファシリテーターが知識を提供

● PP26：スライド上の用語を平易な言葉で言い換えます。
用語の説明を行っているときに、里親が参照できるようにプリント7.4を配ります。

強化－望ましい行動の後に与えるご褒美を指す専門的用語です。それはその行動を強め、同じような状況で再度起こりやすくします。
連続強化－望ましい行動が起こるたびに与えるご褒美のことです。
間欠強化－望ましい行動に対して、ときどき与えるご褒美のことです。
「〜したら、次に〜」ルール－行動とそのご褒美の関係を指します。「本を

300

セッション7　ご褒美およびご褒美表

元の場所に戻したら、外に遊びに行ってもよい」。ご褒美は肯定的な行動に対してのみ与えられ、必ず行動の後に与える。

- PP27：里親に、ご褒美は肯定的行動に対して与え、いつでも行動のすぐ後に与えるようにします、と説明します。ご褒美についての要点を指し示しながら、ご褒美には次のようなことが必要であると説明します。
    - 明確で具体的であること：子どもがご褒美に対して疑問を持たないことが大切です。そして、何に対してご褒美が与えられるか、わかっていることが大切です。
    - すぐに与えること：子どもが望む仕方で行動したときは、すぐに与えることが大切です。
    - 一貫性があること：子どもが望む仕方で行動したときは、必ず与えるようにします。
    - 随伴していること：望む行動をしたときだけ与えるようにします。

10分　自分の子どもに有効なご褒美
・・

スライド　　28. 29
配 布 物　　7.5「私の子どもの喜ぶこと」
道　　具　　フリップチャート、マジックインク
内　　容　　里親に思いついたことを発表してもらいます。

その後、グループに向けてファシリテーターが知識を提供します。

その後全体で討論します。

- PP28：里親に、自分が養育している子どもはどんなことを喜ぶかを考えてもらいます。想像力を働かせ、具体的に考えるように促します。それをフリップチャートに書いていきます。
- PP29：いくつか意見が出たら、ご褒美には2種類あることに注目してもらいます。
    - 社会的報酬－笑顔、ハグ、褒める、注目する
    - 有形の報酬－小遣い、お菓子、コミック、アクティビティ、里親と一緒に特別な時間を過ごす
- フリップチャートに、「社会的」と「有形」という2つの見出しを書きます。里親が発表してくれたことに戻り、これらは「社会的」と「有形」のどちらに当てはまりますか、と質問します。そして、当てはまる見出しの下に書き直します。

子どもの好きなご褒美を思いつくのは簡単そうに見えますが、実は子ども

301

フォスタリング・チェンジ

は1人ひとり好みはとても違います。

● プリント7.5を配り、家に持ち帰って子どもと一緒に完成させてください、と伝えます。

ほとんどの子どもがこの課題を喜びます。なぜなら、自分が最も楽しいことについて里親と話ができるからです。里親はこれによって、使うことができるご褒美のさまざまな種類について、幅広く創造性を働かせて考えることができるようになります。

社会的報酬にはあまり反応せず、有形の報酬のほうがやる気が出てくる子どももいるでしょう。

有形の報酬はときどき見直して、変更する必要があるということを里親に確認してもらうようにします。また有形の報酬と一緒に、必ず褒めるようにと促します。

里親は自分の養育している子どもが何を一番うれしいと思い、やる気が出るかを知っておく必要があります。

20分 ご褒美表を立ち上げるためのガイドライン

スライド	30、31、32
配布物	7.6「有形の報酬を使うためのガイドライン」
道具	なし
内容	グループに向けてファシリテーターが知識を提供

グループ討論

このセクションは、プリント7.6と関連しています。里親に、そのプリントを参照しながら討論に参加してもいいと説明します。

● PP30：ご褒美表を立ち上げるときのガイドラインについて説明していきます。
  – ご褒美の対象となる行動を明確に具体的に特定しましょう。
  – ステップを調整しましょう。最初は小さな達成を期待することから始めましょう。
  – 1つまたは2つの行動に取り組みましょう。
  – ご褒美プログラムを立ち上げるときは、子どもを参加させましょう。
  – 柔軟になりましょう。

セッション7　ご褒美およびご褒美表

- 肯定的になりましょう。
- 罰として、ご褒美を取り上げるようなことはしないでください。
- 「だいたい」できたからご褒美を与える、というようなことはしないでください。
- ご褒美を与えるのはあなたの役割です。一貫して、最後までやり通しましょう。
- ご褒美表を埋めていくための時間を毎日作りましょう。
- 社会的報酬と褒めることを使うことも忘れないようにしましょう。

● PP31：ご褒美について以下の点も説明します。
- 有形の報酬は特定のスキルや行動を促進するときに特に有効です。たとえば、トイレ・トレーニング、衣服の着脱、仲よく遊ぶなどです。

[備考]

多くの子どもにとって、行動を変えるのに最も効果があるのは、社会的報酬です。
しかし、社会的報酬があまり効果のない子どももいます（特定の行動上の問題がある子どもや、養育者との間のアタッチメント関係がうまくできておらず、社会的合図に対して慎重になっていたり、あまり反応しなかったりする子どもです）。こうした子どもは、すぐに与える有形の報酬によく反応します。

子どもが自分の努力と達成に対して良い感情を持てるようになるために、有形の報酬に随伴して必ず社会的報酬を与えるようにしましょう。

- 幼い子どもの場合は、シールだけで効果があり、社会的報酬も有効でしょう。年齢の高い子どもの場合は、さまざまなご褒美が有効です。たとえば、
  ・ 家庭での特権：週末遅くまで起きていていい。テレビを見てもいい。コンピューターを使ってもいい。
  ・ アクティビティ：泳ぎに行く、スケートをする、公園に行く。
  ・ 里親と特別な時間を過ごす：ゲームをする、読書をする、ダンスをする。
  ・ 思いもかけないご褒美：雑誌、ヘアクリップ、ペンなど。

効果的なご褒美システムを立ち上げ実施していくためには、里親は次のようなステップを踏む必要があります。
- 見たいと思う行動を肯定的な言葉で表す。
- 子どもに、星やシールを獲得するには何をする必要があるかを説明する。
- ご褒美を獲得するには、シールを何枚集める必要があるかを子どもに伝える。

303

フォスタリング・チェンジ

　　　　　　　　　　– 　ご褒美を何にするかを子どもと一緒に決める。

　　　　　　　　　　– 　ご褒美表を子どもと一緒に作成する。

● 　PP32：例として１つの行動を選びます。

　　前の討論に出てきた行動から選んでもいいですし、何か例を出してくださいと里親に頼んでもいいでしょう。

　　例としては、朝起きたら自分で服を着替える、読書や宿題をするために机に向かう、自分の部屋を片付ける、などがあるでしょう。

● 　ガイドラインを見てもらいながら、いま選んだ例にどのように適用することができるかについて考えてもらいます。里親にプリントを参照するように促します。

　　ご褒美表を使うのが難しそうだという里親には、普通のご褒美を思い出してもらいます。その場合、ビー玉入れやシール帳を使うこともできると伝えます。そして、毎日必ず肯定的行動をいくつか褒めるようにしましょうと促します。

20分　　家庭での実践：ご褒美表を使う

スライド	33
配布物	7.7「ご褒美表を立ち上げるための準備」、7.8「ご褒美表サンプル－サッカー」、7.9「ご褒美表サンプル－花瓶」
道具	フリップチャート、マジックインク ご褒美表の材料
内容	グループ全体討論

個別計画

● 　PP33：里親にご褒美表のサンプル、プリント 7.8、7.9 を見てもらいます。里親はそれを見て、子どもと一緒にもっと面白いわくわくするようなご褒美表を作ろうと思うでしょう。里親はまた、インターネットでご褒美表を探すこともできます。ファシリテーターが例としてすべて埋まったご褒美表を見せると、里親の役に立つでしょう。

● 　それぞれの里親に、美しい色紙やカード、さまざまなシールを手渡します。里親はこれを喜び、自分もやってみようという気持ちをしっかりと持って家路につくことでしょう。

　　コンピューターを使ってご褒美表を手作りしよう、という里親もいるでし

304

セッション7　ご褒美およびご褒美表

ょう。創造力を働かせてくださいと奨励しますが、目的はそのご褒美表を
使うことであると付け加えておきます。

● ご褒美表を使って子どもに奨励したいと思う行動をグループの前で発表
してくださいと伝えます。各人がそれぞれ計画できるように、プリント
7.7 を配ります。

● それらの行動をフリップチャートに書いていきます。

ファシリテーターは、里親がご褒美表のために設定した行動が、現実的で
達成可能なものであることを確認する必要があります。

もう1つの家庭での実践は、これから1週間、自分がよくやったと思える
ことに対して自分自身にご褒美を与えることです、と里親に説明します。
それは特に費用のかかるものである必要はないと伝えます。たとえば、入
浴剤入りの風呂にゆっくり邪魔されずに入る、公園を散歩する、友人とお
茶を飲みながら談笑する、などがあげられるでしょう。

5分　　**セッション評価**

・・

スライド	34
配布物	セッション7評価用紙
道具	なし
内容	里親に最後の項目まで評価をしてもらうようにします。

5分　　**クロージング・ラウンド：里親へのご褒美**

・・

スライド	35、36
配布物	なし
道具	なし
内容	● PP35：里親全員に、次の1週間、自分自身に与えるご褒美を何にしたかを発表してもらいます。

里親が自分自身のことを思いやるのは大切なことです。それはこのコース
を通して、ファシリテーターが里親に促したいテーマです。

● PP36：里親に、積極的に参加してくれ、熱心に取り組んでくれたおかげ
でこのセッションを終えることができたことを感謝します。

305

フォスタリング・チェンジ

6　評　価

ファシリテーターのためのセッション後評価

　ファシリテーター同士が2人で向き合って、今日グループはどうだったかを話し合い検討する時間を持つことがとても大切です。あなたは何を話し合いたいかについて自分の考えを持っていることでしょう。以下の点について検討したいと考えていることでしょう。

● 何がうまくいったと思いますか？
● もっと別の方法があったのではと思うことがありましたか？
● 内容を扱うことができましたか？
● 里親の評価用紙を見てください——拾い上げるべきメッセージはありませんか？
● 個人個人について、あるいはメンバー全体について、何か観察できたことはありますか？
● 会場、備品、軽食について問題はありませんでしたか？
● 何か気がかりなことはありませんか？　もしあったならそれらを（次回から）どのようにしますか？
● セッションを欠席した里親がいたなら、電話で連絡し、お知らせやプリントとともに、セッションの内容の概略を送りましょう。

　ファシリテーターが2人で向き合って、今日グループはどうだったかを話し合うとき、今日のセッションのためのフィデリティー・チェックを必ず行いましょう。それによって、セッションのすべての側面を扱うことができたかどうかを、そして必要なスキルと態度の手本を示すことができたかを確認することができます。このチェックリストは、プログラムの認定のために不可欠のものです。

フィデリティー・チェックリスト

□時間通りに始め、終わることができましたか？
□養育、肯定的アプローチの手本となることができましたか？
□里親の見方や考え方を認めることができましたか？
□里親の経験を尊重しましたか？
□里親の長所と資質を言葉にしましたか？
□里親のフィードバックを称賛しましたか？
□参加者全員がフィードバックの間、話す機会を持てましたか？

□感情の表出および調整についての考え（知識）と、エクササイズを扱うことができましたか？

□ご褒美表をどのように立ち上げるかについて扱うことができましたか？

□さまざまなコミュニケーション・スタイルについて扱うことができましたか？

□ご褒美について説明し、エクササイズを行うことができましたか？

□内容を削除してしまったり、扱うことができなかったりしたことはありませんでしたか

□参加者全員が家庭での実践を持ち帰りましたか？

□「グループワークのきまり」を掲示しましたか？

□「里親の家族構成図」を制作し掲示しましたか？

□里親が会場に到着したとき、および休憩時間に、軽い飲み物やお菓子を出しましたか？

□里親が先に飲み物やお菓子を口にするようにしましたか？

（次のことも）チェックしましょう

組織上／技術上の問題が何か起きて、それに対処することができた。

里親からの評価用紙を読み、問題があった場合は、それについて今後どう対処していくか決めた。

欠席者に連絡を取り配布資料を送付した。

里親について何か気がかりな点を見つけ、もしあった場合、それにどう対処していくか計画した。

セッション

8

指示を与えること
および選択的無視

指示を与えること
および選択的無視

ファシリテーターが知っておくべきこと

1 **基礎となる理論的内容**
効果的な指示を与えること
注目の別の使い方：選択的無視

2 **グループワークを効果的にファシリテートする**
セッション8の準備
ファシリテーターのねらいと目標
セッション8を成功させる秘訣

3 **必要な機材および備品**

4 **セッション8の概要**

5 **セッション8の流れ**

6 **評　価**
ファシリテーターのためのセッション後評価
フィデリティー・チェックリスト

ファシリテーターが
知っておくべきこと

このセッションでは、里親に3つの異なった方略を理解し実践してもらいます。1つは指示を与えることに関するものです。里親が子どもに何かをしてもらいたいとき、子どもとどのようなやり方でコミュニケーションを取るかが、とても重要です。そしてそのやり方は、子どもがそれに対してどのように反応するかに大きく影響します。里親が穏やかに、明確に、ていねいに指示することで子どもが素直に適切に行動してくれる可能性を高めることができます。2番目に取り組む方略は、選択的無視です。この方略は、子どもがある行動によって受け取っていた里親からの注目を取り去ることによって、その子どもが不適切に振る舞う可能性を低くするというものです。最初の方略は、きっかけを変えることによって作用し、2番目の方略は、結果すなわち報酬を変えることによって作用します。

3番目に私たちは、アイ・メッセージを含むアサーティブ・トレーニングからいくつかの技法を紹介します。里親はこの技法を、子どもとの関係性においてだけでなく、専門家との関係性においても使うことができます。私たちは引き続き、里親が子どもの学校と効果的にコミュニケーションを取るのを支援するというテーマに沿って、里親と教師のロールプレイを行っていきます。

1 基礎となる理論的内容

効果的な指示を与えること

子どもに何かをさせたいと思って、したり、言ったりすることを指して「命令する（command）」「要求する（request）」といった用語を使うことがありますが、このセッションでは、「指示を与える（giving instructions）」という用語を使うことにします。

以下は、効果的な指示の一例です。

311

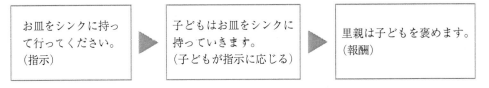

事態が悪い方に向かう場合

家庭内の衝突の多くが、日々の取るに足りない相互作用から発展し、手に負えなくなったものです。つまり、指示と要求がエスカレートし、対立に発展したものです。何かをしなさいと人に言われて、それを喜ぶような人はめったにいません。子どもも同様に、指示を押し付けがましい不快なものと感じるときがあります。そのような場合、子どもはたいてい非協力的な、扱いの難しい態度で反応します。

子どもは自分のやりたくないことを回避するのがとても上手です。大声で叫んで文句を言いさえすれば、大人は最初に言ったことを最後まで押し通すことはしないということを学習しているのかもしれません。この場合、子どもの不適切な行動（文句を言い、叫ぶ）は、指示に従うことを何とか回避することができたという事実によって報われているのです。不快で否定的なものと知覚されているものを除去することを、「負の強化（negative reinforcement）」といいます。子どもが命令や責任を回避するために否定的行動を使うとき、里親はだんだん指示を与えるのが嫌になってきます。なぜなら、どうせ子どもは従わず、言い合いになると予想できるからです。これはもう1つの負の強化の例です。里親は何も行動しない（指示を与えない）ことによって、衝突を避けることができるという報酬を得るのです。これは短期的には生活を楽にするかもしれませんが、子どもに、無作法な振る舞いをすれば命令に従うことを回避することができるということを教えているようなものです。

もう1つのシナリオが、子どもの否定的な行動に里親が腹を立て、それならばとさらに強気に出て、強制的に命令に従わせようと決心することです。この状況では、里親もエスカレーションに加担し、子どもが従うまで強圧的な戦術を使い続けるようになります。

セッション8　指示を与えることおよび選択的無視

この状況では、子どもが最終的に言うことを聞くことによって、里親の威嚇的で攻撃的な態度は強化されます（子どもの愚痴や悪態が止み、何とか指示に従わせることができたからです）。これによって里親は、子どもに言うことをきかせる唯一の方法は、大声を出し脅すことだと学ぶようになるかもしれません。そして、そのとき里親がまったく気づいていないかもしれないことは、それが子どもに対して不適切な行動の手本になっているということです。すなわち、自分の思い通りにするには、攻撃的に、威嚇的になるのが良いという手本を示していることになるのです。

下手な指示

多くの大人が、子どもを協力的にするスキルを使うことに慣れていないため、子どもを思いやりながら効果的に指示を与える方法を知りません。フォアハンドとマクマホン（1981）は、子どもがあまり従いそうにない指示について研究し、いくつかの特徴を明らかにしました。彼らが明らかにした下手な指示の特徴は以下の通りです。

多すぎる指示

指示を多く出すことによって、子どもが大人の言うことをよく聞くようになるということはありません。研究によれば、状況によっては、大人は子どもに対して30分の間に17回も指示を出すことがあり、また、行動上の問題を持つ子どもに関係している大人の場合、その回数が30分間に40回に達することもあるということです（Webster-Stratton, 1992）。爆撃にも似たこのような指示の出し方は、子どもを圧倒してしまいます。

次から次へとつながる指示

このような多くの指示が、チェーンのように次々とつながって出される場合があります。「**床の本を拾って、ビデオをまっすぐにそろえて、ペンを2階に持っていって、クッションを片付けて、椅子をまっすぐにしなさい！**」。こうしたチェーンのようにつながった指示は、覚えておくのが難しく、多すぎる情報で子どもに過剰な負荷をかけてしまいます。子どもがすべての指示に従うことができないのは、目に見えています。

別のタイプのチェーンのような指示が聞かれるときがあります。それは大人が、子どもがまるで聞いていないかのように、同じ指示を何度も繰り返すときです。そのとき子どもは、養育者が本気で怒るまで、4〜5回は指示に従う必要がないということを学習しているのです。言うことを聞かないという子どもの行動は、彼らが受け取る注目によって強化されているのです。

あいまいな指示

「気をつけて」「やめなさい」「注意して」といった指示は、子どもにしてほしい行動を具体的に特定できていません。大人は子どもにしてほしいと思っている行動をわかっていますが、子どもがそれをわかっているとは限りません。子どもにしてほ

313

しいことをあれこれ言うのを面倒に感じて、指示を省略する大人もいます。「床に
コートがある！」と子どもに言うとき、本当はこう言いたいのでしょう。「上着を
拾い上げて、今すぐハンガーに掛けなさい」と。言外に怒りや苛立ちを感じ取った
とき、子どもは上着を拾い上げるでしょうが、最終的に指示に従うことはあまりな
さそうです。

質問のような指示

「おもちゃを片付けてくれる？」とか、「お風呂に入りたいのでしょ？」といった指
示は、曖昧で、質問と指示の区別がわかりにくくなっています。このような言い方
は、子どもに「いいえ」と答える選択肢を与えることになります。それは里親にと
っては不本意なことでしょう。

指示の後に説明を続けること

指示した後に、説明を付け加えると、指示の力と明確さを曖昧にしてしまいます。
そのような指示に子どもが従うことは、あまりありそうにありません。里親をある
種の言い合いに引き込むのを得意とする子どももいます。里親の気持ちをその問題
から引き離そうとするのです。最初に説明し、次に明確な指示で終わらせることが
大切です。

「〜しましょう」という指示

里親自身がその指示を最後まで貫く気持ちがないなら、自分も一緒にするという意
味を込めないようにすべきです。大人が寝るつもりがないのに、子どもに向かって、
「さあ、一緒に寝る準備をしましょう」というのは誤解させる 指示の出し方です。

穏やかに明確に指示しましょう：ボディランゲージの重要性

指示するとき、里親は自分が言う内容に注意する必要がありますが、同時に、自分
の意志を表現するために、体の動き、顔の表情、声の調子も使う必要があります。
言語以外の方法で伝えるメッセージが、率直で明確であるとき、子どもは大人の言
うことをより真剣に受け止めるものです。座ったままで指示しても説得力を強める
ことはできません。立ち上がり、子どもに近づき（手の届く範囲）、アイコンタクト
を取り、子どもの名前を呼び、しっかりと明確に言うことが大切です。子どもに
よりますが、注意をひきつけておくために、体の一部に触れるのもいいでしょう。

子どもは一般に、穏やかな態度で威厳を伝える人の言うことをよく聞くものです。
これらは里親が練習することができるスキルです。

指示の与え方：枠組み

指示するとき、タイミングに注意する必要があります。ほとんどの子どもが、何か
のアクティビティに夢中になっているとき、それを邪魔するように出される指示に

対して良い反応はしません。できれば、子どもが今していることを終わらせるまで、あるいは手を休めるまで待つ必要があります。その後で指示するようにしましょう。それからの指示の枠組みは次の通りです。

- 子どもに近づき、子どもの注意を引きつけましょう。
- 何をすべきかを言いましょう。
- 子どもが言われたことをするための時間を与えましょう（だいたい5秒くらい）。
- 子どもが協力できたら、褒めましょう（子どもが指示や要求に従わないとき、特別に用意した結果をどのように使うかについては、セッション9で見ていきます。次の5番目と6番目のステップについても同様です。とはいえ、里親は指示の仕方に注意を払う必要があります）。
- 子どもが言われたことをしないとき、指示を繰り返し、もし協力できなければ特別に用意した結果を適用することになると警告しましょう。
- 協力できたら子どもを褒めてください。協力できなければ、用意した結果につなげます。

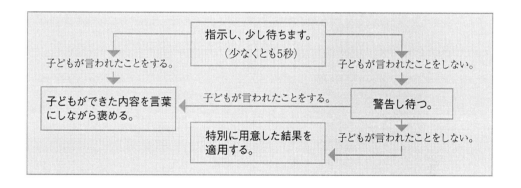

たたかいの領域を選ぶ

里親はときどき、子どもの行動に対して非現実的な高い期待を持つことがあります。子どもに絶対的服従を期待することは、理性的でもなく、望ましいことでもないということを心に留めておく必要があります。子どもは自分のまわりの世界を探検したがっています。子どもが里親の限界、あるいは境界を試してみようとするのは自然なことです。子どもは彼ら独自の課題、優先順位、意見を持っており、いつも自分以外の人の言うとおりに行動したいと思っているわけではありません。ほとんどの子どもが、平均して言われたことの3分の1くらいしかしていません。社会的養護下の子どもの場合、規則が一貫性を持って適用されてこなかった家庭、あるいは指示や要求が最後まで貫かれなかった家庭の出身の場合、指示に従うのが特に遅くなります。

里親はこうした日常的な相互作用をうまく処理していくスキルを身につける必要があります。なぜならそれによって里親は、将来、子どもが他人とどれほど協力的に

なれるかに直接影響するパターンを設定することになるからです。子どもに明確で穏やかな指示を与えることは、里親にとって最も重要なスキルの1つです。

明確に穏やかに指示するためのガイドライン

以下に、明確で建設的な方法で指示するためのいくつかのキーポイントを挙げておきます。これらはいずれも子どもからの協力を引き出すために考えられたものです。

- **直接的に** 子どもの注意をひきます。子どもの名前を呼んだり、アイコンタクトを取ったり、間を置いたりしましょう。しっかりした口調で、ゆっくりと明確に話すことが大切です。それによって子どもは、里親が真剣で本気であることを理解します。

- **簡潔に** 里親は、要求と指示を正当化するために長い説明をしたいという誘惑に駆られるかもしれません。しかし残念なことに、それは子どもに言い争いをしたり質問をしたりする機会を多く提供することになります。そして要求が本来持っている切実感を失わせることになります。要点を示しましょう。

- **はっきりと** 「気をつけて」とか「少し待って」といった声かけは、曖昧で不正確な指示です。それは子どもに何をすべきかを伝えていません。「カップをテーブルまで持って行って、そこで5分待って。そうすれば私はあなたと遊べるようになるから」と言えば、ずっと明確で率直なメッセージになり、子どもに何をする必要があるかを伝えることができます。

- **肯定的に** 指示は、子どもに、何をすべきではないということではなく、何をすべきかを伝えるべきです。子どもに「叫ばないで」と言うよりも「静かに話して」と言うほうがいいのです。

- **1度に1つの指示** 別のことに移る前に、いま言われたことを行う時間を子どもに与えてください。少なくとも5秒待って、子どもが言われたことをしようとしているのかしていないのかに注意を向けてください。その後で、子どもを褒めるか、用意した結果で最後までやらせるようにするかを決めましょう。

- **あまり多く指示を出さない** 里親が多く指示を出せば出すほど、子どもはそれに従うことが少なくなります。多くの指示は必要ありません。「緑色のTシャツを着て……、ポケットから手を出して……、ニコッと笑って！」。これでは指示が多すぎます。必要がなければ、次の指示を出すのを避けましょう。

- **ていねいに** 私たちは声の調子や言葉の選び方で、自分のいらだちや相手への非難を示してしまうことがよくあります。「何回言わせればわかるの」「いったい何をしてるの」など、こういった言葉は子どもをやり込めてしまい、おそらく自信を失わせ、傷つけ、協力しようという気持ちも失わせるでしょう。ていねいに、思いやりを持って指示を出しましょう。

- **現実的に** いつも食事を残さず食べる、いつも言われたとおりにするということを子どもに期待するのは非現実的です。できそうにないことを子どもに押し付けるべきではありません。子どもが最後までやり遂げることができる範囲で指示を与えましょう。たとえば、集中力の乏しい子どもに、30分間1人で宿題をするようにと言っても、そのような指示は適切ではなく役に立ちません。

セッション 8　指示を与えることおよび選択的無視

- **警告やリマインダー（思い出させるもの）**　子どもが何かのアクティビティに没頭しているようだったら、もうすぐ何かをしてもらうことになると警告するといいでしょう。「2分以内におもちゃを片付けなさい」とか「この番組が終わったら、ここにきてお茶を飲むのよ」などです。子どもが寝る必要があるとき、キッチンタイマーを使うことができます。数分後に鳴るようにセットしておいて、子どもにある行動から他の行動へ移る準備をする時間を与えるようにします。

- **選択肢を与える**　子どもは、いま楽しんでしていることを止めるようにという指示を出されると、束縛されたような感じがして、欲求不満になります。テレビを見る、ビデオゲームをする、あるいは外で遊ぶのを止めさせたいときは、別のアクティビティを提案するといいでしょう。「リビングに電車セットを広げるのはだめだけど、あの箱を使って庭で車を作ってもいいわよ」という具合です。これによって、代わりとなる集中できる肯定的なアクティビティを子どもに与えることができ、衝突の可能性を低くすることができます。

- **言い争いを避ける**　指示をして、子どもがそれに抵抗し、不平を言い出したら、無視するようにしましょう。注目を与えると、不適切で、回避すべき行動を強化することになりかねません。説明が必要なら、別のときに行うことができます。

- **「〜したら、次に〜」の指示を使う**　子ども、特に年長の子どもに、従うかどうかについて選択肢を与えたいと思うときがあるでしょう。そのような場合は、「〜したら、次に〜」という指示を使うといいでしょう。「読み終わったら、テレビを見てもいいよ」などです。それによって子どもに、指示に従おうというインセンティブ（動機）を与え、同時に、選択肢を示すこともできます。

- **褒めるか、もしくはある結果につなげるかのいずれか最後までやり遂げること**　子どもが協力的なときは、それを褒めるようにしましょう。褒めることによって協力的になることが促進され、子どもは里親の要求や指示を真剣に受け止めるようになります。子どもが非協力的な場合は、それに対する責任を負わせる必要があります。そうしないと、子どもは里親の命令や要求は無視してもいいということを学習してしまいます。

注目の別の使い方：選択的無視

注目は極めて強力で、子どもの行動の大半は、それが注目されることによって維持されていると言っても過言ではありません。たとえそれが負の注目であってもです。適切な行動が無視されたとき、子どもはすぐに、注目を手に入れる最も良い方法は、「無作法に振る舞う」ことであるということを学習します。たとえそれが、叱られる、小言を言われる、非難される、口やかましく言われる、怒鳴られるということを含んでいたとしても、それによって注目が保証されるからです。プレッシャーがかかっているとき、多くの養育者や親がこうした方法を選択します。しかし注目を与えることによって、その行動を正すどころか、逆にそれに報酬を与えているという点にリスクが潜んでいます。

317

行動を正す方略の1つとして無視を使うということは、注目をこれまでとは違う形で使うということを意味します。すなわち、子どもの適切な行動に対しては注目をご褒美として使い、無作法な行動に対しては、注目を取り去る（報酬をなくす）のです。その目的は、子どもに適切に行動することは自分の利益になり、欲しがっている注目を手に入れることになるということを学習させることです。

8歳の子どもが、ばかげた声を発しても何の注目も得られないということ、そして普通の声で話をすると里親の注目と興味を引くことができるということを認識するならば、その子どもはばかげた声を発するのを止めるようになるでしょう。

とはいえ、子どもの不適切な行動を無視するだけでは、子どもにどのように振る舞うべきかを伝えることにはなりません。そのためには、里親は見たいと思う肯定的な行動を目標とする必要があり、その代替行動に対してご褒美を与える必要があります。

2人の子どもが昼食を食べています。1人が食べ物で遊び、スプーンでそれをつぶしています。もう1人の子どもは食べることに集中しています。多くの大人が自動的に、食べ物で遊んでいる子どもに声をかけることでしょう。しかし、里親がより戦略的に注目を使えるようになると、食べ物で遊んでいる子どもを無視し、適切に振る舞っている子どもに注目し、褒めるほうがはるかに効果的だということに気づくでしょう。

無視できる行動

自分や他人、あるいは器物を傷つけるような危険な行為を無視することはできません。そのような状況には機敏に対応し、すぐに行動を起こす必要があります。しかし、多くのちょっとしたイライラするような行動には、無視はとても役に立ちます。以下は無視することができる行動です。

愚痴を言う	不平を言う	罵る
めそめそする	つまらない口論	食べ散らかす
ばかげた音を出す	手遊びをする	鼻をほじる
爪を噛む	生意気な口をきく	奇声を発する
顔をしかめる	かんしゃくを起こす	小さな口論

これらはどれもイライラする行動ですが、ほとんどの場合、わりと無害です。こうした行動の主な機能は、大人に自分の存在に気づかせ、注目を手に入れることです。そのため、注目しないことが、これらの行動を減らす効果的な方法なのです。挑戦的で反抗的な振る舞いをする子どももまた、しばしば人をイライラさせる行動をします。その結果、そのような子どもは人気がなくなり社会的に孤立します。里親がそのような行動を減らしてやることができれば、その子どもはもっとうまく友だち

の輪のなかに入っていくことができるようになるでしょう。

無視を使うことについての心配

無視はとても効果的ですが、適用するのは必ずしも簡単ではなく、それを使うことに躊躇する里親もいます。無視することをしつけの1つの方略と見なすことに違和感を持ち、行動を無視することによって、逆に子どもを無作法な行動へと仕向けてしまうのではないか、と心配する里親もいます。無視はなぜ有効なのか、そしてそれはどのように作用し、どうすれば誤って使うことを避けられるのかを里親が理解することができるように、無視することの背景にある原理をていねいに説明することが重要です。

無視の目的は、不適切な行動を強化する源泉となっている里親の注目を除去することである、ということを里親に十分理解してもらう必要があります。里親の対応は、怒鳴る、非難する、小言を言う、説教をするといったものかもしれませんが、子どもはそのときの注目を何か望ましいものとして経験しているかもしれません。里親が注目を除去することを学ぶなら、その行動はやがて消えていくでしょう。

この対極にあるのが、無視を使うのは思いやりのない方法で、子どもの自尊心を傷つける可能性があるとして、それに躊躇することです。社会的養護下に置かれた子どもの多くが、これまでにネグレクトの経験があり、無視されることを特に苦しく辛いこととして感じるのではないかと心配する里親もいます。ここでは、無視は無作法な行動に対する罰ではなく、敏感さをもって注意深く使われる必要のある方略であるということが非常に重要な点です。里親は養育している子どもに有り余るほどの注目を与える必要がありますが、注目は適切な行動に対して与えられるもので、不適切な行動に対して与えられるものではないということを肝に銘じておく必要があります。里親は子どもと話をし、その行動の意味について一緒に考えたいと思うかもしれませんが、それはその行動の後でするのが最も効果的です。そうすることによって里親は、否定的な行動に対して注目というご褒美を与えるという悪循環に陥るのを回避することができます。より穏やかに落ち着いた気分になったときに、里親と子どもは、話し合い、一緒に問題解決にあたることができます。

無視することについて

方略として無視を使うとき、里親が絶対に確認しておかなければならないことは、無視するのは行動であり、子ども自身ではないということです。無視は、不適切な行動が行われているその間、とても短い時間、ほんの1秒か2秒使われるものです。子どもがかんしゃくを起こしている場合は、もう少し長くなるかもしれません。

無視が日常的に無差別に使われるなら、不適切な行動だけでなく、肯定的行動まで

やる気をなくさせてしまう可能性があります。無視は選択的に、焦点を定めて使われるべきで、その行動が止んだ後まで注目を控え続けるべきではありません。子どもの行動をあまりにも頻繁に、そして長時間無視すると、子どもは怒り、ネグレクトされた、見捨てられたと感じるでしょう。

里親は、どの行動を無視するかについて考える必要があり、前もって子どもにそのことを説明しておく必要があります。たとえば、里親は、次のように言うことができます。「あなたが私に向かって大声を出したり、私の名前を呼び捨てにしたりしたら、私はあなたから顔をそむけます。私はそんなあなたと話したくないし、顔を見たくもありません。あなたがていねいに穏やかな声で話しかけてくれたら、私はすぐにあなたの方を見て注目します」と。これにより無視される行動は何か、そして注目される行動は何かをはっきりと子どもに伝えることができます。

ここで是非とも確認しておいてほしいことは、子どもの不適切な行動が止んだときは、里親はすぐに子どもの方を向き、褒めることを開始し、適切で可能ならば、アテンディングをする必要があるということです。子どもは、里親の注目を得られないときと、得られたときの強いコントラストを経験する必要があるのです。

無視の方法

無視には次の内容が含まれています。
- アイコンタクトをせず、言い合いも避ける。
- 子どもに背を向け、遠ざかる。
- 非言語的なコミュニケーションもとらない。

無視のためのガイドライン

巧妙に

無視は、子どもの行動に対する里親の自然な反応を中和することができたとき、効果が高まります。無視するとき、顔の表情や態度によって苛立ちやその反対の快感を子どもに伝えないことが重要です。なぜなら、それは子どもの行動に対して報酬を与えることになってしまうからです。子どもがキッチンでかんしゃくを起こしたなら、里親は自分を落ち着かせるために深呼吸をし、落ち着かせる言葉を自分に言い聞かせるといいでしょう。あるいは、お皿を拭く、パートナーと週末の予定について話し合うなどの何らかのアクティビティに集中するといいでしょう。

一貫性を持って

ある特定の行動を無視すると決めたら、その行動が起こるたびにそれを無視するようにすることが必要です。里親が無視を始めると、子どもの行動が激しさを増すことはよくあることです。子どもは里親が反応してくれるのを待っているのです。

子どもが以前よりも扱いにくく、難しく感じられるようになったとしても、里親が引き下がらないことが大切です。引き下がってしまうと、子どもは自分の思い通りにするには、行動をエスカレートしさえすればいいということを学習します。里親は、いまは一時的に悪くなっているけれど、すぐにとても良くなるということを自分に言い聞かせて、このテスト期間を耐える必要があります。

子どもの近くにいる

できれば、無視している間も子どもと同じ部屋に留まるようにします。そうすれば、子どもが適切に振る舞い始めた時点を確認することができ、すぐにそれを褒めることができます。無視するとき、子どもが膝の上に乗って来られないように、立っているのがいいでしょう。とはいえ、部屋を出て行ったほうがいい場合もあります。子どもの要求を退けたいとき、あるいは自分を落ち着かせたいときなどです。

気をそらす

無視を、気をそらすことと一緒に使うこともできます。年少の子どもが、テレビを見てはダメと言われてメソメソしているとき、里親は静かに何も言わずに、ガレージや車で遊ぶしぐさをすることができます。それは子どもに対して、代わりとなる適切な行動を暗示することにつながります。同様にスーパーマーケットでおもちゃが欲しいと言ってかんしゃくを起こしている子どもに対しては、「デザートを一緒に選びに行きましょう」と言うと子どもは静かになり、おもちゃから気をそらすことができるかもしれません。ここで重要なことは、里親が子どものために肯定的な方法を見つけてあげるということです。そうすれば、里親と子どもは無駄な根競べをする必要がなくなります。何か別のことで気をそらす必要がある場合は、里親自身の楽しみや苛立ちを子どもに伝えないようにすることが大切です。

行動が激しすぎるときはどうするか

無視は、里親が強く感情を喚起させられた行動に対しては適用すべきではありません。なぜならそのような状態では、その方略を結果まで見つめ続けることが難しいからです。そのような状況の場合、里親はタイムアウトや合理的な結果（これらはセッション9と10で見ていきます）などの別の方略を使う必要があります。

セルフコントロール

無視を使うことによって、里親は自分のイライラと緊張をある程度解消することができ、かなり落ち着いて肯定的な感情に戻ることができます。里親は、自分自身が怒りや苛立ちに支配されないことによって、子どもに、不必要な衝突を避けるお手本を示すことができます。それは子どもが発達させるべき重要なスキルです。子どもはそれによって、衝突から遠ざかり、友達とより肯定的で、よりストレスの少な

い関係を築くことができるからです。

行動が無視されるとき：「消去」

行動が無視されると、その行動は徐々に消えていきます。これを「消去」と呼びます。スーパーマーケットでかんしゃくを起こしても、欲しい物が手に入らないとき、その行動はわりと早く消えていくでしょう。しかし、それまでこの方法で欲しいものを手に入れられていた子どもの場合は特に、事態は良い方向に進む前に一度悪くなります。子どもは欲しいものを手に入れようとして状況をエスカレートさせ、かんしゃくはより大きな声になり、より激しいものになるでしょう。この望ましくない行動の増大を、「消去バースト」といいます。そのとき大人が毅然としてかんしゃくに譲歩しないなら、その行動はすぐに少なくなり消えていくでしょう。

ある行動が消えた後、しばらくして自然に再発することがあります。これを「自発的回復」といいます。かんしゃくを起こすことに慣れていた子どもは、数週間後にその以前の行動をぶり返すことがあります。その行動が報酬を与えられることなく無視されるなら、それはすぐに少なくなり消えていくでしょう。

指示の与え方と望ましくない行動を無視する例

明確に指示を与える

ダレン夫妻は合わせて4人の子どもを養育していました。そのうちの2人は、ジャスミンとジェイドという活発な姉妹で、それぞれ6歳と7歳でした。2人はしばしば誰とでも口論し、喧嘩をしました。特にジャスミンは、ダレンに対して反抗的で、大声を出して逆らいました。ダレンはとてもやさしい穏やかな人で、いつもこの姉妹に対して、何とか説得して言うことを聞かせようとしました。ダレンが言うには、彼がジャスミンに何かをするように言おうとすると、彼女はすぐに無作法な態度をし、「彼をにらみつける」ということでした。たとえば、彼がジャスミンに、ソファーにちゃんと腰かけなさいと言うたびに、衝突が起こりました。コマーシャルの時間になると、彼女はソファーの上で寝転び、みんなをいらだたせました。

トレーニング・セッションのロールプレイで、ダレンは真っ先にジャスミンの役を演じました。彼が椅子の上で寝転ぶようにすると、他の里親が彼に、ちゃんと腰かけなさい、と穏やかで明確な指示を出しました。その後ダレンは、家に帰り、指示を出すことを試してみました。アイコンタクトとアサーティブなボディランゲージを使うことは、とても難しく感じられました。彼はまた、「私はきみに……してほしい」というように、「私は」という言葉を使うこともとても難しく感じられました。彼はそれまで、「〜してくれない？」とか、「〜してくれる？」といった言葉で指示を出していたのです。彼は勇気を出して、何度も何度も挑戦し、ついに穏やかで直接的な方法で指示を出すことができるようになりました。

セッション8 指示を与えることおよび選択的無視

次の週、彼はグループのみんなに対して、ジャスミンの反応にとても驚いたと報告しました。彼はある程度の衝突はやむを得ないと覚悟していたのですが、ジャスミンはとても素直に反応し、協力的で、リラックスしていたのです。彼はこの「簡単な」エクササイズのおかげで、自分とジャスミンの関係に思いもかけない肯定的で、大きな変化を起こすことができたと感動しました。彼はいま、自分とジャスミンの間のコミュニケーションはとても直接的で、リラックスして、愛情のこもったものになったことを実感しています。

無視とご褒美表を組み合わせる

マーガレットは9歳から10歳までの3人の活発な子どもを養育していましたが、それは彼女にとってかなりきつい仕事でした。彼女が3人をベッドに行かせた後も、子どもたちは毎晩のようにそれぞれの部屋からお互いの名前を呼び、からかい合い、はやし立て、最後はベッドから起きて階段の踊り場で遊んでいました。マーガレットはそのたびに2階まで上がり、3人をベッドに戻すのに一苦労しなければなりませんでした。彼女は厳しい言葉で叱りつけましたが、あまり効果はありませんでした。マーガレットはとてもイライラして、ストレスが溜まっていました。彼女はお手上げの状態になっていたのです。

選択的無視について学習した後、彼女はそれをご褒美表と組み合わせて使ってみようと考えました。彼女は子どもたちと一緒にご褒美表を作成し、「夜あなたたちがベッドに行き、各自の部屋で静かに過ごすことができたら、特別なシールをあげます」と説明しました。そして最初の週に5枚シールを集めたら、週末にご褒美を買ってあげると約束しました。子どもたちはそれぞれ頑張ったご褒美に何を買ってほしいかを決め、それについてマーガレットと話し合いました。マーガレットはまた、これからは踊り場でふざけていても、けっして2階へは上がっていかず無視すると伝えました。

最初、マーガレットはこの方略を適用するのがとても難しく感じられました。子どもたちが2階でごそごそ動くのが聞こえてきたとき、何もせずじっと我慢するのは本当に難しいことでした。そんなとき彼女の夫は、落ち着いて計画を最後までやり遂げるよう彼女を励まさなければなりませんでした。彼女は、気をそらすためにテレビを見たり音楽を聞いたりすればいいということに気づき、また、彼らの行動は今は無視するほうがいいのだと自分に言い聞かせました。

最初の週末に早くも子どもたちの行動に変化が現れました。彼らは、いくら騒いでもマーガレットの注目は得られないということを認識しました。彼らはまた、静かにベッドに留まることでシールをもらえることが本当に楽しくなりました。それに加えて、週末の特別なご褒美やお出かけのために頑張ろうという気になっていました。この2つの方略は一体となって、マーガレットの望む通りに作用し、彼女にとっても子どもたちにとっても、夜の過ごし方を変えることができました。

323

フォスタリング・チェンジ

2 グループワークを効果的に ファシリテートする

セッション 8 の準備

● ファシリテーター同士で、どちらがどのセクションをリードするかを決め、セッションの時間割を決めます。

● 毎週必要な道具や機材に加えて、今週特に必要なものを確認します（セッションの最初のページを参照）。

アテンディングと選択的無視の練習に使うおもちゃ（人形、ブロック、粘土など）

ファシリテーターのねらいと目標

● 里親に、これまでどのような形で指示していたかを振り返ってもらう機会を提供します。

● 落ち着いた明確で穏やかな指示の仕方を練習してもらうことによって、里親に自信を深めてもらいます。

● 里親に、選択的無視をどのように使うかを計画できるようになってもらいます。

セッション 8 を成功させる秘訣

無視という概念には、人によって別の意味が含まれているかもしれず、そのうちのいくつかは否定的なものかもしれません。里親のなかには、自分自身が無視された経験をして傷ついたことのある人、あるいは何か罰せられているような気持ちになったことのある人がいるかもしれません。ファシリテーターは、グループのなかには、無視によってある文化に特有の隔離や追放といった嫌な経験をしたことを思い出す人がいるかもしれない、ということに特に敏感になる必要があります。

無視は、とても特別な方略で、焦点を定めて使わなければいけないということを理解し、念頭においておくことに苦労する里親もいます。そのような里親は、自分の欲求不満や怒り、失望を十分に発散させることができず、それを間接的に表出する手段として無視を使う傾向があります。

長時間の無視はけっして容認されるものではないということ、そして無視は、子どもを排斥する、あるいは子どもと話すことを拒否することを意味しないということを、里親に明確に伝えることが大切です。無視は、望ましくない行動の間だけ、注目を取り去るということを意味するだけです。

324

セッション8　指示を与えることおよび選択的無視

指示をする練習をすることはとても重要です。指示をするためのガイドラインはかなり簡単そうに見えますが、明確に落ち着いて穏やかに指示するスキルは、簡単に身につけることができるものではありません。言葉と言葉以外（ノンバーバル）の側面の両方を練習することによって、里親はそのスキルを家庭で効果的に使うことができるようになるでしょう。

3　必要な機材および備品

パワーポイント（2003以降）の入っているパソコン

フォスタリングチェンジ・プログラム付属資料（http://www.fukumura.co.jp/ からダウンロード）

● パワーポイント・スライド―セッション8
● 配布プリント・セッション8―以下を参照
● セッション評価用紙

プロジェクター

プロジェクター用スクリーンまたはその代わりとなる壁面

環境音楽（迎え入れるための）（mp3プレイヤーまたはCD）

フリップチャート用スタンドおよびフリップチャート用の大きな用紙

フリップチャート用マジックインク

紙を壁に貼るためのブルータック（粘着ラバー）

セッション1で作成した「グループワークのきまり」のフリップチャート

セッション1で作成した「里親の家族構成図」のフリップチャート

セッション7で作成した「家庭での実践」のフリップチャート

アテンディングと選択的無視の練習に使うおもちゃ（人形、ブロック、粘土など）

出席表

名札（記名用シール）

「ご褒美」のためのカラーシール

水を含む清涼飲料水やスナック類

セッション8で配布するプリント

セッションで使うプリント

8.1「下手な指示を与える」

8.2「上手に指示を与える：枠組み」

325

8.3「上手な指示の与え方」

8.4「練習:穏やかに明確に指示を与える」

8.5「選択的無視」

8.6「消去」

家庭での実践

8.7「家庭での実践:穏やかに明確に指示を与える」

8.8「家庭での実践:選択的無視」

8.9「家庭での実践:アイ・メッセージ」

セッション8評価用紙

4　セッション8の概要

全体で3時間

到着	
歓迎の挨拶およびオープニング・ラウンド:夢のようなご褒美	5分
今日の流れと目標	5分
家庭での実践のフィードバック:ご褒美表を使う	40分
気分転換:「太陽は照らす」	5分
指示を与える	5分
下手な指示を与える	5分
明確に穏やかに指示を与える	10分
上手に指示を与えるためのガイドライン	15分
明確に指示を与える練習	10分
合計1時間40分	

休憩15分	
注目の別の使い方:小さな無作法を無視する	15分
無視の技法を効果的に使うためのガイドライン	20分
行動に対して報酬がないとき:「消去」	5分
家庭での実践:明確に穏やかに指示を与えて無視を使う	15分
セッション評価	5分
クロージング・ラウンド:明確に指示を与える	5分
合計1時間5分	

全体で3時間

セッション8　指示を与えることおよび選択的無視

5　セッション8の流れ

到着

スライド	2
配 布 物	名札、付箋紙
道　　具	ご褒美用のシール
	環境音楽
	セッション1で作成した「グループワークのきまり」のフリップチャート
	セッション1で作成した「里親の家族構成図」のフリップチャート
	セッション7で作成した「家庭での実践」のフリップチャート
内　　容	● PP2が映っている会場に、音楽に合わせて里親が入ってきます。会場全体が、里親を温かく迎える雰囲気に包まれています。

セッション1で作成したフリップチャートを掲示するのを忘れないようにします。

● メンバーが到着したら、ファイルに貼るシールを渡します。会場に入ってくるときの里親の気分とストーリーに応えることが大切です。たとえば、大変な思いをして到着した里親には、労いの言葉をかけ、無事到着できたことを称賛し、シールを渡します。

5分　歓迎の挨拶およびオープニング・ラウンド：夢のようなご褒美

スライド	3、4
配 布 物	なし
道　　具	なし
内　　容	● PP3：里親にセッション8に来てくれたことを感謝します。
	● PP4：究極の夢のようなご褒美を里親に考えてもらいます。想像力の及ぶ限り、好きなものならどんなものでもいいと伝えます。
	● 1人30秒ずつで、みんなの前で発表してもらいます。

自然で楽しいオープニング・ラウンドにします。

ファシリテーターが最初に手本を示しましょう。

5分　今日の流れと目標

スライド	5、6
配 布 物	なし
道　　具	なし

327

フォスタリング・チェンジ

内　容　　● PP5：スライドを見てもらいながら、今日のセッションの流れを簡単に説明します。

● PP6：今日のセッションに向けてあなたが考えている目標を簡単に説明します。今日のセッションの流れや目標について質問はありませんかと尋ねます。

40分　家庭での実践のフィードバック：ご褒美表を使う

スライド　　7
配布物　　なし
道　具　　フリップチャートとマジックインク
内　容　　グループ全体でするエクササイズ

● 家庭での実践で使ったご褒美表を見せてくださいと言います。

● 子どもはどんな行動を目標にしたか、そしてご褒美はどんなものだったかをグループに向けて発表してもらいます。

● 発表してくれた里親を励まし、称賛し、感謝のシールを渡しましょう。

● 必要なら、ご褒美表を立ち上げるときの原則についてもう一度確認します。目標とする行動とご褒美は明確に決まっていたか、目標とする行動の難易度は適切だったか、そしてこのアクティビティで最も大切な点である、子どもに成功体験を与えることができたかについて、里親とともに検討していきます。

5分　気分転換：「太陽は照らす」ゲーム

スライド　　8
配布物　　なし
道　具　　フリップチャートとマジックインク
内　容　　グループ全体でするエクササイズ

● PP8：これは椅子取りゲームの1種です。椅子を円形に並べてもらいます。

● 椅子を1つ除いて、人数分に1脚足りないようにします。あまった人は、円の中心に立ちます。

● グループのメンバーに共通している外見的特徴を1つ選んでほしいと里親に説明します。

● ファシリテーターが最初に手本を示します。円の中心に立って、次のように言います。「太陽は、ズボンをはいている人を照らす、太陽はイヤリングをつけている人を照らす」。その後、ズボンをはいている人、イヤリングをつけている人が椅子を取り合います。1人残された人が円の中心に行き、同じように言います。

328

セッション8　指示を与えることおよび選択的無視

- グループ全体が気分転換できたと思えたところで終了します。グループの大きさによりますが、全員が円の中心に立つまで続けてもいいでしょう。

5分　指示を与える
••

スライド　　9

配布物　　なし

道　具　　なし

内　容　　グループに向けてファシリテーターが知識を提供

あらかじめ、ファシリテーターは「ファシリテーターが知っておくべきこと」の指示を与えることに関するセクションに目を通しておくといいでしょう。

- PP9：指示を説明しているスライドを見てもらいます。
- 以下の要点を押さえてもらいます。
  - 私たちは子どもに何かをしてもらいたいとき、指示を与えます。
  - 30分の間に17回前後指示するのは、めずらしいことではありません。
  - 反抗的な子ども、あるいは集中力のない子どもに対しては、その数字は40回まで達することがあります（素行障害のある社会的養護下の子どもの場合の高い数字をここで紹介します）。
  - 指示は、ABC方略の枠組みでは、きっかけとして作用します。
  - 研究によれば、私たちの指示の仕方が、子どもの行動と子どもがどれほど協力的になるかに直接影響します。

5分　下手な指示を与える
••

スライド　　10、11

配布物　　8.1「下手な指示を与える」

道　具　　なし

内　容　　ファシリテーターによるロールプレイ

里親に、思いつくことを言ってもらう。

- PP10：ファシリテーターが、下手な指示を与えている大人を演じます。以下に概略を示しますが、創作してもいいでしょう。
- 下手な指示が与えられるロールプレイを観察することによって、里親は、協力しようという気をなくさせるコミュニケーションの仕方と、それを促進させるコミュニケーションの仕方の違いに気づくでしょう。
- 里親に「下手に」指示する様子を見てくださいと告げます。

329

ロールプレイの概略

登場人物：里親、子ども（ヴィッキー）

場面：子どもが遊びに夢中になっています。里親は子どもに、いま遊んでいる部屋を片付けてほしいと思っています。里親は一連の指示を与えますが、子どもはそれにあまり反応しません。

里親：質問のような指示をする。遠くから叫ぶ。

「ヴィッキィー、そろそろ片付けない？」

子ども：「いやよ。私はいまいそがしいの」

子どもは遊び続け、里親は近づいて行く。

里親：指示の後、説明を続ける

「さあ、さあ、私はあなたに片付けてほしいの。叔母さんがもうすぐ来るのを知ってるでしょ。彼女はとても細かいのよ。ここがきれいに片付いていないと、彼女が何を言い出すか、わかったもんじゃないわ……」

子ども：遊び続ける。

里親：曖昧な指示、下手なボディランゲージ——アイコンタクトはなく、声は小さい、などなど。

「まっすぐ置くのよ、いい？」

子ども：沈黙、何を言っているのかわからない様子、遊びを続ける。

里親：「〜しましょう」という指示。

「じゃあ、一緒に片付けましょう」。里親は何もしない。

子ども：ちょっと待つがすぐに遊びを続ける。

里親：もう一度繰り返し、怒る。

「何度言わせれば気がすむの。片付けなさい！」

子ども：肩をすくめ、おもちゃを1個少し動かす。

里親：次から次へとつながる指示。かなりイライラしている。アイコンタクトはなし。

「わかった？ 本を元あった場所に持っていって、ボールペンは棚に、そして椅子をまっすぐにして、クッションの形を整えて……」

- フリップチャートに「下手な指示」という見出しを書きます。グループに、この里親は指示をどのように行いましたか？ この里親がうまくできたことはありましたか？ 役に立たなかったことは何ですか？ と質問します。

- 里親の答えをフリップチャートに書いていきます。里親が気づかなかった点、特にタイミングが悪く、ボディランゲージがなかった点に注目して

セッション8　指示を与えることおよび選択的無視

もらいます。

里親のなかには、自分もこのロールプレイと同じようなことをやっていた
と思う人もいるかもしれません。誰もがこれと同じような間違いをするこ
とがある、ということを確認することが大切です。

● PP11：下手な指示についての要点をもう一度確認してもらいます。

下手な指示を与えるどの項目に最も注意する必要があるかを里親に質問し
ます。なかでも、繰り返し同じ指示をする、質問のような指示をするが、わ
りと陥りやすい下手な指示の代表的な例です。プリント8.1を参照します。

● 討論の後、下手な指示を与えている親を描いた短い動画を映します（3分
以内）。

私たちはテレビ番組『アウトナンバード』（DVDで市販されています）から
の抜粋を使っています。そこでは、父親が下手な指示を繰り返し、ついに
は子どもを脅しつけますが、最後までやり通すことができません。

● プリント8.1を里親に配ります。

10分　**明確に穏やかに指示を与える**
・・

スライド	12
配 布 物	なし
道 　 具	なし
内 　 容	グループに向けてファシリテーターが知識を提供します。

次のセッション9では、子どもが指示に従わないときはどうするかについて見
ていきますが、今日見ていくのはその前提です。すなわち、効果的な指示の仕
方についてです。

● PP12：以下の点を里親に説明していきます。
　　　－　里親は、何を言うかだけでなく、どのように言うかについても注
　　　　　意する必要があります。
　　　－　子どもの活動の途中で中断して指示を与えるよりも、活動が一段
　　　　　落ついたときに指示を与えるのが最も効果的です。
　　　－　子どもは、里親がアイコンタクトやボディランゲージを使い、声
　　　　　の調子に注意し、近づいて身体に触れるなどして、率直に、ア
　　　　　サーティブなコミュニケーションを取るとき、より真剣に指示を

331

フォスタリング・チェンジ

受け止めるようになるようです。

● ファシリテーターは上手に指示するプロセスに焦点を合わせる必要があります。以下の点を確認しましょう。

　　− 里親は、何を言うかだけでなく、どのように言うかについても注意する必要があります。

　　− 子どもの活動の途中で中断して指示を与えるよりも、活動が一段落ついたときに指示を与えるのが最も効果的です。

　　− 子どもは、里親がアイコンタクトやボディランゲージを使い、声の調子に注意し、近づいて身体に触れるなどして、率直に、アサーティブなコミュニケーションを取るとき、より真剣に指示を受け止めるようになるようです。

15分　上手に指示を与えるためのガイドライン

スライド　　　13、14

配布物　　　8.2「上手に指示を与える：枠組み」、8.3「上手な指示の与え方」

道　具　　　フリップチャート、マジックインク

内　容　　　グループに向けてファシリテーターが知識を提供

● PP13、14：両方のスライドを見てもらいながら、上手に指示を与えるためのガイドラインとして、それらについて討論します。

ファシリテーターは、スライド上のポイントに加えて、以下の点も強調しましょう。

　　− タイミングを考えましょう。指示するのにいいタイミングですか？

　　− 子どもの近くに寄り、注目させましょう。子どもの目の高さまでしゃがみ、名前を呼びましょう。子どもにもよりますが、よそ見をしないように身体の一部に触れるのもいいでしょう。

　　− 何をすべきかを明確に言いましょう。

　　− 言われたことをする時間を、子どもに与えましょう。少なくとも数秒。

　　− 協力的だったときは、褒めましょう。

　　− 言うことを聞かないときは、指示を繰り返しましょう。そして協力しないなら特別に用意した結果を使うと警告しましょう（これについては次のセッション9で見ていきますと説明します。この段階では、指示の仕方と、子どもが非協力的なときにふだん自分がどんなことをしているかに注目するように言います）。

　　− 子どもが協力的なときは褒めます。そうでないときは特別に用意

332

セッション8　指示を与えることおよび選択的無視

した結果を使います。

以下の点も、例を出しながら、あるいは里親に例を出してもらいながら、扱っていきます。

- 「〜したら、次に〜」という指示を使いましょう。
- 褒めること、あるいは結果を適用することのいずれにしても、最後までやり通しましょう。

10分　明確に指示を与える練習

スライド	15
配布物	8.4「練習：穏やかに明確に指示を与える」
道具	なし
内容	ペアでするロールプレイ、またはグループでするエクササイズ。

このエクササイズをペアでするか、グループ全体でするかを決めます。家庭での実践で使うスキルを練習し、試してみる機会としてこのエクササイズを使うことができます。

- PP15：里親に、子どもが言うことを聞かない状況を考えてもらいます。食事の後、汚れた皿をテーブルに置きっぱなしにする、ランドセルを床に置きっぱなしにする、遊んだ後おもちゃを片付けない、などが挙げられるでしょう。
- ロールプレイをする前に、指示を与えるとどんなことが起こったかを里親に簡単に説明してもらいます。
- その例を挙げてくれた里親が、ロールプレイでは子どもの役を演じます。そして相手方の里親がそのときの里親の役を演じます。ロールプレイはだいたい3分ほどにします。
- ロールプレイが終わったら、演じてもらった里親に、里親として、あるいは子どもとしてどんな気持ちだったか、簡単に感想を述べてもらいます。
- グループ全員に、この里親と違う対応の仕方としてどのような方法があるかを考えてもらいます。次に、先ほどのペアにもう一度ロールプレイをしてもらいますが、里親役の人が、前とは違った方法で演じる点を少なくとも数点、ここで確認できるということが重要です。
- 討論で示された助言とガイドラインを使いながら、もう一度同じ設定でロールプレイをしてもらいます。
- みんなからの助言をもとにロールプレイをしてみて、どのように感じたかを2人の里親に発表してもらいます。
  ここでは、「子ども」役の人からの感想が特に重要です。それによって「里親」役の人は、コミュニケーションのどのような側面が効果的であっ

たかを確認することができます。子ども役の人は次のように言うかもしれません。「あなたが私を見つめるときの眼を見ていると、あなたの言うことを真剣に聞かなくちゃと思う気持ちになったわ」、あるいは、「あなたの声の調子はとてもきっぱりしていて、説得力があったわ」など。

「里親」役の人が、新しいスキルを使うことができるという感覚を持つこと、そして「子ども」役の人が、子どもが先ほどとは違う指示の仕方を受けてどのように感じ反応したかを洞察することができることがここでは重要です。

里親がペアでロールプレイをしているとき、設定した状況に合わせて演じてくださいと促しましょう。ファシリテーターは、進行に合わせて適切な助言を与え、ポイントを明確にしていきましょう。

里親からロールプレイをするための適切なシナリオが提出されなかったときは、プリント 8.4 を使うといいでしょう。

15 分　休憩

スライド	16
配布物	なし
道具	なし
内容	ここで里親が一息つくことが大切です。

15 分　注目の別の使い方：小さな無作法を無視する

スライド	17、18、19、20、21
配布物	8.5「選択的無視」
道具	なし
内容	グループに向けてファシリテーターが知識を提供

ファシリテーターによるロールプレイ、（無理な場合は）DVD

● 今までは子どもにある行動を促し、それを褒めることが中心でしたが、ここからは方向を少し変えます。すなわち、穏やかなしつけの方略としての選択的無視について説明していきます。最初にこの点を里親に明らかにしておきます。

● PP17：スライドの各項目を見てもらいながら、以下の点を詳細に説明していきます。

　　－　無視は穏やかですが、効果的なしつけ方略です。それは主に、自

セッション 8　指示を与えることおよび選択的無視

　　　　分の存在に気づかせ、注目を得るためにする子どもの「無作法な
　　　　振る舞い」に対処するためのものです。

　　　－　無視は、里親が子どもの不適切な行動に対する注目を取り去ると
　　　　決めたときに作用します。行動の ABC 分析という観点から言え
　　　　ば、無視は、不適切な行動に対する肯定的な結果の除去を意味し
　　　　ます。

　　　－　行動に対して報酬が得られないとき、その行動は消えていきます。

● PP18：里親に、「無視」を使ったことがあるかどうか、そして無視という
　　　言葉をどのように理解しているかを聞きます。「無視」についてすぐに思
　　　いつくことが何であるかを同定してもらいます。

里親のなかに無視について強い考えや感情を持っている人がいたら、それ
についてグループに発表してもらい、少し討論してもいいでしょう。無視
は不適切な行動に対処する前向きな方法とは思えないから、それは使わな
いことにしているという里親もいるかもしれません。また、無視は、思い
やりのない懲罰的な方法だと感じるという里親もいるかもしれません。

● PP19：スライドを見てもらいながら、以下の要点を確認していきます。

　　　－　不適切な行動に対して、大人はよく、叱る、小言を言う、説教を
　　　　する、文句を言うなどの対応をしますが、それらは行動を変える
　　　　ための効果的な方略ではなく、子どもに対して注目という形で大
　　　　量のご褒美を供給しています。

　　　－　危険な行動を無視するわけにはいきませんが、多くのちょっとし
　　　　た無作法な行動は無視のターゲットになり得ます（たとえば、ば
　　　　かげた声を発する、かんしゃくを起こす、めそめそする、ちょっとし
　　　　た口げんかなど）。

　　　－　選択的無視には、ある程度のセルフコントロールが必要です。里
　　　　親は自分の気持ちを受け止めなければなりません。――それが苛
　　　　立ちであれ、あるいは気を晴らそうとするものであれ。

　　　－　無視は子どもにとっても里親にとっても利益のある方法です。子
　　　　どもの行動は改善し、里親のストレスや怒りなどの否定的な感情
　　　　は減っていきます。

● PP20：スライドの各項目を見てもらいます。
● PP21：ファシリテーターが簡単に無視のスキルを実践して見せます。1 人
　　　が里親の役をし、もう 1 人が子ども役をします。

たとえば、子どもが里親と一緒にお絵かきをしています。子どもがちょっ
とした無作法な振る舞いをします。鉛筆を床に放り投げました。里親は無

視し、背を向け、何もしゃべらず、非言語的な合図も出しません。子ども
が適切な行動（たぶん、その子どもは鉛筆を拾うでしょう）をし出したらす
ぐに、里親は子どもの方を向き、注目し、褒めます。「鉛筆を拾ったのね。
お利口さんね。とてもきれいな草の絵が描けたわね。なかなかいいじゃな
い！」。

ロールプレイは５分ほどで終わるようにします。

ロールプレイの代わりに、無視の状況を描いた短い動画を映してもいいで
しょう。

20分　無視の技法を効果的に使うためのガイドライン

スライド	22、23、24
配布物	8.5「選択的無視」
道具	ロールプレイのためのおもちゃ
内容	グループに向けてファシリテーターが知識を提供

討論

里親のロールプレイ

● PP22、23：スライド上の項目を見てもらいます。それらは無視を効果的
に使うためのガイドラインです。
● 少し時間を取って質問を受け、討論します。
● 各項目について、次のように説明を加えていきます。
　－ 巧妙に、中立的に、芝居がからずに。こぶしを握り締めたり、鼻
　　息を荒くしたりして無視すると、意志に反して子どもに報酬を与
　　える結果になります。
　－ 明確にしておきましょう。前もって子どもに無視について説明し
　　ておきます。「あなたが耳障りな高い声で不平を言うなら、私は
　　あなたに背を向け、何も言いません。でも、あなたが普通の声で
　　しゃべるようになったら、私はそれに耳を傾け、あなたに注目し
　　ます」と。
　－ 一貫して。ある行動を無視すると決めたら、それが起こるたびに
　　無視するようにしましょう。
　－ 無視をやり通しましょう。かんしゃくに対して無視を始めたなら、
　　子どもがそれをエスカレートさせても譲らないようにしましょう。
　　そんなことをすれば、子どもはさらに悪く振る舞うことによって
　　思い通りになるということを学習してしまいます。

セッション8　指示を与えることおよび選択的無視

- 家にいる他のメンバーも、その行動を無視し、報酬を与えていないかどうかを確認するようにしましょう。必要なら、子どもを静かな場所に移動させましょう。

- 無視する行動を1つか2つに絞りましょう。そうしないと、子どもはネグレクトされていると感じてしまいます。

- 無視と気をそらすことを併用しましょう。代わりとなる、より適切な行動を提示してみましょう。たとえば、姉と口げんかをしている子どもには、「お茶のお菓子を出してくれない？」と声をかけて、気をそらすことができます。

- 長時間無視するのはやめましょう。無視は特定の行動に的を絞り、短い時間に留めましょう。

- 結果に結びつくまで（あなたが）我慢することができないかもしれないので、あなたにとってストレスが大きすぎる子どもの行動に対して、無視を使うのは避けましょう。

- 無視をアテンディングや褒めることといつもつなげるようにしましょう！　無視は、肯定的で、温かく、認めてくれるような注目と対比して経験されるときにだけ、効果があります。

- PP24：スライド上の項目を見てもらいながら、選択的無視を使うことによる、直接的および間接的利点について説明していきます。

5分　**行動に対して報酬がないとき：「消去」**
••

スライド　　25、26
配布物　　　8.6「消去」
道具　　　　なし
内容　　　　グループに向けてファシリテーターが知識を提供します。

- PP25：スライドの各項目を見てもらいます。里親にプリント8.6を見てもらいながら、以下のことを説明します。

ファシリテーターは、前もって「ファシリテーターが知っておくべきこと」の章の「消去」の項に目を通しておくといいでしょう。

- 消去とは行動の頻度が減っていき、消えていくことですと説明します。それは行動が報酬（否定的であれ肯定的であれ）を受け取れなくなったときに起こります。

「消去バースト」とは、不適切な行動が消えていく前に、一時的に悪くなることを指します。それはこれまで得られていた報酬が除去されたときに

337

フォスタリング・チェンジ

起こります。子どもは期待していた報酬を引き出そうとして、その行動をエスカレートさせます。

● PP26：「自発的回復」とは、一度消えていた行動が、すぐそのあとで再発することを指しますと説明します。その行動は強化されない限り、再び消えていきます。

これらの概念を知っておくと、里親は、子どもの「問題」行動が一時的にさらに悪化したとき、あるいは突然再発したときにあわてなくて済みます。

とはいえ、この段階では里親に、アテンディングの文脈のなかで無視を実践する機会を提供することが重要です。

● PP27：里親にペアになってもらい、子どもと遊ぶためのおもちゃを選んでもらいます。1人が里親役で、もう1人が子ども役になります。
● 大人が子どもにアテンディングして数分間過ごすという設定で行ってもらいます。
    - 子どものリードに従います。
    - 質問したり指示したりしないようにします。
    - 子どもの行動を言葉で表します。
    - 褒めます。

● 数分間遊んだあと、子どもが何か「無作法な」、不適切な行動をします。大人はその行動の間、子どもを無視し、それが終わったらすぐに注目し、また褒めます。

里親は数回このロールプレイをしたいと思うでしょう。そのたびに、役を変えるようにします。このロールプレイに5分ほど使います。

ロールプレイの間、ファシリテーターは巡回し、適切な助言を与えていきます。

● このロールプレイについての感想を発表してもらいます。無視を効果的に使うことはできましたか？　無視されるとどんな気持ちでしたか？　それは簡単でしたか？　何か問題がありましたか？　里親に自由に意見を述べてもらい、お互いに助言し合ってもらいます。
● PP28：スライドの「注目テーブル」を見てもらいながら、ディファレンシャル・アテンションの考え方を説明します。

「注目テーブル」でわかりやすく示されているように、大人の注目は、肯

338

セッション 8　指示を与えることおよび選択的無視

定的行動も否定的行動も増加させます。無視とは「悪い振る舞い」に対する注目を取り除くことで、それによってそのような行動は減っていき、最終的には消えていきます。

15分　家庭での実践：明確に穏やかに指示を与えて無視を使う

スライド　29

配布物　8.7「家庭での実践：穏やかに明確に指示を与える」、8.8「家庭での実践：選択的無視」、8.9「家庭での実践：アイ・メッセージ」

道　具　フリップチャートとペン

内　容　今週私たちは里親に、2つの異なった技法を練習してもらいました。明確に穏やかに指示を与えることと、無視の技法を使うことです。

1　明確に指示を与える

● プリント 8.7 を配り、このプリントをどのように完成させるのか、説明します。

● 里親に、これまでの練習で取り上げた行動か、その他の問題行動を1つ目標行動に決め、それに対して穏やかに明確に指示する実践をするように言います。

里親が決めた行動を、フリップチャートに書いていきます。ファシリテーターはそのとき、それが適切かどうかをチェックします。里親のなかに、どの行動にしたらいいかを決められない人がいたときは、他のメンバーから意見を言ってもらうようにするといいでしょう。子どもがいつも言うことを聞かない状況を思い浮かべるように、と提案するといいでしょう。

● 里親に、子どもに対してどのように言うか、そして穏やかに、ていねいに、率直に、アサーティブに指示する方法について前もって考えてもらうようにします。

● 里親に家庭での実践用紙に、子どもとのやりとりを記入するように頼みます。うまく指示を与えられたときも、そうでなかったときも記入してもらうようにします。

2　無視の技法を使う

● プリント 8.8 を配り、どのようにこのプリントを完成させるのか、説明します。

● 里親に、これから1週間無視する行動を、1つか2つ決めてもらいます。

● 里親に、無視を難しく、あるいは効果のないものにするかもしれない事柄を予想してもらいます。子どもが激しく怒ったらどうしますか？　くすくす笑い出して止まらないときはどうしますか？　あらかじめ子どもにど

339

のように言っておきますか？

● 里親が無視することに決めた行動をフリップチャートに書いていきます。そのとき、里親が適切な行動を選んだかどうかをチェックしていきます。里親のなかに、どの行動にしたらいいかを決められない人がいたときは、他のメンバーから意見を言ってもらうようにするといいでしょう。どの里親にも必ず、少しイライラを感じる子どもの行動があるはずです。無視することに決めた行動を自分のプリントに記入してもらいます。

以下は、どの行動を無視するかを明確にしておくことの重要性を示す例です。

> ポールは12歳の男の子で、身の回りをあまり清潔にしていませんでした。里親のベアトリーチェはそれを見るといつもイライラしました。学校から帰ってくるころには、ポールはいつも強い体臭を放ち、ベアトリーチェは彼が風呂に入りたがらないことに苛立ちを覚えていました。 グループ内で討論した結果、それは無視する行動としては適切でないと考えるようになりました。というのは、ポールが不潔なのは、彼女からの注目を得るためにわざとそうしているからではなく、彼の自分自身に対する感情、すなわち自尊心の欠如から来ているもののように思えたからです。ベアトリーチェは、この問題に関しては、無視ではなく別の方略を使うことに決めました。そして彼女は、家で無視の技法を使う別のイライラする行動を考えました。彼女は、ポールが食事中に出す耳障りな音を無視することに決めました。彼女は、それが注目を得るためにわざとしている行動に思えたからです。

家庭で無視の技法を使うことを成功させる秘訣は以下の通りです。

● 無視を、褒めることや注目することと併用するように里親に勧めます。
● 無視はとても効果的ですが、それは子どもに適切に振る舞うにはどうすればいいかを教える方略ではありません。そのため、あらゆる機会をとらえて、子どもが適切な行動をしたときに、褒め、励ますことがとても重要なのです。
● 上の例で言えば、12歳の子どもが静かに食事をできているときに褒めることがとても効果的でした。彼女は次のように言ったことでしょう。「**あなたがきちんと静かに食べてくれて、私はとてもうれしいわ。あなたと一緒に夕食を食べるのは、本当に楽しいわ**」。

ファシリテーターは、里親に次の1週間でアイ・メッセージを使う機会を見つけられたら、その成果を記録してもらうためにプリント8.9を配布することもできます。

セッション8　指示を与えることおよび選択的無視

5分　セッション評価

･･･

スライド　　30

配布物　　　セッション8の「評価」

道　具　　　なし

内　容　　　里親にセッション評価用紙を最後まで完成してもらいます。

5分　クロージングラウンド：明確に指示を与える

･･･

スライド　　31、32

配布物　　　なし

道　具　　　なし

内　容　　　● PP31：里親に、次の1週間の自分自身に向けて明確で穏やかな指示を1つ出すように言います。

　　　　　　● ファシリテーターが最初に手本を示すと、このセクションの意図がよく伝わります。たとえば、次のように言います。

　　　　　　「私は今週、3日は夜11時前にベッドに入ります」

　　　　　　● PP32：里親に、積極的に参加し、熱心に取り組んでくれたおかげでセッションを最後まで終えることができたことを感謝します。

6　評　価

━━━━━━━━━━━━━━━━━━━━━━━━━━━━━━━━━━━━━━

ファシリテーターのためのセッション後評価

　　ファシリテーター同士が2人で向き合って、今日グループはどうだったかを話し合い検討する時間を持つことがとても大切です。あなたは何を話し合いたいかについて自分の考えを持っていることでしょう。以下の点について検討したいと考えていることでしょう。

● 何がうまくいったと思いますか？

● もっと別の方法があったのではと思うことがありましたか？

● 内容を扱うことができましたか？

● 里親の評価用紙を見てください——拾い上げるべきメッセージはありませんか？

● 個人個人について、あるいはメンバー全体について、何か観察できたことはありませんか？

● 会場、備品、軽食について問題はありませんでしたか？

● 何か気がかりなことはありませんか？　もしあったならそれらを（次回から）どのようにしますか？

341

フォスタリング・チェンジ

● セッションを欠席した里親がいたなら、電話で連絡し、お知らせやプリントとともに、セッションの内容の概略を送りましょう。

ファシリテーターが2人で向き合って、今日グループはどうだったかを話し合うとき、今日のセッションのためのフィデリティー・チェックを必ず行いましょう。それによってセッションのすべての側面を扱うことができたかどうかを、そして必要なスキルと態度の手本を示すことができたかを確認することができます。このチェックリストは、プログラムの認定のために不可欠のものです。

フィデリティー・チェックリスト

□時間通りに始め、終わることができましたか？
□養育的、肯定的アプローチの手本となることができましたか？
□里親の見方や考え方を認めることができましたか？
□里親の経験を尊重しましたか？
□里親の長所と資質を言葉にしましたか？
□里親のフィードバックを称賛しましたか？
□参加者全員がフィードバックの間、話す機会を持てましたか？

□指示することについての考えを扱うことができましたか？
□無視することについての考え方を説明し、エクササイズを行うことができましたか？
□内容を削除してしまったり、扱うことができなかったりしたことはありませんでしたか？
□参加者全員が家庭での実践を持ち帰りましたか？

□「グループワークのきまり」を掲示しましたか？
□「里親の家族構成図」を作成し掲示しましたか？

□里親が会場に到着したとき、および休憩時間に軽い飲み物やお菓子を出しましたか？
□里親が先に飲み物やお菓子を口にするようにしましたか？

（次のことも）チェックしましょう

組織上／技術上の問題が何か起きて、それに対処した。
里親からの評価用紙を読み、問題があった場合は、それについて今後どう対処していくか決めた。
欠席者に連絡を取り、配布資料を送付した。
里親について何か気がかりな点を見つけ、もしあった場合、それにどう対処していくか計画した。

セッション **9**

ポジティブ・ディシプリン
（肯定的なしつけ）および限界の設定

ポジティブ・ディシプリン（肯定的なしつけ）および限界の設定

ファシリテーターが知っておくべきこと

1 **基礎となる理論的内容**
ポジティブ・ディシプリン（肯定的なしつけ）
家族のルールで限界を設定する
自然な結果と合理的な結果

2 **グループワークを効果的にファシリテートする**
セッション9の準備
ファシリテーターのねらい目標
セッション9を成功させる秘訣

3 **必要な機材および備品**

4 **セッション9の概要**

5 **セッション9の流れ**

6 **評　価**
ファシリテーターのためのセッション後評価
フィデリティー・チェックリスト

ファシリテーターが知っておくべきこと

このセッションではしつけに焦点を当て、里親に、しつけと罰についての経験、態度、そして期待を探索してもらいます。私たちは、どうすればしつけについての幅広い考え方、すなわち子どもの権利とニーズを尊重しながら明確でゆるぎない限界や境界を設定する考え方を子どもに適用することができるかについて、里親とともに検討していきます。家庭で子どもに期待することを明確にするために、里親はどのように「家族のルール」を使うことができるか、そして限界を設定しながら、子どもに自分の行動を管理（マネージ）させるようにするために、どのように自然な結果と合理的な結果を使うことができるかについて考えていきます。

1　基礎となる理論的内容

ポジティブ・ディシプリン（肯定的なしつけ）

子どもは成長する過程で、自分のニーズや願望を考慮しながら自分のまわりの人々や環境に危害を加えることなく行動する方法を学ぶ必要があります。里親は、子どもとの衝突という状況のなかで、肯定的に、アサーティブに行動するお手本を示すことができなければなりません。里親は、否定的で、攻撃的で、強圧的な態度を取ることなしに、子どもの不適切で時に挑戦的な行動を止めさせる方法を学ぶ必要があります。里親はまた、無作法な行動の結果についてさらに全般的に探索し、子どもが不作法な振る舞いをしたときに具体的にどうするかについて考えていきます。

しつけの必要性

子どもが成長し、より広い社会において生産的で役に立つ一員になっていくとき、彼らは限界と境界を受け入れる方法を学ぶ必要があります。残念なことに社会的養護下の子どもの多くは、心の安定を保ちセルフコントロールするといった、我慢する感覚を養う機会をあまり多く与えられていません。里親は、そのような子どものために、ある種の修復的経験を提供することができる理想的な立場にあります。里親は子どもに、思いやり、温かさ、敏感な対応と肯定的な言葉（アファメーション）

を与えることができます。しかしそれと同時に、子どもがセルフコントロールすることができるようになるための適切なルール、ガイドライン、枠組みを与え、彼らのための安全な防護柵を提供し、彼らを成熟した社会的機能を果たすことができる大人に成長させることができなければなりません。

子どもは本質的に従順な存在ではありません。彼らが、大人のルールを試しながら、自分の望みを実現させようとするのは自然なことです。子どもは、平均して言われたことの3分の1程度しかしません。それは自立の健全な徴候と見ることができます。しかし、子どもが言われたことの半分以下しかしないとき、養育する立場にある人にとっては、生活は欲求不満の募る、とても疲れるものになっていく可能性があります。このような状況のなかで、里親は、家庭での生活をより耐えられるものにするための支援とガイドラインを必要としています。

しつけのスタイル

しつけは複雑で、人それぞれ異なった考え方を持つ事柄です。「しつけ (discipline)」「罰 (punishment)」「制裁 (sanctions)」といった言葉は、それだけで実にさまざまな、しばしば強力な感情的イメージを喚起します。里親、そして里親とともに活動する専門家は、それぞれが「しつけ」の機能についてさまざまな考え方を持っています。彼らは子どもはどのように振る舞うべきか、そしてどのように管理（マネージ）されるべきかについて、それぞれ異なった期待を持っています。

しつけに対する考え方は、寛容なものから権威主義的なものまで実に多様です。一方の極である寛容な方法は、概して温もり度合は高く、コントロール度合は低いという特徴があり、反対の極にある権威主義的方法は、それとは対照的に温もり度合は低く、コントロール度合は高いという特徴があります。

里親はめいめいが独自のしつけのスタイルと好みを持っていますが、多くの里親が、居心地がよく、適切で、公正に感じられる境界と期待を設定することに難しさを感じています。子どもを養育するということは、言うまでもなく、さまざまな資質を必要とします。断固として毅然としていることが重要なときもあれば、より柔軟な対応が必要とされる時もあります。

子どもは、温もりがあり、支えになり、養育的で、明確な指針を与えることができ、自分に対して肯定的で適切な期待を持っている家庭で、よく成長するということを示す研究成果が発表されています (DoH, 1995)。そのような家庭は、子どもをたくさん褒め、多くの注目を与え、子どもの感情や考え方、能力の発達を考慮しながら子どもに方向性を与える準備ができています。大人は明確な限界を設定し、違反があったときは合理的な結果を適用することができます。

セッション9　ポジティブ・ディシプリン（肯定的なしつけ）および限界の設定

里親がしつけをする際の制限事項

里親は、委託されている子どもにしつけを適用することに戸惑いと不安を感じることがあります。里親は必ずしも、自分の実子に使ってきたのと同じ方略や方法を、社会的養護下の子どもに対して使うことができるというわけではありません。なぜなら、社会的養護下の子どもを養育するとき、里親は多くの付加された問題を考慮しなければならないからです。たとえば、

● 里親はしつけの方法を決めるにあたって、それが法律的要件と里親委託機関のガイドラインに準拠したものであることを確認する必要があります。そしてそのとき、法制度は英国全体で完全に統一されているわけではないということに注意する必要があります。里親は、何が確実にでき、何ができないかについて、必ずしも明確なイメージを持っているわけではありません。

● イングランドでは、2002年国家里親養育最低基準の9条4項に、里親サービス事業者は里親に、「身体的」罰則は認められていないということ、そしてその「身体的罰則」には、頬を平手打ちする、頭を叩く、体をゆするなどのすべての屈辱的な形態の罰が含まれることを明確に認知させる義務があると明示されています。同様にスコットランドでは、1996年里親養育児童規定（スコットランド）に、里親は委託されている子どもに対していかなる身体的罰則も使用してはならないと明示されています。また2002年里親養育サービス規則（イングランド）の第13条には、里親サービス事業者は、「里親の下に委託されている子どもの管理、拘束、しつけについて許可されている方法について書面を作成し、それを里親に周知させなければならない」と明示されています。以上のように、身体的罰およびその他の過度で不合理な管理、拘束、しつけの使用は許容されていないということが明確に定められています。ただ身体的拘束だけは、子ども自身や他人を傷つける恐れがあるとき、あるいは物品に対する重大な損害を防止するときのみ使用可とされる場合があります。

● 里親は、管理、拘束、しつけについての里親サービス事業者の方針を熟知しておく必要がありますが、それ以外にも、委託されている子どもにしつけの方略を適用するときに考慮しなければならない要素が数多くあります。たとえば、

　　－ 里親は、子どもの過去の経験が、ある状況や経験に対する子どもの考え方に影響を与えているかもしれないということを考慮する必要があります。たとえば、身体的虐待を経験した子どもは、声を荒げただけで、それを暴力と解釈するかもしれません。また、感情的に虐待を受けた子どもは、自分の欠点についての指摘を屈辱的なものと感じるかもしれません。里親は、自分が使用する方略が、子どもの権利や尊厳を侵害していないかどうかを強く意識しておく必要があります。

　　－ 里親はしばしば、子どもが経験してきたトラウマ的な経験に気づき、心を痛めることがあります。そのため、しつけに伴う結果を適用するのをためらうことがあります。それが子どもをさらに苦しめ、傷つけることになるのではないかと恐れるからです。

　　－ ソーシャルワーカーは、彼ら独自の個人的および職業的価値観と判断基準

347

を持っていることがあります。それが里親と、そして時には機関と衝突することがあります。そのことで里親はとても混乱させられます。特にそのために、曖昧で、時には矛盾するようなメッセージを受け取ることになったときなどです。このような状況のなかで、里親は、暗い気持ちになることがあり、明確で毅然とした態度で臨まなければならない事態に遭遇したときに自分は毅然とした態度を取ることができないのではないか、と不安になることがあります。

- 里親にとってのもう1つの大きな脅威が、子ども保護の申し立てです。里親が子どもにしっかりとしたしつけをしたいと思っていても、その行為が、その子どもやその実の家族に誤解され、自分に対する申し立ての証拠として挙げられるのではないか、と不安になるときがあります。そんなとき里親は、自分はとても脆弱な存在であり、支えてくれるものは何もないといった暗い気持になることがあります。

このように、安全で、思いやりのある、効果的なしつけをすることは、とても難しいことです。里親はときどき、しつけをどのように行えばいいか途方に暮れることがあります。自分のまわりにいる人々も、どうすればいいかを明確に理解しているわけではないように思えるからです。

安全なケア

「安全なケア」という考え方が、里親にとって重要になってきています。その考え方は、子どもに対して安全で思いやりがあるだけでなく、里親自身にとっても安全に（すなわち虐待で訴えられたり誤解されたりすることのない形で）子どもと関係を結ぶにはどうすればいいかを指し示すものです。私たちが推し進めようとしているしつけの方法も、この「安全なケア」の原則に則っています。その方略は、安全で虐待的でなく、しかも効果的です。そこでは里親は前もって、衝突的な状況になった場合、それにどう対応するかを計画しておきます。それによって里親は、合理的で一貫した方法で対応することができ、カッとなって衝動的に対応することを避けることができます。以下の原理は、「安全なケア」の原理と一致しています。

● しつけは子どもへの事前の説明なしになされるべきではありません。特に子どもに問題がないときに、前もって、しつけの方略について子どもに説明しておく必要があります。

● 穏やかな態度で、子どもにとってわかりやすい明確な言葉で、子どもがある形で振る舞えばどのようなことが起こるかをはっきりと理解できるように説明する必要があります。子どもはどのようなしつけであれ、その背景にある合理的な考え方を理解する必要があります。

● しつけは、怒ったり感情を高ぶらせたりすることなく、穏やかで合理的な一貫性のある方法でなされるときに最も効果があります。

● 子どもの行動が特に難しく挑戦的である場合、里親は支援を必要とします——用

いている方法やその理由について支援機関と話し合う必要があるかもしれません。そして折に触れて、里親が行っていることの背景にある合理的な説明をする必要があるかもしれません。

● 里親は子どもの権利について、厳正でなければなりません——もしも子どもの不適切な行動の結果、子どもからお金や物品を預かることになる場合には、しっかりと保管する必要があるでしょう。

● 里親は、子どもの行動とそれに対して用いた方略を記録しておく必要があります。衝突が起きたときは、特にその出来事を記録しておくことが重要です。

家族のルールで限界を設定する

子どもに、どこでも通用する建設的な方法で行動するにはどうすればいいかを学ばせようとするとき、どのような行動が期待されているのかを明確に理解させる必要があります。里親は、直接的で、簡潔で、明快な形で、子どもに自分たちの期待を伝えることが必要です。そのためのすぐれた方法の1つが、家族の基本ルールを定めることです。

家族のルール

はっきりと伝えられたルールのある家庭では、子どもは無作法な振る舞いをすることが少ないということを示す研究結果があります（Patterson and Forgatch, 1987）。ルールはさまざまな機能を果たします。それは家族皆の安全、ウェルビーイング、発達を保証する境界線として機能し、家庭生活を円満に進めていくことに役立ちます。

家族のルールは、特に里親の役に立ちます。なぜなら里親は、これまで家族固有の文化や期待にあまりなじまず、それとは大きく異なったルールや基準に慣れている子どもを養育しているからです。家族のルールを定めるなかで、里親が、自分は家庭生活のどの側面を最も大切にしているかを振り返り、内に秘めた期待を表に出すことは非常に有意義なことです。そのとき里親は、そのような期待は委託されている子どもにとって合理的であるかどうかを考えることができます。

確立された一連の家族のルールをすでに持っている里親もいるでしょうし、委託されている子どものニーズと彼らが起こす問題に合わせて、ルールを変更することにしている里親もいるでしょう。家族のルールは、子どもが理解できるような言葉にする必要があり、子どもの年齢、理解力、言語能力を考慮する必要があります。

ある特定の行動だけに関心があるという里親もいるかもしれませんが、家族のルールについて話し合い、一緒になってそれを決めていくための家族会議を持つことは、とても建設的で有意義なことです。子どもたちにどのようなことが期待されているのかを理解させるためには、5項目から10項目の間でのルールが有用でしょう。そしてそのとき大切なことは、してはならないことを定めるのではなく、して

349

ほしいことを定めるということです。たとえば、「大声を出さない」「喧嘩はしない」「走らない」という文章ではなく、「静かに話しましょう」「仲よくしましょう」「家のなかでは歩きましょう」といった文章のほうが、肯定的でわかりやすいでしょう。ルールは紙に書いて、だれもが目にする場所に貼っておきましょう。里親は家族のルールを適用するなかで、それについての考え方を明確にしていくことができます。

家族のルールはいかなる状況であれ、家族全員が守らなければならないものです。それは、以下の原則で作成される必要があります。

- わかりやすく書かれている——短く明快に。
- 公平に——家族全員に適用されるものです。
- 従うことが容易なことを——実践的に。
- 肯定的に——（してはいけないことではなく）、する必要のあることを書くようにします。
- 適用可能である——観察することができることに対してルールは最も良く効果を発揮します（たとえば、学校での行動については、里親は見ることができず、当然ルールを適用することはできません）。

家族のルールの例

バーバラはフォスタリングチェンジ・コースを受けているグループの1人でした。彼女には、長期委託されている2人の子どもがいました。ベリンダは7歳で、スティーヴンは10歳でした。バーバラはスティーヴンとベリンダと一緒に、家庭で衝突を起こす多くの問題に対処するための家族ルールをいくつか作りました。そのルールは明確で、肯定的で、直接的なものでした。

マーカム・プレイス10番地のルール

- 他の人のものを使う前に、必ず使っていいか確かめます。
- 動物にはやさしく話しかけ、そしていつもやさしく扱います。
- 学校から帰ったら制服を部屋着に着替えます。
- 毎日手を洗い、朝食と夕食の後には歯磨きをします。
- トイレを使ったら、水を流します。

子どもが家族のルールを守らなかったときは、里親は簡潔に断固とした方法で対応し、子どもに家族のルールをもう一度見直させます。すなわち、

- 子どもに注目させます。
- 子どもが家族のルールを破ったことと、なぜそれが問題なのかを説明します。
- 子どもにどうすべきだったかを説明させます。
- 子どもに正しい行動をするように言います。

セッション 9　ポジティブ・ディシプリン（肯定的なしつけ）および限界の設定

衝突を管理（マネージ）する

里親のなかには、子どもとの衝突はとても辛い非生産的な経験なので、それをできる限り避けるようにしているという人もいます。このような態度の問題点の1つは、行動の否定的結果から学ぶ機会を、子どもから奪っているということです。無作法な振る舞いに対して否定的結果が伴わないならば、子どもは不適切で、反社会的で、自己破壊的な方法で振る舞い続けるでしょう。里親は、子どもの否定的で不適切な行動に対処できる一方で、それによって事態をエスカレートさせてしまったり、子どもとの関係を損ねたりすることのない、効果的なしつけ方略を必要としています。

里親という仕事は、とても手のかかる仕事です。ほとんどの里親が、自分にできることは少なく、子どもに対して過剰に反応してしまい、子どもに対して大声を出し、非難し、脅しつけたりしている自分に気づくといった経験をしています。このセッションで見ていく方略は、子どもにとっては安全で効果的で、里親にとってはストレスが少なく「コントロールできている」という実感を与えてくれるしつけをもたらすための効果的な方法を里親に提供するものです。とはいえ、この方略は子どもとの間に、ある程度の信頼の絆が築かれているという肯定的な関係性の文脈のなかで初めて効果を発揮するものです。そのため里親は、子どもとの間に肯定的で温もりのある信頼関係を築くために注目を使うことができるようになるまでは、これらのスキルを実践に適用するべきではありません。

自然な結果と合理的な結果

このセッションでは、自然な結果と合理的な結果について学習していきます。それらは、小さなよく起こる問題に対処するときに役立ちます。それによって、子どもが自分の行動の結果について学ぶ機会を提供することを目的としています。

自分の行動の結果から学ぶ

養育の目的の1つは、子どもを少しずつ独立して行動できるようにすることによって、大人になるための準備をさせることです。これは特に社会的養護下の子どもにとっては重要なことです。彼らは多くの場合、劣悪な一貫性のない養育しか経験していないからです。委託されている子どもは、その里親から一貫性や思いやり（きめ細やかな対応）を経験する必要があります。しかし彼らは同時に、自分の過ちから学習する適切な機会を与えられる必要があります。彼らは、無作法な振る舞いによって責任を免れることはできないということ、そして無作法な振る舞いをすれば、その結果として、特定の結果を経験するということを学習する必要があるのです。

「自然な結果」とは何か？

ジェンマが水たまりを歩いたら、彼女の靴は濡れる。
カールが汚れた服を洗い物のカゴに入れなかったら、彼はその汚れた服を着なけれ

351

ばならない。
アーシャが学校に遅刻したら、放課後居残りをさせられる。

これらはすべて自然な結果です。これは大人や他人が、子どもをその行動の結果から守ろうと介入しない限り起こることです。子どもがまだ幼いとき、里親は子どもの行動の望ましくない結果から子どもを守る必要があります。危険を伴う場合は特にそうです。しかし里親は、子どもの成長に合わせて、子どもが世界について学び、個人としての責任感や自己効力感の感覚を身につけていくことができるように、彼らに自分の行動の結果を経験させる必要があります。

「合理的な結果」とは何か？

「合理的な結果」とは、子どもの特定の不適切な行動に対して、里親や他の大人が（子どもが自分で学べるように）適切な形で準備した結果のことです。たとえば、次のようなものがあります。

昼食を食べない子どもには、夕食までの間おやつは与えられません。
家のなかでサッカーボールで遊んだら、30分間そのボールを取り上げます。

このように子どもは自分の行動に対して責任をとらされ、その結果として少しばかり嫌な結果を経験します。

合理的な結果を幼い子どもに用いること

合理的な結果は、比較的軽い問題行動に対して効果的です。それは2歳の子どもにも使うことができるとても単純なものです。里親は自分の考えを子どもに説明するとき、「もしも〜したら、〜になる（〜が起こる）」という構造を使うことができます。たとえば、次のように。

もしもあなたが食べ物を投げ散らかしたら、取り上げますよ。
絵は紙の上に描きなさい。もしもあなたがテーブルの上に書いたら、私はあなたのクレヨンを取り上げますよ。

このように説明すると、子どもは自分の行動とそれに続く結果の間のつながりを理解することができるようになります。
幼い子どもの場合、衝突の多くは遊びやおもちゃのまわりで起こります。そのような場合は、単純にそのおもちゃや遊びを取り除くことができます。里親は冷静に断固として、次のことを行う必要があります。

● 注意を促し予告してください。「絵は紙の上に描きなさい。もしもあなたがテーブルの上に描いたら、私はあなたのクレヨンを取り上げます」。

セッション9　ポジティブ・ディシプリン（肯定的なしつけ）および限界の設定

- 子どもが指示に従わないときは、その遊びを止めさせます。言い争いは避けます。すばやく行動してください。「あなたはいま紙の上ではなく、テーブルの上に描いています。だから私は5分間クレヨンを取り上げます」。

- タイミングに注意しながら、遊びを再開させます。子どもは再びクレヨンで遊び、適切に振る舞う機会を与えられます。子どもが紙の上に描いていたら、その適切な行動を褒めるようにしましょう。

- 再度問題が起きたら、今度は前よりも長い時間遊びを止めさせるようにします。

合理的な結果を肯定的に、そして効果的に使うためのガイドライン
結果について前もって話し合っておきます

子どもが自分の行動の結果について前もって知っていることが重要です。「宿題をしなかったから、コンピューターゲームはさせない」と、突然、結果を言い渡すのではなく、子どもが、宿題をしなかったらコンピューターゲームはできないということを前もって知っていることが重要です。子どもが前もって違う形の行動の結果について知っていれば、子どもはどのように対応するかを自分で決めるチャンスを持つことができます。それによって子どもはより自立することができるようになり、自分がした決定に対して、より大きな責任が持てるようになります。こうした方略を一貫して適用していると、子どもはたいてい、肯定的で適切に対応するほうが自分の利益になるということを理解するようになります。時には子どもに、その行動の結果について自分で考えさせることもできます。たとえば、どのテレビ番組を見るかで言い争っている姉妹に、お互いが受け入れられる解決法を彼ら自身で見出す機会を与えることができます。「もし合意できなければ、その合理的な（このあとの）結果はテレビを消すということです」と伝えます。このような機会を与えられると、子どもは自分たちの社会的スキルと問題解決能力を使い、解決法を見出すことができるようになります。

結果は適切なものであるべきです

結果は危険でないものにする必要があります。子どもに車の危険性を学ばせるために交通量の多い道路の側で遊ばせたり、電気の属性について学ばせるためにコンセントや電気器具で遊ばせたりすべきでないことは言うまでもありません。同様に、「おまえが妹を噛んだから、私がお前を噛んでやる」と子どもに言うのも不適切です。この種の合理的な結果は、不適切な行動の手本を示すようなものです。

それは身体的な痛みを与え、残酷で痛ましい経験になるだけです。また里親は、厳しすぎる結果を押し付けないようにすることが大切です。里親はやむにやまれず、「言うことを聞かなければ、誕生日パーティーは取りやめにする」とか「ディズニーランドへ行くのをやめにする」と言って脅すことがあります。しかしそのような種類の結果は、まったく適切ではありません。里親はそれを最後まで貫くこともできないでしょうし、子どもとの関係性を損ね、子どもの心を傷つける恐れがあります。その時点で適切な結果を考えることができない場合、里親は子どもに対して、

353

「私はいま、最も適切な結果を何にするかを考える時間が必要」と伝えることができます。

結果はすぐにもたらされるべきです

行動は言葉よりも雄弁です！　来週のお楽しみは取りやめにするとか、マックスには今度のクリスマスに欲しがっていたサッカーチームのユニフォームはもう買ってあげない、と言って脅すことは効果的ではありません。彼は、何かをすぐに、あるいは 24 時間以内にしなければならないとき、行動の結果からより学ぶようになります。ジャミラが近所の店から何かを万引きしてきたなら、すぐにその店に行って告白させ、それを戻すようにさせるべきです。また、彼女が触ってはいけないと言われたものを触って壊したときは、すぐにそれを掃除させたり、それを交換するためにお小遣いをいくらか出させたりするとよいでしょう。行動を、未来の遠すぎる結果と結びつけることは難しいことです。歯磨きをしなかったら虫歯になる、あるいはタバコを吸えばガンになるリスクが高まるといったことは、多くの人にとっては行動と結果が遠すぎて、なかなか関連づけて考えることはできません。結果はすぐにその場所で与えられるとき、最も効果的で、子どもは肯定的な行動に戻ることができます。ブレンダンの里親が、彼が粘土を部屋中に投げ散らかしたので、5分間粘土を取り上げることにしたなら、5 分間過ぎた後、ブレンダンがその遊びに戻ることができることが大切です。そうすれば彼は適切に遊び、それを褒められる機会を与えられます。

結果は簡潔なものであるべきです

結果は静かに事務的にもたらされるとき、最も効果的です。子どもにお説教をしたり、子どもと議論になったりしても何の役にも立ちません。反抗したり言い訳したりしたときは、無視するのが一番です。そうしなければ、不適切な行動に注目を与え、結果の持つ力から子どもの気をそらせてしまいます。里親が申し訳なさそうにしたり──「残念だけれど、おまえはもう大好きな番組を見られなくなった」──、批判しすぎたり──「そう、当然の報いだ」──すれば、その里親の感情自体が子どもが結果から学習するのを妨げ、方略の成功を損ねてしまいます。子どもは自分の選択の否定的結果を自分自身で発見し、経験する必要があるのです。

2　グループワークを効果的に
　　ファシリテートする

セッション 9 の準備

ファシリテーター同士で、どちらがどのセクションをリードするかを決め、セッションの時間割を決めます。

セッション9　ポジティブ・ディシプリン（肯定的なしつけ）および限界の設定

毎週必要な道具や資材に加えて、今週特に必要なものを確認します（セッションの最初のページを参照）。

● おもちゃ（「私に見せて」の練習のため）
● 家族のルールのための用紙──パソコンで縁飾りのついた用紙を準備するといいでしょう。

ファシリテーターのねらいと目標

● 「しつけ」によって私達が意味しているものについて、里親に考えてもらいます。
● 期待を明確にし限界を設定するために、家族のルールをどう使うか探っていきます。
● 自然な結果と合理的な結果について学習してもらいます。

セッション9を成功させる秘訣

しつけは、多くの里親にとって複雑で頭の痛い問題です。そのことを認識しておくことが大切です。しつけについての経験、態度、実践を振り返り、養育している子どもへのしつけに関するジレンマを探索する時間と場所を里親に提供することが必要です。

里親のなかには、しつけによって衝突が起こることを嫌がる人もいます。そのような里親と一緒に、なぜそうなのかを探ることができれば大変有益でしょう。またその対極には、厳し過ぎるのではないかと思えるような里親もいるかもしれません。ファシリテーターは、このような問題にも対処する準備をしておく必要があります。そして、その里親の考えや個人的経験を探り、そのような実践が子どもにどのような影響を与えるかについて考えるように促すのも良いでしょう。この問題についての議論や探究をファシリテートするために、グループはいくつかの異なった見方を提供できるかもしれません。ある里親の「しつけ」の使い方について不安が残っている場合は、ファシリテーターはどのようにグループ外でこの問題に対応するか、もう1人のファシリテーターと話し合う必要があるでしょう。

とはいえ、ファシリテーターは、里親はときどき困難な状況があるにしても、全体として、できる限り最善の仕事を遂行しているということを念頭に置いておくことが大切です。ファシリテーターから見て役に立たない、時には危険と思える方法を用いている里親がいたとしても、そのような里親もおそらく善意から、そのようにしているのでしょう。里親は監視されているような気分になることがあります。そのため、里親という仕事はとても困難で、彼らはときどき欲求不満になり、怒り、苛立つことがあるということを認識しておくことが大切です。里親を裁くような態度は避けましょう。彼らが今までとは違う新しい方法を「試してみよう」と思うように促すことが大切です。

355

3 必要な機材および備品

パワーポイント（2003 以降）の入っているパソコン

フォスタリングチェンジ・プログラム付属資料（http://www.fukumura.co.jp/ からダウンロード）

- パワーポイント・スライド－セッション 9
- 配布プリント、セッション 9 －以下を参照
- セッション評価用紙

プロジェクター

プロジェクター用スクリーンまたはその代わりとなる壁面

環境音楽（迎え入れるための）（mp3 プレイヤーまたは CD）

フリップチャート用スタンドおよびフリップチャート用の大きな用紙

フリップチャート用マジックインク

紙を壁に貼るためのブルー・タック（粘着ラバー）

セッション 1 で作成した「グループワークのきまり」のフリップチャート

セッション 1 で作成した「里親の家族構成図」のフリップチャート

セッション 8 で作成した「家庭での実践」のフリップチャート

出席表

名札（記名用シール）

「ご褒美」のためのカラーシール

水を含む清涼飲料水やスナック類

セッション 9 で配布するプリント

セッションで使うプリント

9.1「ポジティブ・ディシプリン（肯定的なしつけ）」

9.2「家族のルール」

9.3「自然な結果と合理的な結果」

9.4「自然な結果と合理的な結果を使うためのガイドライン」

家庭での実践

9.5「家庭での実践：自然な結果と合理的な結果を使う」

セッション 9 評価用紙

4　セッション9の概要

全体で3時間

到着	
歓迎の挨拶およびオープニング・ラウンド：私のモットー	5分
今日の流れと目標	5分
家庭での実践のフィードバック：指示を与え無視を使う	40分
回想：しつけの経験	20分
しつけの直線	5分
用語の定義	10分
見解と信念	10分
ポジティブ・ディシプリン（肯定的なしつけ）とは	10分
	合計1時間45分
休憩15分	
家族のルール	5分
ルールが破られたときどうする？	5分
自然な結果と合理的な結果	10分
自然な結果と合理的な結果を使うためのガイドライン	10分
家庭での実践：自然な結果と合理的な結果を使う	20分
セッション評価	5分
クロージング・ラウンド	5分
	合計1時間

全体で3時間

5　セッション9の流れ

到着

スライド　　　2
配布物　　　名札、シール
道　具　　　環境音楽
　　　　　　セッション1で作成した「グループワークのきまり」のフリップチャート
　　　　　　セッション1で作成した「里親の家族構成図」のフリップチャート
　　　　　　セッション8で作成した「家庭での実践」のフリップチャート

フォスタリング・チェンジ

内　容　● PP2が映っている会場に、音楽に合わせて里親が入ってきます。会場全体が、里親を温かく迎える雰囲気に包まれています。

セッション1で作成したフリップチャートを掲示するのを忘れないようにします。

● メンバーが到着したら、ファイルに貼るシールを渡します。会場に入ってくるときの里親の気分とストーリーに応えることが大切です。たとえば、大変な思いをして到着した里親には、労いの言葉をかけ、無事到着できたことを称賛し、シールを渡します。

5分　歓迎の挨拶およびオープニング・ラウンド：私のモットー

スライド　3、4
配 布 物　なし
道　具　なし
内　容　● PP3：里親にセッション9に来てくれたことを感謝します。
　　　　● PP4：ファシリテーターは最初に、あるモットーを共有したり、例を挙げたりすることではじめることもできます。「あるがままを受け入れる……」「人生は冒険だ」「怖いけど、とりあえずやってみよう」など。続いてグループを巡回していきます。
　　　　● 里親全員に、自分の人生を導いている方法を端的に表現しているモットーやフレーズを発表してもらいます。個人的な価値観でも、人生の指針でもかまいません。

このアクティビティによって里親は、自分の価値観を肩ひじ張らずにみんなの前で示すことができます。それはテーマとして、今日この後でする家族のルールについてのエクササイズと関連しています。

このエクササイズによって里親は、自分が持っている信念にあらためて気づき、それを「自分のものにする」ことができるようになるでしょう。

5分　今日の流れと目標

スライド　5、6
配 布 物　なし
道　具　なし
内　容　● PP5：スライドを見てもらいながら、今日のセッションの流れを簡単に説明します。
　　　　● PP6：今日のセッションに向けてあなたが考えている目標を簡単に説明し

セッション 9　ポジティブ・ディシプリン（肯定的なしつけ）および限界の設定

ます。今日のセッションの流れや目標について質問はありませんかと尋ね
ます。

40分　家庭での実践のフィードバック：指示を与え無視を使う

スライド　　7
配 布 物　　なし
道　　具　　なし
内　　容　　グループ全体でするエクササイズです。

● PP7：家庭での実践は2つありました。明確に指示することと無視の技法
についてです。

● 里親全員が、家庭での実践で無視を使ってみる機会があったと思います。
なかったという里親がいたなら、なぜ使うことができなかったかを聞くよ
うにします。里親が選んだ行動が無視に適したものでなかったら、無視を
適用することができる別の行動を一緒に見つけましょう。無視は軽い無作
法な行動に対処するのに、とても有効なスキルです。そのため、里親がさ
らに難しいスキルに挑戦する前に、このスキルを使いこなせるようになっ
ておくことが重要です。

里親のなかに長すぎる無視を使った里親がいた場合は、そのことに触れる
必要があります。それが子どもにどのような影響を与えるかを、その里親
と一緒に探るのもいいでしょう。

● 適切と思えるなら、選択的無視についてもう一度まとめておきましょう。
里親はときどき、自分のイライラや怒りを受動的に表現する方法として、
子どもに対して過剰に無視を使うことがあります。その場合、そのような
里親には自分の気持ちを表現する機会を与えましょう。自分の感情をよ
り率直にアサーティブに管理（マネージ）するのに有効な方法として、ア
イ・メッセージがあるということをもう一度説明しましょう（セッション7）。

● 指示を与えることがうまくできたかどうかを里親に尋ねます。何がうま
くいったか、どんなところが難しかったかを聞き、努力を称賛しましょう。

うまくできなかったという里親がいたなら、何が起こったかを聞き、全員
で検討しましょう。そのとき、「私に見せて」という技法を使うことができ
ます。それは里親に、そのときの実際の子どもの行動と自分の行動、そし
て自分が望んでいた対応を口で説明しながら、みんなの前で演じてもらう
という技法です。そうすることによって里親は、一体何が悪かったのかを
探ることができ、グループのみんなから、次はそれとは違うどのような方

359

フォスタリング・チェンジ

法で実践することができるかについて、意見をもらう機会を持つことができます。

20分　回想：しつけの経験

スライド	8、9
配布物	なし
道具	フリップチャート、マジックインク
内容	小グループでするエクササイズです。

セッションは次に、ポジティブ・ディシプリン（肯定的なしつけ）に移ります。まず回想のエクササイズから始めます。ここで里親は、自分自身の「しつけ」や「罰」についての経験を回想し、それが自分に与えた、あるいはいまでも与え続けている影響について考えていきます。

このアクティビティによって、里親は痛ましい記憶や感情を喚起させられるかもしれません。里親に、嫌な思いをするようなことは話さなくてよいと前もって明確に言っておきます。みんなの前で自分の経験について発表したくないという里親がいても、「それはまったく問題がありません」と伝えます。

このエクササイズは、敏感性を持って行う必要があります。経験を分かち合い、それについて議論することで利益を得るグループもあるでしょう。また、とても痛ましい記憶を呼び覚まされた里親のいるグループもあるでしょう。そのようなグループに対しては、慎重に配慮する必要があります。

- PP8：里親に小グループに分かれてもらいます。
- 子どもの頃のしつけや罰について（家でも学校でもかまいません）各グループで5分間ほど自由に話し合ってもらいます。
- PP9：討論の案内役としてスライド上の質問項目を見てもらい、それぞれの質問に答える形で討論を進めてもらいます。この討論には、少なくとも10分かけます。
- 里親に大グループに戻ってもらい、小グループでの討論について発表してもらいます。5分ほどかけます。
- しつけの方略があなたの自尊心に何らかの影響を与えていましたか、と里親に質問します。里親が自分のしつけについての回想から何か特別な反応を起こしたかどうか、そしてそれと同じ方略をいま子どもに対して使っているかどうかを考えてみるとよいでしょう。

セッション9　ポジティブ・ディシプリン（肯定的なしつけ）および限界の設定

5分　**しつけの直線**

スライド	10
配　布　物	プリント9.1「ポジティブ・ディシプリン（肯定的なしつけ）」
道　　　具	フリップチャート、マジックインク
内　　　容	グループ全体でするエクササイズです。

● PP10：スライドを見てもらいながら、そこに示されているようなしつけの方法は効果がないことが研究によって明らかにされていると説明します。

● ほとんどの人々が、寛容から権威主義的までの間の直線上に位置しているということを説明します。スライド上の破線を見てもらいます。

● スライドの質問を提示します。「**あなたはどこに位置していると思いますか**」。これによって里親は自分自身をどう見ているかに関して尋ねます。

● フリップチャートを持ち上げます。「**あなたはどこに位置していますか？**」。そこに横に直線を引き、一方の端に「**寛容**」、もう一方の端に「**権威主義的**」と書きます。

● 里親全員にフリップチャートのところまで来てもらい、自分が位置していると思う直線上の場所の下にイニシャルを入れてもらい、直線から短い線をつなげます。

● このフリップチャートは見える状態にして掛けておきます。セッションの後半で使います。

10分　**用語の定義**

スライド	11
配　布　物	なし
道　　　具	なし
内　　　容	グループ全体で討論します。

しつけや罰といったテーマは、とても危険の多いものなので、ここで数分を使って3つの異なる用語、「制裁（sanctions）」「しつけ（discipline）」「罰（punishment）」について考えるのは大切です。

● PP11：里親に、スライド上の3つの単語はそれぞれあなたにとってどんな意味を持っていますかと質問します。

私たちは「しつけ」という言葉を使うのを好みます。それは子どもに適切な形で行動する仕方を教えるさまざまな方略を包含する、意味の広い用語だからです。その後、里親にしつけの目的について考えてもらうのもいいでしょう。子どもはそれを必要としていますか？　なぜ必要だと思いますか？

361

フォスタリング・チェンジ

10分　見解と信念

. . . .

スライド　　　12、13
配布物　　　なし
道具　　　　なし
内容　　　　グループ全体で討論します。

しつけについての私たちの信念はかなり根強いもので、多くの場合、私たちはそれについて部分的にしか自覚していません。このエクササイズによって里親は、しつけについての自分の信念をみんなの前でさらに明らかにすることができます。その結果、それをより強く意識することができ、みんなと討論する余裕が生まれてきます。

● PP12、PP13：里親にスライド上のそれぞれのポイントを個別に挙げ、里親と短い討論をすることでそれらのポイントを示します。
● グループ内の里親と特に関係があると思われる文章を2、3取り上げるのもいいでしょう。またこのエクササイズでは、ある状況を仮定して扱いが難しい問題が起きたと想定して討論を進めることもできます。
● 里親自身に、しつけとそれに対する各人の考え方についての討論の進行を任せます。

里親のしつけについての経験や感情を認めながら、それを肯定的に再構成するように促し、それによって里親が、圧倒されてしまうのではなく、勇気づけられるようにすることが大切です。討論を導き促進させる仕方についてアイデアを得てもらうために、ここでいくつかの見解を紹介しましょう。

「しつけなんて、この子どもたちには何の役にも立たない。馬耳東風だ。何をしたって、彼らは変わりっこない」
このような見解に共感する里親がいたなら、なぜそうなのかを明らかにしてもらいましょう。その里親の経験はどんなものだったのでしょう。進歩が遅く、手を差し伸べるのが難しく感じられる子どももいます。ときどき、疲れ切って自信をなくしている里親に出会うことがあります。また、委託がうまくいかない場合もあります。とはいえ、抵抗し、反発したとしても、子どもには境界と限界が必要だということを里親はいつも意識しておく必要があります。限界を設定されたことに子どもが肯定的に反応した事例はありませんか？　次に続く2つのセッションでは、里親は多くの異なるしつけの方略について学びます。それらの方略によって子どもの行動に何らかの影響を与えられるかどうか試していくサポートを受けることになります。

「この子どもたちは、あまりにも多くのことを失ってきたわ。彼らが私た

ちから必要とするものは、思いやりと愛情よ」

子どもの痛ましい喪失経験を過度に意識したり過剰に共感したりすると、そのような里親は、子どもが不適切な行動を取ったとき、それに対して行動を起こすことがとても難しく感じられます。そんなとき里親は、いま自分が立ち向かっているのは子ども自身ではなく、子どもの無作法な振る舞いであるということを意識することが役に立つでしょう。しかし、子どもに対して温かく愛情を持って接することと、しっかりした明確な限界を設定し、不適切な行動に対しての結果を適用することとは完全に両立可能です。里親は、「思いやりと愛情」を持って子どもが必要とするしつけをすることができます。

「私たち里親は無力な存在よ。子どもにしつけをするなんて、とても無理。子どもに対する虐待的行為があったとして申し立てを受けるのが落ちよ！」

グループのなかには、虐待的行為があったとして申し立てを受けたことがある里親がいるかもしれません。そのような里親がそのことについて話してもいいと言ってくれたときは、その申し立てが里親自身とその実践にどのような影響を与えたかをグループ全員で探ることができるでしょう。そのような経験の困難な側面ばかりでなく、それが持つ肯定的な影響についても探求しましょう。申し立てに対する不安のなかで暮らしている里親もいるかもしれません。里親は、申し立てに対して自分自身を守りながら、子どもに対して必要なしつけをするにはどうすればいいかを考えることができるでしょうか？　しつけを適切に使うために何をすることができるでしょうか？

「子どもが無作法な行為をしたときは、本当に、ソーシャルワーカーに来てもらって、法的命令を下してほしいと思うわ」

里親は無力感を持つことがあります。それはある程度、個人的問題かもしれませんが、ソーシャルワーカーやその機関に相談しても逆に傷ついた、あるいは自分は全然支援されていないと里親が感じたとき、里親の無力感はさらに深まります。養育している子どもに効果的に対処するためには、里親は自分自身の権限に対してある程度合理的な自信を持っている必要があります。里親は子どもに対する期待を、明確に確信を持って伝える必要があります。そして子どもの行動が不適切で、対処するのが難しいとき、どのような行動を起こすべきかを知っておく必要があります。子どもの行動によって、委託が本当に危機にさらされているならば、子どもにそう告げる必要があるかもしれません。しかし、それは威嚇を込めた言い方で伝えられるべきではなく、彼らの行動に対する１つの可能性のある結果として説明される必要があります。

「子どもたちが通ってきた道筋を考えると、子どもに罰を与えるなんてとて

もできない。彼らにさらに辛い思いをさせるようなことは、したくないわ」

しつけを使うことに罪悪感をもつ里親もいます。しつけを使うことによって子どもがさらに辛い思いをするのではないか、あるいは自分のことを嫌いになるのではないかと不安に思うからでしょう。里親がしつけを行おうとすると、子どもはそれに反発するかもしれません。しかし、合理的な限界が一貫して設定されるとき、そしてそれが温もりのある肯定的な関係性のなかで行われるとき、子どもは徐々に落ち着き、自信を持つようになります。

「私はしつけに何の問題も持っていないわ。『無作法な振る舞いをしたら、すぐにソーシャルワーカーに連絡するわ。彼らはあなたたちを施設へ送り返すわよ』と子どもたちには言っているの」

このような破滅的な結果は恐怖と無力感を喚起するだけでなく、子どものアタッチメント能力をさらに損ねる結果につながります。子どもを協力的にさせるために里親が使うことのできる、あまり制裁的でない方法はたくさんあります。強く脅してもだれの得にもなりません。里親がそれを最後までやり遂げることができなければ、信頼を失うだけです。また、それを実際にやり通したとしても、子どもがその望まない大きな破滅的結果に対抗せざるを得なくなるだけです。そして、それは子どもがその経験から学ぶ機会を奪い去ってしまいます。

「ジャックはとても悪意のある怖い子どもになることがあるわ。私はときどき本当に神経が高ぶるときがあるの。彼に言うことを聞かそうとして『切れる』のではないかと心配だわ」

里親は、他の里親も欲求不満になったり、憤慨したりすることがあるということを知ることによって安心します。里親は委託を継続するために、お互いの方略を共有し合うことが必要です。

10分 ポジティブ・ディシプリン（肯定的なしつけ）とは
···

スライド	14、15、16
配布物	なし
道具	なし
内容	グループに向けてファシリテーターが知識を提供し、その後討論します。

● PP14：スライド上の各項目を見てもらいます。それらはポジティブ・ディシプリン（肯定的なしつけ）の導入部にあたります。あわせて以下のポイントを押さえておくといいでしょう。

　　– しつけは代替行動の1つとして使うのではなく、肯定的方略とともに使う必要があります。

　　– 実は子どもはみんな、ルールや基準を試しているのです。

セッション 9　ポジティブ・ディシプリン（肯定的なしつけ）および限界の設定

- ほとんどの子どもは、言われたことの 3 分の 1 もしません。
- 大人の養育スタイルは人それぞれ違います。寛大になろうとする里親（温もり度合は高く、コントロール度合は低い）もいますし、権威主義的になろうとする里親（コントロール度合は高く、温もり度合は低い）もいます。
- 説教をする、批判する、ガミガミ言う、叩く、非難する、これらはすべて、無作法な振る舞いに対して効果がありません。それは自尊心（子どもと里親両方の）を傷つけ、不適切な行動に注目を与える結果になります。

- ● PP15：ポジティブ・ディシプリン（肯定的なしつけ）の要点として、スライド上の各項目を見てもらいます。
- ● 座標を見てもらいます。最善のポジティブ・ディシプリン（肯定的なしつけ）とは、温かさと堅固さの両方の特質を兼ね備えたものであるということを説明します。子どもは、温かさと明確な限界の両方を与えてくれる里親を必要としています。明確な限界と肯定的な期待の文脈のなかで、励ましと支援が与えられる必要があります。
- ● PP16：しつけの直線のエクササイズで使ったフリップチャートを高く掲げ、しつけについてこれまで学習してきたことを踏まえて、先ほどとは違う場所に変えたいと思う人はいませんかと尋ねます。変えたいと思う人はいませんか？　もしそのような里親がいたなら、なぜそう思うのかについて発表してもらい、短く討論しましょう。

15分　**休憩**　..

スライド	17
配 布 物	なし
道 　 具	なし
内 　 容	ここで里親が一息つくことが大切です。

5分　**家族のルール**　..

スライド	18、19
配 布 物	9.2「家族のルール」
道 　 具	なし
内 　 容	グループに向けてファシリテーターが知識を提供し、その後討論します。

- ● PP18：スライド上の各項目を見てもらいながら、家族のルールの考え方を説明していきます。以下の点を確認していきます。
- 子どものウェルビーイング、安全、発達のために、限界を設定す

365

フォスタリング・チェンジ

ることが必要です。

- 子どもにはっきりと伝えられたルールのある家庭は、そうでない家庭にくらべ、子どもが無作法な振る舞いをすることが少ないということを示す研究結果があります。

- 里親に委託されることになった子どもは、新しい里親家庭の期待をまだよく知りません。その子どもは、どのように振る舞ってほしいと期待されているのかを知る必要があります。

- 「何をすべきではない」というルールよりも、むしろ4つから5つの明確に述べられた基本ルールが、子どもに何を期待されているのかを伝えるのに最適です。たとえば、「**大声を出さない**」「**喧嘩はしない**」「**走らない**」という文ではなく、「**感じのいい声で話す**」「**仲よくする**」「**家のなかでは歩く**」という文のほうが、肯定的で有効です。

- 家族のルールがあると、家庭生活が順調に進むようになります。

- ほとんどの状況において、家族のルールは全員に適用されるべきです。

- ルールのいくつかを一緒に決めるのに家族会議を開くのは有効でしょう。

- 家族のルールは、子どもの年齢や必要性に応じて、柔軟であるべきです。

- 家族のルールは、簡潔で、公正で、守りやすく、肯定的な言葉で述べられ、適用可能なものにする必要があります。

家族のルールを策定するのを簡単だと感じる里親もいれば、自分の期待を明確な言葉で表すことに慣れていない里親もいるでしょう。家族のルールについて討論することは、とても役に立つエクササイズです。それによって里親は、これらの隠れたルールや期待を明らかにすることができるからです。ルールを肯定的に言葉で表現するのが難しいと感じる里親もいるかもしれません。そのような里親には、そのためにいくらかの助けが必要でしょう。

里親1人ひとり優先順位が異なります。テーブルマナーが最も大事だと考える里親もいれば、そうでないと言う里親もいるでしょう。また、時間に間に合うように来ることや、たとえば、「他人の部屋に入るときは、必ず許可をもらうようにする」といったプライバシーに関するものなど、特定の事柄について話すことも家族のルールは役に立つでしょう。

- PP19：家族のルールを作成するにあたっては、スライド上の項目を参考にしましょうと説明します。

- 里親に、もし可能ならば、今日からの1週間で時間を取って、4つから5

セッション9　ポジティブ・ディシプリン（肯定的なしつけ）および限界の設定

つの自分の家独自の家族のルールを作成してくるように言いましょう。そのとき、ルールの決定に子どもも参加させることを忘れないようにと伝えておきます。

5分　ルールが破られたときどうする？

スライド	20、21、22
配布物	なし
道具	なし
内容	グループに向けてファシリテーターが知識を提供し、その後討論します。

● 家族のルールを見える場所に掲示しておくと、子どもがそれに従わなかったとき、そのルールを見るように言うことができると説明します。ルールが破られたときどうするか、という方略を持っていることが大切です。それは行動に対処する簡単で直接的な方法です。

● PP20：ルールに関するスライドのポイントを見てもらいます。

● PP21、22：スライドを見てもらいながら、ルールが破られたときどうするかを説明していきます。

● ここでは家族のルールの1つ、「ものを食べるときは必ずキッチンで」がどのように破られているかを見てもらいます。「バネッサは居間でケーキを食べています」。そのルールが破られたとき、どうするかを説明していきます。
たとえば、
  - 子どもに注目させます（子どもの名前、アイコンタクト、接近、声のトーンを使います）。
  - 問題は何かを簡潔に落ち着いて子どもに伝えます。「**あなたは食べ物を居間に持っていったのね**」。
  - その行動がなぜ問題なのかを簡潔に言います。「**カーペットを汚すかもしれない**」。
  - 子どもに、適切な行動は何かを尋ねます（あるいは、あなた自身が言います）。「**ものを食べるときはキッチンで、と決めていたわね**」。
  - 子どもに適切な行動を取らせます（バネッサはケーキをキッチンへ持っていきます）。
  - 子どもが適切な行動をしたことを褒めます。「**ケーキを食べるのにキッチンへ持って行ってくれて、ありがとう**」。

フォスタリング・チェンジ

10分 自然な結果と合理的な結果

スライド　　23、24、25、26

配布物　　　9.3「自然な結果と合理的な結果」

道具　　　　なし

内容　　　　グループに向けてファシリテーターが知識を提供し、その後討論します。

● PP23：次の全般的なポイントを説明しながら、このセクションへの導入を行います。
    - 子どもを養育する目的の1つは、大人の生活に向けて、子どもを準備させることであり、徐々に1人で行動できるようにすることです。
    - 社会的養護下の子どもは、養育し保護してくれる養育者を必要としています。しかし他の子どもと同様に、彼らも失敗から学び、自分の行動、決断、怠惰による否定的結果のいくらかを経験する機会を必要としています。

● PP24：自然な結果の例をいくつか挙げます。

「クレイグが昼食を食べなかったら、彼は夕食までとても空腹でしょう」
「レベッカがジャンパーを着用せずに外出したら、彼女は風邪を引くでしょう」

以下のポイントを押さえておきます。
    - 自然な結果は、大人が子どもを守ろうと介入しないときに、行動の自然な結果として経験されるものです。
    - そこに危険がない限り、これは子どもにとって役に立ち、多くを学ぶことのできる経験です（熱湯や電気器具、車の危険性を学習させるために子どもを放置するのは、言うまでもなく責任のある行動ではありません）。
    - これによって子どもは世界について学び、自分が行った決定に対してより責任感を発達させることができます。

● PP25：合理的な結果の例を挙げます。

「もしもマルシアが昼食を食べなかったら、次の食事までおやつはもらえないでしょう」
「もしもアブドゥルとミカエルがプレイステーションをめぐって口論するなら、それを30分間取り上げます」

368

セッション 9　ポジティブ・ディシプリン（肯定的なしつけ）および限界の設定

以下のポイントを押さえておきます。

- 合理的な結果とは、特定の望ましくない行動への対応として里親によって計画されたものです。
- 合理的な結果は、比較的小さいものの頻繁に見られる良くない行動に適しています。
- 合理的な結果によって、子どもは行動と結果のつながりを理解することができるようになります。
- 子どもは自分の行動に責任を持たされ、自分の行動の結果としての否定的結果を経験させられます。

● PP26：合理的な結果は、2歳の幼い子どもやそれより上の子どもから使うことができる（認知能力にもよりますが）ことを里親に示します。里親は「～したら、～する」というシンプルな警告を使うことができます。

たとえば、「**食べ物を投げ散らかしたら、それを取り上げます**」。

これは簡潔な方法で――すばやく直接的に――言う必要があります。その後、たとえば、5分後に、子どもに適切に食べる機会を与えるために、食べ物を返すのが良いでしょう。

10分　自然な結果と合理的な結果を使うためのガイドライン

スライド　27、28

配布物　9.3「自然な結果と合理的な結果」、9.4「自然な結果と合理的な結果を使うためのガイドライン」

道　具　なし

内　容　グループ全体で討論し、エクササイズを行います。

ファシリテーターは、前もって「ファシリテーターが知っておくべきこと」の「自然な結果と合理的な結果」のセクションを読んでおくといいでしょう。

● PP27、28：合理的な結果を使うためのガイドラインを見てもらいます。
● プリント9.3を配り、自然な結果と合理的な結果の例として参照してもらいます。
● 例を読み上げ、質問を受けます。討論を活発にするために、里親から他の例を挙げてもらいます。以下の点を確認しておきます。
  - その結果については、あなた自身も耐えることが必要です。
  - 結果について、前もって話し合っておきましょう。
  - 結果は適切なものにしましょう。

369

フォスタリング・チェンジ

- 結果はすぐに与えましょう。
- 結果は単純なものにしましょう。
- 結果は処罰的であってはいけません。
- 子どもに警告し選択の機会を与えましょう。
- 成功の機会を与えましょう。

● PP29：グループで、スライド上のそれぞれのシナリオに目を通してもらいます。

● 里親に話し合ったガイドラインを適用して、適切な結果について考えてもらいます。

補足的ないくつかの例や提案された結果は下の括弧のなかに示しています。

子どもが歩道で、あなたから離れて歩いています。
（子どもはあなたの側を歩かなければなりません。2分間手をつながなければなりません。）
子どもが公園のシーソーで危険な遊びをしています。
（子どもはあなたの側で数分間座っていなければなりません。）
12歳の子どもが夜10時に帰宅しました。門限は8時と約束していました。
（子どもは明日の夜も外出する計画でしたが、家にいなければなりません。）
子どもがおもちゃを乱暴に扱っています。
（5分間そのおもちゃを取り上げます。）

時間は子どもの年齢を考慮して決めるようにします。しかし、子どもがもう一度そのアクティビティに戻り、適切に振る舞うことができるように、短い時間にするべきです。

8歳の子どもが、家の敷地内だけ自転車に乗ってもいいと言われているにもかかわらず、表の道路に出ていきました。
（その日はもう自転車に乗ることはできません。）

20分　家庭での実践：自然な結果と合理的な結果を使う

スライド	30
配布物	9.5「家庭での実践：自然な結果と合理的な結果を使う」
道　具	フリップチャート、マジックインク
内　容	グループでするエクササイズとロールプレイです。

今週の里親への課題の1つは、家庭でよく起こる、ちょっとした問題行動に対処するための自然な結果と合理的な結果を使うことです。

セッション 9　ポジティブ・ディシプリン（肯定的なしつけ）および限界の設定

- PP30：里親にペアになってもらいます。プリント 9.5 を使い、1 つまたは 2 つの問題行動を挙げてもらい、それぞれに適用する合理的な結果を考えてもらいます。
- 合理的な結果を使うためのガイドラインを確認します。
- 里親に、取り組むことにした問題行動と、それに適用する合理的な結果を発表してもらいます。それをフリップチャートに書いていきます。

合理的な結果について、さらに少し討論し検討する必要があると感じたときは、もう一度ガイドラインを参照してもらうようにします。

ロールプレイ「私に見せて」（10 分間）

- 里親が発表した問題行動のなかから 1 つを選ぶか、里親に例を出してもらいます。
- 該当する里親に、取り組むことにした問題行動と、それに対して適用すると決めている合理的な結果について、グループへ向けて発表してもらいます。
- 子どもの役をしてくれる人を募ります。
- 該当する里親は、子ども役の里親に対して指示を出し、合理的な帰結を適用します。この状況で、当然子ども役の人は、最初、里親の言うことを聞きません。
- ロールプレイに 5 分ほど時間をかけます。
- 子ども役の人と里親役の人から感想を聞きます。うまくいった点はどんなところか、そして他にどんな対応ができたかを聞きます。
- グループで意見を聞き、考えを述べてもらいます。

ここでコミュニケーションには言語的な側面と非言語的な側面がある、ということを思い出してもらいましょう。

ここで必ず、いま里親から出された考えや意見を参考にして、もう一度同じ設定でロールプレイをしてもらいます。そうすることで里親は、合理的な結果を適用することに慣れていき、自信を持つことができるようになるでしょう。

- 演じてくれた里親を特別念入りに称賛し、感謝しましょう。

5 分　**セッション評価**

スライド　　31
配 布 物　　セッション 9 評価用紙

フォスタリング・チェンジ

道　具	なし
内　容	里親にセッション評価用紙を最後まで完成してもらいます。

5分　クロージング・ラウンド：嫌なことは置いて行きましょう。

スライド	32、33
配布物	なし
道　具	なし
内　容	グループでするエクササイズです。

しつけは強い感情を喚起させられることのある難しいテーマです。そのため、このセッションを「ゴミ袋」のラウンドで締めくくるのがいいでしょう。

- PP32：里親に紙を1枚ずつ配り、これはこの部屋に置いて行きたいと思うものの象徴ですと伝えます。
- その紙をくしゃくしゃに丸め、この部屋に置いて帰りたいことを唱えてもらいながらゴミ袋に放り投げてもらいます。

里親はこのアクティビティを思う存分有意義なものにすることができます。私たちのグループのある里親は、子どもの頃の嫌な思い出をこの部屋に置いて行くことにしました。

- PP33：里親に、積極的に参加してくれ、熱心に取り組んでくれたおかげでこのセッションを終えることができたことに感謝します。

6　評　価

ファシリテーターのためのセッション後評価

ファシリテーター同士が2人で向き合って、今日グループはどうだったかを話し合い検討する時間を持つことがとても大切です。あなたは何を話し合いたいかについて自分の考えを持っていることでしょう。以下の点について検討したいと考えていることでしょう。

- 何がうまくいったと思いますか？
- もっと別の方法があったのではと思うことがありましたか？
- 内容を扱うことができましたか？
- 里親の評価用紙を見てください――拾い上げるべきメッセージはありませんか？

セッション9　ポジティブ・ディシプリン（肯定的なしつけ）および限界の設定

- 個人個人について、あるいはメンバー全体について、何か観察できたことはありませんか？
- 会場、備品、軽食について問題はありませんでしたか？
- 何か気がかりなことはありませんか？　もしあったなら（次回から）どのようにしますか？
- セッションを欠席した里親がいたなら、電話で連絡し、お知らせやプリントとともに、セッションの内容の概略を送りましょう。

ファシリテーターが2人で向き合って、今日グループはどうだったかを話し合うとき、今日のセッションのためのフィデリティー・チェックを必ず行いましょう。それによってセッションのすべての側面をカバーすることができたかどうかを、そして必要なスキルと態度の手本を示すことができたかを確認することができます。このチェックリストは、プログラムの認定のために不可欠のものです。

フィデリティー・チェックリスト

□時間通りに始め、終わることができましたか？

□養育的、肯定的アプローチの手本となることができましたか？

□里親の見方や考え方を認めることができましたか？

□里親の経験を尊重しましたか？

□里親の長所と資質を言葉にしましたか？

□里親のフィードバックを称賛しましたか？

□参加者全員がフィードバックの間、話す機会を持てましたか？

□回想のエクササイズを扱うことができましたか？

□しつけと罰についての討論を扱うことができましたか？

□家族のルールについて扱うことができましたか？

□自然な結果と合理的な結果について扱うことができましたか？

□内容を削除してしまったり、扱うことができなかったりしたことはありませんでしたか？

□参加者全員が家庭での実践を持ち帰りましたか？

□「グループワークのきまり」を掲示しましたか？

□「里親の家族構成図」を作成し掲示しましたか？

□里親が会場に到着したときおよび休憩時間に、軽い飲み物やお菓子を出しましたか？

□里親が先に飲み物やお菓子を口にするようにしましたか？

（次のことも）チェックしましょう

組織上／技術上の問題が何か起きて、それに対処した。

里親からの評価用紙を読み、問題があった場合は、それについて今後どう対処していくか決めた。

欠席者に連絡を取り、配布資料を送付した。

里親について何か気がかりな点を見つけ、もしあった場合それにどう対処していくか計画した。

セッション **10**

タイムアウトおよび問題解決方略

タイムアウトおよび問題解決方略

ファシリテーターが知っておくべきこと

1　基礎となる理論的内容
罰：一般的な理解と誤解についての考察
正の強化および負の強化からのタイムアウト
問題解決方略
問題解決のなかで里親と子どもの感情を管理（マネージ）する

2　グループワークを効果的にファシリテートする
セッション 10 の準備
ファシリテーターのねらいと目標
セッション 10 を成功させる秘訣

3　必要な機材および備品

4　セッション 10 の概要

5　セッション 10 の流れ

6　評　価
ファシリテーターのためのセッション後評価
フィデリティー・チェックリスト

ファシリテーターが知っておくべきこと

このセッションでは、正の強化からのタイムアウトの使用について、そしてポール・スタラード（Paul Stallard）の子どものためのCBTワークブック『良く考え、良く感じる』（*Think Good-Feel Good*）(2002) からの「ストップ・プラン・アンド・ゴー」と呼ばれる問題解決方略について探求していきます。そのなかで、里親と子どもの間で起こる問題や衝突に対する里親の取り組み方について検討していきます。そのような状況においては、扱いが難しい感情を管理（マネージ）することが重要であるということを確認し、里親が衝突に対処するための肯定的コミュニケーション方略を発達させるためのガイドラインを提示していきます。

1　基礎となる理論的内容

罰：理解と誤解についての考察

罰という考え方に強い反感を示す里親がいます。罰という言葉が、刑務所の独房や、攻撃性や抑圧といったイメージを喚起するからでしょう。言うまでもなくそれは、私たちが里親のなかに育てたいと思うような感覚ではありません。その一方で、社会的養護下の子どもには適していないと私たちが考える罰の形態にかなり依存している里親もいます。実際は、社会的学習理論における専門用語として使われる場合、罰は、単純に、ある行動を将来起こりにくくするために何かをすることを意味しています。それはほとんどの場合、残酷であったり、不合理であったりすることを意味してはいません。社会的学習理論の方法の全体的な目的は、肯定的で温もりのある相互作用を発達させることであり、そのなかで良い、落ち着いた、適切な行動を褒め、報酬を与えることによって、子どもの自尊心と社会的能力を発達させることです。社会的学習理論においては、罰は、私たちがこれまでかなり深く検討してきた肯定的注目と褒めることを使うという技法では簡単に修正し、対処することのできない扱いが難しい行動が起きたときに対処する方略として存在します。それについて見ていく前に、まずここで、里親が罰ということに対して抱いているかもしれない通説や、役に立たない思い込みについて検討していくことが必要でしょう。
しつけの使用に関して、このようにさまざまな理解や価値観があります。そのため、

通説	私たちの考え方
罰は多いほう（長く続く、頻繁に実行されるなど）が、少ないより良い。	私たちはそれとは逆に、罰を行使するときは、変化を起こすために必要な最低限にとどめたいと思っています。なぜなら、私たちはできるだけ早く、肯定的行動に注目しそれを温かく褒めることに戻り、子どもの発達を促進したいと思っているからです。
軽い罰で効果がないときは、それよりも重く厳しい罰が必要（たとえば、大声で叱っても効果がないときは、叩くなど）。	その罰がなぜ効果がないのだろうと考えるほうが、それをエスカレートさせるよりも役に立ちます。
子どもが動揺している、あるいは悪いと感じている様子を見ることによって、罰の効果があったかどうかを判断できる。苦痛を与えないものは、罰ではない。	言うまでもなく子どもは、多くの場合、罰せられることを好みませんが、私たちの目的は、故意に子どもを苦しませようとすることではありません。罰は、子どもがそれに静かに応じるとき、あるいはたとえば、好きなテレビ番組を見られなくなっても仕方がないと言うときでさえ、同じように効果があります。
子どもが嫌いなこと（宿題や読書など）を罰に使うことは合理的だ。	確かに私たちが子どもにさせたいと思っている行動の中にも、子どもが嫌いなアクティビティはあります（宿題や家事の手伝いなど）。しかし、私たちはそれを否定的な結果として使うことは避けます。なぜなら、そのようなことをすれば、子どもはなおさらそれをすることが嫌いになるからです。

　扱いが難しい、あるいは望ましくない行動に対応する合理的で受け入れることのできるさまざまな方略について、里親とともに明確にしていくことが重要です。セッション9で私たちは、不適切な行動に対処し、それを修正するために、好きなテレビ番組を見せない、家事の手伝いをさせるといった合理的な結果の使用について検討しました。望ましくない行動が起きたとき、そのような行動が再び起こる機会を減らすためにどのように結果を用いるかについて見てきました。フォスタリングチェンジ・プログラムでは、私たちは「罰」という言葉を使用することを避け、その代わりに「結果」という考え方に焦点を合わせてきました。その理由は、「罰」という言葉は、いま見てきたように、難しい複雑な連想を喚起するからです。

正の強化および負の強化からのタイムアウト

　社会的養護下の子どもの多くは、混乱や、混沌、ネグレクトに満ちた、有害でさえある背景をもち、安定した肯定的で予測可能な環境を経験していないでしょう。里親がそうした子どもに肯定的経験を積み上げさせることができれば、その子どもは、人生はもっと予測可能で楽しいものだということを学習することができ、それによって里親からの肯定的注目を失うことが、子どもにとってより明確な意味を持つようになります。それはその子どもにとって、軽い罰として経験されます。こうして「正の強化および負の強化からのタイムアウト」は、子どもに、あなたの行動は受け入れられませんよという合図を送ることになるのです。

　タイムアウトの使用については、さまざまな意見があります。多くの人が独自のタイムアウトの経験と理解を持っていて、社会的養護下の子どもへのタイムアウトの使用は適当かについて議論があります。また、タイムアウトという言葉は現在では

広く一般に使用され、さまざまな異なる技法を含みますが、なかにはまったく一貫性もなく実施されている場合もあれば、ほとんど虐待に近い形で実施されている場合もあります。かなり長い時間、部屋にこもっているように言われ、そこでどのような行動をしているかには関係なく、完全に無視されている子どももいます。こうした方法は、社会的学習理論の原理とは正反対のもので、私たちのプログラムではそのようなしつけ方略を唱えてはいません。

タイムアウトという言葉が社会的学習理論のなかで使用される場合、それは「正の強化または負の強化からのタイムアウト」という言い方を短く簡便に表現したものです。それは単純にある環境下で望ましくない行動を強化し、結果的に維持しているものを扱うことを意味しています。社会的学習理論が示していることは、養育者からの注目は、子どもの行動の強力な強化子であるということです。私たちはこれまでプログラムのなかで、この強力な養育上の強化子を発達させてきました。タイムアウトは、こうした養育者の注目を短い時間取り下げることを意味します。付け加えるならば、タイムアウトという結果を適用されて子どもが怒ったり、感情的な調整不全に陥ったりしたとき、子どもはタイムアウトが終わるまでの間、心を落ち着かせなくてはなりません。それによって子どもは、どうすれば自分を落ち着かせ情動調整を行うことができるかを学ぶことができます。

このプログラムで使用するタイムアウトは、けっして子どもを長い時間、家族の外に追放するということを意味するものではありません。強化の取り下げは、学習に軽い影響を与えるために必要なほんの短い間にとどめ、子どもの心に深い傷を与えるものであってはなりません。私たちは里親に、タイムアウトを使用する際は、必ず子どもの近くにいて、子どもが適切に行動したときは、すかさず温もりを持って肯定的に褒めるようにしてほしいと思っています。タイムアウトは、単純に子どもを自分の部屋へ追い返すことを意味するものではありません。そんなことをすると、子どもは自分の部屋で、楽しい（それゆえ強化する）遊びをするだけでしょう。その場合、子どもを自分の部屋へ追い返すことは、不適切な行動を強化するだけでなく、里親の目から逃れることを強化し、それゆえ養育している大人に認められ、褒められる機会を奪うことにつながります。特に社会的養護下の子どもの場合、私たちは子どもの部屋（寝室）を安全で安らぎのある場所に、そして子どもが安心して心を落ち着かせることのできる場所にしたいと思っています。子ども部屋を否定的な行動に対する制裁、すなわち罰の場所にすることは、いかなる場合であっても、私たちが望むことではありません。

タイムアウトは子どもに、自分を落ち着かせ、反省し、そのなかで自分の欲求不満を年齢に見合った適切な方法で処理する（その不適切な行動を続けるのを許すことなく）機会を与えるものです。タイムアウトを、本プログラムでこれまで見てきた肯定的注目という方略と併用して一貫して使うことによって、子どもの効果的な情動調整の発達を促すのを助けるでしょう。

タイムイン

近年、タイムインという構成概念に関心が高まりつつあります。その一般的な意味は、養育者の十分な注目とともに時間を過ごすということです。社会的養護下の子どもや里子に関連してタイムインという言葉が頻繁に使われるようになっていますから、ファシリテーターは、里親からそれについての考え方を尋ねられるかもしれません。そのため、フォスタリングチェンジ・プログラムを構成する概念ではありませんが、ここでタイムインという方略について少し説明しておきましょう。タイムインはタイムアウトよりも優しいしつけの方略であると主張する人もいます。そのような人々は、タイムアウトとタイムインを強引に比較し、タイムアウトを残酷で、子どもを精神的に傷つける可能性のある罰の形態と決め付けているのです。罰を、不適切な行動を再び起こりにくくするための注意深い、思いやりのある、子どもを尊重した結果の適用と見るのではなく、残酷で不当なしつけの形態であると曲解するならば、なぜタイムインという概念が現れてきたのかを理解することは容易です。それは特に、社会的養護下に置かれる子どものように、虐待やネグレクトにさらされてきた可能性の高い脆弱な集団に適用されるとき、真実のように見えます。

ある状況においては、タイムインは、もしそれが子どもの気をそらす方略の1つとして他の方法と併用して用いられるならば、とても幼い子どもに対しては1つの有効な方法と言えるかもしれません。たとえば、乳幼児がすべきでないことをしているとき、養育者は、その不適切な行動から子どもの気をそらすことができます。養育者は注目を使うことによって、元の不適切な行動への興味が収まるまで、それから気をそらし続けることができるでしょう。その目的とすることは、注目を使いながら、不適切な行動から適切な行動への移行を促しつつ、子どもを自立した遊びへと戻すことです。とても幼い子どもの場合、その欲求が満たされないとき、特に調整不全状態が際立ち、子どもの感情の調整は全面的に養育者に頼ることになります。その場合、その子どもが年齢に見合った方法でそうした苦痛に対処することができるように、養育者からの注目が使われることがあります。とても幼い子どもの場合、このような集中した注目の向け直しは有効かもしれません。しかし、それは厳密にはタイムインとは異なります。このような方法が作用するメカニズムは、実際には養育者が十分な注目を与えることで起こったというよりも、子どもの焦点を定める里親の注目を使って、ある行動から別の行動へ移行させることができたということです。

このような方法が幼児に有効であったとしても、そこには一般的にいくつかの問題があります。最も明白な問題点は、それが意志に反して望ましくない行動を強化してしまう可能性があるということです。子どもが不適切な行動をし、それに対して養育者がかなり高い注目を与える、すなわち強化するという対応をとるなら、その注目は望ましくない行動に対する強化として作用するかもしれないという重大な危

険性があります。言い換えるなら、不適切な行動をすることによって、その後に養育者との特別な時間を過ごすことができるという良い結果が与えられるならば、そのような不適切な行動が起こる確率は高められるでしょう。子どもがこうした混乱した状況を正しく理解することができると期待するのは無理な話です。これはまた、自分の感情を調整するという子どもの年齢にふさわしくない方法を教えることのようにも思われます。

タイムアウトの使用

タイムアウトはしつけの1つの方略にすぎませんが、それは、なかなか言うことを聞かない、あるいは喧嘩をしたり、物を破壊したりするといった深刻な問題行動に対処するためのとても効果的な方法となり得るものです。それは相手を説き伏せたり、話し合いをしたりすることの代案ではありません。タイムアウトは、衝突が高まり、落ち着いて話し合うことができなくなったときに使うことができる1つのツールです。それは、どのような行動に対して適用することができるかを配慮しながら、慎重に、十分な思慮をもって使用する必要があります。

すでに述べたように、タイムアウトはしつけの1つの方略で、特に幼い子どもに対して有効な方法です。たとえば、社会的学習理論に基づく問題行動の治療のためのプログラムに関するNICEガイドライン（National Institute for Health and Clinical Excellence, 2006）は、12歳までの子どもに対するタイムアウトの使用も含めた方法を推奨しています。ティーンエイジャーにタイムアウトの技法を使うのは、年齢が高くなるにつれて難しくなります。その代わりに、このセッションの終わりに概略を示した問題解決方略、または外出禁止や特権の剝奪といった構造化された結果を使うのがいいでしょう。

タイムアウトは、厳しすぎて、虐待的なのではないかと心配する人がいます。しかし私たちが主張したいのは、タイムアウトは適切に使用されるならば、実際には子どもを尊重した態度を維持したまま、落ち着いた一貫した方法で難しい行動に対処するためのツールとなるということです。タイムアウトは、口論したり、怒鳴ったり、非難したり、批判したりといった子どもとの衝突場面において、養育者がより否定的で怒りに満ちた反応をしてしまう代わりにとり得る方法です。タイムアウトはまた、養育者にも子どもにも、自分を落ち着かせる時間と、何が起こったかを振り返る余裕を与えてくれます。

タイムアウトの手順

これからタイムアウトの使い方を、できるだけ具体的に、詳細に説明していきます。ファシリテーターは、里親がその方略を一貫した方法で使うことができるように、それを明確に説明し、実践して見せることができなければなりません。そのためフ

ァシリテーターは、その理論的内容、使用法、手順を十分に理解しておくことが大切です。その使用法について里親は多くの質問を投げかけてくるでしょうから、ファシリテーターはそれに対して明快に答えることができるように準備しておく必要があります。

タイムアウトを使う前に行うこと

● 前もって、できるだけ早く、どのような行動に対してタイムアウトを使うかを決めておきます。タイムアウトが最も一般的に使われる行動としては、言われた通りにすることを故意に拒み続ける行為、破壊的・攻撃的な行動などが挙げられます。とはいえ、タイムアウトは１つか２つの行動に絞るべきです。タイムアウトを使いすぎると、子どもは、肯定的注目の欠如を経験することになり、また、無視され、怒られているのだと感じることで終わってしまい、「ガス欠のまま走る」ことに慣れてしまいます。タイムアウトのようなテクニックは、褒めることや肯定的注目がしっかりと実施されている状況で適用される場合にはじめて効果を発揮するでしょう。

● タイムアウトは、安全な、しかし退屈な場所で実施すべきです。そのような空間が家のなかに見つからない場合は、この方略を使うのは難しいかもしれません。また、里親から子どもが見える近い場所が最適です。幼児の場合、部屋の壁の側や廊下に椅子を置くといいでしょう。タイムアウトのとき、子どもの興味を引いたり、逆にご褒美になったりするようなもの、たとえば、テレビや遊ぶもののない場所にすることが重要です。子どもの安全や家具など周囲に破壊される恐れのある物品のない場所を考えることが大切です。怒って衝動的になったり落ち込んだりしている子どもをバスルームで１人にするのはふさわしくないでしょう。そこで、子どもは自分自身やまわりにあるものを傷つける恐れがあります。

● 子ども部屋はタイムアウトには適していません。そこには子どもの興味を引くものがたくさんあります。また前述のように、子ども部屋を、タイムアウトを連想させるものにするべきではありません。子どもを隔絶された場所においたり、部屋に閉じ込めたり、鍵をかけて部屋におくべきではありません。タイムアウトが意図することは、肯定的注目の源を除去することであり、子どもを苦しめることではないからです。里親は、子どもの感情と過去の経験に十分に配慮する必要があります。社会的養護下の子どもは、１人にされることを、恐ろしい経験、あるいは拒絶されている経験として感じる傾向があります。言うまでもなく、彼らは強制的に１人にされる、あるいは監禁されるといった虐待的な経験をしている可能性があります。そのような経験をもつ子どもたちにとっても、ここで述べたような方法で適切にタイムアウトを実施すれば、それは有効な方法となります。

● タイムアウトは短い時間にすべきです。マクマホンとフォアハンド（McMahon and Forehand, 2003）は、３分間を区切りにすることを提案しています。時間を長くしたからといって効果が上がるわけではありません。タイムアウトの間、子どもが叫んだり抵抗したりしたとしても、その終わりには静かになっていることが大切です。里親は、どのくらいの時間がたてば子どもが静かになり、タイムアウトを終えるこ

とができるかを把握しておく必要があります。2分で静かになる子どももいるでしょうし、もう少し短く15秒から30秒で静かになる子どももいるでしょう。最初に30秒間静かにしていられるか様子を見て、子どもが静かにするのが本当に大変そうでタイムアウトが長すぎるようであれば15秒間静かにしていられることを条件にするという方法もあります。タイムアウトは、20～30分続くか、あるいははじめて実施するときには、もっと長い時間がかかるかもしれません。これは子どもが抵抗したり、泣き叫んだり、絶叫したりなどしたときにそのようなことが起こるかも知れません。短い時間だけでも子どもが静かにしていることができるまでは、タイムアウトを終わらせることはできません。そうすれば子どもは、早く静かにすれば、早く普通の遊びに戻れるということをすぐに学習します。

● タイムアウトについて前もって子どもに説明しておくことが重要です。子どもはタイムアウトを使われる前に、それについて知っておく必要があります。どのような行動に対してタイムアウトが適用されるのか、そしてタイムアウトが実施されるとどのようなことが起こるのかを子どもは知っておく必要があります。里親は、たとえば、8歳の子どもに次のように説明することができます。「**弟のことをつねったり噛んだりしたときには、あなたはすぐにタイムアウトになるのよ。そうしたらね、私はあなたを玄関ホールの一番下の階段のところに連れていくから、そこで自分で3分間座っていなければいけないよ。あなたがそこにいる間、私は話しかけないし、何の注目もしないからね。最後の時間あなたが静かなままだったら、そのときにはタイムアウトを終わりにすることができるよ**」。このとき、子ども自身に何が起こるのかを言わせてみて、しっかり理解できているかを確かめる必要があります。

タイムアウトの間、どのようなことが起こるのでしょうか？

タイムアウトを始めるにあたって、里親は子どもにいまどのような状況なのかを確認させる必要があります。

「あなたは弟を噛みましたね。だから今からタイムアウトをしなければいけないね」

タイムアウトが始まったら、里親は子どもとの交流を避け、無作法な行動は無視するようにします。子どもの行動についてあらためて叱ったり、「**どのくらいの時間じっとしていなければならないの？**」といった子どもの質問に答えたりしてはいけません。可能ならば、洗濯をする、音楽を聞く、新聞を読むなど、自分のしたいことをしてもかまいません。タイムアウトの最中に家族の誰かが子どもに話しかけたりすることがないように、家族にも前もって説明しておく必要があります。それは、子どもに対して注目というご褒美を与えることになってしまいます。

タイムアウトを従順に受け入れる子どももいれば、文句を言ったり、脅したり、泣いたり、さまざまな方法を使って状況を切り抜けようとする子どももいます。特に、過去にそのようにして成功してきた子どもはそうするでしょう。気分が悪いとか、

おなかがすいたとか言い出す子どももいるでしょう。攻撃的になったり、感情的になったりする子どももいれば、里親に、子どもに対して悪いことをしているといった罪悪感を起こさせるようなことを計算して何かを言う子どももいます。これは里親にとっては、とても辛い経験になります。そんなとき里親は、自分は子どもを傷つけているのではないかと不安になったり、もう降参してしまおうかと弱気になったりするかもしれません。しかし、それは絶対避けるべきです。なぜなら、子どもは、無作法な行動をしたり、感情的メッセージを送ったりしても自分の思い通りにはならないということを知る必要があるからです。

このように、タイムアウトを始めたばかりのころは、かなり難しいかもしれませんが、里親がこの挑戦に応えられるだけの強さを感じられることが重要です。そんなとき里親は、子どもの抵抗に反応したり屈服したりすることなしにタイムアウトをやり遂げるために、自分を支えてくれて、気を紛らわせてくれる友人やパートナーを必要とするでしょう。里親は、自分はけっして子どもを傷つけているのではないと思い出す必要があります。肯定的な言葉やアファメーションを繰り返すことが役立ちます。「ビアンカは大丈夫だわ。彼女のために私は落ち着いて断固としているわ」。里親が、けっして屈服しないという態度を固めることができたとき、子どももタイムアウトに際して、かなり早く落ち着きを取り戻すことができるようになります。静かにして、協力的になれば、ずっと早くタイムアウトを終えることができるということを子どもは発見するのです。

タイムアウトが終わるとき何が起こりますか？

タイムアウトを終えたならば、里親は子どもを叱ったり、説教したりしてはいけません。また、その出来事について触れることさえしてはいけません。指示に従わなかったためタイムアウトを実施した子どもに対しては、子どもが（最初の場所で与えられていた）その指示に従うまで繰り返す必要があります。そして子どもが従った後は、子どもを肯定的な遊びに戻るように促します。

その後、里親は子どもを褒め、肯定し、アテンディングする機会を探すようにします。それによって子どもは、里親はもうさっきのことを根に持っていない、衝突は終わったのだということを理解することができます。そのことによってまた、肯定的な行動と否定的な行動の双方にバランスよく注目することができるようになります。

子どもが無作法な振る舞いをした後、子どもが謝ったり、後悔したりするのを期待する里親がいます。子どもがごめんなさいと言うことを学習したとしても、それはその子どもの行動が変化するということの保証にはなりません。タイムアウトの真価は、どう振る舞うべきかについての選択権は自分にあるということを子どもが学習するという点にあります。子どもに「ごめんなさい」と言うように強要することが、新たな衝突の始まりになる場合があります。私たちがタイムアウトを使う目的

は、できるだけ早く子どもを肯定的な注目を与えることができる状態に戻すことです。しかし、子どもが自分のしたことに後悔の念を示すことに重点を置く里親もいます。そのような人たちは、問題について子どもと何も話し合わずに済ませるという考えに異議を唱えるかもしれません。それに対して私たちは、タイムアウトが終わったらできるだけ早く子どもの適切な行動を褒める機会を見つけるように強く推奨します。タイムアウトを実施することになった出来事についての会話がなされるとしても、その日の遅くにするよう勧めています。そのような時間帯には状況は落ち着いているでしょうし、褒めて肯定的注目を与える機会も多いでしょう。それができた後なら、タイムアウトのことについて有益な方法で話し合い振り返ることができるでしょう。そして、次に検討する問題解決スキルを使うことができます。そのときにはもう突然、新たに衝突が起きたり、エスカレートしたりすることもないでしょう。子どもは落ち着いた状態になればなるほど、自分の行動について建設的に話すことができるようになり、適切に反省することができるようになるものです。

子どもがタイムアウトに協力しない場合

多くの子どもが、里親が想像する以上にタイムアウトを受け入れ、それによく反応します。しかしタイムアウトに抵抗し、あらゆる手段を使って主導権を握ろうとする子どももいます。

- **子どもがタイムアウトを拒否する場合**。幼い子どもの場合は、手を引いてしっかりと子どもをタイムアウトの場所や椅子のところまで連れて行くようにします。年長の子どもの場合は、身体的に難しいでしょうし、攻撃的と受け取られるようなことは避ける必要があります。その場合、里親は、特権を取り上げますよと警告することができます。「タイムアウトに応じなかったら、いまからテレビを見ることはできません」と。その場合、タイムアウトのほうが短い時間で済む受け入れやすい選択だと子どもに思わせるのに十分な結果を提示する必要があります。
- **子どもが許される前にタイムアウトから出てきた場合**。幼児の場合は、タイムアウトの場所や椅子に戻すのは簡単でしょう。そのとき、たとえば、しばらく子どものそばにいたり、手を肩の上に置いておいたりする必要のある子どももいるかもしれません。しかしその場合でも、子どもと話をしたり目を合わせたりするのを避けることが大切です。セッション8で見てきた無視のスキルを使う必要があるかもしれません。年長の子どもの場合は、先ほどと同じ方略を使い、特権を取り上げることができるでしょう。
- **子どもが器物を損壊している場合**。子どもが物を投げたり、破壊したりしているときでも、里親はタイムアウトを続行すべきです。それが終わったら、子どもに元の場所に戻るように言い、散らかしたり破壊したりしたものを片付けさせる必要があります。子どもに自分がした破壊的行動の責任を負わせる必要があります。何かが損壊した場合は、たとえば、子どもにそのお小遣いのなかからいくらか弁償させたり、特権を取り上げたりする必要があります。

● **子どもがタイムアウトから出てくるのを拒否する場合**。子どもがタイムアウトから出てくるのを拒否した場合、里親は子どもに、タイムアウトは終わったということ、そして、もっとそこにいたいと思うならそうしてもかまわないと言うことができます。子どもとの力比べに陥らないことが重要です。

その他のポイント

外出時にタイムアウトを実施する

子どもはときどき外出時のほうがわがままを通しやすいと考えることがあります。里親が、そのような状況を公衆の前で見せたくないと思うからでしょう。しかし、里親が子どもの協力を得るために家庭でタイムアウトを使うことができるようになると、それを外出時でもうまく使うことができるようになります。あるアクティビティや状況が難しくなりそうだと思えるとき、里親は前もって計画を立てておく必要があります。

たとえば、結婚式やレストランでの食事、買い物に出かける場合、里親はあらかじめ子どもにどのように振る舞ってほしいかを明らかにしておく必要があります。行儀よく振る舞ったときはご褒美をあげること、無作法な振る舞いをしたときはどのような結果になるかを明確に説明しておきます。タイムアウトは、車のなかでも、木の側でも、近くの階段でも使うことができます。その場合、里親は、通りがかりの人にいまタイムアウトを実施していると説明する用意をしておく必要があります。

5歳以下の子どもにタイムアウトを使う場合

タイムアウトは段階的に使うことができます。最もゆるやかなものから始めるのが最善です。幼い子どもの場合、その遊びから離し、その遊びに戻る前に1〜2分ほどそばで静かに座らせることで十分でしょう。

たとえば、子どもが砂場で砂を投げ始めたときは、砂場の縁に2分ほど座らせ、その後でまた砂場に戻し友達と遊ばせるようにするといいでしょう。

自分自身のための「頭を冷やす時間」

子どもがタイムアウトのプロセスに慣れ、数分間遊びから離れることを受け入れられるようになると、気をそらすものから離れて自分自身を落ち着かせ、状況について考える空間と時間を持つことは、その子どもにとって大変有益な機会となることでしょう。実際、この手法が里親にとっても、とても有益であるということがわかっています。イライラし、子どもに対して苛立ちを覚えるようになっていると感じたとき、里親は自分自身のために「頭を冷やす時間」を使うことができます。頭を冷やし、状況に対する新鮮な見方を得るために、お茶を入れ、好きな音楽に耳を傾けます。胸にたまっているモヤモヤを吐き出すために、パートナーや同僚に話す必要があるかもしれません。あるいは自分でゆっくりと考える空間と時間を持つ必要

があるかもしれません。これは、衝突を管理する建設的な方法の手本（モデル）となります。

タイムアウトを他の方略と併用して使う

タイムアウトは衝突の起こりそうな状況で使うことのできる方略の1つです。とはいえ里親は、しつけの経験よりもはるかに多くの肯定的相互作用を子どもが経験することができるように、自分自身でタイムアウトの使用を注意深くモニターする必要があります。里親は、子どもを褒め、温もりと注目を与え、励ます機会を常に見出す努力をする必要があります。それらは子どもに適切に行動することを促し、彼らの自尊心を高め、愛情とアタッチメントの絆を深める資質であり、スキルです。このように、タイムアウトそれ自体を解決法と見なさないことが大切です。

問題解決方略

社会的養護下におかれた子どものニーズ

社会的養護下の子どもの多くが、混乱したストレスの多い家庭環境の出身です。彼らはおそらく、衝突についてじっくり考えるための秩序だった方略を目にしたり内面化したりしたことはないでしょう。また社会的養護の下でも、不安感や無力感が募るような思いをしたかもしれません。なぜなら多くの場合、彼らは自分のためになされる決定について、自分はのけ者にされている、十分な情報を与えられてさえいないということをひしひしと感じてきたからです。それゆえ里親は、養育している子どもが生活のなかでより大きな自己効力感を感じることができるように、子どもに自分がする決定により大きく関与できているという経験をさせる重要な役割を担っています。問題解決方略は子どもに、自分がする選択を明確にさせ、さまざまな選択の派生的な結果を予測させ、その決定をどのように実行に移していくかを計画することができるようにさせるものです。それは子どもに自信を持たせ力を与えるスキルであり、子どものウェルビーイングの感覚の中心となるものです。

問題解決方略を教えるときの里親の役割

大人も子どもも、どちらも衝突や欲求不満に対して非効率的で自滅的な形で対応することがあります。たとえば、子どもは思い通りにいかなくなったとき、泣き叫ぶ、ふくれる、ドアをバタンと閉める、足をバタバタさせるなどの行動をすることがあります。それらは自然なリアクションです。しかし、自分のイライラした気持ちを抑える感覚を身につけ、好ましい結果を達成するために行動を起こせることを実感できるようになれば、そのような子どもは、人生を有利に進めることができるようになります。タイムアウトは特に幼い子どもたちに役立つ手法といえます。それに対して年長の子どもには、他人のニーズを考慮しながら自分のニーズを満たしていくという、より成熟した方法を使えるようになることを期待できます。そのためにとても役に立つのが、問題解決方略です。

387

ほとんどの子どもが、衝突や意見の相違を解決していく方法を学ぶために、支援や指導を必要とします。衝突や意見の相違が起きたとき、子どもたち自身の判断に任せると、おそらく、より強く力のある子どもに有利な決定に達するでしょう。たとえば、きょうだい2人に、コンピューターを仲良く使うようにと言った場合、大きく、強引な子どもが長くコンピューターを占有し、従順で受容性のある子どもが短い時間で我慢するでしょう。

子どもが欲求不満になったり落胆したりしたとき、大人はしばしば短絡的な対応をし、ありきたりの解決策を子どもに与える傾向があります。しかし、子どもが自分自身で問題の解決策を見出せるように大人が支援し指導するなら、子どもは自信と独立心を発達させていくことができます。

子どもはまた、その里親が決定に際して前向きに解決を話し合い、選択を行い、計画を立てるのを見ることから利益を得ることができます。大人のなかには、自分たちの問題解決過程に子どもを参加させるのをいやがる人もいますが、里親がしなければならない決断に関わる思考過程を声に出すことで、子どもに手本を示す機会は毎日たくさんあります。スーパーマーケットで何を買うか、全員が楽しむために週末は何をして過ごすか、パーティーの予算をどれくらいにするか、お金をどう使うかを決めるなどです。

共感の発達

問題解決方略は子どもの認知スキルを発達させますが、それだけでなく、社会的スキル、特に自分と他人の感情に対する敏感性も発達させます。里親が養育のなかで子どもと一緒に問題解決にあたる場合、子どもがその問題のある状況をどう感じているかを探り、もし他者が関わっている場合は、他者がどう感じているかを子どもが考えることができるように支援することが重要です。そうすることによって子どもは、他人の物の見方について、そしてその出来事が自分だけでなく他人にとってどのような影響を与えるかを考えることができるようになります。

問題解決のための枠組み

問題解決にはさまざまなモデルや方法があります（たとえば、Crick and Dodge, 1994）。私たちはそのなかのスリー・ステップ・モデルの使用を選択しています。それが養育者に理解してもらいやすく、簡単に使うことができるモデルということが示されているからです。子どもに問題解決スキルを教えるこの方法は、ポール・スタラードの著書『良く考え、良く感じる』（*Think Good-Feel Good*）（2002）から採用しています。それは広く使われているマニュアルで、子どもが自分の気分と社会的関係性を使って問題に向かうことができるように作成されたものです。そのためこのモデルは、すでに多くのファシリテーターによって使用されています。このモデルは、ストップ・プラン・アンド・ゴーの原理に基づいた単純な方略を提起するものです。そのモデルでは、社会的問題が起こる最も一般的な原因が3つ挙げられています。

1 **考えずに行動する** これは特に衝動的な子どもに当てはまります。しかしこれはまた、手助けをしたい、正しいことをしたいという気持ちが強く、状況をすべて十分に理解することなく行動し始める子どもにも当てはまります。そのような子どもは、まったくの善意から、誤った行為をしてしまうのです。たとえば、あなたのために洗濯をしてあげようと思い、何もかも一緒に洗濯機に入れ、あなたのお気に入りのブラウスを駄目にしてしまうといったことをするのです。

2 **感情のままに行動する** 最もわかりやすい例が、友だちに怒り、感情のままにその友だちを叩いてしまうといった場合です。しかし、それは悲しみや不安といった感情にも当てはまります。たとえば、面会にまつわる感情をマネージすることが難しくなっている子どもは、その当日、勝手にどこかへ行ってしまったり、今日は面倒臭いから行きたくないと言ったりするかもしれません。

3 **その他の解決法が見つからない** 子どもはいつも使っている慣れた解決法以外の方法を見つけるのが難しいことがあります。状況に対してある特定の形で、たとえば、攻撃的に、あるいは、その反対に不安そうに対応する傾向がある子どもは、そのような対応が習慣となり、それ以外の方法で行動することを思いつかなくなることがあります。問題解決方略は、そのような役に立たない習慣を壊すために、子どもの意識をその他の可能性に向けて開くことができます。

これらすべての状況において、子どもが、行動する前に立ち止まり、選択肢について検討する（ストップ・プラン・アンド・ゴー）ことができるようになると、それは子どもにとってはたいへん役に立つスキルとなります。

このモデルは、効果的な問題解決を邪魔するのは、多くの場合、強い否定的な感情と役に立たない思考であるという考え方に基づいています。このモデルは、問題の起こりそうな状況が発生した場合は、それに反応する前に、立ち止まり、取り得る行動のそれぞれに続きそうな経過を考えてみることの重要性を提起するものです。里親は子どもがこのような問題解決スキルを身につけるのを手伝い、また、子どもが自分を悩ませる状況について考え抜くことを通して支援することができます。

問題解決のためのストップ・プラン・アンド・ゴー・アプローチ
ステージ1：ストップ

最初のステージであるストップは、子どもが、起こり得るさまざまな結果を考えることなしにすぐに行動することがないように計画されたものです。子どもは、まず立ち止まり、すぐに問題について考え始め、その問題が何を意味しているかを正確に明らかにしていきます。実際には多くの子どもにとって、慣れたパターンにとびつく前に立ち止まるということは最も難しいことの1つですが、それができるようになると、問題をきちんと把握することができるようになります。そこでは里親が、子どもの物の見方を把握し、子どもが問題をどのように知覚する傾向にあるかを理解することが大切です。大人はどちらかといえば、自分は子どもの問題を理解して

いると早合点する傾向があり、すぐに助言し、説教し、問題を解決しようとします。

たとえば、6歳のサマンサが学校で泣きはじめました。彼女の里親は、彼女が泣いた原因は、だれも知っている人のいない新しい学校で不安を感じたからだと考えました。里親はサマンサに、「すぐに新しい友達ができるわよ」と言って彼女を安心させることで問題を解決しようとしました。しかし、そのとき里親が一歩立ち止まり、サマンサの言うことに耳を傾けることができていれば、里親は事態を違う形で見ることができたかもしれません。サマンサは里親に、「この学校のトイレには先生がいなかったので、近くにいた女の子たちに一緒にトイレに行ってくれないと頼んだら、その女の子たちにそのことをからかわれ、いじめられた」と伝えたかったのかもしれません。サマンサはいま、その女の子たちの近くには行かないようにしています。

里親は、自分の思い込みや関心を保留し、子どもに自分の言葉で問題を説明させるようにする必要があります。何が起こったかを子どもが説明することができるように、いくつかの自由回答式の質問をする必要があるかもしれません。問題解決のこの段階では、子どもがその出来事についてどう感じているかを見出し、次にその子どもと一緒に、他の人はそれについてどう感じているかを探ることが特に役に立ちます。先ほどの例では、サマンサは、いじめられたことを自分はどう感じたか、そしていじめた女の子に対してどう感じたかを探求することができるでしょう。さらにまた、そのいじめた女の子たちはどう感じているかを考えることができるかもしれません。そうすればサマンサは、自分の感情を明確に理解し、自分はどのような行動を取りたいのかを理解することができるでしょう。里親は、問題に対する子どもの見方を理解できたと思えるときは、自分が正しく理解できているのかどうかをチェックするために、それを子どもにフィードバックする必要があります。そのときは、セッション5で練習した、子どもの言うことに効果的に耳を傾ける、とコミュニケーション・スキルを活用することができます。

ステージ2：プラン

ステージ2のプランでは、子どもに生起した問題の解決法について思いつく限りすべてを、自由に、創造的に考えるように促します。子どもは、問題に対する正しい解決法は必ずしも1つとは限らないということ、さまざまな解決法があり、そこから選択することができるということを発見して驚くことがあります。たとえそれが里親から見て理不尽で不適切に思えたとしても、子どもが言ったすべての計画や考え方について検討し、それを書きとめるようにすることが大切です。里親は子どもの考えを批判したり、軽蔑的な態度を示したりしてはいけません。そんなことをすれば、この過程に不可欠な信頼と協力の関係を破壊することにつながります。子どもは、里親が支持できないような解決策を考えつくかもしれません。嘘をつく、盗む、攻撃するといった行動が含まれているかもしれません。しかし里親は、自分があまり好きではない考えについても中立的であるべきです。ここで大切なことは、

里親が子どもの考えが適切かどうかを判断しないこと、子どもに制限なしに柔軟に考えさせることです。これは特に、子どもが考えに行き詰まり、解決策を見出すことができないときに有効です。問題解決の次のステージでは、里親と子どもは、社会的に受け入れられにくい行動の結果について考える重要な学習機会を持つことになりますが、このプランのステージでは、その過程は楽しくユーモラスなものであっても少しもかまいません。

先ほどの例に戻りますと、サマンサはさまざまな解決法を考えることができるでしょう。トイレに行かなくてすむように飲み物を口にしない、一緒についてきてくれる友達を作る、お菓子やお金を使っていじめた子たちをなだめる、いじめた子たちに自分から話しかける、学校の別の場所にあるトイレに行く、などなど。

感情や考えを口に出して表現するように促す必要のある子どももいるでしょう。大人から答えを出してもらうことに慣れている子どもの場合は、特にそうでしょう。里親は、有力な解決策と思う考えを提示したいと思うかもしれませんが、ここで大切なことは、里親がこのプロセスを支配したり、考えを押し付けたりしないことです。目的はいくつもの選択肢を考え、そのなかから決断することができる子どもの能力を発達させることです。とはいえ、この例について言えば、いじめは深刻な問題ですので、もしサマンサがこの出来事について学校の関係者に相談するという解決策を思いつかない場合は、彼女の里親は考えるべき解決策の1つとしてこの案を提示したいと思うことでしょう。

次のステージでは、すべての選択肢を考慮する必要があります。サマンサがこの解決策にあまり気乗りしていないように見えても、里親は穏やかにそれも1つの可能性のある案として含めるように促すことができます。プランの次のステージでは、里親はサマンサと一緒に、この解決策についての利点だけでなく彼女の心配や恐れも探索していきます。できればそれを書きとめるようにします。

可能なプランの一覧表ができたら、次にそれぞれのプランについて有利な点と不利な点を検討し、起こりそうな結果を考えていきます。このプロセスで、子どもはさまざまな結果を予測し、想像する仕方を学習することができ、社会的および知的スキルを発達させていくことができます。当然のことですが、そのなかには自分自身がする行動の結果について考えるということも含まれています。それぞれの解決策には、有利な点もあれば、不利な点もあるでしょう。しかしここで大事なことは、子どもがそれらを考え、最上の選択と考えるものを選び出す機会を持つということです。満足度の少ない解決策を1つずつ消していき、子どもが最上と思えるプランを決定できるようにしていきます。

この場合の最も良い方法は、子どもがそれぞれの解決策について肯定的な結果と否定的な結果を考え、最終的にバランスを取りながら最善の解決策を見出すというこ

とです。そのためによく使われる最良の方法は、それぞれの解決策についての肯定的結果と否定的結果を示した小さな表を作り、子どもと里親が一緒に、合意した一連の結果について考えることができるようにするということです。

サマンサはさまざまな解決策について、その起こりそうな結果について考えることができるようになりました。たとえば、飲み物を口にしないことに決めた場合は、トイレに行かなくてよくなるかもしれませんが、不利な点は、とても喉が渇き、頭痛を起こすかもしれないということです。またこのままでは、トイレ以外の別の場所でいじめられるのではないかとビクビクしなければなりません。先生に話すことにすれば、トイレの問題は解決し、さらに学校がいじめについて行動を起こせば、彼女の気持ちもずいぶん楽になるでしょう。しかしサマンサは、クラスのみんなから弱虫で卑怯者だと見られるのではないかと心配しなければならないでしょう。里親はサマンサの感情と思いを引きだし、検討しながら、それぞれの選択肢についての有利な点と不利な点を、より深く、より長期的に考える必要があります。

ステージ３：ゴー

子どもが一度、どの行動を自分が取りたいかを決めたら、それをいつ、どこで、どのようにして行うかを考える必要があります。どのように行動するかが明確になるにつれて、子どもはそれを実行することに自信を持ち、毅然とすることができるようになっていきます。子どもが里親と一緒に、計画のさまざまな場面を予行演習することができれば、とても有益な楽しい経験となるでしょう。これは、考えを行動で表してみるということを意味していますが、それだけでなく、それによって子どもは、自分の新しい問題解決方略が成功したときの結末を想像することができるようになるということを意味しています。これによって子どもは、新しい解決法が自分にどのような結果をもたらすのか、今までに経験したことのない新しいことをするとどうなるのか、そして他の子どもたちはそれに対してどう反応するかを目に見える形にすることができます。この段階でも子どもにとって重要なことは、一通り想像し終えて満足な結果が達成できたことに対して自分のことを褒めるということです。

サマンサが最終的に決断した第一選択が、いじめた女の子たちと話し合い、今度またいじめるようなことがあったら先生に報告すると告げることであったとしたら、彼女は、何と言うか、そしていつ、どんなふうにそれを言うかを考える必要があります。彼女はこの新しい、よりアサーティブな役割を演じている自分を想像することができ、そうすることはどんな感じかを想像することができます。サマンサは里親と一緒に、そのときの自分の行動が楽しいものと思えるようになるまで練習する必要があります。

最終的に、新しい方法を実行に移すときがきたら、その望んだ結果を達成することができたらどんなに楽しいかを子どもが考えることができるように支えることが大

切です。初めて問題解決方略を実行に移すとき、必ずしも満足できる結果が得られるとは限りません。里親は、子どもが何が起こったかを評価し、何がうまくいって、何がうまくいかなかったかを考えることができるように手助けするという重要な役割を果たす必要があります。さらにまた、その解決策はどこまで望んだ通りに進んだか、そしてどの段階で機能しなくなったかを子どもが考えることができるように手助けすることが大切です。ここで考えなければならないことは、以下のようなことでしょう。結果についてどう思いますか？　それはうまくいったように思えますか？　他の人はどのように感じたでしょうか？　傷ついた人はいましたか？　子どもが計画の結果に満足しているときは、最後までやり遂げ、問題を解決できたことを認め、褒めることが大切です。結果が満足できるものでなかった場合は、何がうまくいかなかったのかを考え、さらなる行動を起こす必要があるか、あるいは行動を起こしたいかを考える機会を持つ必要があります。ステージ2に戻り、新しい代わりとなる解決策を探る必要があるかもしれません。たとえ結果が満足できるものでなかったとしても、困難な状況に立ち向かい、それを解決しようとした勇気と問題解決のための努力に対して子どもを褒めることが重要です。

サマンサの行動が成功したなら、彼女は自分自身にとても満足し、衝突と攻撃に対処する自分の能力に自信を持つことができるでしょう。成功しなかった場合、さらなる問題解決に向けて彼女を支援することが不可欠です。そうしなければ、彼女はいままで以上に無力感を持ち、傷つきやすくなり、苦しむことになるでしょう。

いじめのような問題に対しては、サマンサの里親は彼女を守る責任があります。サマンサがこの状況を1人で解決することができない場合は、里親は問題解決の一環として介入する必要があります。

問題解決のなかで里親と子どもの感情を管理（マネージ）する

問題解決のための枠組みは、わりと簡単そうに見えます。しかしその問題が、里親と子どものなかに強い否定的な反応を生み出すときには困難が生じます。それに伴う思考や感情が、問題解決が軌道に乗るのを脅かすからです。このような状況では、里親はしっかりとセルフコントロールし、明確な限界を設定し、感情的コミュニケーションを管理（マネージ）する方略を用いる能力が求められます。

里親が精神的に追い詰められ、疲れているとき、問題解決のための精神力を維持することが難しくなることがあります。そしてそんなとき里親は、すぐに助言をしたり、問題自体を否定したり、子どもをなだめたり、解決策を押し付けたり、批判したり、子どもに向かって愚痴をこぼしたりしやすくなります。里親自身が解決策を決めてしまうと、子どもは問題解決のスキルを自分で学習し、実践することができなくなります。また、子どもが「僕（私）の言うことをぜんぜん聞いてくれない」と言うとき、里親は軽はずみに反応して、「わかった、これからは私に話を持ちか

けないで!」と言うかもしれません。子どもの言うことに耳を傾け理解するのではなく、防御的な対応に終始するなら、それを攻撃され、不平を返されるかもしれません。子どもの言うことを最初は受け入れたように見せかけながら、実は無視するというよくある対応パターンが、「そうね、でも」と返事するパターンです。「そうね、あなたが怒っているのはよくわかるわ。でも、私たちはみんな何かしら怒っているの」。こうした対応に共通していることは、それが言外に、大人の感情と問題に対する大人の見方をその問題に被せ、子どもに押し付けているということであり、子どもの見方を認めよう、探ろうとしていないということです。

子どもの話に耳を傾ける際、否定的感情に捉えられたままでいること

養育のなかで子どもと一緒に効果的に問題解決にあたろうとするとき、里親は自分自身の否定的感情と思考を自覚し、それを管理することができなければなりません。それはけっして簡単なことではありません。ほとんど不可能に思えるときもあります。子どもと有意義な話し合いを行うためには、里親は、怒ったり、苛立ったり、失望したり、不信に陥ったりといった自分自身の直接的な反応を制御し、子どもの言うことに耳を傾け、子どもの視点から状況を眺めることができなければなりません。子どもの言うことに耳を傾けながら、この子どもは問題をどのように考えているのかを学ぶ必要があるのです。

里親は以下のことに留意する必要があります。

- 途中でさえぎったり、批判したり、説教したり、文句を言ったり、非難したり、叱りつけたりせずに、何が起こったかについて子どもに最後まで言わせるようにします。
- 子どもの見方で問題を見つめ、子どもがどのように感じているかに共感する努力をします。「先生があなたに目を付け、繰り返しあなたばかりを叱っていると感じたとき、あなたはとてもつらかったでしょうね」。里親が共感することができれば、子どもは自分が評価され、理解されていると感じることができるようになります。それは、コミュニケーションのための今までとはかなり異なる出発点を作り出すことでしょう。
- 子どもがした肯定的なことを認めるようにします。「あなたは先生の言ったことを一生懸命やろうとしたのね」。
- 自由回答式の質問をするようにします。「今日学校で何か悪いことでもあった?」

家庭での衝突を管理するための問題解決

問題解決のための枠組みは、里親と子どもの間にどうしても解決しなければならない衝突が起こったときにも使うことができます。それは、普通の会話のなかで知らぬ間に生起することがあります。たとえば、子どもがうっかりと本音を漏らすこ

とがあります。「わたしがハグしたいと思ったとき、いつも忙しそうにしてるわ」とか、「わたしの好きなご飯を作ってくれたことがないわ」など。こうした言葉が、思いがけず里親のある反応を喚起することがありますが、問題解決スキルを使えば、それについて探求し、解決することができます。里親が問題を解決したいと思うもっと具体的な衝突場面もあります。たとえば、外に遊びに行っていた子どもが夜遅くに帰って来たとき、家のなかで子どもが他人の物を盗んだとき、あるいは家のなかで他の子どもに暴力をふるったときなどです。

このような状況に対しても、問題解決のための3つのステージを適用することができます。さらに里親は、子どもを養育するなかで生起することがある強い感情をどうすれば制御することができるか、そして安全で思いやりのあるコミュニケーションのお手本を示すにはどうすればいいかについて指導してほしいと思っているかもしれません。大人である里親は、子どもを先導し、建設的で適切な行動のお手本を示す必要があります。家族で一緒に問題解決にあたるための基本ルールについて以下にまとめています。里親はそのいくつかを使って、家族の問題解決ルールを作成することができます。

問題解決コミュニケーションのためのガイドライン

- **一度に1人が話すようにします** 子どもが話しているときは、それに耳を傾け、言っていることを理解するようにします。さえぎらず、最後まで言わせてください。
- **肯定的なことから始めます** 子どもの言っている言葉のなかに何か肯定的なことを見つけ、それを認めてください。具体的に。「正直に気持ちを打ち明けてくれてありがとう。要点を押さえた話し方がわたしは好きよ」。
- **自分が発言するときは短く明快に** くどくどと言わないように。
- **ていねいに** 子どもの態度を、無作法で可愛げがないと感じることがあるかもしれませんが、子どもがどうであれ、あなたは無作法な態度を取ってはいけません。子どもを攻撃したり、批判したり、はねつけたりしてはいけません。
- **言葉によるものであれ、非言語のものであれ、子どもに送るメッセージに一貫性があるようにしてください** 大人が子どもに対して言葉と態度が裏腹のメッセージを送るとき、子どもは態度で示されたメッセージのほうを重要で強力なものと感じるものです。
- **肯定的な面に焦点を合わせるようにしてください** できないことではなく、自分がしたいこと、できることを話すようにするといいでしょう。お互いに非難し合うのではなく、一緒に問題解決にあたるということに焦点を合わせるようにしましょう。あなたが肯定的な言葉でその出来事について考え、話すようにすると、それを聞いている人も、より肯定的に感じ、振る舞うようになります。
- **共感しましょう** 子どもの観点から物事を考えるようにしましょう。衝突のような状況では、自分の物の見方と感情に押しつぶされ疲れることがよくあります。子どもに一歩近づいていく準備があれば、問題解決に向かって一歩踏み出すことがで

きるでしょう。

- **文句を言うのは止めましょう**　過ちや欠点を無視することが大切なときもあります。過去の傷口に触れるようなことは止めましょう。怒りと傷を増幅させるだけです。今したいことに焦点を合わせるようにしましょう。

- **具体的に目標を定めましょう**　肯定的な期待を持てば勇気が湧いてきます。達成可能な目標であれば、すべての関係者がそれに向かって頑張ろうという気持ちになります。あなたが圧倒され望みがないと感じていれば、周りもそうなるでしょう。

- **自分を正当化したり、防御したりするのは止めましょう**　子どもから意見されたとき、それにすぐに反応しないようにしましょう。それに耳を傾け、待ちましょう。それは不快なことかもしれませんが、問題解決を望むなら、たとえそれが批判的なものであったとしても、子どもの意見と感情を理解する必要があります。

- **自分の気持ちを伝えましょう**　自分自身について語りましょう。
  次のように言いましょう：「わたしは……気がする」「わたしは……と思うの」「わたしには……と思えるの」。
  次のように言うのは避けましょう：「あなたは……と言うけれど」「あなたは……と思っているようね」。

- **確かめましょう**　人の心を読もうとしないでください。何を考え、どう感じているかを子どもに尋ねましょう。子どもの言ったことをきちんと理解しているかどうかを確認するために、あなたが理解していることを子どもに返しましょう。「わたしは正しく理解していると思うけど、あなたは……と言いたいのね」。また、子どもがあなたの言っていることを正しく理解しているかどうかも確認しましょう。「わたしが何を言っているか、あなたの言葉で言ってみて」。

- **あなた自身に「頭を冷やす時間」を与えるようにします**　どうしても冷静になれなくて、ていねいに話すのがもどかしく、「怒りをぶちまけたい」と思うときがあるかもしれません。そんなときは、冷静になれたと思えるまで、話すのをやめ、休憩することが必要です。その後もう一度問題に戻ることが重要で、「頭を冷やす時間」を衝突を避けるための言い訳としないことが大切です。

衝突という状況のなかでコミュニケーションを取るというスキルを発達させるためには、かなりの練習と熟考が必要です。感情を制御し、難しい相互作用を積み上げていくためには、明確なガイドラインが必要です。変化はゆっくりとしたものかもしれませんが、里親は、自分が子どもに伝えようとしているさまざまなメッセージに注意すると、子どもの反応がより開かれた、より建設的なものになっていくことを実感することができるようになるでしょう。

実生活における問題解決は多くの場合、複雑なプロセスで、整理しやすくわかりやすい問題というのはめったにありません。効果的な問題解決には、さまざまなスキルが必要です。しっかりと耳を傾けコミュニケーションを取るスキル、子どもからのコミュニケーションを促進させる能力、自分の感情と対応を制御する能力、特定の枠組みのなかで創造的に思考する能力などです。この種の難しいスキルを自分

のものにするには、何年もの練習が必要でしょう。私たちは、問題解決スキルをさまざまな方法でどのように使っていくかを探求するための素材を提供してきました。ファシリテーターは里親に、問題解決の考えやスキルを理解し、探求する機会を提供する必要があります。そしてグループの必要性に合わせて、アクティビティのペースを設定していく必要があります。スキルは、ペアでもグループ全体でも練習することができますが、里親の感想を聞き、その経験を振り返るための時間は十分取る必要があります。

このセッションで用意した素材は、日常的な単純な状況のなかで、一般的な問題解決方略をどのように適用することができるかについて、そして子どもに自分自身で考えさせるようにするためにはどうすればいいかについて、里親が考えることができるように作られています。里親はまた、具体的な問題について子どもと一緒に考えていくための、構造化された枠組みを使う練習をしていきます。最初はわりと簡単な問題から始めますが、徐々に衝突の危険をはらんだ、感情的に高ぶった状況での問題解決スキルの練習へと移っていきます。問題解決の考え方を家庭という状況のなかで全面的に展開することに難しさを感じる里親もいるでしょうが、里親はさまざまなスキルを使うことができるという実感を持てるようになっていきます。それによって里親は、創造的に自立して考えられるように子どものスキルと能力を育てることが可能になるでしょう。

2 グループワークを効果的にファシリテートする

セッション 10 の準備

ファシリテーター同士で、どちらがどのセクションをリードするかを決め、セッションの時間割を決めます。
毎週必要な道具や資材に加えて、今週特に必要なものを確認します（セッションの最初のページを参照）。

● 遊びのためのリラックスできる音楽
● リラクゼーションのためのエッセンシャルオイル、お湯、容器

ファシリテーターは、フォスタリングチェンジ・プログラムで使われている形での「タイムアウト」と呼ばれる技法について、自信を持ってこのセッションに臨む必要があります。また、それが、たとえば、テレビ番組の『スーパーナニー (Super Nanny)』などの素材を通して里親に知られている「タイムアウト」とどのように異なっているのかを明確に理解しておく必要があります。そのためファシリテーターは、このセッションに臨む前に、「ファシリテーターが知っておくべきこと」の「タイムアウト」に関する項をすべて読んでおく必要があります。

397

ファシリテーターのねらいと目標

● 里親と一緒に、罰としつけの技法の態度や考え方について探求していきます。

● フォスタリングチェンジ・プログラムで使われている「タイムアウト」を学習していきます。

● 問題を構造化された体系的な方法で考えることができるようになるために、ストップ・プラン・アンド・ゴーの問題解決のための枠組みを使う練習をします。

● 落ち着いた威厳のある形で衝突を処理するためのスキルと自信を発達させます。

セッション 10 を成功させる秘訣

限界を設定することに難しさを感じている里親には、今日のセッションはかなり難しいものになるかもしれません。そのような里親は、衝突と受け取られるような状況にとても大きな不安を感じ、そこから身を引きたいと思っているかもしれません。また、タイムアウトが実際にはどのようなものかを知らず、それを厳しい処罰のようなものではないかと心配する里親もいるでしょう。そのような里親には、これらの方略をまずセッションで「やってみて」、次に家で実践するように勇気を与える必要があります。そのなかで里親は、これらのツールが自分が想像していたほど苛酷なものではなく、衝突に油を注ぐどころか、それを収束させるためにとても有用なツールであるということに気づくでしょう。

実生活における問題解決は多くの場合、複雑なプロセスで、整理しやすくわかりやすい問題というのはめったにありません。効果的な問題解決には、さまざまなスキルが必要です。しっかりと耳を傾けコミュニケーションを取るスキル、子どもからのコミュニケーションを促進させる能力、自分の感情と対応を制御する能力、特定の枠組みのなかで創造的に思考する能力などです。この種の難しいスキルを自分のものにするには、何年もの練習が必要でしょう。私たちは、問題解決スキルをさまざまな方法でどのように使っていくかを探求するための素材を提供してきました。ファシリテーターは里親に、問題解決の考えやスキルを理解し、探求する機会を提供する必要があります。そしてグループの必要性に合わせて、アクティビティのペースを設定していく必要があります。スキルは、ペアでもグループ全体でも練習することができますが、里親の感想を聞き、その経験を振り返るための時間は十分取る必要があります。

このセッションで用意した素材は、日常的な単純な状況のなかで、一般的な問題解決方略をどのように適用することができるかについて、そして子どもに自分自身で考えさせるようにするためにはどうすればいいかについて、里親が考えることができるように作られています。里親はまた、具体的な問題について子どもと一緒に考えていくための、構造化された枠組みを使う練習をしていきます。最初はわりと簡

単な問題から始めますが、徐々に衝突の危険をはらんだ、感情的に高ぶった状況での問題解決スキルの練習へと移っていきます。問題解決の考え方を家庭という状況のなかで全面的に展開することに難しさを感じる里親もいるでしょうが、里親はさまざまなスキルを使うことができるという実感を持てるようになっていきます。それによって里親は、創造的に自立して考えられるように子どものスキルと能力を育てることが可能になるでしょう。

3　必要な機材および備品

パワーポイント（2003 以降）の入っているパソコン

フォスタリングチェンジ・プログラム付属資料（http://www.fukumura.co.jp/ からダウンロード）

- パワーポイント・スライド－セッション 10
- 配布プリント、セッション 10 －以下を参照
- セッション評価用紙

プロジェクター

プロジェクター用スクリーンまたはその代わりとなる壁面

環境音楽（迎え入れるための）（mp3 プレイヤーまたは CD）

フリップチャート用スタンドおよびフリップチャート用の大きな用紙

フリップチャート用マジックインク

紙を壁に貼るブルータック（粘着ラバー）

セッション 1 で作成した「グループワークのきまり」のフリップチャート

セッション 1 で作成した「里親の家族構成図」のフリップチャート

セッション 9 で作成した「家庭での実践」のフリップチャート

リラックスできる音楽

リラクゼーションのためのエッセンシャルオイル、お湯、容器

出席表

名札（記名用シール）

「ご褒美」のためのカラーシール

水を含む清涼飲料水やスナック類

セッション 10 で配布するプリント

セッションで使うプリント

10.1「『タイムアウト』の紹介」
10.2「タイムアウトの前、その間、そして後で起こることおよびトラブルシューティング」
10.3「どうしても言うことを聞かないときのタイムアウトの手順」
10.4「問題解決アプローチ」
10.5「ストップ・プラン・アンド・ゴー」
10.6「問題解決のシナリオ」

家庭での実践

10.7「家庭での実践：ストップ・プラン・アンド・ゴー」
10.8「タイムアウトを使う準備」
10.9「家庭での実践：タイムアウト」

セッション 10 評価用紙

4　セッション 10 の概要

全体で 3 時間

到着	
歓迎の挨拶およびオープニング・ラウンド：感情のバロメータ	5 分
今日の流れと目標	5 分
家庭での実践のフィードバック：自然な結果と合理的な結果、および家族のルールを使う	40 分
気分転換：サイモン・セズ	5 分
タイムアウト	10 分
タイムアウトの前に起こること	10 分
タイムアウトの間に起こること	5 分
タイムアウトの後に起こること	5 分
タイムアウトの練習	10 分
トラブルシューティング：うまくいかない場合	5 分
問題行動を選ぶ	5 分
	合計 1 時間 45 分
休憩 15 分	
問題解決とは何か？	5 分
問題解決のための枠組み：ストップ・プラン・アンド・ゴーの紹介	5 分
問題解決のための枠組み：ストップ	5 分
問題解決のための枠組み：プラン	10 分
問題解決のための枠組み：ゴー	5 分
ストップ・プラン・アンド・ゴーの練習	15 分

セッション 10　タイムアウトおよび問題解決方略

> 家庭での実践：タイムアウトおよび / またはストップ・プラン・アンド・ゴー　　　　　　　　　　　　　　　　　　　5分
>
> セッション評価　　　　　　　　　　　　　　　　　　　　5分
>
> クロージング・ラウンド：リラクゼーション　　　　　　　　5分
>
> 合計 1 時間
>
> **全体で 3 時間**

5　セッション 10 の流れ

到着

スライド	2
配布物	名札、付箋紙
道　具	環境音楽
	セッション 1 で作成した「グループワークのきまり」のフリップチャート
	セッション 1 で作成した「里親の家族構成図」のフリップチャート
	セッション 9 で作成した「家庭での実践」のフリップチャート
内　容	PP2 が映っている会場に、音楽に合わせて里親が入ってきます。会場全体が、里親を温かく迎える雰囲気に包まれています。

セッション 1 で作成したフリップチャートを掲示するのを忘れないようにします。

メンバーが到着したら、ファイルに貼るシールを渡します。会場に入ってくるときの里親の気分とストーリーに応えることが大切です。たとえば、大変な思いをして到着した里親には、労いの言葉をかけ、無事到着できたことを称賛し、シールを渡します。

5分　歓迎の挨拶およびオープニング・ラウンド：感情のバロメータ

スライド	3、4
配布物	なし
道　具	なし
内　容	● PP3：里親に、セッション 10 に来てくれたことを感謝します。
	● PP4：今日の気分を天気で表してください、と里親に言います。「今日は晴天の気分よ」「今日は灰色で霧雨が降ってるわ」などの答えが返ってくるでしょう。
	● ファシリテーターが最初にお手本を示します。

401

フォスタリング・チェンジ

5分 ## 今日の流れと目標
●●

スライド	5、6
配 布 物	なし
道　具	なし
内　容	● PP5：スライドを見てもらいながら、今日のセッションの流れを簡単に説明します。
	● PP6：今日のセッションに向けてあなたが考えている目標を簡単に説明します。今日のセッションの流れや目標について質問はありませんかと尋ねます。

40分 ## 家庭での実践のフィードバック：
自然な結果と合理的な結果、および家族のルールを使う
●●

スライド	7
配 布 物	なし
道　具	なし
内　容	グループ全体で討論します。

ロールプレイを行います。

● PP7：先週1週間どんなふうに子どもたちと過ごしたかを里親に聞きます。家族会議を開き、家族のルールを定めることができましたか？　自然な結果と合理的な結果を使うことができましたか？

● 合理的な結果を使った里親に、どんな行動に対してどんな合理的な結果を使ったかを発表してもらいます。

● 全員が討論に参加し、お互いを助け合うように励まします。

もし誰かがこれらの方略を使うのに特定の難しさがあった場合には、ロールプレイでその様子をグループに見せてくださいと頼みます。

● ロールプレイを行います。グループのなかから、「子ども」の役をしてくれる里親と、「里親」の役をしてくれる里親を募ります。何が起こったかをロールプレイしてもらいながら、グループ全体に、そこで使われている自然な結果や合理的な結果に注目するように言います。

● うまくいかなかったロールプレイが終わったら、それを演じてくれた里親とグループ全体から感想を聞きます。

● グループ全員に、どうすれば違う形でその状況に対処できたかを、明確に、注意深く考えてもらうように補助します。その後、先ほどのロールプレイをしてくれた人に、その討論を受けて再度演じてもらいます。

セッション10　タイムアウトおよび問題解決方略

- もう一度感想を聞きます。限界を設定することは、とてもストレスの多い辛い仕事になることがあります。
- 里親全員の努力と成果を褒めます。そこで使われた合理的な結果が適切だったと思われない場合は、自然な結果と合理的な結果を使うためのガイドライン（プリント9.4）をもう一度見てもらうといいでしょう。

5分　**気分転換：サイモン・セズ**
••

スライド　　　8
配　布　物　　なし
道　　　具　　なし
内　　　容　　グループ全体でするエクササイズです。

- PP8：ファシリテーターの1人がリーダーになって、「いまからサイモン・セズをします」と言います。
- グループ全員に、ファシリテーターがある行動をした後、「サイモン・セズ」と言ったらその行動を真似し、言わないときはその行動を真似してはいけませんと言います。
- グループ全員が気分転換でき、セッションを進める元気が出るまで数回行います。

10分　**タイムアウト**
••

スライド　　　9、10、11
配　布　物　　10.1「『タイムアウト』の紹介」
道　　　具　　タイムアウトのDVD
内　　　容　　思いつくことを発表

討論

ファシリテーターが知識を提供

ロールプレイまたはビデオ視聴

- PP9：タイムアウトの説明に入る前に、グループのメンバーがそれについてどのように理解し感じているかを大まかに把握しておきます。
- PP9を見てもらいながら、タイムアウトについて聞いたことがあるかどうかを尋ねます。「タイムアウトを使用したことがありますか、どんなふうに感じましたか？」その答えを聞くことによって、なぜ、どのようにタイムアウトを使うかを説明するなかで、触れておきたい点、強調したい点を

403

把握することができるでしょう。

タイムアウトがどのようなものかを明確に知らず、それを処罰的で、感情的な虐待のようなものと心配する里親もいるでしょう。またタイムアウトを実施しても、子どもはそれに協力しないのではないかと不安になる里親もいるでしょう。試してみたけれど、うまくいかなかったという里親もいれば、うまくいったという里親もいるでしょう。

● PP10：スライドの各項目を説明していきます。里親との全体討論では、タイムアウトは冷静に非虐待的な形で使われるように設計されているということ、そのためには、注意深く体系的にその手順とガイドラインに従うことが大切であるということを説明していきます。

ファシリテーターはここで必ず、タイムアウトを使う最も深刻な問題行動とは、蹴る、噛む、叩く、つねるなどの行動であること、どうしても言うことを聞かないときとは、子どもがとても反抗的に振る舞うときのことですと説明します。タイムアウトは、これらの問題行動に対して他の方略が効果を示さないときに役に立ちます。

● PP11：スライドの項目を説明していきます。

タイムアウトは、深刻な問題行動に対処する最も思いやりのある方法の1つです。里親は前もって子どもにその結果について説明していますから、冷静で非暴力的な方法のお手本を示すことができます。お互いがとても感情的になり収拾がつかなくなりそうな状況のなかで、里親が自分の感情を適切にコントロールできているのを子どもは目の当たりにすることができます。それによって子どもは、安全で、守られていて、安心だという感覚を得ることができます。

● PP10とPP11についての討論は、10分以内にします。

「このセッションの後の方でタイムアウトのロールプレイをしますから、そこでタイムアウトがどんなものかを具体的に見ることができます」と、ここで必ず伝えるようにします。この時点で里親にタイムアウトを見てもらったほうがいいと感じたときは、タイムアウトのときの子どもの様子を示したDVDを見てもらうようにします。そのDVDは、5分以内のものにします。

そのDVDのなかで、タイムアウトが極端な問題行動に対して使われていること、そこでは子どもは辛抱強く静かにしていること、そしてその経験

セッション 10　タイムアウトおよび問題解決方略

は子どもに悪い影響を与えていないことを見てもらうことが大切です。

● プリント 10.1 を里親に配ります。

10分　タイムアウトの前に起こること

スライド	12、13、14
配布物	10.2「タイムアウトの前、その間、そして後で起こることおよびトラブルシューティング」
道具	なし
内容	グループ全体で討論

グループに向けてファシリテーターが知識を提供

ファシリテーターによるロールプレイ

里親によるロールプレイ

● 里親に、いまからタイムアウトについて、以下の点を詳しく説明していきますと告げます。
  - タイムアウトの前にしておくべきこと
  - タイムアウトを実際に行う前に決めておくべきこと
  - タイムアウトの最中ですべきこと
  - タイムアウトの後にすべきこと

これらの説明の後に、計画通りにいかなかったことを考えるトラブルシューティングを行いますと告げます。

● タイムアウトを説明するときの参考資料としてプリント 10.2 を配ります。
● PP12：スライド「タイムアウトの前に起こること」を見てもらいながら、タイムアウトを使う前に、以下の点を決めておく必要があると説明します（ここで討論する時間を取ります）。
  - どんな行動にタイムアウトを使うか。1つまたは2つの行動に絞ります。
  - タイムアウトのときに子どもが移動する場所。安全で子どもの興味を引くものが何もない場所にします（廊下の隅や階段の一番下の段などが適しています）。
  - タイムアウトを続ける時間。タイムアウトに子どもを置く時間は、短い時間、たとえば、3分くらいにとどめます。子どもはタイムアウトが終わるまで静かにしていなければなりません。現実的に

405

どのくらいの時間が最適かを決める必要があります。30秒で十分だという里親もいるでしょう。基本的には、タイムアウトから出てくるときに、子どもが抵抗したり、叫んだり、不平を言ったりしなくなっているということを確認することが条件です。

- 子どもへのタイムアウトの手順についての説明。この方略を使う前に必ずこれを説明しましょう。どんな行動がタイムアウトになり、そのときどんなことが起こるかを説明します。

- PP13：タイムアウトに向けた子どもの準備をどうするか説明するためにスライドの各項目を見てもらいます。
- PP14：ファシリテーターがロールプレイをし、タイムアウトについて子どもにどのように話すかのお手本を示します。
- ファシリテーターはタイムアウトを使う行動を決め、それを子どもが落ち着いている時間にどのように伝えるかを演じて見せます。

「子ども」が、何に対して、どんなときにタイムアウトが使われるか、そして、そのときどんなことが起こるかを正確に理解することができるように、明快に伝えることが大切です。

たとえば、

「ボビー、いまから、もしあなたがエレノアを噛んだらどんなことになるか話したいと思います。今度そのようなことが起きたときは、あなたは『タイムアウト』をさせられることになります。タイムアウトになると、あなたは階段の一番下の段に行き、そこで静かに落ち着くまで座っていなければなりません。あなたが静かに落ち着いたら、私は、遊びに戻っていいとあなたに告げます。タイムアウトの間も、あなたが文句を言って騒いだら、静かになるまで、私は遊びに戻っていいと言いません。わかりましたか？」

「里親」は「子ども」に、いま説明したことを繰り返して言ってみて、と言うことができます。

「ボビー、タイムアウトはどんなふうに行われるのかを私に説明してみて」

- 里親にペアになってもらい、子どもにタイムアウトについて説明する練習をしてもらいます。
- 1人が「里親」になり、もう1人が「子ども」になります。「里親」は明快に率直に説明することができなければなりません。
- うまくできたこと、もっと違うふうにできたかもしれないことについて

セッション 10　タイムアウトおよび問題解決方略

お互い感想を述べ合うように促します。

● ロールプレイには数分をかけ、その後、役を替わるように言います。

● ペアを回りながら、補助し、褒め、必要に応じて助言します。

● 里親の練習には 5 分ほどかけます。

5分　**タイムアウトの間に起こること**
••

スライド	15、16
配布物	なし
道具	なし
内容	グループ全体で討論

グループに向けてファシリテーターが知識を提供

● PP15：「タイムアウトの間に起こること」のスライドを見てもらいながら、タイムアウトの最中に里親が避けるべきこと、無視すべきことを説明していきます。

ファシリテーターは以下の点を扱うようにします。

● タイムアウトを始めるとき、たとえば、次のように言います。「**トリニティ、あなたはトムを叩いたわね。だから、いまからタイムアウトに行かなければなりません**」。このように言った後、子どもに言葉をかけたり目を合わせたりしてはいけません。子どもの反抗やかんしゃくは無視してください（他の家族が子どもに注目しないようにしてください）。

● PP16：スライドを見てもらいながら、里親は冷静で落ち着いている必要があると伝えます。

● ファシリテーターは以下の点を必ず里親に伝えるようにします。

　　－ 子どもの行動がエスカレートしても、自分自身の気持ちをそれからそらしてください。

　　－ 子どもに根負けしないでください。

　　－ たぶん里親は、子どもに思いやりをかけたり注目したいと思ったりするかもしれませんが、子どもはそれを窺っています。

　　－ 子どもに、さらに悪い振る舞いをすることによって思い通りになると思わせてはいけません。辛い気持ちになったときは、自分自身へのアファメーションを繰り返してください。「**私はきっとこれをやり遂げる**ことができる。トリニティのために**毅然としていること**が大切」。

　　－ 子どもは静かになるまでタイムアウトから出てくることはできません。

407

- 質疑応答の時間を取ります。

5分　**タイムアウトの後に起こること**

･･･

スライド	17、18、19
配布物	10.3「どうしても言うことを聞かないときのタイムアウトの手順」
道具	なし
内容	討論

グループに向けてファシリテーターが知識を提供

- PP17：スライドの項目を見てもらいながら、里親に必ず以下の点を確認してもらうようにします。
    - 里親が子どもをいつタイムアウトから出すかを決めます。
    - タイムアウトが終わったら、その「出来事」について話したり、説教をしたり、叱ったりしないでください。
    - 子どもは後悔の念を示したり、ごめんなさいと言ったりする必要はありません。
    - 子どもを建設的なアクティビティに戻し、できるだけ早く子どもを褒めるようにします。

- 質疑応答の時間を取ります。
- PP18：スライドを見てもらいながら、子どもが指示に協力しなかったために、タイムアウトを使った場合には、タイムアウトの後、再度指示をするということを里親に理解してもらいます。
- 里親にプリント10.3を配ります。
- PP19：スライドのフローチャートを見てもらいながら、タイムアウトと警告を与える手順について説明していきます。

10分　**タイムアウトの練習**

･･･

スライド	20、21
配布物	なし
道具	なし
内容	ファシリテーターと里親によるロールプレイをします。

- PP20：ファシリテーターが里親役と子ども役になり、タイムアウトの最初から終わりまでを演じて見せます。

セッション 10 タイムアウトおよび問題解決方略

スライドで示しているとおり、以下の例を使ってロールプレイをします。

ブリタニーは、チャンドラーが彼女のおもちゃで遊びたがっているとき、彼を叩き続けています。彼女の行動を止めさせるために、あなたは知っているすべての方略を使いました。あなたはタイムアウトを使いたいと思っています。

● このロールプレイが終わったら、里親にペアになってもらい、同じシナリオで里親と子どもの役を演じてもらいます。里親のロールプレイは5分以内で終わらせるようにします。

● グループ全体に、どんな感じでしたか、簡単なことは何でしたか、難しい点は何でしたかと感想を聞きます。

● PP21：最初、タイムアウトは難しく感じることもあるが、頑張ってやる価値のある方法であるということを里親と確認します。スライドを見ていきながら、里親に、タイムアウトがどのような感情をもたらすことがあるか、そしてその感情にどのように対処する必要があるかを理解してもらうようにします。

5分　トラブルシューティング：うまくいかない場合

スライド　　22
配布物　　なし
道具　　なし
内容　　討論し、質疑応答

グループに向けてファシリテーターが知識を提供

● 里親はたいていタイムアウトについて多くの疑問を持ちますが、特に多いのが、うまくいかなかった場合についてです。それらの質問には十分な時間を取り、安心させるために情報を提供し、タイムアウトを使う自信を深めさせることが大切です。多くの子どもがタイムアウトに協力的ですが、子どもが非協力的なときに起こる問題について考えておくことが必要です。それによって里親は、起こるかもしれない難しく辛い状況に備えることができ、タイムアウトに対する子どものさらに激しい抵抗に対処するための追加的な方略を身につけることができます。

● PP22：スライドの項目を1つずつ見ていきながら、そのような状況ではあなたはどうしますか、と里親に尋ねます。以下は推奨したい対応です。

子どもがタイムアウトの場所に行くのを嫌がるとき　幼児の場合は、

409

フォスタリング・チェンジ

しっかりと手をつないで、タイムアウトの場所まで連れて行きます。年長の子どもが非協力的なときは、言った通りにしないと、いままで許していたこと、特権ができなくなりますよと警告します。「いますぐタイムアウトに行かないのなら、今日1日コンピューターで遊ぶことは許しません」。その場合の合理的な結果は、タイムアウトのほうがまだましで短い時間ですむ、と子どもが思えるよう子どもにとって大変なものにすべきです。

子どもがタイムアウトを途中で終わらせて出てくるとき　幼児の場合は穏やかに、しかし断固として元の椅子や場所に戻します。子どもが立ち上がらないように、肩の上に手を置く必要があるかもしれません。年長の子どもの場合は、これと同じ方法を使い、必要なら、許可していたこと、特権ができなくなると警告します。

タイムアウトが終わっても、そこから出てくるのを拒否するとき　子どもがタイムアウトは終わったということがわかるように、口に出して言います。しかし望むなら、そのままそこにいてもいいと伝えます。その場合、実際に子どもは落ち着くためにもう少し時間を必要としているのかもしれません。子どもが状況を支配しようとしているときでも、タイムアウトは終わったと断言するようにします。タイムアウトが終わったら、子どもを肯定的なアクティビティに戻すことを忘れないようにします。

子どもがタイムアウトの場所を散らかしたり壊したりした場合　里親は普通通りタイムアウトの手順を実施します。それが終わったら、子どもに、その場所に戻り片付けるように言います。損壊した場合は、子どもに責任を取らせます。

タイムアウトを幼い子どもに使う場合　ファシリテーターは、里親がタイムアウトの手順とその原理を理解できていると思えたときは、タイムアウトをより軽い形態で使う方法を紹介してもいいでしょう。無作法な振る舞いをした幼い子どもの場合は、その遊びから少し離れたところで、1、2分ほど静かに座らせ、その後遊びに戻すようにします。それをタイムアウトと呼ばずに、「落ち着くための時間」と呼んでもいいでしょう。たとえば、幼児が砂場で砂を投げたような場合、2分ほど砂場の縁に幼児を座らせ、その後また友達と遊べるように砂場に戻します。

5分　**問題行動を選ぶ**

スライド　　23

配 布 物　　なし

道　　具　　フリップチャート、マジックインク

セッション10　タイムアウトおよび問題解決方略

内　　容　　ペアでするエクササイズ

- PP23：里親にペアになってもらい、タイムアウトを使う問題行動と、家のどこでタイムアウトを使うかを決めてもらいます。
- 自分の子どもはとても従順だから、あるいはおとなしいから、タイムアウトは必要ないだろうという里親には、過去の経験から、どんなときにタイムアウトを使うかを想像してもらいます。
- それぞれのペアに話の内容を報告してもらい、そこで出された問題行動をフリップチャートに書いていきます。
- 各里親は、自分が家庭での実践でタイムアウトを使うことに決めた問題行動とそれを行う場所を書きとめます。このフリップチャートは次のセッションまで取っておきます。

15分　　**15分　　休憩**
•••

スライド　　24
配 布 物　　なし
道　　具　　なし
内　　容　　セッションのこの段階で里親が一息つくことが大切です。

5分　　**問題解決とは何か？**
•••

スライド　　25、26、27、28
配 布 物　　10.4「問題解決アプローチ」
道　　具　　なし
内　　容　　グループに向けてファシリテーターが情報を提供

- PP25：スライドを見てもらいながら、問題解決アプローチについて説明していきます。1日のほとんどの時間、決断し、計画を練り、物事をどう進めていくかを全体的な見地から決めるのは大人ですが、それとは対照的に、問題解決では、こうした権力と決定権のいくらかを子ども自身に返し、彼ら自身が意思決定をするプロセスのなかで子どもを指導していきます。子どもをさらに自立させ、意思決定に慣れさせるために、里親は子どもが知る必要のあること、する必要のあることに焦点を合わせる必要があります。

- スライドの項目を補足して以下の点を説明していきます。
  - 問題解決で重要なことは、何を考えるかではなく、どう考えるかです。それは子どもに自分自身でどう考えるかを教えるものです。それによって子どもは、何をすべきで何をすべきでないか、そしてなぜそうするのかを判断することができるようになります（子

411

フォスタリング・チェンジ

どものためにそれをしてやるのとは大違いです)。

- 問題解決で重要なことは、考えることばかりではありません。感情(気持ち)に関することも重要です。優れた決断をするためには、子どもは自分自身と他人の感情(気持ち)を考慮する方法を学ぶ必要があります。
- 問題解決は、すべての問題には多くの解決法があり、ただ1つの「正しい解決法」があるのではないということを前提にしています。
- 問題解決は、子どもが、取ることのできるさまざまな行動の過程について考えることができるように、そしてそのなかから最善の解決法を選択することができるようにするための枠組みを提供するものです。
- 問題解決は、決定とその結果を評価し、あまり深く考えずに出された決定、すなわち「過ち」から学ぶ機会を提供するものです。
- 解決法が成功しなくてもそれは問題ではありません。なぜそれがうまくいかなかったのか、それ以外の解決法にはどのようなものがあるかを考えることが重要なのです。

● PP26、27:私たちの多くが、ときどき「人生に関わる問題」に対して、効果のない自滅的な方法で対応することがあります。子どもは、物事が自分の思う通りに行かないとき、泣き叫び、ドアをバタンと閉め、足をバタバタさせ、部屋に引きこもったり、不機嫌になったりします。里親は、社会的養護下の子どものなかには、問題解決の取り組みを特に苦手に思う子どももいるということを知っておく必要があります。スライドを見てもらいながら、次の点を強調します。

- 秩序がなく混沌とした家庭出身の子どもは、意見の相違を建設的に解決していく方法を見たり学習したりしていない限り、問題解決スキルをほとんど身につけていません。
- 社会的養護下の子どもは、自分のことをとりわけ無力に感じることがあります。というのは、彼らは自分のために何かを決定する人と直接会うことがないからです。
- 問題解決は、特に社会的養護下の子どもにとって有益です。なぜなら、それによって子どもは、自分のことについて学ぶ——自分の考えや感情を探索することによって——ことができるようになるからです。それによって、子どもは、自分自身についてのより重要な感覚——活動的で、自信があり、意思決定と問題解決ができるという感覚——を発達させることができるようになるからです。
- 問題解決スキルは、子どもの社会的スキルを発達させることにも役立ちます。自分自身と他人の感情(気持ち)を探索することは、問題解決プロセスの重要な構成要素であり、それによって子どもは共感する能力を発達させることができます。

セッション 10 タイムアウトおよび問題解決方略

● PP28：大人自身が精神的に追い詰められているときには、問題解決を難しく感じることがあり、しばしばすぐに指示を出したり、口やかましく言ったり、命令したり、なだめたり、非難したりしてしまいます。こうした対応はほとんど効果がなく、子どもが自分で考え、スキルと自信を発達させる機会を奪うことになります。

● スライドには、問題解決のために里親が守らなければならない項目が書かれていますと説明し、以下の点を補足していきます。

  − 解決法を与えてしまわないようにし、子どもが自分で答えを見つけられるようにします。「あなたはどう思うの？」「どうすれば見つけられると思う？」など。こうした質問は、開放的で、叱責されていると感じさせない仕方でする必要があります。

  − 子どもに、自身の考え方や物の見方を共有するように促します。

  − 他人の物の見方に耳を傾ける、問題点を明確にする、交渉する、協力する、共感する、冷静でいる、などの問題解決スキルの手本を示すようにします。

  − 意思決定のプロセスを声に出して言い、子どもが、里親はどのようにして適切な決定をしているかを学べるようにします。

たとえば、どの DVD を見るかを決めるとき、里親は次のように言うことができます。

「今晩どの DVD を見ようかしら？　ベッキーは『ロード・オブ・ザ・リング』を見たがっているようだけど、あれは保護者同伴の指定になっているようだし、アンソニーが怖がるかもしれないわ。アンソニーは『ET』を見たがっているようだけど、あれは何度も見たわね。そういえば、『シュレック 2』も『キャット・イン・ザ・ハット』もまだ見ていないわ。どちらも面白そうだし、たしか 4 歳以上の指定ね。どっちを見るか決めましょう」

● プリント 10.4 を配布します。

［備考］

私たちの考え方や感じ方が、問題解決のプロセスの妨げになることがよくあります。私たちが疲れていたり、イライラしていたり、悩みごとがあったりしたとき、何も考えずに怒って対応してしまうことがあります。また時には、問題自体が強い反応を喚起することがあります。たとえば、近所の人がやってきて、「お宅の子どもが外でサッカーをやっていて、またうちの花壇を壊した」と怒って言ってきたとき、それに冷静に対応することは難しいでしょう。

413

フォスタリング・チェンジ

> 私たちはときどき、早く問題を解決したくて、すぐに助言を与えたり、問題自体を否定
> したり、子どもをなだめたり、解決法を押し付けたり、批判したり、大声を出して叱っ
> たりすることがあります。その結果、子どもが問題を通して自分で考えるよう促すこと
> に失敗してしまいます。
>
> 効果的に問題を解決したいと思うならば、里親は自分の否定的感情を抑えることができ
> なければなりません。また「問題」を意味のある形で探求したいと望むなら、子どもの
> 言うことに耳を傾け、その状況を子どもの視点で考えることができるようになっておく
> 必要があります。

5分　問題解決のための枠組み：ストップ・プラン・アンド・ゴーの紹介

スライド　　29、30

配布物　　　10.5「ストップ・プラン・アンド・ゴー」

道具　　　　なし

内容　　　　グループに向けてファシリテーターが知識を提供

グループで討論

- PP29：問題解決は子どもと協力して進めていく取り組みであり、里親と子どもが肯定的な気持ちでいること、そして意思を通わせる準備ができていることが大切です、と里親に説明します。そのためには、どちらもリラックスしている、感情的に中立の時間を選ぶようにします。問題解決のための枠組みを、最初は比較的簡単な問題、つまりあまり複雑ではなく、感情的に昂ぶることの少ない問題に適用してみるようにします。子どもが提示した問題、あるいは子どもが「抱え込んでいる」問題がたぶん最も適しているでしょう。
- PP30：プリント10.5を配布し、問題解決のための枠組み、ストップ・プラン・アンド・ゴーを紹介します。その3つのステージを、子どもが思い出しやすいように、信号のイメージで視覚的に表現していることを説明します。赤色はストップ、黄色はプラン、そして緑色はゴーです。

  ファシリテーターは、この3色の円形シールを購入しておくといいでしょう。それを里親に与え、子どもが家を離れたときでも問題解決の枠組みを思い出せるように筆箱や本やボールペンに貼っておくことができると伝えます。

5分　問題解決のための枠組み：ストップ

スライド　　31、32

配布物　　　なし

セッション10 タイムアウトおよび問題解決方略

道　具　なし

内　容　グループに向けてファシリテーターが知識を提供

ファシリテーターによるロールプレイ

- PP31: スライドで示しているように、ストップは、問題解決の第1のステージで、最も重要なポイントであると説明します。

子どもに、立ち止まり、問題は何かについて考えるように促します。そのため里親は、子どもに、深呼吸をし、「ストップ」と言うように、提案します。

ストップは、子どもが何も考えることなしに行動したり、状況のなかに飛び込んでいったりするのを防ぐための注意標識の役割をします。子どもは慣れてくると、この過程を自分のものにすることができるようになり、口に出して言わなくても心のなかで「ストップ」と言うことができるようになります。

赤色の信号のシールを見ると、子どもは何をする必要があるかを視覚的に直観できるようになるでしょう。

一見簡単そうに見えますが、多くの子どもにとって、一旦立ち止まり、行動する前に考えるということを学習することは、最も難しいことの1つです。そうなるためには、子どもはたくさんの支援と励ましを必要とし、うまくやれたときには褒められることが必要です。子どもがうまくストップすることができるようになったら、里親は子どもと一緒に何が問題かを考えることができるようになります。

- PP32：ファシリテーターが、ストップ・プラン・アンド・ゴーのストップのステージをロールプレイします。

ファシリテーターは自分自身の経験を素材にしてもいいですし、子どもの教育を支援しようとしている里親のために、そのような状況を素材にしてもいいでしょう。とはいえ、この方法は、家での揉め事や家で食事会を開くために何をするかを決めるといった問題にも使うことができます。

ステージ1：ストップ
里親：ジェローム、昨日学校で起こったことについて話し合いましょう。
ジェローム：不公平だよ。僕は学校が嫌いだ。あの先生は本当に僕にひどくあたるんだ。

415

フォスタリング・チェンジ

里親：そうね。あなたは本当に怒って頭にきてるのね（感情を表現してあげます）。でも、ここでストップよ。深く息を吸って、吐いて。それじゃ、あなたが問題だと思っていることについて私に話してみて。

ジェローム：えーとね、サリーが僕に話しかけてきたんだ。それで僕が何か返事をしたんだ。すると先生が、彼女には何も言わず、僕にだけ静かにしなさいと言ったんだ。だから僕は先生に、「これって不公平じゃない？」と言ったんだ。そしたら、先生は僕を教室から追い出したんだ。

里親：あなたが本当に不公平だと思っているということは、わかったわ。さあ、どうしましょう。

● ロールプレイを、ストップ・プラン・アンド・ゴーのストップのステージで終わります。

10分　問題解決のための枠組み：プラン

スライド	33、34
配布物	なし
道具	なし
内容	グループに向けてファシリテーターが知識を提供

ファシリテーターによるロールプレイ

● 問題解決のための枠組みの第2ステージ、プランについて紹介していきます。以下の点を説明します。
  - このステージで重要なことは、子どもに1つの「正しい」解決法を見つけさせることではなく、可能性のあるさまざまな解決法を考えさせるということです。
  - 自由に創造的に考え、楽しみましょう。里親が子どもの努力を褒めることが重要です。
  - 子どもの考えの是非を判断したり、批判したりすることは避けましょう。里親は、自分の嫌いな考えについても中立を保つことが大切です。
  - 子どもがプランするのを難しいと感じているようだったら、簡単な考えを1つか2つ示して、子どもを手助けしましょう。

● PP33：スライドを見てもらいながら、プランのステージで里親は何をすべきかについて説明していきます。
  - 子どもに、「あなたは何をしたいの、何て言いたいの」と尋ねます。
  - 子どもはたくさんの考えを持っているかもしれません。そのなかには馬鹿げたものもあるでしょう。ペンと紙を持って、子どもの

セッション 10 タイムアウトおよび問題解決方略

言ったことを一覧表にしましょう。

- それぞれの案を検討していきます。それぞれの行動の肯定的な結果や否定的な結果を特定していきます。

- その後、子どもは最善なものを選び、それを実行している自分の姿を想像します。適切と思えるなら、里親は「**だれか、お手伝いできる人はいる？**」と尋ねてもいいでしょう。

- 子どもはその計画を実行に移す準備をします。

● PP34：ストップ・ステージと同じシナリオでロールプレイを行います。ファシリテーターの１人が里親の役をし、グループの里親全員がジェロームの役をします。里親に、５つから６つの解決策を考えてくださいと言います。ここで大切なことは、里親にプランを立ててもらい、家でそれをどのように実践するかのお手本を示すことです。里親が思いつくプランには以下のようなものがあるでしょう。

- いずれにせよ、ジェロームは問題の渦中にあるのだから、明日も実際にクラスでお喋りのままでいる。

- 里親に学校に行ってもらい、状況について先生と話をし、なぜジェロームが不公平と思ったかを説明してもらう。

- サリーと話ができないように、彼女から離れたところに座る。

- 学校に行かない。

- ジェローム自身が先生に謝り、自分の気持ちを説明する。

● 出された解決法をフリップチャートに書いていきます。

● 不利な点だけでなく有利な点も両方考慮したうえで、グループ全体で、各解決法の結果について検討してもらいます。

● 里親からの提案を受けるとき、次の点を確認してもらうことが重要です。

- 子どもの提案の是非を判断しないようにしましょう。

- 嘘をつく、力で解決するなど、短期的な結果として子どもにとって魅力のある案で、それが目標を達成することができそうな案であれば、認めるようにしましょう。その後で里親は、それらの案の不利な点について考える必要があります。

- 子どもに短期的な結果だけでなく、長期的な結果についても考えるように促しましょう。

- 子どもは、明らかにまじめでなく、実践的でもない案を除外する用意ができているかもしれません。

- 子どもは彼らがしようとしていることの練習をする必要があります。里親は子どもが話そうと思っていることについて考え、練習するのを助けるようにしましょう。

- さまざまな結果を予測することで、子どもはしっかりと準備できているという感覚を得ることができるでしょう。

417

フォスタリング・チェンジ

- グループ討論のなかで、里親と子どもがあまり満足できない結果しか生み出しそうにない案を除外し、最善と思う解決策にたどり着く様子を具体的に示すようにしましょう。最終的に1つの解決策に決め、それで進めていきます。

- 1つのプランが決まったら、里親全員がジェロームの立場になり、里親役のファシリテーターが、いつ、どこで、どのようにそのプランを実行に移すかを考えるように促します。その考えをフリップチャート用紙に書いていきます。たとえば、ジェロームは先生に謝ることに決めました。

- 里親は、ジェロームが何を言うか、そしていつ先生の所へ行くかを、練習するのを手伝うことができますと、里親に説明します。それはお昼休みが始まって、他の子どもがいないときがいいかもしれません。

- 子どもがプランを実行したときは、必ず子どもを褒めるようにしますと、里親にもう一度確認します。

5分 問題解決のための枠組み：ゴー

スライド	35、36
配布物	10.5「ストップ・プラン・アンド・ゴー」
道具	なし
内容	グループに向けてファシリテーターが知識を提供

ファシリテーターがルールプレイをする

- PP35：スライドを見てもらいながら、問題解決のための枠組みの第3ステージ、ゴーについて説明します。

- 子どもと一緒に作成した解決策の一覧表は必ず取っておくようにと、里親に伝えます。最初の解決策がうまくいかなかったときは、別の解決策を試す必要があるかもしれません。

- PP36：スライドを見てもらいながら、これはストップ・プラン・アンド・ゴーの一例ですと説明します。これを問題解決のための枠組みのまとめにすることができます。

- 里親にプリント10.5を配り、迷ったときはこれを見てくださいと伝えます。

[備考]

里親は子どもに、プランはうまくいったかどうかを評価させることが大切です。そのとき里親は、子どもに次のように尋ねるといいでしょう。「あなたはいまどんな気持ち？」「他の子どもはどんなふうに感じているかしら？」「結果は公平なものだったかしら？」。
里親は必ず子どもの成功を褒めるようにします。

セッション10　タイムアウトおよび問題解決方略

> たとえ子どもがその結果に満足していなくても、里親は子どもの問題解決へ向けた努力を褒めることを忘れないようにすることが大切です。
>
> ファシリテーターは里親に、何がうまくいかなかったのかを考え、必要ならステージ2のプランに戻り、その他の替わりとなる解決策について考える機会を子どもに与えるように促します。

15分　ストップ・プラン・アンド・ゴーの練習

スライド	37、38
配布物	10.6「問題解決のシナリオ」
道具	なし
内容	グループに向けてファシリテーターが知識を提供

ペアでするエクササイズ

- PP37：里親にペアになってもらい、プリント10.6を配ります。そこには、ありそうな衝突の状況が書いてあります。里親にこれまで学習してきたガイドラインを使い、開放的なコミュニケーションを促すような形で扱いが難しい問題に対処する方法を練習してもらいます。
- ペアそれぞれに、1つのシナリオを選んでもらい、1人が里親、もう1人が子どもの役を演じます。
- PP38：里親は、迷ったときはこのスライドを見て、各ステージとその構成要素を確認することができます。
- ロールプレイに5分かけ、その後役割を交代します。その役割交代のときに、別のシナリオに変えてもかまいません。再び、5分かけてロールプレイを行います。
- 里親にグループに戻ってもらい、エクササイズの感想を述べてもらいます。里親が問題を自由に討論できる雰囲気が出来上がっているかどうかを確認します。何がうまくいきましたか？　何が難しかったですか？　子どもとのコミュニケーションを改善するために、他にどんな方法があると思いますか、と里親に質問します。
- 里親の努力を褒め、励まします。

5分　家庭での実践：
タイムアウトおよび／またはストップ・プラン・アンド・ゴー

スライド	39
配布物	10.7「家庭での実践：ストップ・プラン・アンド・ゴー」、10.8「タイムアウトを使う準備」、10.9「家庭での実践：タイムアウト」

419

フォスタリング・チェンジ

道　具　フリップチャート用紙、マジックインク
「問題行動を選ぶ」のときに作成したフリップチャート

内　容　グループに向けてファシリテーターが知識を提供

● PP39：家庭での実践は、里親がタイムアウトとストップ・プラン・アンド・ゴーの両方、あるいはどちらか一方だけを選ぶことができます。

重要なことは、里親がタイムアウトをどのような行動に対して使い、何をし、何を言うか、前もって明確に計画しておくことです。里親は、自分の子どもに適した方略を使うことが大切です。

● 里親に、どのような行動に対してタイムアウトを使うか、あるいはどのような問題に対してストップ・プラン・アンド・ゴーを使うかを尋ねます。
● 里親が家庭で実践しようと考えていることをフリップチャートに書いていきます。

（注：里親はすでに「問題行動を選ぶ」のセクションで、タイムアウトを使う行動と行う場所を決めているはずです。）

● ここで適切ならば、プリント10.7、10.8、10.9を配ります。そして、家庭での実践で選んだ方略と行動についてどのように使うのかを説明します。

構成要素となっているスキルのいくつかを使うように促したほうがいい里親もいるかもしれません。たとえば、子どもが抱えている問題にじっくり耳を傾け、子どもがその問題をもっと明確に定義し分析するのを支援するように努力してみる、という里親もいるかもしれません。あるいは、すぐに解決策を与えるという従来のやり方を変え、子どもが自分自身で解決策を見出せるように励ます機会を見つけることに集中する、という里親もいるかもしれません。

● 里親に来週のセッションのために、貴重な品物を持ってきてくださいと頼みます（セッション11の「ゴミ袋のエクササイズ」で使うので、壊れやすいものはだめですと注意します）。それは里親にとって、意味のあるもの、写真、宝石、あるいは子どもからもらった玩具でもかまいませんと説明します。その品物について1分ほど、なぜそれがあなたにとって貴重で価値あるものかを話してもらう予定ですと伝えます。

再度、壊れやすいものはだめですと念を押します。

セッション10　タイムアウトおよび問題解決方略

5分　**セッション評価**

スライド　　40

配布物　　　セッション10「評価用紙」

道具　　　　なし

内容　　　　里親にセッション評価用紙を最後まで完成してもらいます。

5分　**クロージング・ラウンド：リラクゼーション**

スライド　　41、42

配布物　　　なし

道具　　　　なし

内容　　　　グループでするエクササイズ

● PP41：優しい落ち着いた音楽を流します。できれば、お湯を入れたポットか何かにエッセンシャル・オイル（たとえば、ラベンダー）を数滴たらします。

● いまからちょっとしたリラクゼーションのエクササイズをしますと告げます。

● ファシリテーターは、説明しながらアクティビティのお手本を示します。里親はそれを見て同じようにします。

● 里親に椅子に腰かけたまま、くつろいで、前かがみにならないように言います。

－ 右足を左足の上に交差させてください。

－ 両手を伸ばし、手のひらを内側に向け、右手を左手の上にして手のひらと手のひらを合わせ、しっかりと握ります。

－ その両手を体のほうに近づけ、みぞおち付近に置きます。

－ その姿勢を維持したまま、2分ほど音楽に身をゆだねてくださいと言います。

● 里親のなかには体の柔らかい人もいれば、硬い人もいるでしょう。難しそうな里親がいたら、太腿の上に手のひらを置くだけでいいですと伝えます。

● PP42：里親に、積極的に参加し、熱心に取り組んでくれたおかげでセッションを最後まで終えることができたことを感謝します。

421

フォスタリング・チェンジ

6　評　価

ファシリテーターのためのセッション後評価

ファシリテーター同士が2人で向き合って、今日グループはどうだったかを話し合い検討する時間を持つことがとても大切です。あなたは何を話し合いたいかについて自分の考えを持っていることでしょう。以下の点について検討したいと考えていることでしょう。

● 何がうまくいったと思いますか？
● もっと別の方法があったのではと思うことがありましたか？
● 内容を扱うことができましたか？
● 里親の評価用紙を見てください——拾い上げるべきメッセージはありませんか？
● 個人個人について、あるいはメンバー全体について、何か観察できたことはありませんか？
● 会場、備品、軽食について問題はありませんでしたか？
● 何か気がかりなことはありませんか？　もしあったなら（次回からどのようにしますか？
● セッションを欠席した里親がいたなら、電話で連絡し、お知らせやプリントとともに、セッションの内容の概略を送りましょう。

ファシリテーターが2人で向き合って、今日グループはどうだったかを話し合うとき、今日のセッションのためのフィデリティー・チェックを必ず行いましょう。それによってセッションのすべての側面をカバーすることができたかどうかを、そして必要なスキルと態度の手本を示すことができたかを確認することができます。このチェックリストは、プログラムの認定のために不可欠のものです。

フィデリティー・チェックリスト

□時間通りに始め、終わることができましたか？
□養育的、肯定的アプローチの手本となることができましたか？
□里親の見方や考え方を認めることができましたか？
□里親の経験を尊重しましたか？
□里親の長所と資質を言葉にしましたか？
□里親のフィードバックを称賛しましたか？
□参加者全員がフィードバックの間、話す機会を持てましたか？

422

□タイムアウトの理論的部分について扱うことができましたか？

□タイムアウトの実践面について扱うことができましたか？

□問題解決について扱うことができましたか？

□ストップ・プラン・アンド・ゴーを扱うことができましたか？

□内容を削除してしまったり、扱うことができなかったりしたことはありませんでしたか？

□参加者全員が家庭での実践を持ち帰りましたか？

□「グループワークのきまり」を掲示しましたか？

□「里親の家族構成図」を作成し掲示しましたか？

□里親が会場に到着したときおよび休憩時間に、軽い飲み物やお菓子を出しましたか？

□里親が先に飲み物やお菓子を口にするようにしましたか？

（次のことも）チェックしましょう

組織上／技術上の問題が何か起きて、それに対処した。

里親からの評価用紙を読み、問題があった場合は、それについて今後どう対処していくか決めた。

欠席者に連絡を取り、配布資料を送付した。

里親について何か気がかりな点を見つけ、もしあった場合、それにどう対処していくか計画した。

セッション **11**

エンディングおよび総括

エンディングおよび総括

ファシリテーターが知っておくべきこと

1 基礎となる理論的内容
子どものストーリー：経験の意味を理解する
社会的養護下の子どもと委託の終了
中等学校への進学
フォスタリングチェンジ・プログラムのエンディングと総括

2 グループワークを効果的にファシリテートする
セッション 11 の準備
ファシリテーターのねらいと目標
セッション 11 を成功させる秘訣

3 必要な機材および備品

4 セッション 11 の概要

5 セッション 11 の流れ

6 評　価
ファシリテーターのためのセッション後評価
フィデリティー・チェックリスト

ファシリテーターが知っておくべきこと

里親は必然的に、子どもが委託の終了とそれに伴う別れを経験するのを支援しなければなりません。そのため、そうした経験について探求し、委託の終了を可能な限り肯定的で意味のあるものにするために里親は何ができるかについて考察することが必要です。このセッションは里親に、まもなく迎えるフォスタリングチェンジ・プログラムのエンディング、そして子どもが経験する委託の終了と別れ、この両方について考える機会を提供する形で構成されています。里親はまた、いままでこのプログラムで学習してきたスキルのいくつかを復習し、その技法と方略を1人で使用することを視野に入れて練習する機会を持つことになります。それによって里親は、自信と達成感を深め、未来を見つめ進んでいくことができるようになります。このセッションではまた、子どもが中等学校へ進学するときに子どもと里親の両方が必ず経験することになる、さまざまな感情についても探求していきます。

1 基礎となる 理論的内容

子どものストーリー：経験の意味を理解する

子どもは、成長していくにつれて不可避的に、自分は誰なのか、自分はどこから来たのか、なぜ自分は違う家族のなかで生活しているのかと疑問を持つようになります。それはどのような子どもでも持つことのある、きわめて自然な疑問です。里親にとってこうした疑問に答えることは、必ずしもすべての答えを知っているとは限らない、あるいは、ありのままの事実を教えることが子どもにどんな衝撃を与えるかが心配される、などの多くの理由で難しいことでしょう。とはいえ、委託されている子どもにとって、自分に何が起きたのかを理解することはとても重要なことです。なぜならそのような理解がなければ、子どもは自分でその空白を埋めていかなければならないからです。たとえば、自分の実親家族について過度に肯定的な回想を発達させ、なぜ自分はそのような家族から切り離されなければならなかったのかと怒りを覚える子どももいます。あるいは自分に起こったことについて、そのすべての責任は自分にあると自分を責める子どももいます。こうしたことに加えて、す

べての子どもは、発達課題として、自分の人生についての意味のあるナラティブを創り出すことができるようになる必要があります。多くの場合、社会的養護下に置かれるようになった子どもの旅路の背後には、とてつもなく複雑なストーリーが隠されており、その複雑さを理解し始めているということ自体が、子どもが成長していることの証しなのです。子どもは過去を肯定し、その意味を理解することによって、今ここでの彼らの生活に適応することを可能にする問題解決スキルを発達させることができます。私たちはアタッチメントの研究から、安定型アタッチメントを有する個人のライフストーリーは、自分自身の成長についての首尾一貫したナラティブが特徴であるということを知っています。そのような個人は、自分が養育されてきた方法について理解しており、それを洞察することができます。委託された子どもの場合も、自分の養育経験が困難な出発点からスタートしたということを理解し、それをライフストーリーのなかに組み込むことができるようになれば、「獲得された安定型（earned security）」（たとえば、Roisman *et al,* 2002）に到達することができるでしょう。

子どもの発達および子どもが自分のライフストーリーを理解するのを支援する里親の役割

幼い子どもはたいてい尋ねたくてたまらない多くの重要な疑問を持っています。しかし多くの場合、それを適切な方法で尋ねるスキルを持っていません。そのため里親はしばしば、その質問があまりにも直接的なのに驚き、一歩後ずさりすることがあります。質問が直接的であるのは、特に幼い子どもの場合は、対立する気持ちからそうなったというわけではなく、不安から思わず口をついて出たからであり、また、質問を適切に形作るスキルがまだできていないからなのです。しかしながらそのような質問が、里親があまり触れたくない多くの問題につながることがあります。特に里親が忙しくしている最中に質問され、どう答えればいいかを考えるのに多くの時間を必要とする場合は、なおさら里親は答えを後回しにしたくなります。しかし、だからといって里親は、子どもが自分自身を理解するうえでそれらの問題が持っている重要性を否定することはできません。むしろ里親は、子どもが理解でき、それについて子どもと話し合うことのできるストーリーを前もって準備しておく必要があります。また子どもには、いつかそれについてじっくり話し合う用意ができていると知らせておく必要があります。

里親には、子どもが自分の人生を理解するのを支援するという重要な役割があります。子どもを支援するために里親が語るストーリーは、正直なものでなければなりませんが、必ずしも生々しい細部を含む必要はありません。子どもの理解力に合わせ、それが子どもに与えるかもしれない衝撃の大きさに留意する必要があります。そのストーリーにどのような内容を織り込むのが適切かについて、里親は子どものソーシャルワーカーと話し合う必要があるかもしれません。とはいえそのストーリーは、いつも修正可能な状態にしておく必要があります。たとえば、子どもが成長したときには、より内容の深いストーリーにすることが適切かもしれませんし、

新しい情報を開示する必要があるかもしれません。その理由が何であれ、子どもは新しく知らされた情報を、これまでの理解と矛盾することなく既存の理解のなかに統合することができなければなりません。そして当然のことですが、新しい情報によって里親との間の信頼関係が揺らぐようなことがあってはなりません。

これらの問題について考えるすばらしいテキストが、養子になった子どものためにBAAFから出版されています。そこで述べられている考えは、委託されている子どもにとっても役に立つものです。このレニー・ウルフ著 *Adoption Conversation* (2008) は、子どもの人生のさまざまな段階に合わせて、ライフストーリーにおける扱いが難しい問題（たとえば、虐待、ネグレクト、売春など）を、どのように話し合っていくかについて、とても繊細な優れた示唆を与えてくれる一冊です。

社会的養護下の子どもと委託の終了

委託された子どもの発展していくナラティブは、里親の下に来る前の過去に何が起こったかについてのものだけではありません。子どもが里親と一緒に過ごした日々も、発展しつつある彼らのライフストーリーの一部です。そして来たるべき委託の終了も、ライフストーリーの発展の重要な一部となります。委託の終了は、里親にとっても子どもにとっても極めて重大な出来事で、強い相反する（アンビバレントな）感情を喚起します。そのため、ライフストーリーについて話し合うことは、子どもを委託の終了に向けて準備させることに役立ち、現在進行中のナラティブについて子どもと一緒に考えることは、現在の委託を子どもの発達の文脈のなかに置くことに役立ちます。それはまた、次に何が起こるかという問題、すなわち未来についての期待をいかに子どもの現在のナラティブのなかに織り込むかという問題を生起させます。次に何が起こるかについてしっかりした考えを持つことによって、里親は、子どもの未来についての自然で当然予想される不安に手を差し伸べることができます。毎日のアクティビティ、たとえば、学校への通学、週末のアクティビティ、パーティーやお祝いなどの特別な行事などの写真、あるいは子どもからの手紙や子どもが描いた絵などの思い出の品々を取っておくことによって、こうした移行をスムーズにするのを助けることができるでしょう。そして委託の終了に向けて準備するなかで、里親と子どもは、このプログラムで学習したさまざまな技法、たとえば、リフレクティブ・リスニング、問題解決スキルなどを実践する機会を持つことができます。

里親はどうすれば委託の終了を肯定的な経験にすることができるでしょうか？

このプログラムの主な焦点は子どもの行動と関係性に置かれていますが、ここで少し立ち止まり、子どもが養育から離れていくとき、里親は肯定的で意味のある委託の終了の創造に向けてどのように準備することができるかについて考えることは価値のあることです。社会的養護下にある子どもは、1人の里親または施設から次の

里親または施設へ移っていくとき、それまでの生活から完全に切り離されてしまうことがあります。そうした子どもたちは、可能な限り、肯定的でよく計画された終了を迎える必要があります。それによって彼らは、その委託先を肯定的で重要な経験として保持していくことができます。

里親は、子どもの記憶を生き生きとしたものにするために、あらゆる種類の創造的な方法を用いることができます。委託の終了に向かう日々のなかで、里親は子どもと一緒に思い出やストーリーについて語り合う時間を持つことができます。録画ビデオ、写真、CD-ROM、録音テープ、ライフストーリーワーク、学業の記録（学校の修了証書や成績表）などを、子どもの里親委託の思い出、記念の品として子どもに手渡すことができます。子どもはそれらの品々によって、楽しかった日々や自分の達成したことを思い出すことができ、それによって自分の過去とアイデンティティについて、肯定的で首尾一貫した感覚を持ち続けることができるようになります。委託の終了は肯定的であることが重要ですが、同時に正直なものでなければなりません。困難や失望があったとしても、それはそのまま認められる必要があります。そうすることによって、委託の終了という子どもの経験の一部としてそれらを統合することができます。

私たちが次に起こることに対して良く準備していればいるほど、委託の終了に対処することが容易になります。里親の下を去る子どもにとって、それは、いま自分に何が起こりつつあるのかを知り、理解するということを意味しています。新しい場所に移って行くとき、子どもは新しい里親や施設についての情報を与えられる必要があります。そしてその場所を訪問し、新しい環境や新しい人々に慣れる機会を持つ必要があります。

子どもが必要とする情報の種類は、子どもの年齢と理解力によって違います。しかし里親は、その新しい家庭について子どもに話をし、詳細についてもいくつか伝えて親近感を持ってもらい、恐れや不安、興奮や悲しみといった彼らの感情を支えるという重要な役割を担っています。

子どもの委託が終わるときの里親の感情（気持ち）

里親はときどき、自分の感情は表に出さないほうがいいと思うときがあります。特に子どもが、新しい、永続的な家族へ移っていくときには、そう思います。そのような里親は、口に出しては言いませんが、いま子どもに強いアタッチメントを示さないほうが、子どもは新しい家族と絆を深めることができやすくなると考えるからでしょう。確かに里親は、これまで養育してきた子どもを「巣立ち」させることができなければなりませんが、同時に子どもに、自分は里親にとって大切でかけがえのない存在であり、里親は別れをとても悲しんでいるということを知らせることができなくてはなりません。里親が自分の感情を認め、それを表出することができるということは、それ自身が子どもにとって肯定的で勇気づけられる経験となり、子

セッション11 エンディングおよび総括

どもはこの移行をよりスムーズに乗り切ることができるようになります。里親との連絡が可能なことを知らされることによって、子どもの、別離に伴う不安や悲しみの感情を支援することができるかもしれません。将来、適当な時期が来たら、手紙を書いたり電話したり、訪ねて行ったりするという約束をすることによって、子どもは過去の肯定的な側面とつながりを持つことができるのです（もちろん、このような接触が常に可能というわけではなく、また適切でない場合もあります）。

委託の終了と移行を印象付ける

委託の終了は重要な出来事であり、それは適切に印象付けられる必要があります。儀式やお祝いは、子どもに移行の感覚を与え、新しい場所へ移って行ってもいいのだという許可を与えることにつながります。子どもは、友達や、現在の生活でとてもお世話になっている人々——たとえば、先生、隣人、里親の親戚の人々など——と別れを惜しむ機会を必要とします。パーティーを開き、ケーキやキャンドルで祝う里親もいます。思い出の品を送ったり、カードに未来への肯定的な願いを書いて手渡す里親もいます。こうした「別れ」の儀式は、文化や経験、子どもへの期待に応じてさまざまな形を取るでしょう。

中等学校への進学

初等学校の卒業は、子どもとその里親にとってのもう1つの重要なエンディングです。中等学校への進学は、多くの場合、学童がとても強く待ち望むものです。なぜなら、それは子どもからの脱却を連想させるからです。しかしそれはまた、多くの喪失と不安をもたらします。社会的養護下の子どもにとっては、それはもう1つの大きな変動、見知らぬ世界へ投げ込まれることを意味します。子どもは新しい友達を作り直さなければなりませんし、新しいルール——公式のものであれ、暗黙のものであれ——を学ばなければなりません。子どもは友達や先生を、そして居心地がよく安全と感じられた日常生活の決まりごとを失うかもしれません。また子どもは、規模の大きな学校に対し多くの不安を持つようになります。いじめについてのさまざまな話を聞き、これまで学校のなかで最年長であったものが最年少になることについて不安を覚えます。また、学業に苦労している子どもは、学習内容と宿題が増えることを心配します。新しい友達がなかなかできないかもしれません。自分はこの学校でやっていけるのだろうかと子どもは不安に駆られます。特に、これまでの養育の経験から、彼らが自分は他の子どもとは「違う」という感情をもっている場合は、なおさらです。

子どもは移行に伴う困難に対して、さまざまな強み、スキル、資源を持って臨みます。委託されている子どもの大半は、それらをあまり発達させることができていません。彼らはすぐに自信をなくし、課題に取り組む意欲をなくし、すぐにあきらめてしまいがちです。委託されている子どもは変化を人一倍不安に感じるものです。

431

中等学校への進学はまた、子どもが思春期へ入る時期とも重なります。この時期、子どもはみんなアイデンティティの問題に取り組むことになります。家族への依存から離れ、より自律的になり、増加する分離によって子どもは自己の感覚を発達させるようになります。思春期に入ったばかりの子どもは、さまざまなアイデンティティを「試し」、どの友達グループに入ろうか、どんなスタイルの服を着ようか、どんな音楽を聞き、どんなことに興味を持つかを決断していきます。この新しい学校環境で、社会的養護下の子どもがしなければならない重要な仕事が、自分自身のストーリーを語るということです。子どもは、自分自身について、そして自分の幼少の頃の経験について何と言えばいいのでしょうか？ 家族についてどのように説明すればいいのでしょうか？ どのくらいまでの話を、だれに話す必要があるのでしょうか？

里親の感情と対応

里親もまた、自分が養育している子どもの子ども時代はもう終わってしまったという感慨に捉われ、同時に中等学校のリスクとプレッシャーで不安になることがあります。子どもは発達的に、保護してくれる大人から離れ、同じ年代の子どもとの親密な関係を形成していかなくてはなりません。里親は、子どもが同年代の子どもたちの圧力に負け、反社会的で危険な行動に手を染めるのではないかと心配します。里親は、子どもの先生や学校の友達と日常的に接する機会を持てなくなることによって、子どものまわりで毎日どのようなことが起きているのかを自分は知ることができないという感覚に襲われ、子どもをコントロールすることができないことがとても不安になります。

里親は、子どもが移行に対処していくのを支援するという重大な役割を担っています。里親は、子どもと共に問題解決をし、彼らがどのように友達を作っていけば良いかを考えるのを手助けすることができます。また里親は、子どもが自分のストーリーを語るのにどのように対処すればいいかについて、子どもの相談に乗ってあげることができます。子どもが、自分が明らかにしたいと思うことだけを明らかにすればいいという気持ちになることが大切です。すべての人に何もかも明らかにする必要はありません。里親はまた新しい学校について、子どもにとって有益と思える情報を子どもに与えることによって、移行をより順調に行えるようにすることができます。どの程度の情報を与えるかはデリケートな問題なので、慎重に考え、あらゆる関係者と相談する必要があります。里親はまた、子どもがさまざまな状況に直面したとき、たとえば、からかわれたときなどに、どのように言い返せばいいかを練習しておくなど、問題解決技法を使うことができます。

中等学校への移行と思春期の始まりは、子どもの人生において幼年期と同じくらい重要な時期です。それは大きく肯定的に変化するチャンスに満ちた時期です。しかし同時に、子どもにとっても里親にとっても、大きな試練のときでもあります。たとえば、子どもは、不安感から、家庭で問題行動を起こすようになるかもしれませ

ん。そのとき里親は、それを自分に向けられたものと捉えないことが重要です。子どもはまたときどき、「成長」し続けることを休む時間が必要です。子ども時代に戻り、幼い頃に受けたあの養育をもう一度受けたいと思うことがあります。そんなとき里親は、それに肯定的に対応することが大切です。また里親は、子どもが思春期初期をうまく通り抜けることができるようにするために、明確な限界——学校から時間内に戻る、適当な時間に就寝する、宿題をする習慣をつける、コンピューターを使う時間を制限するなど——を設定し維持する必要があります。里親はまた、子どもに新しい友達を家に連れてくるように、そして一緒に遊ぶグループの傾向には注意するようにと促す必要があります。

フォスタリングチェンジ・プログラムのエンディングと総括

里親の感情（気持ち）

里親は、フォスタリングチェンジ・プログラムのエンディングについて、実にさまざまな感情を持ちます。このプログラムのいくつかの側面にとても大きく依存しており、それが終わることによって社会的接触や支援、あるいは決められた日常的な作業がなくなるのではないかと不安になる里親もいます。またそれとは対照的に、このプログラムが間もなく終了することにほっとして楽な気分になるという里親もいます。あるいは、それとは対照的に新しく獲得したスキルと能力を実践で本格的に使うことにわくわくしている里親もいるかもしれません。プログラムを終えることについての里親のさまざまな感情を探り、それを使って、子どもが彼らの養育から離れていくとき（あるいは、それが実際に起こるかどうかは別にして、そのような見通しに直面したとき）に感じるかもしれない、さまざまな感情や経験を探索することができるように里親を支援することが重要です。

プログラムの内容の復習

この 11 週の間、私たちはさまざまな方略について説明し、里親はそれを家庭で実際に試してきました。この最後から 2 番目のセッションで、私たちは里親がこれらの方略を家庭で使うときに経験したさまざまな疑問、質問、難しかった点を再度提出してもらう機会を設けたいと思います。それによって里親は、これまでのセッションのなかで話し合う機会がなかったその他の不安について、尋ねる機会を持つことができます。

そのため私たちは、これまで扱ってきたさまざまなスキルを里親に思い出してもらうことにします。それは、1：基本スキル、2：関係性を深め自尊心を確立する、3：子どもの教育を支援する、4：情動調整、5：限界を設定し結果を与える、の 5 つにグループ分けすることができます。以下の一覧表とセッション 1 のプリント「フラワーパワー」を参照してください。

基本スキル

観察

明確に具体的にする

ABC 分析

関係性を深め自尊心を確立する

褒める

遊ぶ

アテンディング

代替行動を選ぶ

有形のご褒美

ご褒美表

子どもの教育を支援する

宿題の方略

子どもの読書を支援する

学校とコミュニケーションを取る

情動調整

リフレクティブ・リスニング

思考と感情に名前を付け、管理（マネージ）する

アイ・メッセージ

問題解決

ストップ・プラン・アンド・ゴー

エンディング

限界を設定し結果を与える

明確で穏やかな指示

選択的無視

自然な結果、合理的な結果

家族のルール

タイムアウト

セッション11　エンディングおよび総括

2　グループワークを効果的に
ファシリテートする

セッション 11 の準備

● ファシリテーター同士で、どちらがどのセクションをリードするかを決め、セッションの時間割を決めます。

● 復習のために各セッションの「ファシリテーターが知っておくべきこと」を読み返し、フォスタリングチェンジ・プログラムで扱ってきたさまざまな技法についてもう一度確認しておきます。

● 評価の方法——プログラム評価のために、里親にどの評価用紙を持ち帰り記入してもらうかを決めておきます。

ファシリテーターのねらいと目標

● 「エンディング」に伴うさまざまな感情を認識できるようにし、里親のための肯定的な経験を創造するワークを行います。

● 養育のなかで、どうすれば子どもの頃の自分と経験を思い出すことができるかを里親に探索してもらいます。

● 子どもの中等学校への移行に伴って、子どもと里親の両方を悩ますことになる思考と感情について、里親とともに検討していきます。

● フォスタリングチェンジ・プログラムで扱った方略と技法を復習し、里親が難しく感じた点について再度検討していきます。

セッション 11 を成功させる秘訣

このセッションは、最後から2番目のセッションです。そのためファシリテーターは、プログラムの終了に伴い里親が持つであろうさまざまな矛盾する感情（気持ち）を認め、それに寄り添う必要があります。

移行とエンディングについての討論やエクササイズは、特に強力なもので、グループのさまざまなメンバーに対して、喪失感や過去のエンディングについての感情が喚起されるかもしれません。またこのセッションでは、里親の貴重な品物に関わるエクササイズを行いますが、ファシリテーターはそのとき、特別な繊細さと注意深さを持って臨む必要があります。同じファシリテーターが、十分に注意して、里親の貴重な品物を預かり、返却することが肝要です。そうすれば、もし里親の感情が害されたときは、そのファシリテーターが責任をもって解決することができます。ファシリテーターはこのエクササイズの経験を、養育している子どもの経験に重ね

435

フォスタリング・チェンジ

合わせるように里親に促し、委託されている子どものレジリエンスと情緒的なウェルビーイングにとって、彼らの所有物が失われていないということ、また彼らの生育歴の大半が可能な限り保存されているということがどれほど大事なことかを何度も繰り返し説明する必要があります。

このセッションは復習のセッションですから、ファシリテーターはこれまで説明してきた方略を、無作為に提示されるさまざまな状況に対して、自信を持って落ち着いて適用することができなければなりません。そのためファシリテーターは、各セッションの「ファシリテーターが知っておくべきこと」を読み返し、十分にそれらの方略について理解しておくことが大切です。私たちはまた、グループでここまでやってきたという気持ちを大切にしたいと思っていますので、復習のセクションを行うときは、里親にも意見を求め、その考えを発表してもらうようにします。このセッションは最後から2番目のセッションですから、ファシリテーターは、これまで学習してきたすべてのスキルの手本を示すのを忘れないようにします。里親の感情を尊重する、意見や体験を発表してくれたことに感謝する、方略を試してみてくれたことを称賛するなどです。

ファシリテーターはこのセッションで里親に、子どもについてのプログラム後評価質問冊子に回答する時間を与える必要があります。冊子は2冊あり、厚い方の冊子は、プログラムの始めに里親が「対象にする」子どもとして特定した子どものためのものです。その小冊子には、プログラムの始めに渡したプログラム前評価質問冊子で回答してもらったのと同じ子どもについて記入してもらう必要があります。委託の不調や養子縁組などの何らかの理由で、その子どもが移動している場合は、この小冊子に記入してもらう必要はありません。その小冊子の末尾は「ビジュアル・アナログ尺度」になっており、里親は3つの問題を特定し、それについて線上に印をつけるようになっています。ファシリテーターは、プログラム前評価質問冊子を見返し、最初に里親が特定した問題行動をプログラム後評価質問冊子に書き写す必要があります。効果的な評価を行うため、両方の評価の問題行動は同じものにする必要があります。

2人以上の子どもを養育している里親には、もう1冊別の小冊子があり、そこには回答してもらう必要のある書式が2つあります。養育している子どものなかで、プログラムで取り上げなかった子どもについて、その書式に回答してもらうようにします。こうした作業はかなり手間のかかるものになりますから、それに回答してもらっている間、感謝の気持ちを言葉で表し、果物やチョコレートなどのお菓子をつまんでもらうようにします。里親に、これらの評価ツールは、フォスタリングチェンジ・プログラムをエビデンスに基づいたものにするための手段を私たちに提供するものであり、里親と子どもの両方にとって有益なものであるということを説明します。

3 必要な機材および備品

パワーポイント（2003 以降）の入っているパソコン

フォスタリングチェンジ・プログラム付属資料（http://www.fukumura.co.jp/ からダウンロード）

● パワーポイント・スライド–セッション 11

● 配布プリント、セッション 11 –以下を参照

● セッション評価用紙

プロジェクター

プロジェクター用スクリーンまたはその代わりとなる壁面

環境音楽（迎え入れるための）（mp3 プレイヤーまたは CD）

フリップボード用スタンドおよびフリップボード用の大きな用紙

フリップボード用マジックインク

紙を壁に貼るためのブルータック

セッション 1 で作成した「グループワークのきまり」のフリップボード

セッション 1 で作成した「里親の家族構成」のフリップボード

セッション 10 で作成した「家庭での実践」のフリップボード

前もって作成しておいた、先頭に「思考」と「感情」と書いた 2 列の表のフリップボード

動物のぬいぐるみ

大きな黒色のゴミ袋

エンディングストーリーのテープまたは作文（ファシリテーターが作成したもの）

アテンディングのためのおもちゃ

出席表

名札（記名用シール）

「ご褒美」のためのカラーシール

水を含む清涼飲料水やスナック類

セッション 11 で配布するプリント

セッションで使うプリント

    11.1「肯定的なエンディング」

    11.2「フォスタリング・フラワーパワー」

セッション 11 評価用紙

4　セッション 11 の概要

全体で 3 時間

到着	
歓迎の挨拶およびオープニング・ラウンド：長所に名前を付ける	5 分
今日の流れと目標	5 分
家庭での実践のフィードバック：ストップ・プラン・アンド・ゴーおよび／またはタイムアウト	40 分
エンディング	5 分
子どもの持ち物を大切にする：ゴミ袋のエクササイズ、パート 1	5 分
思い出を保存し前へ進む	5 分
委託の終了	10 分
子どもの持ち物を大切にする：ゴミ袋のエクササイズ、パート 2	5 分
	合計 1 時間 20 分

休憩 15 分

中等学校への移行	20 分
フォスタリングチェンジ・プログラムの復習	10 分
里親とともに復習する	30 分
2 人以上の子どもとのアテンディング	10 分
家庭での実践：2 人以上の子どもとのアテンディングおよび方略の実践	5 分
セッション評価	5 分
クロージング・ラウンド：私を覚えていて	5 分
	合計 1 時間 25 分

全体で 3 時間

5　セッション 11 の流れ

到着

スライド　　2
配布物　　名札、シール
道　具　　環境音楽
　　　　　セッション 1 で作成した「グループワークのきまり」のフリップチャート
　　　　　セッション 1 で作成した「里親の家族構成図」のフリップチャート

セッション 11　エンディングおよび総括

セッション 10 で作成した「家庭での実践」のフリップチャート

前もって作成しておいた、先頭に「思考」と「感情」と書いた 2 列の表のフリップチャート

内　容　● PP2 が映っている会場に、音楽に合わせて里親が入ってきます。会場全体が、里親を温かく迎える雰囲気に包まれています。
セッション 1 で作成したフリップチャートを掲示するのを忘れないようにします。

● メンバーが到着したら、ファイルに貼るためのシールを渡します。会場に入ってくるときの里親の気分とストーリーに応えることが大切です。たとえば、大変な思いをして到着した里親には、労いの言葉をかけ、無事到着できたことを称賛し、シールを渡します。

5分　歓迎の挨拶およびオープニング・ラウンド：長所に名前を付ける

スライド　3、4

配 布 物　なし

道　具　動物のぬいぐるみ

内　容　このオープニング・ラウンドは、セッション 4 で扱った「〜であること／〜していること」を褒めるという内容に関連したものです。子どもと同様、すべての大人にも、レジリエンスを形成し、人生を通してそれを維持していくのを助ける性質が本来的に備わっています。

● PP3：里親にセッション 11 に来てくれたことを感謝します。

● PP4：里親に、スライドで示されている長所を見ながら、自分自身の長所について最もよく当てはまるものは何かを考えてもらい、その長所を最も良く象徴している動物を選んでもらいます。

このエクササイズに対して少し弱気な態度を示す里親もいるかもしれません。そのため、自信のある里親が率先してする場合を除いて、ファシリテーターがお手本を示すことが大切です。

● このエクササイズには正解も誤りもありません。個人的な解釈の問題です。たとえば、こんなふうに言う里親もいるかもしれません。「私はライオンを選びました。私にとってライオンは、強さと誠実の象徴です」。

5分　今日の流れと目標

スライド　5、6

配 布 物　なし

道　具　なし

フォスタリング・チェンジ

内　容	●	PP5：スライドを見てもらいながら、今日のセッションの流れを簡単に説明します。
	●	PP6：今日のセッションに向けてあなたが考えている目標を簡単に説明します。今日のセッションの流れや目標について質問はありませんかと尋ねます。

40分

家庭での実践のフィードバック：
ストップ・プラン・アンド・ゴーおよび／またはタイムアウト
••

スライド	7
配布物	なし
道　具	フリップチャート、マジックインク
内　容	グループ全体でするエクササイズ

● 家庭での実践は、ストップ・プラン・アンド・ゴーを実践する、または、里親が特定した問題行動にタイムアウトを使うということでした。

● **タイムアウト**：タイムアウトを使ってみましたか？　どのような行動に対してタイムアウトを使ったかを尋ねます。それについて前もって説明することはできましたか？　子どもの反応はどうでしたか？

里親のなかから、特に難しかったという点が挙げられた場合は、グループ全体で新しい解決法を探るように促します。タイムアウトが、子どもの行動や、里親と子どもの関係性に、どんな影響を与えたかを、見出すようにします。

● **ストップ・プラン・アンド・ゴー**：ストップ・プラン・アンド・ゴーの方略を使った里親がいたなら、どのようにそれを使うことができたか、そしてそれはどのように役立ったかを発表してもらいます。

● 里親の持つ問題を解決する。

特定の問題行動にずっと取り組み続けている里親もいるかもしれませんし、プログラムの最初のほうで説明した方略を使っている里親もいるかもしれません。そのような里親に、その取り組みはうまくいっているかを聞き、それを褒め、励まし、何か問題に突き当たっているようだったら、適切な問題解決法を提示します。

5分　## エンディング
••

スライド	8
配布物	なし

セッション11　エンディングおよび総括

道　具	なし
内　容	ペアでのエクササイズ

グループでのエクササイズ

このセッションは最後から2番目のセッションですから、プログラムの終了は複雑な相反する（アンビバレントな）感情を喚起するかもしれないということを里親に説明する必要があります。ほっとすると感じる里親もいるかもしれませんし、友情や支えをなくすことになるかもしれないと不安になったり、悲しくなったりする里親もいるかもしれません。あるいは、新しいスキルや考えを獲得できたことにとても勇気づけられ、わくわくしている里親もいるかもしれません。

● 里親にペアになってもらい、プログラムが終了し、グループが解散することになることに対して、いまどんな気持ちでどんなふうに考えているかを話し合ってもらいます。
● グループに戻ってもらい、ペアで話し合った内容を発表してもらいます。
● PP8：スライドを見てもらいながら、エンディングには常に肯定的な感情と否定的な感情の両方がつきまとうということを強調します。子どももまた、家庭、学校、友達と別れるとき、同じような複雑な感情を経験することになるということを里親にしっかりと理解してもらいます。里親はそのとき、子どもの感情と自分自身の感情の両方を管理（マネージ）しなければならないということを強調します。

5分　子どもの持ち物を大切にする：ゴミ袋のエクササイズ、パート1
....

スライド	9
配布物	なし
道　具	大きなゴミ袋
内　容	グループでのエクササイズ

これはしばしば養子縁組のトレーニングで使われる、強力で感情に訴えるエクササイズです。子どもの持ち物を大切にすることの重要性に焦点を当てたものです。

● 先週、里親に、「あなたが大切にしているものを何か持ってきてください」と頼んでおきました。
● PP9：里親に、「持ってきたものを全員に見せて、なぜそれが大切なものなのかを説明してください」と言います。

441

このエクササイズではグループ全員でとても意味のある濃密な時間を過ごします。そのため、個人的なことを打ち明けても安全で認められるという雰囲気をつくることが大切です。大切なものを持ってくるのを忘れた里親がいた場合は、今日身につけているもののなかで何か、たとえば、宝飾品などを使ってもいいですと伝えます。あるいは、家にある品物をここに置いたつもりになってもらうこともできます。たとえば、グループに向かって、家に置いてある古い貴重な写真について話をし、手元にある紙をそれに見立ててゴミ袋のなかに入れることができます。

● 全員が大切なものを発表し終えたら、ファシリテーターはごみ袋（黒い色で中身が見えないことが大事です）を持ち出し、このなかに大切なものを入れてくださいと言いながら全員の所を回ります。

● そのゴミ袋を部屋の片隅のだれもが見えるところに置きます。

このときファシリテーターはグループに対して繊細な気持ちを持って対応することが大切です。あるグループで実際にあったことですが、メンバーの１人が持ってきた、子どものころ遊んでいたテディベアが「息苦しくならないように」、袋の端を開けておかなければならないことがありました。

● このまま次のセッションに移っていきます。このゴミ袋については特に何も言わず、セッションに集中してもらいます。どうしても何か言わなければと思ったときは、「またあとで、このゴミ袋の話に戻ります」と伝えます。しかし、このまま何も言わずプログラムを続けるのが最善です。私たちは、セッションを続けている間、里親が自分の所有物のことを心配することを望んでいるのです。

● 以下の点を里親に伝えてもかまいません。
    – 委託は、期間も、里親と子どもの間のアタッチメントの度合いも異なります。
    – 委託から去っていく子どもの行先としては、親の下に帰る、養子になる、施設に入る、別の里親のところへ行くなどがあります。
    – とても肯定的な形で委託が終わる場合もあれば、失敗と落胆で終わる場合もあります。

5分　思い出を保存し前へ進む

スライド	10、11、12
配布物	なし
道具	フリップチャート、マジックインク
内容	思いつくことを発表してもらいます。
	グループでするエクササイズです。

セッション 11　エンディングおよび総括

- PP10：スライドを見せて、これまでの子どもの人生を思い浮かべてもらいます。里親に、自分たちは養育している子どもの人生における重要な節目を目撃することになるということを思い出してもらいます。

- 思いつくことを発表してもらいます。子どもが里親と過ごした時間をどのように保存するかについて思いつくことを発表してもらいます。意見をフリップチャートに書いていきます。

- PP11、12：スライドを見てもらいながら、里親の意見として発表されなかった場合は以下の点を強調します。

幼い子どもを養育してきた里親は、子どもが話し始めたり、歩き始めたりした瞬間を目撃しているはずです。また里親の多くが、子どもが新しい学校へ行ったとき、新しい友達を作ったとき、新しいスキルを獲得したときを見てきたことでしょう。子どもに、自分は誰で、どこから来たのかについての良好な感覚を身につけさせるためには、子どものストーリーが思い出すことができるものとして保存され、子どもがどこへ行ってもそれを近くに置いておくことができるように、子どもに手渡す必要があります。

10分　委託の終了
....

スライド	13、14、15、16、17
配 布 物	なし
道　　具	フリップチャート、マジックインク
内　　容	グループでするエクササイズです。

まず小グループになってもらいます。

- 前のエクササイズに続き、このエクササイズでも、どうすれば里親は子どもと過ごした時間を保存することができるかについて考えを示していきますと里親に伝えます。

    ファシリテーターは、その1つの有効な方法の例として、このセクションで里親に聞かせるためのテープや、読んで聞かせるためのストーリーを準備しておきます。

- PP13：テープを回したり、ストーリーを読み上げたりして、里親に聞いてもらいます。テープを聞いたり、ストーリーを読んだりすることは大変感情に訴える経験ですが、それは子どもの心に深く刻まれ、いつでも思い起こすことができるものとなるでしょう。

443

フォスタリング・チェンジ

それは里親が子どもに与えることのできる有形の思い出で、子どもが里親から離れて寂しくなったとき、恋しくなったときにいつでも聞いたり読んだりすることができるものです。

年長の子どもにとって、あるいは大人にとっても、子どもの頃のストーリーが欠落していること、たとえば、写真が1枚もないということは、とても悲しく、トラウマになってもおかしくないことです。里親は、子どものライフストーリーを保存するという重要な役割を果たす必要があります。

- PP14：里親に、3〜4人の小グループになってもらいます。
- 子どもが前へ進むことについての感情や経験について語り合ってもらいます。そして、子どもが肯定的に前へ進んでいくのを支援するためにどうすればいいか、あるいはどのようにしてきたかについて、考えや方法を話し合ってもらいます。
- 小グループでの話し合いは5分以内にします。
- 里親に大グループに戻ってもらい、小グループで話し合ったこと、里親が確認したさまざまな感情や子どもが前に進んでいくのを助けるためのアイデアを話し合い、それらをフリップチャートに書いていきます。
- PP15、16、17：グループ討論のまとめとして、これらのスライドを見てもらいます。

5分　子どもの持ち物を大切にする：ゴミ袋のエクササイズ、パート2

スライド	18
配布物	11.1「肯定的なエンディング」
道具	なし
内容	グループでのエクササイズ

必ず、前のごみ袋のエクササイズをリードしたファシリテーターがこのエクササイズもリードするようにします。

- PP18：ゴミ袋から品物を取り出し、それらをテーブルの上に置くか、持ち主の里親に1人ずつ返却していきます。

- 里親に質問します。
    - あなたは、自分の所有物がゴミ袋に入れられていたことをどう感じしましたか？
    - その感情は、委託されている子どもが委託のエンディングや喪失に関連して感じるであろう感情とどこか似ている点がありますか？

444

セッション 11 エンディングおよび総括

- このエクササイズで、それらの品物について今までと違うように考えるようになりましたか？

現在、地方自治体の多くが、子どもの持ち物を移動させるためのスーツケースやその他適当な容器の使用の重要性を強調しています。しかし里親は、移動がない場合についても、子どもの持ち物をどう保管すればいいかについて話し合いたいと思っているかもしれません。子どもの持ち物を思いやりを持って大事に保管するにはどうすればいいかについて検討することが必要です。

● 子どものために子どもと一緒に思い出を保存するさまざまな方法の一覧を提示することで、このエクササイズを締めくくります。
    - ライフストーリーワーク。
    - アルバムを作成します。
    - 思い出箱を作り、子どもと一緒に写真、報告書や、その他の重要な品物を集めてそれに詰め、子どもがどこへでも持っていけるようにします。
    - あなたと過ごした子どもの時間についてのストーリーを書き、子どもに対するあなたの肯定的な感情に焦点を当て、これから先もあなたのことをけっして忘れないと子どもに伝えるようにします。子どもが家に来たときの様子、学校やクラブに通い始めたときのことを書きます。子どもにそのときの様子を絵に描いてもらうようにします。
    - 幼い子どもには、あなたの匂いのする品物を渡します。
    - 子どもと一緒にこの家にやって来たものは、たとえそれがボロボロになったテディベアでも、必ず一緒に持って行かせるようにします。それらは子どもの歴史の重要な一部ですし、実の親からもらった唯一の品物かもしれません。
    - 別れの儀式、お祝いをします。ケーキ、パーティー、プレゼントを準備します。
    - 新しい委託先や計画についての情報を提供します。
    - 子どもの質問に答え、語り合い、子どもの言葉に耳を傾けます。
    - 古い里親と新しい家族で共同のアクティビティをします（特に子どもが新しい永続的な家族へ移っていく場合）。
    - （適切なら）将来も連絡が取れるようにする方法について話し合います。
    - 子どもが持っていくことのできるスーツケースを準備します。

● プリント 11.1 を配布します。

445

フォスタリング・チェンジ

15分　**休憩**

スライド	19
配 布 物	なし
道　具	なし
内　容	セッションのこの段階で里親が一息つくことが大切です。

20分　**中等学校への移行**

スライド	20
配 布 物	なし
道　具	フリップチャート、マジックインク
	前もって作成しておいた、先頭に「**思考**」と「**感情**」と書いた2列の表のフリップボード
内　容	ペアで、次に大グループで、その次に小グループで、最後に再び大グループでするエクササイズです。

- PP20：里親にペアになってもらい、自分が小学校から中等学校へ移行したときのことで思い出すことを話し合ってもらいます。
- ペアのままで、中等学校入学の最初の日やそれに続く数日間、昼でも夜でも感じた感情について思い出してもらいます。
- これにかける時間は5分以内にします。

　それらの感情は、大人になった今でも、避暑から帰って来たとき、あるいは秋の始まり［訳注：英国の入学の季節］に思い出すことがあるはずです。思い出すのが難しいという里親には、新しい仕事や新しい経験を始めるときのことについて考えてもらってもいいでしょう。ここでは、思考と感情の両方に焦点を当てることが重要です。

- ペアから大グループに戻ってもらい、ペアのときに話した内容を発表してもらいます。
- このエクササイズで喚起させられた記憶、思考、感情をフリップチャートに書いていきます。
- 大グループを2つの小グループに分け、一方のグループに中等学校に通い始めたばかりの子どもになってもらい、新しい学校に通い始めた子どもにとってどんな問題点があるかを話し合ってもらいます。
- もう一方のグループには、子どもが中等学校へ通い始めた里親の立場になってもらい、問題点について話し合ってもらいます。
- この話し合いに5分かけます。
- 大グループに戻ってもらい、それぞれのグループで話し合ったことを発

セッション 11 エンディングおよび総括

表してもらいます。問題点を抽出し、それをフリップチャートに書いていきます。

● 前もって作成しておいた、先頭に「**思考**」と「**感情**」と書いた 2 列の表のフリップチャートを使い、里親として、また子どもとして、それらの問題が喚起する思考と感情にはどのようなものがあるかを整理し共有していきます。

● それらの問題や、その問題が喚起する思考や感情に対処するとき、このプログラムで学習してきた方略のうちどれを使うことができるかを里親に尋ねます。

里親は以下の方略のいくつかを、あるいは全部を挙げるでしょう。リフレクティブ・リスニング、感情を認め名前を付ける、ストップ・プラン・アンド・ゴー、「〜であること」を褒める、など。

新しい友達や先生に向かって自分のことをどのように紹介するかについて、準備が整っているという気分になれるようにすることが里親の重要な役割です。里親は、子どもが自分自身と自分の経験について語る個人的なナラティブを作成することができるように、子どもと熱心に注意深く作業する必要があります。たとえば、このようなナラティブになるでしょう。「**私はママの具合が悪いので、現在はバル叔母さんの家で暮らしています**」。

10分 フォスタリングチェンジ・プログラムの復習

スライド	21、22、23、24
配 布 物	11.2「フォスタリング・フラワーパワー」
道 具	なし
内 容	グループでするエクササイズです。

フォスタリングチェンジの内容をフラワーパワーの形で復習してもらい、プログラムで学習したスキルと理論を、目で見てすぐに認識できるようにすることが重要です。

● PP21：里親にプリント 11.2「フォスタリング・フラワーパワー」を配布し、この 11 週間に実に多くのことを学習してきたということを思い起こしてもらいます。里親に、このうちのいくつか、あるいはすべてを思い出すことができますか、と尋ねるといいでしょう。続くスライドで、学習してきた各方略についての詳細を示しています。

方略は、次の 5 つにグループ分けができます。
1 基本スキル
2 関係性を深め自尊心を確立する

447

3 子どもの教育を支援する

4 子どもが感情を制御できるようにする

5 限界を設定し結果を与える

● PP22：基本スキルの図を見てもらいながら、以下の点を扱ってきたことを里親とともに確認していきます。

行動を観察すること、明確に具体的に表現すること、そしてABC分析は、行動についての言語と理解を共有するための基本スキルであり、それによって私たちは、思い込みではなく、実際に起きていることについて明確に認識することができます。そして私たちは、特定の問題行動を改善するためにどのように介入すればいいかを、より効果的に考えることができるようになります。明確に具体的に、ということで私たちは、非難するのではなく、ていねいに温かく子どもとコミュニケーションを取る方法を学びました。

● PP23：スライド上の、関係性を深め自尊心を確立する、および子どもの教育を支援する、の部分を見てもらいながら、以下の点を扱ってきたことを里親とともに確認していきます。

関係性を深め自尊心を確立する

これは子どもとの間に温かい肯定的な関係を構築するために不可欠のスキルであり方略です。そして、それは多くの意味で本プログラムの核心部分となっています。温かさと敏感さと熱意を持って、この肯定的方略を頻繁に使うことができれば、里親は子どもが自尊心を確立するのを促進することができます。子どもが健全に成長していくために必要な肯定的注目を提供するために、里親は、褒めることと**アテンディング**を毎日使う必要があります。私たちはまた、問題行動に焦点を当てるのではなく、代替行動を選択することの必要性を強調してきました。ご褒美表や有形の報酬や社会的報酬もまた、望ましい行動を増やすための方法です。遊びは子どもの日常生活の最も基本的で重要な部分です。子どもは遊びのなかで学び、世界を探索し、世界に対する自己効力感を試すのです。

里親は、創作遊び、家の外での遊び、ままごと遊び、作る／学ぶ／する遊びなど、できる限り多様な方法で子どもに遊ぶ機会を提供することが必要です。

子どもの教育を支援する

このプログラムで私たちはまた、子どもの教育を支援する数多くの方略を見てきました。子どもが難しい学習内容を習得しようとするとき、叱責を

最小限にとどめ、褒めることと支えること、そして励ますことを最大限に行う環境のなかで子どもは最もよく力を発揮します。私たちは、宿題と読書を支援する方法についても見てきました。私たちはまた、先生の言うことに耳を傾ける、辛抱強く努力するなど、学級生活にとって最も重要なスキルや能力を高めることに焦点を当てて、褒めることをどのように使うかについても検討してきました。私たちはまた、子どもに必要とされていることを、里親が適切に、アサーティブに、思いやりのある形で交渉するのを支援するために設計されたコミュニケーションの枠組みについても紹介してきました。里親がそのような枠組みを持ち、自信を持って学校の問題を討論し交渉できるようになることを私たちは望んでいます。

● PP24：子どもが自分の感情を調整できるように支援する、および限界を設定し結果を与える、についてのスライドを見てもらいながら、以下の要点を里親に確認してもらいます。

子どもが自分の感情を調整できるように支援する

初期の厳しい経験、たびたび変わる養育者、難しい初期の関係性とアタッチメントの経験のせいで、社会的養護下の子どもの多くが、自分の感情を調整し、理解し、あるいは名前を付けることさえ難しいという不利な立場に置かれています。私たちは、自分の感情に関わる語彙を子どもに提供するのを里親が支援できるように、感情に名前を付け、その正当性を認めるという方略を見てきました。一旦そうした語彙が確立すると、感情コーチング、感情を通して考える、ストップ・プラン・アンド・ゴーの使用などの方略にかなりよく反応することができるようになります。また、子どもの問題に耳を傾け、判断を避け、ていねいに共感する形で対応することを教えるリフレクティブ・リスニングの考え方についても学習しました。

社会的養護下の子どもは、里親に対して複雑で難しい感情を持つことがあります。そんなとき里親は、自分自身を思いやり、自分の思考と感情を管理（マネージ）する方略を持つことが重要です。私たちは、否定的な思考をより肯定的な対処ステートメントに変える方法、そして困難なときにアファメーションを使う方法を見てきました。里親がアファメーションを口に出して言うことによって、今度は子どもが、それを自分自身が困難に立ち向かうときの、より肯定的なお手本とすることができます。お手本を示すことは、子どもが学習するための最も基本的な方法です。里親が自分自身扱いの難しい感情を持ったとき、里親はそれを他の大人か子どもに伝える必要がありますが、そんなときアイ・メッセージは、それを適切で、アサーティブで、思いやりのある方法で伝えることを可能にします。

子どもの人生における最も重要な移行の時期に際して、子どもの情緒的ウ

ェルビーイングを十分に考慮するためには、里親は、子どもと里親が一緒に過ごした時間をいかに保存するかを考え、肯定的なエンディングを創造するために努力することが必要です。里親が、子どもの人生に対する一貫性のある感覚を持って委託の終了を肯定的に締めくくることができるなら、子どもが今後、精神的に安定し、安定した生活の場を得る機会は増大するでしょう。

限界を設定し、結果を与える

子どもには、温かく公正なしつけが必要です。そして、自分の選択と行為にはある結果が伴うものだということを学習する必要があります。しかし限界の設定は、温かい肯定的な注目という文脈のなかで行われる必要があります。社会的学習理論の最も中心的な考え方の1つに、注目は子どもにとって最も強力な動機付けであり、強化子であるという考え方があります。里親に、「どのような注目でも、まったく注目を与えないよりはましだ」ということを覚えておいてもらうようにします。子どもが無作法な振る舞いをしたときにだけ注目されるならば、限界を設定することはあまり効果がありません。里親は子どもの肯定的な行動を積極的に認識し、褒め、報酬を与える必要があります。これはディファレンシャル・アテンションという考え方に基づいています。すなわち限界を設定されたとき、子どもは、そのことと養育者から受ける肯定的で温かい注目の間の差異を認識することができるのです。

私たちは、子どもの比較的軽い気に障る行動に対して、ほんの短い間、注目を取り下げる方法である選択的無視について見てきました。無視は、子どもが良い行いをしていることをできるだけ早く認め、それを褒めるということと併用して実施されることが大切です。子どもが、養育者はどうしてほしいと思っているかを知ることが重要です。家族のルールと明確で穏やかな指示によって、私たち大人は子どもがどんなことをするのを見たいと思っているかを子どもに明確に具体的に伝えることができます。

自然な結果と合理的な結果は、再発する問題行動に対して用いることができる方略です。それは年長の子どもに対しては、コンピューターに向かう時間を取り上げる、あるいは制限するといった制裁を含みます。最後に、叩く、喧嘩をするなどの暴力的な行為や、なかなか言うことを聞かないなどのより深刻な問題行動に対しては、タイムアウトが使われます。タイムアウトは慎重に、そして常に、別の時間の肯定的注目や褒めることと併用して用いられる必要があります。

セッション11 エンディングおよび総括

30分 里親とともに復習する
••

スライド　　25

配　布　物　　なし

道　　具　　なし

内　　容　　グループでの討論

● PP25：里親に、もう一度取り組みたい難しい問題や方略はありませんか と尋ねます。

この復習は、今日のセッションのなかで最も自由な部分です。里親が提示 した事例や問題、心配事を取り上げて、里親全員に意見や考え方を提示し てもらい、時にはロールプレイをしてもらいながらもう一度探求していき ます。

たとえば、1人の里親が、別の子どもを学校に間に合うように連れて行く ために子どもの遊びを止めさせなければいけないが、それがなかなかうま くいかないという問題を提起したとします。他の里親に、彼女はどうすれ ばいいと思いますかと尋ねます。

他の里親の意見を一通り聞いたあと、問題を提起した里親に、それらの意 見についてどう思いますかと尋ねます。

この時点でファシリテーターはいくつかの考え方を提示してもいいでしょ う。考え方に正解も誤りもないということ、いろいろなツールや技法を使 うことができるということを里親に伝え、意見を促します。

提案として、次のようなものが挙げられるでしょう。
- 明確で穏やかな指示を与えた後、出発したとき子どもに小さなご 褒美を与える。
- 子どもが出発するのを拒否したときは、結果を適用する。
- ファシリテーターとしてあなたは、初めに出された意見のほうを 推奨したいと思うことでしょう。結果を適用することは効果的で すが、私たちは、否定的な結果があるときだけ、子どもが何かを するようになる、というふうに子どもをしつけたいとは思ってい ません。そのため、最初は、動機付けとなる肯定的な報酬ととも に明確で穏やかな指示を試すのが良いでしょう。これらの点を里 親全員に確認してもらいます。先ほどの里親はまた、「～したら、 次に～」というメッセージを使うこともできます。「私が頼んだ 時間にあなたが出発できたら、あなたにシールをあげます」とい

451

フォスタリング・チェンジ

うことができます。

- このセッションを生き生きとしたセッションにするために、里親に子どもの役をしてもらったり、里親の役をしてもらったりしながら、さまざまな技法を試し、お互いに支え合うことが大切です。その他、ファシリテーターがグループに取り組んでほしいと思う事例としては次のようなものがあります。

- 9歳のマーロンは、テレビのスイッチを切ってベッドに行くことを拒否しています。
- 3歳の子どものヤスミンとスーパーマーケットに行くと、彼女はいつもお菓子が欲しいと言って里親の袖を引っ張ります。
- シェーンは7歳の男の子ですが、机の前に座ると、不機嫌になり、ふくれっ面をし、鉛筆で机を突いたりします。そして、なかなか宿題に取りかかろうとしません。

[備考]

この段階で、グループでロールプレイをすると、とても効果があるということを私たちは経験から知っています。あるとき、1人の里親が、子どもをおもちゃから離すのが難しいという問題を提示しました。私たちはその里親にどのように子どもに対応したかを見せてほしいと頼み、別の里親に子ども役をしてもらうことにしました。そのロールプレイの後、里親全員から感想を聞き、次に誰か別の方法で子どもに対応する方法を示してくれる人はいませんかと尋ねました。1人の里親が手を挙げ、子どもにおもちゃを片付けなさいと、もっと明確に、直接的に、断固として伝える方法を示しました。それに対して子どもは実際に言うことを聞きました。

里親にとっては、ただ単にファシリテーターから知識を提供してもらうだけでなく、その方略を使って他の里親が成功した体験を目で見たり聞いたりすることによって学習することが特に有益です。

この最後から2番目のセッションにおいては、惜しみなくシールを与え、称賛し、励まし、妥当な対応であると認めましょう。里親がうまくできたことを認め、ロールプレイをしてくれたことを称賛し、里親のスキルと能力を特定し称賛しましょう。たとえば、「あなたは本当に明確に指示することができましたね」「あなたの声の断固とした調子がとてもいいと思いました」というように。

自分への委託について、あるいはその他の解決できない問題について、とても大きな不安を抱えたままこのプログラムのエンディングに臨む里親もいるかもしれません。そうした特別な問題を抱えている里親を支援するために、どのような資源が利用可能かについて考えましょう。里親に、自分自身でさらに支援してくれる機関を探すように励ますだけでいい場合もありますが、ファシリテーターであるあなたが事前に対策を講じ、具体的な情報を提供する必要がある場合もあります。

セッション 11　エンディングおよび総括

10分　2人以上の子どもとのアテンディング

スライド	26
配 布 物	なし
道　　具	なし
内　　容	ロールプレイ

里親のスキルをさらに発達させるために、2人以上の子どもに同時にアテンディングする練習をすることが役に立つでしょう。

● PP26：里親に、2人以上の子どもに対してアテンディングを行うためには、高い集中力を保ち、里親のほうからより多く対応することが求められるということを説明します。そのため、1人の子どもとのアテンディングと同様に、最初は短い時間、たとえば、5分ぐらいから始めるのがいいでしょう。

● 1人の子どもとのアテンディングと同じルールを適用します、と説明します。しかし、2人の子どもに対してこのスキルを実践する場合は、テニスの試合を想像する必要があります。すなわち、2人の子どもとの間で、コメントを行ったり来たりさせる必要があるのです。子どもは、注目が公平に分けられていないことにとても敏感です。そしてそれがうまくいっていないと、子どもは徐々に大人の注目をめぐって競争するようになります。子どもからの批判の罠に捕えられないように、ちょっとした無作法な行為は無視するように里親に言いましょう。2人の子どもが遊んでいて、1人の子どもが無作法な行動をしたとき、私たちは安易に、無作法な行動をしている子どもに対して「小言を言い」、落ち着いて静かに遊んでいる子どもを無視しがちです。しかし、これは子どもの無作法な行動に対して、意図しない報酬を与えることにつながります。

● 里親に3人のグループになってもらい、それぞれにおもちゃを渡します。

ファシリテーターが1つのグループに参加する必要があるかもしれません。里親に、お互いにとって「良い遊び友達」になるように、そしてあまり扱いが難しい子どもにならないように言っておきます。子どもの行動があまりに悪い場合、里親がこのロールプレイを成功体験にすることが難しくなるからです。

● 里親にロールプレイを始めてもらいます。1人の里親が里親を演じる時間は2分とします。全員が里親の役をやり終えたら、簡単に感想を聞いていきます。

アテンディングはとても活動的なプロセスで、行動や感情を素早くとらえ、肯定的にコメントを加えることが要求されます。里親に、子どもの行動だ

453

けではなく、その感情や認知力に対しても褒めるように言いましょう。

ちょっとした無作法な行動を無視したときは、里親はできるだけ早くその子どもに対して肯定的なコメントを与える必要があります。

5分　家庭での実践：2人以上の子どもとのアテンディングおよび方略の実践

スライド	27
配布物	なし
道具	なし
内容	グループでの討論

これはグループで困難な問題を一緒に解決する最後の機会になります。

- 里親に、毎日10分は子どもとのアテンディングで過ごすように再確認しましょう。
- 可能な場合は、里親に2人以上の子どもとアテンディングをしてもらいます。
- 里親に、最初はあまりうまくいかなかった方略を思い出してもらい、もう一度家で実践してみるように促します。

5分　セッション評価

スライド	28
配布物	セッション11評価用紙
道具	なし
内容	● 里親に最後まで評価用紙に記入してもらうようにします。

- プログラム後評価質問冊子も今日配布し、セッションが終わる前に記入してもらうこともできます。また、委託されている子どもが2人以上いる里親には、別の薄い評価質問冊子を忘れずに配付します。里親はこれらの評価冊子に記入するために、少し時間を長くとる必要があるかもしれません。
- クロージング・ラウンドの前に、来週の最後のセッションのために食べ物を持参してきてくれる人はいませんかと尋ねます。だれが何を持ってくるかを書きとめておくといいでしょう。

5分　クロージング・ラウンド：私を覚えていて

スライド	29、30
配布物	なし
道具	なし

セッション 11　エンディングおよび総括

内　容　　グループ全体でのエクササイズ

● PP29：里親全員に、自分のことをグループに覚えておいてもらうとき、どんなふうに覚えておいてほしいかを単語3語で表してくださいと伝えます。ファシリテーターがお手本を示します。「私はグループのみんなに、**熱心で、良く支援してくれる、愉快なファシリテーター**として覚えておいてほしいです」というように。
● グループを回り、それぞれの答えをききます。
● PP30：熱心に参加し、難しいワークをしてくれ、セッションを無事に終えることができたことを里親に感謝します。
● 来週は最終セッションですから、お祝いのパーティーをしたいと里親に伝えます。来週のセッションでみんなで飲んだり食べたりするものを持参してくれる人はいませんかと尋ねます。

さまざまな食べ物や飲み物が用意できるように、みんなの意見を聞きながら一覧表をつくるといいでしょう。

6　評　価

ファシリテーターのためのセッション後評価

ファシリテーター同士が2人で向き合って、今日グループはどうだったかを話し合い検討する時間を持つことがとても大切です。あなたは何を話し合いたいかについて自分の考えを持っていることでしょう。以下の点について検討したいと考えていることでしょう。

● 何がうまくいったと思いますか？
● もっと別の方法があったのではと思うことがありましたか？
● 内容を扱うことができましたか？
● 里親の評価用紙を見てください——拾い上げるべきメッセージはありませんか？
● 個人個人について、あるいはメンバー全体について、何か観察できたことはありませんか？
● 会場、備品、軽食について問題はありませんでしたか？
● 何か気がかりなことはありませんか？　もしあったなら（次回から）どのようにしますか？
● セッションを欠席した里親がいたなら、電話で連絡し、お知らせやプリントとともに、セッションの内容の概略を送りましょう。

455

フォスタリング・チェンジ

ファシリテーターが2人で向き合って、今日グループはどうだったかを話し合うとき、今日のセッションのためのフィデリティー・チェックを必ず行いましょう。それによってセッションのすべての側面をカバーすることができたかどうかを、そして必要なスキルと態度の手本を示すことができたかを確認することができます。このチェックリストは、プログラムの認定のために不可欠のものです。

フィデリティー・チェックリスト

□時間通りに始め、終わることができましたか？
□養育的、肯定的アプローチの手本となることができましたか？
□里親の見方や考え方を認めることができましたか？
□里親の経験を尊重しましたか？
□里親の長所と資質を言葉にしましたか？
□里親のフィードバックを褒めましたか？
□参加者全員がフィードバックの間、話す機会を持てましたか？

□委託の終了について扱うことができましたか？
□子どものストーリーに耳を傾けることについて扱うことができましたか？
□ゴミ袋のエクササイズを扱うことができましたか？
□復習のセクションを扱うことができましたか？
□中等学校への移行のセクションについて扱うことができましたか？
□内容を削除してしまったり、扱うことができなかったりしたことはありませんでしたか？
　□参加者全員が家庭での実践を持ち帰りましたか？

□「グループワークのきまり」を掲示しましたか？
□「里親の家族構成図」を作成し掲示しましたか？

□里親が会場に到着したときおよび休憩時間に、軽い飲み物やお菓子を出しましたか？
□里親が先に飲み物やお菓子を口にするようにしましたか？

（次のことも）チェックしましょう

組織上／運営上の問題が何か起きて、それに対処した。
里親からの評価用紙を読み、問題があった場合は、それについて今後どう対処していくか決めた。
欠席者に連絡を取り、配布資料を送付した。
里親について何か気がかりな点を見つけ、もしあった場合、それにどう対処していくか決めた。

セッション **12**

肯定的変化を認め
自分自身をケアする

肯定的変化を認め
自分自身をケアする

ファシリテーターが知っておくべきこと

1 基礎となる理論的内容
プログラムを終えた後
子どもの発達における遊びの役割
ストレスを特定し自分自身をいたわる

2 グループワークを効果的にファシリテートする
セッション 12 の準備
ファシリテーターのねらいと目標
セッション 12 を成功させる秘訣

3 必要な機材および備品

4 セッション 12 の概要

5 セッション 12 の流れ

6 評　価
ファシリテーターのためのセッション後評価
フィデリティー・チェックリスト

ファシリテーターが
知っておくべきこと

この最後のセッションは、里親が、自分が達成したことを評価し、自分自身をケアすることを忘れないということに焦点を当てます。セルフケアの考えは、私たちがこれまでプログラム全体を通して精力的に取り組んできたことの1つです。しかし、この最後のセッションでは、里親が自分自身をケアし、大事にし、そして仕事をするための資源を確保するために何ができるかについて、より実践的に探求していきます。このセッションは里親に、プログラムの過程で彼ら自身に起こったことを振り返ってもらう機会を提供するという形で構成されています。それによって里親は、未来を見つめ前進しようとするとき、自分には能力があり何事も達成することができるという感覚を強く持つことができるでしょう。

ファシリテーターとして私たちは、この最後のセッションを里親にとって肯定的な経験が主となるように努めます。そのため私たちは、里親に、子どもと遊び楽しむことの重要性を思い出してもらいながら、お祝いの要素も盛り込んでいます。ファシリテーター自身も、エンディングについて自分自身の気持ちがありますが、もちろん、その感情はさまざまでしょう。ファシリテーターとして、あなたがこのグループを難しいグループだったと感じていたとしても、楽しみ、価値があったいくつか特定のグループの質を確認することが大切です。

里親はこのコース全体の経験を、評価用紙に回答するという形で評価する機会を持つことになります。この最後のセッションではまた、里親は自分自身の内部で起こった変化、そして養育している子どもと共に経験した変化を確認することによって、自分自身の進歩を認める機会を持つことになります。私たちはこのセッションで、里親が自分自身を、そしてお互いを褒め肯定する多くの機会を提供したいと思っています。そうすることによって里親は、自分が達成することができたこと、そしてグループに対して貢献することができたことに確信を持ってコースを去ることができるでしょう。里親はこのコースに参加し、膨大な時間とエネルギー、努力を惜しみなく費やしてくれました。この最後のセッションで彼らが受け取る修了証書は、里親にとってとても象徴的な価値を持つものとなるでしょう。

1 　基礎となる理論的内容

プログラム終了後の支援の継続

プログラム終了後も何らかの形でグループ活動を継続したいというグループがときどき出てきます。グループを解散した後も、新しい関係性や非公式の支援ネットワークが誕生し、活動を再開するかもしれません。時にはグループ全員が、今後もみんなで会う機会を持ちたいと表明するかもしれません。ファシリテーターは、自分たちが、あるいは機関として、今後もグループに対して何らかの支援をするつもりがあるかどうかを決めておく必要があります。ファシリテーターであるあなたは、もしみんなの同意が得られるならば、少なくともメンバーの名前、住所、電話番号を伝えることを提案してもよいでしょう。

ファシリテーターであるあなたは、里親がこのプログラムで学習した考え方やスキルを持ってこれから先どのように前進していくだろうかと、思い描いていることでしょう。里親は、あなたが配布したプリントだけでなく、あなたと共に学習した経験を手にしています。あなたは、補足的なセッションや再教育セッションを設定することができないか、あるいは追加的なトレーニングを提供することはできないか、と考えているかもしれません。

委託について大きな不安を抱えたまま、あるいは未解決の問題を抱えたままプログラムの終了に臨んでいる里親もいるかもしれません。そうした特別な問題を抱えている里親を支援するために、どのような資源を利用することができるかを考えましょう。里親に、自分自身でさらに支援してくれる機関を探すように励ますだけでいい場合もありますが、ファシリテーターであるあなたが、事前に対策を講じ、具体的な情報を提供する必要がある場合もあります。あるいは、里親の代理人として行動する必要が出てくる場合もあるかもしれません。

ファシリテーターとしてあなたは、グループ全体について、あるいはそのなかの個人について、里親委託機関に報告する義務を有しているかもしれません。この点については、このプログラムの最初にグループ全員と話し合っておく必要があったはずです。グループのメンバーの実践に対して何らかの不安を感じている場合は、さらなる行動を起こす必要があるかどうかを真剣に考える必要があります。

子どもの発達における遊びの役割

遊びは子どもの学習にとって必要不可欠のものですが、それはただ単に勉強のことだけを言っているのではありません。遊びは、子どもが情動調整や社会的スキルの

視点からも不可欠なものです。遊びは子どもの学習の場であり、そこで子どもは、世界を、そして世界と自分の関係性を探索することができるのです。言い換えると、遊びは子どもに、世界そのもの、世界はどのように動いているか、そして世界における自分の居場所を理解させることができるのです。遊びをこのような文脈のなかで考えると、子どもの行動を調整し、発達させ、変化させる手段として遊びを使うことができます。これは、このプログラムを通して推奨された敏感性のある反応という枠組みのなかで行われるべきであり、それぞれの子どもにはそれぞれ独自に必要とされていることがあるということをいつも念頭において行われる必要があります。大人である私たちは、子どもに対して、柔軟で、順応性と反応性があるように努める必要がある一方で、温もりのある親密で楽しい養育的な環境を提供する必要もあります。たとえば、「ピーカブー」［訳注：日本の「いないいないばあ」とよく似た遊び］という遊びは、子どもに、驚き、笑い、興奮をもたらしますが、同時に世界に対する子どもの関心を刺激し、養育者と子どもの関係性を発達させます。

自立とレジリエンスについて学習する

子どもの依存から自立への移動を支援するのは、大人である私たちの重要な役割です。私たちはそれを、子どもの年齢と発達段階にふさわしい達成可能な目標を与えることによって行います。それによって子どもは、自分はできるという感覚を発達させることができ、自分自身のなかで自信が沸き起こるにつれて、自尊心の度合いを高めていくことができます。

委託されている子どもにとっては、挑戦やリスクを冒すこと、あるいはひとりで何かをすることがとても難しいことだということを私たちは知っています。その理由としては、過去に自分の年齢や能力にふさわしくない、過度に厳しい仕事を強いられた経験があること、達成不可能な課題を課せられたことがあることなどが考えられます。あるいは，彼らはどのようなレベルの挑戦も許されたり、与えられたりすることがなかったか、年齢に見合ったリスクを取ることを禁止されていたのかもしれません。こうした子どもたちはしばしば、彼ら自身の達成における自尊心や自信をほとんど持てていません。遊びにはこうした不均衡を是正する働きがあります。

私たちは遊びを通して、子どもにリスクを冒してもかまわない、新しいことに挑戦してもかまわないと励まし（もちろん、子どもが持つかもしれない不安などの感情を認めながら）、できたときは褒め、それによって子どもに、「あなたは新しい課題に挑戦し、達成することができるのですよ」ということを示すことができます。それによって子どもは自己効力感、自尊心、そして、将来困難に直面したときのレジリエンスの感覚を発達させることができるのです。

自分自身をいたわる

このプログラムを通して私たちは、里親に、セルフケアという課題を与え続けてきました。子どもを褒めることと報酬を与えることについてのセッションでは、里親

が自分自身を褒め肯定することの必要性を念頭においてセッションを進めて来ました。これは他人を思いやるための必要条件です。なぜなら、自分自身に対して肯定的な気持ちを抱くことができれば、里親は養育している子どもに対しても、受け入れ、思いやりを持ち、養育的になることができるからです。セッション6で私たちは、より肯定的で力強いセルフ・ステートメントを創造するというワークを通じて、里親が自分自身をもっと大事にするようになる方法を見てきました。この最終セッションで、里親は、ストレスがどのように自分に影響するかについて探索し、自分自身を大事にするために何ができるかについて考えていきます。このセッションは、リラクゼーションのエクササイズで締めくくりますが、そこではより落ち着いたリラックスした心の状態を創り出すためのさまざまな技法とその考え方を里親に提供したいと思います。そのエクササイズを行うために、それに適した環境音楽のCDやテープを用意しておく必要があります。リラクゼーションのエクササイズをしたことのないファシリテーターは、前もって練習しておく必要があるでしょう。

自尊心

ソーシャルケア機関は、必ずしもそのスタッフに対して十分な尊敬の念を示し、彼らの自尊心を高めようとしているわけではありません。児童ケアシステムにおける里親の役割はますます重要になってきていますが、里親は必ずしも、彼らを管轄している機関によって、あるいは彼らが面接する専門家によって、十分に価値を認められ、尊敬されていると感じているわけではありません。里親は、機関や専門家から、実に多くのさまざまな、そしてしばしば予測できないような要求を課されています。そして子どもが委託されている限り、里親に非番はありません。孤立したなかで任務を遂行している里親は、ストレスに対してとても脆弱になり、意欲が低下している自分に気づき、低い自尊心しか持てなくなるときがあります。

自分自身を大事にするということは、私たちのウェルビーイングと自尊心にとって最も重要なことであり、委託されている子どもはそれを目にすることによって、自分自身にとっての力強いお手本を手に入れることができます。自分自身のニーズに価値をおいて、大事にしている里親は、強い自尊心を持つことができ、プレッシャーや困難にもうまく対処してより良い状況にいる可能性が高いのです。とはいえ、他人を大事にする役割にある人が必ずしも自分自身を大事にすることが得意とは限りません。里親とともにある専門家として私たちファシリテーターは、里親に、自分自身に必要とされていることを真剣に考えるように、そして自分自身に時間と空間を与えることを優先するようにと促す義務があります。この最後のセッションで私たちは、どうすれば自分自身を最高にケアすることができるかを考える場所を提供したいと思っています。

セッション 12　肯定的変化を認め、自分自身をケアする

2　グループワークを効果的に ファシリテートする

セッション 12 の準備

- ファシリテーター同士で、どちらがどのセクションをリードするかを決め、セッションの時間割を決めます。

- セルフケアのエクササイズのために、透明な水差しに水を満たし、食品着色料を数滴たらします。このエクササイズをより効果的にするために、色のついた水がきれいに見えるように水差しもコップも透明なものにします。

- リラクゼーションのエクササイズをどのように行うかを決めます。ファシリテーターがこのエクササイズをリードする自信がない場合は、いろいろなリラクゼーション用テープが市販されていますので、それを使ってもいいでしょう。

- ファシリテーター自身がリラクゼーション・エクササイズをリードする場合は、その練習をしておきます。音楽テープ（音楽、電子音、あるいは背景音として使うことができる鳥のさえずりや波の音などの自然音を含むもの）を聞いて、どのようにみんなに語りかけるかを練習します。特に今までリラクゼーション・エクササイズをリードしたことがない人は、よく練習しておく必要があります。語りかけるときの声の大きさ、調子、そして速さに注意します。録音してみて、どんなふうに聞こえるかを自分で確かめるといいでしょう。あるいは、正直に批評してくれる人に聞いてもらいましょう。

- 里親と一緒に、だれがどのような食べ物や飲み物を持参するかを調整しましょう。各里親に前もって電話で確認し、再調整が必要なら行います。

- 「お互いを褒めましょう」のエクササイズのため、グループ全体についてファシリテーターが褒める内容を書いたフリップチャートを準備します。

- フラワーカードを用意しておきます。

- 里親に授与する修了証書を用意します。サインをして、ラミネート加工しておきます。

ファシリテーターのねらいと目標

- 里親が達成できたこと、成し遂げた進歩を評価し、将来、里親に必要とされることを考えます。

- 子どもの生活において遊びが持つ重要な役割について討論し、里親に、子どもと楽しむように促します。

- 里親が自分自身をケアするためにはどうすればいいかを探索する場を作ります。

- 肯定的で祝福するような雰囲気のエンディングにします。

463

セッション12を成功させる秘訣

このトレーニング・グループも終わりに近づきつつあり、里親はそれが意味することについてさまざまな感情を抱いていることでしょう。ファシリテーターであるあなたの役割は、その感情に寄り添い、それを認め、肯定する方法を見出すことです。今日のセッションの1つ目の大きな目標は、肯定的なエンディングを創造し、里親が達成できたことを認め合うこと、そして未来に目を向け、里親がこのプログラムを通して獲得したスキルや経験、理解をどのように保持していくかを考えることです。休憩時間にお祝いの気分を盛り上げることで、このプログラムの終了を強く印象付けることができるでしょう。そのためファシリテーターは、グループに適していると思えるものなら何でも、特別なご馳走や、スパークリングドリンクを持ち込んでもいいでしょう。場合によっては里親もパーティーのための食べ物を持参してくれるでしょう！

リラクゼーション・エクササイズのとき、エッセンシャルオイルの微香を漂わせると、落ち着いた瞑想的な雰囲気を一層盛り上げることができるでしょう。ラベンダー、イランイラン、橙花油、マジョラムなどがリラクゼーションの効能があります。

トレーニングの過程で不可避的に、里親個人の委託の経験や、里親サービスの組織や構造に関連した問題が浮かび上がってくることがあります。それらはこのコースの権限外の未解決の個人的経験であったり、苦情であったりする場合があります。トレーニングを通して私たちは里親に、自分の能力や自己効力感に対する自信を向上させるために、いま抱えている問題の解決に向けてできる限り取り組むように促してきました。しかし、トレーニングの終了に際して、そのような里親と合意のうえ、抱えている問題についての私たちの見解を添えて当局の責任者に手紙を送ることにした場合もあります。これは、仕事の関係性を改善するという点に、そして関係している子どもにより良いサービスを提供するという点に焦点を当てて、肯定的で建設的な形で行うことが大切です。ファシリテーターとしてのあなたの権限を考え、里親が抱えている特別な問題や不安を解決に向けていくためにどのような経路が可能かを考える必要があります。

ファシリテーターであるあなたはまた、里親がさらなるトレーニングを希望した場合、あるいはもう一度集まって、子どもの行動上の、あるいは関係性の問題について話し合う機会を希望した場合、グループに対してどのような提案を行うかを考えておく必要があります。

里親の多くは、トレーニングの終わりに、これまでの自分たちの取り組みを認めるものとして修了証書を授与されることを好みます。付属資料9に、このプログラムに参加しトレーニングを終了したことを認めるコース修了証書のサンプルがありま

セッション 12　肯定的変化を認め、自分自身をケアする

す。修了証書は文具店で購入することも、パソコンを使って自分たちで作成することもできます。

3　必要な機材および備品

パワーポイント（2003 以降）の入っているパソコン

フォスタリングチェンジ・プログラム付属資料（http://www.fukumura.co.jp/ からダウンロード）

- パワーポイント・スライド−セッション 12
- 配布プリント、セッション 12 −以下を参照
- セッション評価用紙
- プログラム後評価質問冊子

プロジェクター

プロジェクター用スクリーンまたはその代わりとなる壁面

環境音楽（迎え入れるための）（mp3 プレイヤーまたは CD）

フリップチャート用スタンドおよびフリップチャート用の大きな用紙

フリップチャート用マジックインク

紙を壁に貼るためのブルータック（粘着ラバー）

セッション 1 で作成した「グループワークのきまり」のフリップチャート

セッション 1 で作成した「里親の家族構成図」のフリップチャート

セッション 1 で作成した「里親の目標」のフリップチャート

風船

飲料水に垂らすための食品用着色料、透明な水差し、透明なコップ（里親の人数分）

「お互いを褒める」のエクササイズのためのフラワーカード

（ファシリテーターは、カードに花の形を描き、その中心に褒める言葉を書くことができるスペースを作っておきます。そしてこの形に切り取ります。これを人数分用意します。フラワーパワーの図と同じようなものにします。）

リラクゼーション・エクササイズのためのリラックスできる音楽

エッセンシャルオイルと必要ならお湯

里親へのちょっとした贈り物

コース修了証書

出席表

名札（記名用シール）

「ご褒美」のためのカラーシール

水を含む清涼飲料水やスナック類

465

セッション 12 で配布するプリント

セッションで使うプリント
    12.1「達成できた変化」
    12.2「ストレスと思考、感情を認識する」

セッション 12 評価用紙

プログラム後評価質問冊子

4　セッション 12 の概要

全体で 3 時間

到着	
歓迎の挨拶およびオープニング・ラウンド：重要な出来事	10 分
今日の流れと目標	5 分
家庭での実践のフィードバック：2 人以上の子どもとのアテンディングおよび方略の実践	40 分
気分転換：リーダーに従う	5 分
さあ遊ぼう：導入のコメント	5 分
バルーンテニス	10 分
里親の目標を見直す	5 分
肯定的変化を確認する	15 分
未来に向かうためのツール	10 分
ストレスを認識する：思考と感情	10 分
自分自身をケアする	10 分
お互いを褒める	10 分
リラクゼーション・エクササイズ	5 分
	合計 2 時間 20 分

お祝い！　25 分

修了証書の授与	5 分
ファイナル・クロージングラウンド、お別れ	10 分
	合計 15 分

全体で 3 時間

セッション 12　肯定的変化を認め、自分自身をケアする

5　セッション 12 の流れ

到着
．．．

スライド	2
配 布 物	名札、シール
道　　具	環境音楽
	セッション１で作成した「グループワークのきまり」のフリップチャート
	セッション１で作成した「里親の家族構成図」のフリップチャート
	セッション１で作成した「里親の目標」のフリップチャート

内　　容　● PP2 が映っている会場に、音楽に合わせて里親が入ってきます。会場全体が、里親を温かく迎える雰囲気に包まれています。

　　　　　　　　セッション１で作成したフリップチャートを掲示するのを忘れないようにします。

　　　　　● メンバーが到着したら、ファイルに貼るためのシールを渡します。会場に入ってくるときの里親の気分とストーリーに応えることが大切です。たとえば、大変な思いをして到着した里親には、労いの言葉をかけ、無事到着できたことを称賛し、シールを渡します。

10分　歓迎の挨拶およびオープニング・ラウンド：重要な出来事
．．

スライド	3、4
配 布 物	なし
道　　具	なし

内　　容　● PP3：里親に最終セッションに来てくれたことを感謝します。

　　　　　● 里親とともに、ここまで３カ月間頑張ってきたことを評価し合います。これは重要な期間であったことを説明します。暖かくなるか寒くなるかどちらであれ、この３カ月の間に季節が移り変わったことに触れてもいいでしょう。また、里親の家族構成が変わったかもしれません。委託される子どもが変わった里親や、委託を終了した里親もいるかもしれません。あるいは、新しい子どもを委託されるようになった里親もいるかもしれません。私たちは、コースの途中で里親やファシリテーターに重要な人生上の出来事が起きたことを何度も経験しています。あるコースでは、里親の娘さんが結婚したこともありましたし、ある里親がおばあちゃんになったこともありました。

　　　　　● PP4：スライド上の、このエクササイズのための指針の言葉に従い、里親

467

フォスタリング・チェンジ

に、このコースが始まってから今日まで、どのような重要な人生上の出来事が起きたかをみんなの前で発表してもらいます。

いつものようにファシリテーターが最初に自分自身の個人的情報を開示することが重要です。セッションの前に、どんなことを発表するかを考えておくといいでしょう。

5分　今日の流れと目標

スライド	5、6
配布物	なし
道　具	なし
内　容	● PP5：スライドを見てもらいながら、今日のセッションの流れを簡単に説明します。
	● PP6：今日のセッションに向けてあなたが考えている目標を簡単に説明します。今日のセッションの流れや目標について質問はありませんかと尋ねます。

40分　家庭での実践のフィードバック：2人以上の子どもとのアテンディングおよび方略の実践

スライド	7
配布物	なし
道　具	なし
内　容	グループ全体での討論

家庭での実践の内容は、2人以上の子どもに**アテンディング**を使うことでした。

● PP7：先週の復習セッションに引き続き、里親に、最初やってみたがあまりうまくいかなかった、あるいは使うことにまだ自信が持てなかった方略をもう一度使ってみるように伝えていました。

● 2人以上の子どもにアテンディングを使ってみた里親に、その経験について話してもらいます。

● 里親に、先週1週間どの方略を使ったか、そして今回何か違った点があったかどうかを尋ねます。自信を持ってその方略を使うことができましたか？　まだ難しさを感じますか？

● 里親の発表を聞きながら、このコースの過程で里親が実践してきたワークについて述べ、里親が達成してきた進歩を明示します。家庭での実践で何か問題を感じた里親がいたなら、グループ全体で問題を解決します。

468

セッション 12　肯定的変化を認め、自分自身をケアする

- 家庭での実践をしてきてくれたことに感謝し、里親が経験した成功を褒めます。

このセッションはグループ全員でする最後のセッションになります。そのため、里親がしたことだけでなく、グループとしてここまでよく協力し合って進んできたこと、そして里親1人ひとりの長所を褒めることが大切です。

ファシリテーターとしてあなたは、里親とともにかなり長い時間を過ごしてきました。そのためあなたは、このコースを通して里親1人ひとりが進んできた行程について、十分な実践的な知識を有しているはずです。あなたは各里親が抱えている問題について、そして彼らが試してきたさまざまな方略について意見を言うことができるでしょう。あなたはまた、それぞれの里親がこのプログラムの開始時に難しいと感じていた問題は何か、そしてそれらがプログラムの過程で解決されたかどうかを知っています。

私たちはこの最後のセッションで、里親が、プライド、達成感、そして自分自身の独自の能力についてのアファメーションと一緒にこのコースを去ることを希望しています。私たちはまた、里親に子どもと「楽しんで」もらいたいと思っています。そのため里親にもう1つの家庭での実践、「子どもと楽しむ」はできましたかと尋ねることを忘れないようにします。これは遊びに焦点を当てるという今日の目標と一致しています。

5分　気分転換：リーダーに従う

スライド	8
配布物	なし
道具	なし
内容	グループ全体でのエクササイズ

このセッションは最後のセッションですから、楽しくお祝いする雰囲気を作り出すことが大切です。この最後の気分転換では、「リーダーに従う」というゲームをします。

- PP8：里親に、ファシリテーターの後ろに縦に1列に並んでもらいます。そして、ファシリテーターがしたことは何でも真似をするように言います。
- ファシリテーターは、たとえば、空中で波のように両手を動かすなどの動作をしながら、部屋を一周します。里親はその後を鎖のように連なりながら、同じ動作をしていきます。
- グループ全員が部屋を一周したら、ファシリテーターは列の後ろに並び、今度はファシリテーターのすぐ後の里親がリーダーになってある動作をし

469

フォスタリング・チェンジ

ながら部屋を一周します。残りの里親はその動作を真似しながら後につい
ていきます。

● 全員がリーダーになってある動作をするまで続けてもいいですし、気分
転換ができたと思えるところでやめてもいいでしょう。

5分　さあ遊ぼう：導入のコメント
••

スライド	9、10
配布物	なし
道具	なし
内容	グループ全体での討論

気分転換のラウンドで、子どもの生活における遊びの重要性についての討論の
ためのいい土台が出来上がったことでしょう。私たちはセッション4ですでに、
遊びの重要性について触れました。遊びは子どもの学習の場であり、子どもは
そこで、世界について、そして世界と自分との関係性について探索することが
できます。このセッションでは、敏感性のある遊びを通じて、社会的養護下の
子どもに必要とされていることを満たす方法について見ていきます。

● PP9：里親に、子どものニーズは何かについて考えてもらうために、スラ
イドにある、社会的養護下の子どものまだ満たされていないニーズを見て
もらいます。

　− セッション3で見たように、社会的養護下の子どもは基本的に必
要とされていることの多くが満たされなかった経験をもっている
でしょう。討論のなかで、以下のポイントも押さえておきましょう。

　− ネグレクトの環境のなかで育ってきた子どもは、世界と自分自身
についての理解を促すために必要な肯定的で敏感性のある対応が
不足しているでしょう。

　− 彼らの生活には、枠組み、日々の生活の決まりごと、継続性、予
測可能性といったものが欠けているでしょう。

　− 彼らは、興奮や刺激が欠如しており、自立的に発達し自分の長所
と弱点を見つけられるようには対応されてこなかったかもしれま
せん。

　− 彼らは、きょうだいや親の面倒を見るなど、あまりにも早い時期
に過度の責任を負わされた経験を有しているかもしれません。

　− 彼らは、安全を守ってくれる人も制度もない、恐ろしくて危険な
状況にさらされた経験があるかもしれません。

　− 彼らは、自尊心を失わせ、日常的に非難の言葉を浴びせられる否
定的で敵対的な環境の下で育ってきたかもしれません。

セッション 12　肯定的変化を認め、自分自身をケアする

- 　彼らは人生の喜びというものをほとんど経験したことがないかもしれません。

● PP10：スライドを見てもらいながら、世界を、そして世界がどのように動いているかを、さらには世界における自分の居場所を子どもが理解するために、遊びがどのように役立つかを説明していきます。

里親は遊びを通じて子どもに、行動を調整し、発達させ、変化させることを教えることができます。これは、このプログラムを通じて一貫して提唱してきた敏感性のある対応という枠組みのなかで、そしてそれぞれの子どもにとって必要とされていることは異なるということを念頭において行われるべきです。里親は大人として、子どもに対して柔軟に、順応性を持って反応できるように歩み寄りながら、温もりのある、親密な、喜びのある肯定的な環境を提供する必要があります。

● 里親に、私たちが以前アテンディングについて探求したことを思い出してもらいます。それは、子どものリードに従いながら子どもに主導権を与える、とても独特な遊びのことでした。里親に、アテンディングの遊びの形にはいろいろなものがあるということを説明します。

次のセクションで行うエクササイズを通じて、子どもと遊びながら、子どものニーズを満たしていく敏感性のあるやり方を示します。

10分　バルーンテニス
··

スライド	11
配 布 物	なし
道　　具	風船——ペアの数に加えて、いくらか予備を準備しておきます。
内　　容	ペアでのエクササイズ

バルーンテニスは、里親が子どもと一緒にやってみることができ、威圧的でない環境の下で挑戦してみたくなる遊びです。それはまた、里親と子どもが協力し合い、呼吸を合わせ、お互いの動作に素早く反応しながら、共に楽しむことのできる遊びです。この遊びの間、里親はこのコースで学んだ原理、すなわち説明的なコメント、褒めること、感情の正当性を認めるなどの原理を使うことができます。そのような形で遊ぶことによって、子どもは喜びと親密さの感覚を得ることができ、新しいことに挑戦してもいいということを学習していきます。

● 里親にペアになってもらいます。各ペアに風船を渡し、膨らませてもらいます。

471

フォスタリング・チェンジ

- いまからバルーンテニスをしますと伝えます。ゲームの方法は、2人で交互に風船を叩きながら、できるだけ長い時間、風船を空中に留めておくというものです。
- 里親は風船を空中に留めるために風船を何度一緒に叩いたか数えます。風船を下に落としてしまったら、もう一度1から数え直し、前に数えた数字を上回ることに挑戦します。
- お互いの努力を褒め合うように、そしてお互いを励まし合うように言います。
- 2分以上かけてこのエクササイズを行い、十分楽しみ肯定的経験になるようにします。

[備考]

遊びは里親に次のような機会を与えてくれます。

- 子どもに、興奮、驚き、刺激、さらには保護、肯定的注目、安らぎを与えます。
- 里親との関係性や、子どものパーソナリティを発達させ、また、子どもの関係性や世界に対する興味も育みます。
- 子どもとのつながりを形成し維持します。幼児は、拍手や「いないいないばあ」などのゲームを通して、大人が自分に注目していることに興奮します。
- 大人である私たちに、子ども1人ひとりの長所と弱点に気づかせ、子どもをどう支援していけばいいかについて示唆を与えてくれます。

遊びはまた、里親が子どもを依存から自立へと成長させる役割を果たす際に、大きな力になります。私たちはこれを、年齢と発達段階にふさわしい達成可能な挑戦を与えることによって行います。それによって子どもは、自分はできるんだという感覚を発達させ、より自立することができ、自分に対する自信を深めることによって自尊心の度合いを高めることができます。遊びはまた、子どもに、リスクを冒し、新しいことにチャレンジする勇気を与え（子どもが持つかもしれない不安を正当なものと認めながら）、新しい課題でも達成することができるということを教えます。これらの原理は、たとえば、子どもが自転車の乗り方を覚えるのを手伝うときに使うことができます。そのとき、このプログラムで学習したすべての肯定的方略を結合して使っていきます。

たとえば、次のように言うことができます。「君が怖いのはよくわかるよ。でも、君は自転車に乗ってみようという素晴らしい挑戦をやってるんだ。新しいことを学ぶということは、難しいことだ。そう、いいよ、その調子」。

……そして一緒に楽しみましょう。

5分　里親の目標を見直す

スライド	12
配布物	なし
道具	セッション1で作成した里親の目標のフリップチャート
内容	グループでのエクササイズ

セッション 12　肯定的変化を認め、自分自身をケアする

- PP12：里親に、セッション 1 で発表した目標を覚えているかどうかを尋ねます。
- セッション 1 で作成したフリップチャートを使い、その目標を思い出してもらいます。里親 1 人ひとりの目標をもう一度確認しながら、扱えたかどうかを尋ねます。

一般的に、プログラムの終わりには、里親はこのプログラムが自分たちのほとんどの目標に見合っていたと感じています。何か特別な問題があれば、里親と一緒に問題解決にあたり、どうすればそれに対応できるかを考えます。たとえば、補足的なトレーニングによって解決する、あるいは関係する職員と話し合うなどが考えられます。

15分　肯定的変化を確認する

スライド　　13
配　布　物　12.1「達成できた変化」
道　　　具　フリップチャート、マジックインク
内　　　容　各人で、またグループ全体でするエクササイズ
　　　　　　このアクティビティを通じて、里親にプログラムの過程で成し遂げた肯定的変化を確認してもらいます。

- PP13：里親に、このプログラムで経験した肯定的変化について数分間考えてもらいます。自分自身の行動、感情、信念、態度の変化の場合もあるでしょうし、子どもの行動の変化、あるいは子どもとの関係性の変化の場合もあるでしょう。
- プリント 12.1 を配布し、空欄に記入してもらいます。それによって里親は、自分が成し遂げた変化を目で確認し、有形の記録を手に入れることができます。
- 10 分かけて、里親に自分が達成したことを振り返ってもらい、記入してもらいます。
- そのうちの 1 つを各人に発表してもらい、それをフリップチャートに書いていきます。

ここでは、里親がみんなの前で自分の成功を確認できるということが重要です。また肯定的な経験を分かち合い、他人が実現した変化を聞くことも有意義なことです。

473

フォスタリング・チェンジ

[備考]

あなたが将来、次のフォスタリングチェンジ・プログラムを実施する予定があるなら、ビデオカメラやテープレコーダーでこのセクションを録画、録音し、それを広報活動に使うことができます。

ただしその場合は、必ずこのエクササイズを行う前に、里親に、発表している姿や内容を録画、録音してもいいかどうかを尋ねるようにします。録画や録音したものは、このプログラムの内容を里親委託機関や将来このプログラムに参加するかもしれない里親に見せるために使いますと説明します。

10分　未来に向かうためのツール

スライド　　14、15、16、17
配布物　　なし
道具　　なし
内容　　グループ全体でのエクササイズ

- PP14：スライドのフラワーパワーや、里親にこのコースで学んできた重要なスキルを見てもらいます。それらのスキルは、里親が将来遭遇するさまざまな状況に対して、使うことのできるさまざまな方略でいっぱいの庭を形作っています。

- 里親が子どもの1人に何か難しさを感じたとき、「問題」に対処するためにプリント11.2のフラワーパワーで示されているような異なるカテゴリーのなかから方略を選ぶことができます。

- 里親に、常に左側の第1花弁−「関係性を深め、自尊心を確立する」から使うようにと指示します。それはすべての関係性の基盤となるもので、どのような介入にも不可欠なものです。里親はどのような方略を実践する場合でも、常にできるだけたくさん褒める、報酬を与える、肯定的注目を与えることを忘れないようにしなければなりません。そして、明確で、率直で、思いやりのある言語を使ってコミュニケーションを取ることを忘れてはいけません。

  以上のことについて話し合うとき、プリント11.2を机の上に広げてもらうといいでしょう。必要なら、もう1枚ずつ配布してもいいでしょう。

- PP15：ストップ・プラン・アンド・ゴーを振り返ってもらいます。私たちはこのストップ・プラン・アンド・ゴーという方略を、ただ子どもに対してだけでなく、将来、里親が遭遇するかもしれない自分自身の「問題」に対処するときにも、使ってほしいと思っています。

- PP16および17：スライドの例を見てもらいながら、この方略がどれほど

セッション 12　肯定的変化を認め、自分自身をケアする

役に立つかをもう一度里親に確認してもらいます。

以下にスライドで示した例をより詳細に解説していますから、里親から考えを引き出すときに利用してください。

ステージ 1 ：ストップ
考え、深く呼吸します。そして問題行動は何かを、明確に具体的に考えます。

ステージ 2 ：プラン
バーノンの行動があまり協力的でなくなり、反抗的になったり、だらしない態度を取ったりしたときに、カッとなっている自分に気づいたとき、里親は方略を組み合わせて使う必要があると考えるかもしれません。次のようなことをする必要があるでしょう。

1　明確で穏やかな指示を与えることに、もっと気を使う。
2　バーノンのだらしないぶっきらぼうな態度は無視する。
3　ていねいで適切な受け答えや協力的な行動に注目し、それを褒め、報酬を与える。

ステージ 3 ：ゴー
試してみましょう。
無視することができた自分を褒めましょう。
バーノンの良い振る舞いに注目しましょう。
よくできました！

何かがうまくいかないと感じたときは、「プラン」のステージに戻り、別の方略を使うことを考えるようにと伝えます。
たとえば、バーノンは、新しい委託先が決まったことで、今の里親との肯定的で注目を得られる時間が失われることに寂しさを感じているのかもしれません。そのような場合、里親は無視したり褒めたりするという方略に加え、毎日 10 分間バーノンとともに「アテンディング」をして過ごすことにするかもしれません。

10分　ストレスを認識する：思考と感情
....

スライド	18
配 布 物	12.2「ストレスと思考、感情を認識する」
道　　具	フリップチャート、マジックインク
内　　容	グループに思いついたことを発表してもらいます。

このエクササイズは、里親に、ストレスに気づきそれに対応するためにストレス

475

による感情とその徴候を認識することができるようになってもらうこと、そしてストレスを感じている状況に対して、認知行動療法の枠組みを適用する機会を提供することを目的としています。要約すると、里親が思考パターンを変えることによってストレスを減らすことができるようになることを意図しています。

- フリップチャートにセッション6で使った四分割円の図を描き、「きっかけ」「思考」「感情」「行動」と書いていきます（里親からの反応をもとに下図のように）。
- ストレスに対処するためには、最初にストレスを感じていることを示す徴候である感情に注目し、それを特定することが必要であるということを理解してもらいます。
- 里親に、自分がストレスを感じているとき、どのようにそれに気づきますかと尋ねます。その徴候、症状はどんなものですか？　身体はどんな感じですか？　身体的感覚はどうなっていますか？　里親の答えを、四分割円の「感情」の下に書いていきます。
- 里親に、どんな状況のときにストレスを感じますかと尋ねます。その答えを、「きっかけ」の下に書いていきます。
- その状況はどんな思考を喚起しますかと尋ねます。その答えを、「思考」の下に書いていきます。
- ストレスは行動にどのような影響を与えますかと尋ねます。その答えを、「行動」の下に書いていきます。
- 里親全員に、プリント12.2を2枚ずつ配ります。
- そのうちの1枚を使って、ストレスを引き起こすきっかけと、そのときのパターンを書いてもらいます。2枚目のプリントは、1枚目に書いた感情や行動とは違う感情や行動を生み出すための代替思考を書いてもらうためのものです。

里親に、プログラムが終わった後も引き続き、ストレス感情を引き起こす思考パターンに注目するように、そしてこの四分割円を使って代替思考パターンを試すように促します。

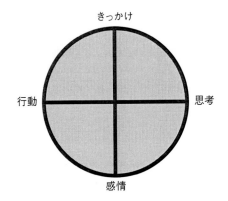

セッション12　肯定的変化を認め、自分自身をケアする

状況 → 感情のきっかけとなる	思考 →	不快な感情 → （ストレスを感じたとき どんな風に感じるか）	結果 どのように行動するか
学校に行く準備をさせ ている朝の時間。	学校に遅れそう。	緊張し胸苦しくなる。 呼吸が浅くなり、考え がまとまらず、怒りが 込み上げてくる。	眠れなくなり、集中し たりリラックスしたり できなくなる。イライ ラし、短気になる。不 安になり、自信がなく なり、欲求不満になる。
子ども全員が家にいる 休日。	家の中がめちゃくちゃ だわ。		
夫が出張に出かけて不 在のとき。	1人では対処できない。		

10分
自分自身をケアする

スライド　　19

配布物　　なし

道　具　　透明な水差し、水、食品着色料、透明なコップ（里親の人数分）

内　容　　グループでするエクササイズ

- 水差しに水を満たし、食品着色料を数滴落とします。里親全員にコップ
を配ります。
- この水差しは、里親を象徴していますと伝えます。里親は仕事を遂行す
るために、この水差しのように満たされる必要があります。エネルギー、
情報、ユーモア、ケア、愛情、時間、敏感性、などなどで！
- ファシリテーターは里親を1人ずつ回りながら、コップに水を注いでいき
ます。みんなが等量になるように気をつけます。
- ファシリテーターは各人のコップを満たしながら、里親が「親」として
子どもに「与える」様子を示していきます。1人ひとりの里親に、その子
どもを思い描きながら、次のように言っていきます。
  - 落ち込んでいる子どもに辛抱強く敏感性を持って耳を傾けます。
  - きょうだいげんかをしないように、子どもの気を紛らわせます。
  - 実親との面会訪問の後、不安になり混乱している子どもを抱きし
めてあげます。
  - 委託されている子どもについての報告会に参加します。
  - 面会訪問のために家に尋ねてきた腹を立てている実親に、応対し
ます。
  - 無視されていると感じているかもしれない自分自身の子どもと一
緒に時間を過ごします。
  - などなど。

フォスタリング・チェンジ

あなたは今ではグループのことをよく知っているので、里親1人ひとりにぴったりな例を思いつくことができるでしょう。それによってこのエクササイズは、より有意義で個々の里親の事情に合ったものになるでしょう。

● 水差しを空にして終わるようにします。それを見せながら、与え続けるばかりで自分自身の資源を補給することがなかったら、このように空っぽになり、もはや与えるものは何もない状態になってしまいます、と説明します。

● ここで里親に、自分自身の資源を再び満たすために、何をすればいいか、あるいは何をしたいかを尋ねます。ファシリテーターは里親1人ひとりを回りながら、コップの水を水差しに戻してもらいます。そしてそのとき里親に、ストレスと疲れを解消し、自分のバッテリーを充電させるために、どのようなことを楽しむかを言ってもらいます。

次のような答えが返ってくるでしょう。
- 散歩に行く。
- お風呂にゆっくり入る。
- 友達と会ったり電話したりする。
- 音楽を聴く。
- ジムに行ったり、ヨガをしたりする。
- 読書する。
- 眠る。
- 祈ったり瞑想したりする。
- 支援グループや里親仲間のグループ会合に参加する。

このエクササイズはわりと軽い雰囲気のなかで行いますが、内容としてはとても重要な意味を持っていることに里親に気づいてもらえるようにします。里親になるということは、高い名声を得られることでも、十分な報酬が与えられることでもありません。また、必ずしもいつも必要としている承認や支援を得られるわけではありません。そのため里親は、自分自身を評価し、自分自身をケアする必要があります。そのため里親は、時には里親という仕事から離れ、自分自身が必要としていることを満たすために、上にあげたような活動をすることを優先する必要があります。自分自身をケアするということは、単に望ましいというだけでなく、必要不可欠なことなのです。

10分　**お互いを褒める**

スライド　　20、21

配 布 物　　なし

478

セッション 12　肯定的変化を認め、自分自身をケアする

道　　具　　花の形に切ったカード

内　　容　　グループでのエクササイズ

- 里親 1 人ひとりに花形のカードを配ります。そのカードを配る前に、あらかじめ茎のところに 1 人の里親の名前を書いておきます。自分の名前が書いてあるカードを手にすることがないように配ります。

- そのカードに名前が書いてある人について、何か褒めることを考え、それを空白の所に書いてもらいます。書き終えたら、交換します。

- PP20：里親が書く内容の例を示したスライドを見てもらいます。その里親がグループに対して特に貢献したと思うことでもいいですし、その人について特にすばらしいと評価する点、褒めたいと思う点でもいいでしょう。

今日のセッションの終わりに、里親は全員、自分だけのために特に選ばれた肯定的な言葉を持ち帰ることができます。このエクササイズを通じて私たちは、他人からのアファメーション、褒める言葉、勇気づけがどれほど価値のあるものかを確認することができます。

- 全員が、それぞれ名前が書いてある人について褒める内容を書いたら、ファシリテーターにそれを戻します。

- ファシリテーターは修了証書を里親 1 人ひとりに配るとき、そのフラワーカードを添えて手渡します。

- PP21：里親がエクササイズをしているとき、このスライドを映しておきます。そこには、グループ全体に対するファシリテーターからの称賛の言葉が記されています。

5分　リラクゼーション・エクササイズ

スライド　　22

配 布 物　　なし

道　　具　　エッセンシャルオイルを垂らしたお湯

　　　　　　リラクゼーションのための音楽

内　　容　　グループでのエクササイズ

- グループの必要性を考えて、リラクゼーション・エクササイズの時間をどのくらいの長さにするかを決めます。長い時間のリラクゼーション・エクササイズによく反応するグループもあるでしょうし、この種のエクササイズに慣れていなくて、長すぎるエクササイズを不快に感じて落ち着かなくなり、結果として逆効果なエクササイズになる恐れのあるグループもあるでしょう。

- 落ち着いたリラックスした声でこのエクササイズをリードしていくこと

479

フォスタリング・チェンジ

が大切です。以下に、そのときに使う台本を用意していますが、自分で作成した台本でリラクゼーションをリードする方がいいと思う場合は、自分で用意しておきます。

● お湯にエッセンシャルオイルを垂らし、微香を漂わせます。それに合わせて用意した音楽を流し、リラックスした雰囲気を高めていきます。

● 里親に、いまからリラクゼーション・エクササイズを始めますが、そのなかには、筋肉のリラクゼーション、深い呼吸、視覚化が含まれていますと説明します。他人の面倒を見るということは、ストレスのたまる仕事で、時に激しく自分を消耗させることがあります。そしてそんななかで、リラックスしたり息抜きしたりすることが難しいときもあります。そんなとき、身体のコリを見つけ、それをほぐすリラクゼーションの技法を身につけることができればとても役に立ちます。

もちろん、こうしたリラクゼーションの方法を有益かどうかを決めるのは里親自身です。

● 環境音楽を流します。

このガイド付きリラクゼーションのための台本を以下に用意しました。

両足を床にぴったりとつけて椅子に座ると楽な気分になります。手を膝の上に楽に置いてください。

ボタンやベルトがきつく感じるときは緩めましょう。靴を脱いでも、メガネをはずしてもかまいません。

楽に座れるように椅子の位置を調節しましょう。

眼を閉じて、ゆっくりと深く息を吸いましょう。そしてしばらくそのままに、はい、ゆっくりと吐き出しましょう（ファシリテーターはこう言いながら自分も同じようにします）。

優しくゆっくりと、……息を吸い……吐きだします。リラックスしましょう。いまこのときを楽しんでください。

私たちの身体はいろんな部分に緊張をもっています。このリラクゼーション・エクササイズによって、緊張をほぐす方法を覚えましょう。

最初に、右手を身体の前に持ち上げてください。そして息を吸いながら、こぶしをできるだけきつく握ります。

セッション 12　肯定的変化を認め、自分自身をケアする

こぶしをきつく握ったまま、腕を前の方に伸ばし、腕がピンと張っているのを感じます。緊張が生じていくのを感じてください。そのまま5秒間続けます。

はい、息を吐いてください。リラックスしましょう。腕を膝の上に休めるか、身体の横に垂らします。ゆっくりと指先を動かしましょう。腕が重く温かくなるのを感じてください。

違いを感じましょう！

次は左手を身体の前にもち上げてください。そして息を吸いながら、こぶしをできるだけきつく握ります。こぶしをきつく握ったまま、腕を前の方に伸ばし、腕がピンと張っているのを感じます。

はい、息を吐いてください。心のなかで自分自身に、「解放しましょう」と言ってください。腕を膝の上に休めるか、身体の横に垂らします。ゆっくりと指先を動かしましょう。違いを感じましょう！

私たちが不安を感じているとき、私たちの身体は今のように硬直し、緊張を生じさせています。でも、このような練習をすると、自分の身体が緊張していることに気づき、それを解消することができるようになります。

次は顔の筋肉を硬直させてみましょう。息を吸いながら、歯を食いしばって、あごの筋肉がぴんと張っているのを感じてください。次に両方の目をぐるぐると回しながら、眉間にしわを寄せてください。はいそのまま、力を入れてきつく歯を食いしばり、眉間にしわを寄せたままにしてください。はい、息を吐いてください。

頭をゆっくり動かし、目の力を緩め、あごも楽にしてください。口も力を抜いて、唇も少し開いてください。いま顔はどんな感じですか？その感覚を楽しんでください。

もしよければ、このまま、肩、背中、腹部、臀部、両脚、両足に集中して続けていってもいいですし、次のように言って、ここでこのエクササイズを締めくくってもいいです。

ではここで、腕、顔、脚の筋肉を硬直させましょう。はい、2、3秒そのままじっとしてください。はい、次にすべての力を抜きます。身

481

体から緊張が抜けていくのを感じてください。筋肉がリラックスする
のを楽しんでください。……身体をゆすったり伸ばしたりして、リラ
ックスしてください。

続いて、呼吸に焦点を合わせる方法に移ります。それではゆっくりと
深く息を吸ってください。はい、そのまましばらく息を止めて、はい、
今度はゆっくりと優しく息を吐いていきます。このまま自然に静かに
息を吸って、吐いて、吸って、吐いて、繰り返します。

ゆっくりと鼻の先に注意を向けます。空気が鼻の先から入ってくると
き、その冷たさを感じてください。次に息を吐き出すとき、息が鼻の
先を通り過ぎるときの温かさを感じてください。はい、息を吸って
……（深く吸って）、吐いて（ゆっくりと吐き出してください）。

空気が身体の外から入ってきて、あなたの身体に生命とエネルギーを
充満させていくのを感じてください。鼻から息を吐き出しながら、心
のなかで自分自身に、「吐き出しましょう」「解放しましょう」と言っ
てください。ゆったりと腰掛け、自分が環境のなかに溶け込んでいく
のを感じましょう。

心はさまようままに任せましょう。……そしてまた心を呼吸に戻し、
空気をゆっくりと取り込み、出しましょう……ゆっくりと、……優し
く……。

息を吐き出すたびに、自分がリラックスしていくのを感じましょう。
緊張を解き放ちましょう。あなたの身体から緊張が抜け出ていくのを
感じてください。

音楽に耳を傾けてください。その音楽に身を任せ、美しい、静かな場
所に連れて行かれるのを感じてください。そこはあなたが行ったこと
のある場所かもしれませんし、心のなかの光景かもしれません。ゆっ
くりと時間をかけて、その場所を心のなかで描いてください。椰子の
木がそよ風に揺れている砂浜かもしれません。草に覆われた川の土手
かもしれません。あるいは牧場かもしれません。……しばらくその場所
に心を漂わせ、その景色と同調させながらゆっくりと呼吸を続けます。

どこか温もりのある柔らかい場所に横たわっている自分を想像してく
ださい。背中の下の温もりのある地面にあなたの身体が重みで沈んで
いくのを感じてください。それはあなたの身体を覆い、あなたはどん
どん下へ下へと沈んでいきます。落ち着いて、安らかで、この上なく

セッション 12　肯定的変化を認め、自分自身をケアする

リラックスしていくのを感じてください。心の目で、あなたのまわり
の景色を見渡してください。色は何色ですか？　手触りはどんなです
か？　香りや匂いはしますか？　あなたのまわりの空気の感触はどう
ですか？　それらすべてを楽しみ、……吸収してください……。

そのまま静かに……、穏やかに……、心も身体も休めてください。

あなたの心と身体はあなたを取り巻く世界と一体になっています。美
しく、温もりのある、安らいだ世界と一体になっています。

あなたの身体はだんだん重くなり、あなたの呼吸はだんだんゆっくり
と、だんだん穏やかになっていきます。

はい、吸って……吐いて。……静かに、……穏やかに……。

知らないうちに、あなたの身体はリフレッシュされ、エネルギーを補
充することができました。

そろそろこのエクササイズを終わりましょう。自分でもういいと思っ
たら、目を開け、この部屋とみんなの所へ戻ってきてください。

ゆっくりとバックグラウンドの音楽の音量を下げましょう。

里親全員が目を開け、グループに戻るのを待ちます。その後、このエクサ
サイズの感想を聞いてみてもいいでしょう。

25分　お祝い
●●●

スライド	23
配布物	セッション 12「評価用紙」 「プログラム後評価質問冊子」
道　具	なし
内　容	グループでのエクササイズ

- みんなでお祝いするセクションですから、休憩を少し長くとって、パー
ティーの雰囲気を盛り上げましょう。
- このパーティーのために里親もそれぞれ食べ物や飲み物を持参してくれ
ていますから、可能であればそれを冷やしたり、温めたりしましょう。里
親が貢献してくれたことを褒めながら、食べ物をおいしそうに盛り付けま
しょう。

483

フォスタリング・チェンジ

- 食べたり飲んだりしてもらいながら、ここでセッション評価用紙とプログラム後評価質問冊子に記入してもらいましょう。
- 里親が用紙を持ってきたら、最後のご褒美シールを渡します。

5分　修了証書の授与

スライド	24
配布物	なし
道具	修了証書
	前のエクササイズで作成した、里親を褒める言葉を添えたフラワーカード
	里親に手渡すためのちょっとした贈り物
内容	グループでするエクササイズ

- PP24：このスライドを映し、里親に、今から修了証書とフラワーカードを授与しますから席に戻ってくださいと告げます。

  修了証書に添えてちょっとした贈り物を手渡すのもよいでしょう。それは高価なものである必要はありません。入浴剤やキャンドルのような小物でかまいませんが、可愛く包装しておきましょう。それによって、このプログラムを通じて私たちが伝えようとしてきた里親の重要性と里親への感謝の気持ちをより強く感じてもらうことができるでしょう。

- 里親1人ひとりに、本当に長い期間、多くのセッションに参加してくれたことを伝え、修了証書、称賛の言葉を添えたフラワーカード、贈り物を手渡しましょう。

  本当によい雰囲気を作り出すために，修了証書を受け取るときにそれぞれ拍手をするようにグループにお願いしましょう。これはお祝いの機会です。

10分　ファイナル・クロージングラウンド、お別れ

スライド	25
配布物	なし
道具	なし
内容	グループでのエクササイズ

- PP25：里親に、自分自身を褒めること、そしてグループに感謝することを1つずつ考えて、発表してもらいます。
- これはたいてい、とても感動的で意義深いエクササイズになります。
- PP26：グループのみんなに対して、プログラムに参加し、さまざまな貢

セッション 12　肯定的変化を認め、自分自身をケアする

献と努力をしてくれたこと、そして楽しい時間を共有してくれたことを感謝し、これから先も里親として良い仕事をしてくれることを祈りながら、このプログラムを終えます。

6　評　価

ファシリテーターのためのセッション後評価

ファシリテーター同士が2人で向き合って、今日グループはどうだったかを話し合い検討する時間を持つことがとても大切です。あなたは何を話し合いたいかについて自分の考えを持っていることでしょう。以下の点について検討したいと考えていることでしょう。

● 何がうまくいったと思いますか？
● もっと別の方法があったのではと思うことがありましたか？
● 内容を扱うことができましたか？
● 里親の評価用紙を見てください——拾い上げるべきメッセージはありませんか？
● 個人個人について、あるいはメンバー全体について、何か観察できたことはありませんか？
● 会場、備品、軽食について問題はありませんでしたか？
● 何か気がかりなことはありませんか？　もしあったならどのようにしますか？
● セッションを欠席した里親がいたなら、電話で連絡し、お知らせやプリントとともに、セッションの内容の概略を送りましょう。

ファシリテーターが2人で向き合って、今日グループはどうだったかを話し合うとき、今日のセッションのためのフィデリティー・チェックを必ず行いましょう。それによってセッションのすべての側面をカバーすることができたかどうかを、そして必要なスキルと態度の手本を示すことができたかを確認することができます。このチェックリストは、プログラムの認定のために不可欠のものです。

フィデリティー・チェックリスト

□時間通りに始め、終わることができましたか？
□養育的、肯定的アプローチの手本となることができましたか？
□里親の見方や考え方を認めることができましたか？
□里親の経験を尊重しましたか？
□里親の長所と資質を言葉にしましたか？
□里親のフィードバックを褒めましたか？

□参加者全員がフィードバックの間、話す機会を持てましたか？

□里親がお互いを褒めるエクササイズを扱うことができましたか？
□ストレスの徴候と自分自身を思いやるエクササイズを扱うことができましたか？
□リラクゼーションを扱うことができましたか？
□修了証書を手渡すことができましたか？
□内容を削除してしまったり、扱うことができなかったりしたことはありませんでしたか？
□参加者全員が家庭での実践を持ち帰りましたか？

□「グループワークのきまり」を掲示しましたか？
□「里親の家族構成図」を作成し掲示しましたか？

□里親が会場に到着したときおよび休憩時間に、軽い飲み物やお菓子を出しましたか？
□里親が先に飲み物やお菓子を口にするようにしましたか？

（次のことも）チェックしましょう

組織上／技術上の問題が何か起きて、それに対処した。

里親からの評価用紙を読み、問題があった場合は、それについて今後どう対処していくか決めた。

欠席者に連絡を取り、配布資料を送付した。

里親について何か気がかりな点を見つけ、もしあった場合、それにどう対処していくか計画した。

附　録

社会的学習理論──正の強化と負の強化：専門用語の補足解説

負の強化の例

嫌悪状況	行動	どのように嫌悪状況は除去されるか	行動への影響
冷たく刺すような風	建物の中に入る	寒くなくなる	外が寒いときは建物の中に入る
ニコチンの渇望でイライラする	タバコを吸う	渇望は治まりイライラしなくなる	今後タバコを吸う可能性は高まる
親が口やかましく小言を言う	子どもは部屋を出る	小言は聞こえなくなる	今後子どもが小言から逃げ出す可能性は高まる
子どもが騒いでイライラさせられる	親が子どもに適切なしつけをする	子どもは騒ぐのをやめる	今後親は適切なしつけをするようになる
子どもが騒いでイライラさせられる	親が子どもを強くたたく	子どもは騒ぐのをやめる	今後親は乱暴なしつけをするようになる

専門家でもときどき、正の強化と負の強化の意味を取り違えることがあります。それらの概念は、技術的な観点から理解しようとすると難しい場合があります。強化とは常に、行動の可能性の増大を意味します。そしてそのとき、そのような行動はすぐに、ある結果を伴います（たとえば、Kazdin, 2005, p. 49）。用語的な難しさの1つは、「正の強化（positive reinforcement）」と「負の強化（negative reinforcement）」を考えるときに生じます。というのは、正、負と言うとき、私たちは多くの場合、それを適切なこと、不適切なこととして理解していますが、この文脈では、正、負という言葉は、結果がどのようなものであるか、適切なことであるのか不適切なことであるのかについて言及しているわけではありません。このように理解されることが多いのですが。そうではなく、あることが出現しやすくなる結果（正の強化）か、あることが除かれる結果（負の強化）かについて言及しているのです。負の強化の例を上に示しています（Kazdin 2005, p. 53 を改変）が、そこでわかるよう

487

に、いろいろな適切な行動と不適切な行動が、負に強化されることがあるのです。正の強化にも同じようなパターンがあります。たとえば、注目のような結果の出現は、適切な行動を強化する場合もあれば、不適切な行動を強化する場合もあります——親の注目は、向社会的な行動を強化する場合もあれば、子どもの無作法な行動を維持する要因にもなります。たとえば、正の強化の最もわかりやすい例としては、養育者が子どもが片付けるのを褒めるということがあります。褒めることによって、子どもが今後片付ける可能性は高まります。わかりにくい例としては、子どもの不適切な行動を注意することが、その不適切な行動の正の強化になり、結果として、それを維持することになるということです。たとえば、就寝するのを拒む子どもに対して効果のない小言を浴びせると、それがその行動に対して注目を与えることになり、その結果、そのパターンを強化してしまうことになるのです。

出　典

Ainsworth, M D S, Blehar, M C, Waters, E and Wall, S (1978) *Patterns of Attachment: A psychological study of the strange situation*, Hillsdale, N.J.: Erlbaum

Bakermans-Kranenburg, M J and van Ijzendoorn, M H (2007) 'Research review: genetic vulnerability or differential susceptibility in child development: the case of attachment', *Journal of Child Psychology & Psychiatry & Allied Disciplines*, 48, pp. 1160-1173

Bakermans-Kranenburg, M J, van IJzendoorn, M H and Juffer, F (2008) 'Less is more: meta-analytic arguments for the use of sensitivity-focused interventions', in Juffer F, Bakermans-Kranenburg, M J, van IJzendoorn, M H (eds.) *Promoting Positive Parenting: An attachment-based intervention*, New York, NY: Lawrence Erlbaum Associates, pp. 59-74

Bandura, A (1977) *Social Learning Theory*, New York: General Learning Press

Becker, W C (1971) *Parents are Teachers: A child management programme*, Champaign, Ill.: Research Press

Beek, M and Schofield, G (2006) *Attachment for Foster Care and Adoption: A training programme*, London: BAAF

Belsky, J and Pluess, M (2009), 'Beyond diathesis stress: differential susceptibility to environmental influences', *Psychological Bulletin*, 135, pp. 885-908

Blakemore, S J and Choudhury, S (2006) 'Development of the adolescent brain: implications for executive function and social cognition', *Journal of Child Psychology and Psychiatry*, 47, pp. 296-312

Bowlby, J (1969) *Attachment and Loss*, London: Penguin

Bowlby, J (1988) *A Secure Base*, London: Routledge

Bretherton, I, Bates, E, Benigni, L, Camaioni, L and Volterra, V (1979) 'Relationships between cognition, communication and quality of attachment', in Bates, E, Benigni, L, Bretherton, I, Camaioni, L and Volterra, V (eds) *The Emergence of Symbols*, New York: NY: Academic Press

Bretherton, I and Munholland, K A (2008) 'Internal working models in attachment relationships: elaborating a central construct in attachment theory', in Cassidy J and Shaver, P (eds) *Handbook of Attachment: Theory, research, and clinical applications*, New York: Guilford (2nd ed., pp. 102-127)

Bus, A G and Van Ijzendoorn, M H (1988) 'Mother-child interactions, attachment and emergent literacy: a cross-sectional study', *Child Development*, 59: 5, pp. 1262-1272

Bus, A G and Van Ijzendoorn, M H and Pellegrini, A D (1995) 'Joint book reading makes for success in learning to read: a meta-analysis on intergenerational transmission of literacy', *Review of Educational Research*, 65:5, pp. 1-21

Caspi, A, McClay, J, Moffitt, T, Mill, J, Martin, J, Craig, I W, Taylor, A, and Poulton, R (2002) 'Role of genotype in the cycle of violence in maltreated children', *Science, 297,* pp. 851-854

Caspi, A and Moffitt, T (2006) 'Gene-environment interactions in psychiatry: joining forces with neuroscience', *Nature Reviews Neuroscience*, 7, pp. 583-90

Chamberlain, P and Rosicky, J G (1995) 'The effectiveness of family therapy in the treatment of adolescents with conduct disorders and delinquency', *Journal of Marital and Family Therapy*, 21:4, pp 441-59

Chandani, K, Prince, M J and Scott, S (2000) 'Development and initial validation of the Parent-Child Joint Activity Scale: a measure of joint engagement in activities between parent and pre-school children', *International Journal of Methods in Psychiatric Research*, 8:4, pp 219-28

Coan, J A (2008) 'Toward a neuroscience of attachment', in Cassidy J and Shaver, P (eds) *Handbook of Attachment: Theory, research, and clinical applications*, New York: Guilford, 2nd ed., pp. 241-265

Crick, N R and Dodge, K A (1994) 'A review and reformulation of social information-processing mechanisms in children's social adjustment', *Psychological Bulletin*, 115, pp. 74-101

Cunningham, C E, Bremner, R and Boyle, M (1995) 'Large group community-based parenting programs for families of preschoolers at risk for disruptive behaviour disorders: utilization, cost effectiveness, and outcome', *Journal of Child Psychology & Psychiatry*, 36, pp. 1141-59

Davis, H and Spurr, P (1998) 'Parent counselling: an evaluation of a community child mental health service', *Journal of Psychology & Psychiatry*, 39, pp. 365-76

Deater-Deckard, K, Dodge, K A, Bates, J E and Pettit, G S (1996) 'Physical discipline among African American and European American mothers: links to children's externalizing behaviors', *Developmental Psychology*, 32:6, pp. 1065-72

Department for Children, Schools and Families (2009) *Promoting the Health of Looked After Children: A Study to Inform Revision of the 2002 Guidelines*, London: Institute of Education, University of London

Department for Education and Skills (2003) *Every Child Matters*, London: HMSO

Department for Education and Skills (2007) *Care Matters: Time for Change* London: HMSO

Department of Health (1995) *Child Protection: Messages from Research*, London: HMSO.

Department of Health (1998) *Quality Protects: Framework for action*, London: HMSO

Department of Health (2000) *Learning the Lessons - The Government's response to Lost in Care: The report to the Tribunal of Inquiry into the abuse of children in care in the former county council areas of Gwynedd and Clwyd since 1974*, London: HMSO

Department of Health (2002) *Fostering Services National Minimum Standards, Fostering Services Regulations*, London: The Stationery Office

Dodge, K and Schwartz, D (1997) 'Social information processing mechanisms in aggressive behavior', in Stoff D, Breiling J and Maser J (eds), *Handbook of Antisocial Behavior*, New York: J Wiley & Sons, pp. 171–80

Dozier, M, Chase Stoval, K, Albus, KE and Bates, B (2001) 'Attachment for infants in foster care: the role of care-giver state of mind', *Child Development*, 72:5, pp. 1467–71

Dozier, M, Lindheim, O and Ackerman, JP (2008a) 'Attachment and bio behavioural catch up: an intervention targeting empirically identified needs of foster infants', in Berlin, LJ, Ziv, Y, Anaya-Jackson, L and Greenberg, MT (eds) *Enhancing Early Attachments: Theory, research, intervention and policy*, London: The Guilford Press, pp. 178–94

Dozier, M, Peloso, E, Lewis, E, Laurenceau, J P, and Levine, S (2008b) 'Effects of an attachment-based intervention on the cortisol production of infants and toddlers in foster care', *Development & Psychopathology*, 20, pp. 845–859

Duckworth, K, Akerman, R, MacGregor, A, Salter, E and Vorhaus, J (2009) *Self-Regulated Learning - Literature Review*, London: Centre for Research on the Wider Benefits of Learning, Institute of Education, University of London

Duncan, G J, Dowsett, C J, Claessens, A, Magnuson, K, Huston, A C Klebanov, P, Pagani, L S, Feinstein, L, Engel, M, Brooks-Gunn, J, Sexton, H, Duckworth, K, and Japel, C, (2007) 'School Readiness and Later Achievement', *Developmental Psychology*, 43:6, pp. 1428–1446

Erikson, EH (1963) *Childhood and Society* (2nd edition), New York, NY: WW Norton & Co

Eyberg, S M (1988) 'Parent-child interaction therapy: integration of traditional and behavioural concerns', *Child and Family Behaviour Therapy*, 10, pp. 33–46

Eyberg, S M and Pincus, D (1999) *Eyberg Child Behavior Inventory and Sutter-Eyberg Student Behavior Inventory: Professional Manual*, Odessa, FL: Psychological Assessment Resources

Fisher, P A, Stoolmiller, M, Gunnar, M R and Burraston, B O (2007) 'Effects of a therapeutic intervention for foster preschoolers on diurnal cortisol activity', *Psychoneuroendocrinology*, 32, pp. 892–905.

Ford, T, Vostanis, P, Meltzer, H, Goodman, R (2007) 'Psychiatric disorder among British children looked after by local authorities: comparison with children living in private households', *British Journal of Psychiatry*, 190:3, pp. 19–25

Forehand, R L and McMahon, R J (1981) *Helping the Non-Compliant Child: A clinician's guide to parent training*, London: The Guilford Press

Fredman, G (2004) *Transforming Emotion: Conversations in Counselling and Psychotherapy*, London: Whurr Publications

Gardner, F M E (1987) 'Positive interaction between mothers and conduct-problem children: is there training for harmony as well as fighting?', *Journal of Abnormal Child*

Psychology, 15, pp. 283-93

Gilligan, R (1997) 'Beyond permanence: the importance of resilience in child placement practice and planning', *Adoption & Fostering*, 21:1, pp. 12-20

Goleman, D (1996) *Emotional Intelligence*, London: Bloomsbury

Goodman, R (1997) 'The Strengths and Difficulties Questionnaire: a research note', *Journal of Child Psychology and Psychiatry*, 38, pp. 581-586

Gunnar, M R and Vazquez, D M (2001) 'Low cortisol and a flattening of expected daytime rhythm: potential indices of risk in human development', *Development and Psychopathology*, 13, pp. 515-538

Hanf, C (1969) *A Two-Stage Program for Modifying Maternal Controlling during Mother-Child (m-c) Interaction*, Vancouver, British Columbia: Western Psychological Association

Hembree-Kigin, T L and McNeil, C B (1995) *Parent-Child Interaction Therapy*, New York: Plenum Press

Herbert, M (1987) *Behavioural Treatment of Children with Problems: A practice manual* (2nd edn), London: Academic Press Limited

Howe, D, Brandon, M, Hinings, D and Schofield, G (1999) *Attachment Theory, Child Maltreatment and Family Support*, Basingstoke: Macmillan

Jackson, S (2006) *Failed by the System*, London: Barnardo's

Jackson, S and Thomas, N (1999) *On the Move Again? What works in creating stability for looked after children*, London: Barnardo's

Joseph, M (2010) *The impact of Disrupted Parenting on Attachment Representations in Adolescence*, unpublished PhD thesis

Kaffman, A and Meaney, M J (2007) 'Neurodevelopmental sequelae of postnatal maternal care in rodents: clinical and research implications of molecular insights', *Journal of Child Psychology and Psychiatry*, 48, pp. 224-244

Kazdin, A (2005) *Parent Management Training: Treatment for oppositional, aggressive and antisocial behaviour in children and adolescents*, Oxford: OUP

Kim-Cohen, J, Caspi, A, Taylor, A, Williams, B, Newcombe, R, Craig, I W and Moffat, (2006) 'TEMAOA, maltreatment, and gene-environment interaction predicting children's mental health: new evidence and a meta-analysis', *Molecular Psychiatry*, 11, pp. 903-913

Kolb, D (1976) *The Learning Style Inventory: Technical manual*, Boston, MA: McBer

Kolb, D (1984) *Experimental Learning: Experience as the source of learning and development*, Englewood Cliffs, NJ: Prentice-Hall

McCann, J B, James, A, Wilson, S and Dunn, G (1996) 'Prevalence of psychiatric disorders in young people in the care system', *British Medical Journal*, 313:7071, pp. 1529-30

McCrory, E, De Brito, S, and Viding, E (2010) 'The neurobiology and genetics of maltreatment and adversity', *Journal of Child Psychology & Psychiatry & Allied Disciplines*, 51:10, pp. 1079-95

McMahon, R and Forehand, R (2003, 2005) *Helping the Non-Compliant Child* New York, NY: Guildford Press

Meaney, M J (2001) 'Maternal care, gene expression, and the transmission of individual differences in stress reactivity across generations', *Annual Review of Neuroscience*, 24, pp. 1161-1192

Minnis, H and Devine, C (2001) The effect of foster carer training on the emotional and behavioural functioning of looked after children', *Adoption & Fostering*, 25:1, pp. 44-54

National Institute for Health and Clinical Excellence (NICE) (2006) *Conduct Disorders in Children: Parent training/education programmes*, available at: http://guidance.nice.org. uk/TA102

O'Connor, T G, Heron, J, Golding, J, Glover, V and ALSPAC Study Team (2003) 'Maternal antenatal anxiety and behavioural/emotional problems in children: a test of a programming hypothesis', *Journal of Child Psychology & Psychiatry & Allied Disciplines*, 44, pp. 1025-1036

O'Connor, T G, Ben-Shlomo, Y, Heron, J, Golding, J, Adams, D and Glover, V (2005) 'Prenatal anxiety predicts individual differences in cortisol in pre-adolescent children', *Biological Psychiatry*, 58, pp. 211-217

Pallett C, Simmonds J and Warman A (2010) *Supporting Children's Learning: A training programme for foster carers*, London: BAAF

Pallett C, Scott S, Blackeby K, Yule W and Weissman R (2002) 'Fostering changes: a cognitive behavioural approach to help foster carers manage children', *Adoption & Fostering*, 26:1, pp. 39-48

Patterson, G R (1969) 'Behavioural techniques based upon social learning: an additional base for developing behaviour modification technologies', in Franks C H (ed) *Behaviour Therapy: Appraisal and status*, New York, NY: McGraw Hill

Patterson, G R (1982) *Coercive Family Process: A social learning approach*, Eugene, OR: Castalia Publishing Company

Patterson, G R, Chamberlain, P and Reid, J B (1982) 'A comparative evaluation of a parent-training program', *Behavior Therapy*, 13, pp. 638-50

Patterson, G R and Forgatch, M S (1987) *Parents and Adolescents: Living together, the basics,* Eugene, OR: Castalia Publishing Company

Patterson, G R, Reid, J B and Dishion, T J (1992) *Antisocial Boys*, Eugene, OR: Castalia Publishing Company

Pettit, G S, Bates, J E and Dodge, K A (1997) 'Supportive parenting, ecological context, and children's adjustment: a seven-year longitudinal study', *Child Development*, 68:5, pp. 908-23

Piaget, J (1950) *The Psychology of Intelligence*, London: Routledge and Kegan Paul

Prior, V and Glaser, D (2006) *Understanding Attachment and Attachment Disorders Theory, Evidence and Practice*, London: Jessica Kingsley Publishers

Rogers, C R (1961) *On Becoming a Person*, London: Constable

Roisman, G, Padrón, E, Sroufe, L A and Egeland, B (2002) 'Earned-secure attachment status in retrospect and prospect', *Child Development*, 73, pp. 1204–1219

Rowe, J and Lambert L (1973) *Children who Wait*, London: Association of British Adoption Agencies

Rushton, A (2003) 'Support for adoptive families: a review of current evidence on problems, needs and effectiveness', *Adoption & Fostering*, 27:3, pp. 41–50

Rutter, M (2006) *Genes and Behaviour: Nature-nurture interplay explained*, Oxford: Blackwell

Sameroff, A J and Chandler, M J (1975) 'Reproductive risk and the continuum of caretaker casualty', in Horowitz, F D (ed), *Review of Child Development Research* (vol. 4). Chicago, IL: University of Chicago Press

Schofield, G and Beek, M (2006) *Attachment Handbook for Foster Care and Adoption*, London: BAAF

Scott, S, Briskman, J, Woogar, M, Humayun, S and O'Conner, TG (2011) 'Attachment in adolescence: overlap with parenting and unique prediction of behavioural adjustment', *Journal of Child Psychology and Psychiatry*, in press

Scott, S, Spender, Q, Doolan, M, Jacobs, B and Aspland, H (2001) 'Multicentre controlled trail of parenting groups for child antisocial behaviour in clinical practice', *British Medical Journal*, 323, pp. 194–97

Scott, S and Dadds, M (2009) 'Practitioner review: when parent training doesn't work: theory-driven clinical strategies', *The Journal of Child Psychology and Psychiatry*, 50:12, pp. 1441–1450

Scottish Funding Council (SFC) and NHS Education for Scotland (NES) (2008) *Learning to Care: A discussion document on the education of health professionals in Scotland*, Edinburgh: SFC and NES

Sempick, J, Ward, H and Darker I (2008) 'Emotional and behavioural difficulties of children and young people at entry into care', *Clinical Child Psychology and Psychiatry*, 13:2, pp. 221–233

Shelton, K K, Frick, P J and Wooton, J (1996) 'Assessment of parenting practices in families of elementary school-age children', *Journal of Clinical Child Psychology*, 25, pp. 317–329

Sinclair, I, Gibbs, I and Wilson, K (2005) *Foster Carers: Why they stay and why they leave*, London: Jessica Kingsley Publishers

Sinclair, I and Wilson, K (2003) 'Matches and mismatches: the contribution of carers and children to the success of foster placements', *The British Journal of Social Work*, 33:7, pp. 871–84

Skinner, B F (1953) *Science and Human Behaviour*, New York, NY: Macmillan

Smith, C (1996) *Developing Parenting Programmes*, London: National Children's Bureau

Snyder J J and Patterson G R (1986) 'The effects of consequences on patterns of social interaction: a quasi-experimental approach to reinforcement in natural interaction',

Child Development, 57, pp. 1257-68

Sroufe, L A (1983) 'Infant-caregiver attachment and patterns of adaptation in preschool: the roots of maladaptation and competence', in Perlmutter, M (ed), *Minnesota Symposium in Child Psychology*, (vol. 16). Hillsdale, NJ: Erlbaum, pp. 41-81

Sroufe, L A, Fox, N and Pancake, V (1983) 'Attachment and dependency in developmental perspective', *Child Development*, 54, pp. 1615-1627

Stallard, P (2002) *Think Good-Feel Good: A cognitive behaviour therapy workbook for children and young people*, Chichester: John Wiley and Sons

Steele, M and Marigna, M (2000) *Strengthening Families, Strengthening Communities: An inclusive parent programme, parents' manual*, London: Race Equality Foundation

Stevens, H E, Leckman, J F, Coplan, J D and Suomi, S J (2009) 'Risk and resilience: early manipulation of macaque social experience and persistent behavioural and neurophysiological outcomes', *Journal of the American Academy of Child & Adolescent Psychiatry*, 48, pp. 114-127

Suomi, S J (2008) 'Attachment in rhesus monkeys', in Cassidy, J and Shaver P (eds) *Handbook of Attachment: Theory, research, and clinical applications* (2nd ed) New York, NY: Guilford, pp. 173-191

UK Joint Working Party on Foster Care (1999) *Code of Practice on the Recruitment, Assessment, Approval, Training, Management and Support of Foster Carers*, London: National Foster Care Association

Wahler, R G, Winkel, G H, Peterson, R F and Morrison, D C (1965) 'Mothers as behaviour therapists for their own children', *Behaviour Research Therapy,* 3, pp. 113-24

Warman, A, Pallett, C and Scott, S (2006) 'Learning from each other: process and outcomes in the Fostering Changes training programme', *Adoption & Fostering* 30:3, pp. 17-28

Webster-Stratton, C (1981) 'Modification of mothers' behaviours and attitudes through videotape modelling group discussion', *Behaviour Therapy*, 12, pp. 634-42

Webster-Stratton, C (1984) 'A randomized trial of two parenting training programmes for families with conduct disordered children', *Journal of Consulting and Clinical Psychology*, 52:4, pp. 666-78

Webster-Stratton, C (1992, 2005) *The Incredible Years*, London: Umbrella Press

Webster-Stratton, C (1994) Advancing videotape parent training: a comparison study, *Journal of Consulting and Clinical Psychology*, 62:3, pp 583-93.

Webster-Stratton, C and Hancock, L (1998) 'Training for parents of young children with conduct problems: content, methods and therapeutic processes', in: Briesmeister, J M and Schaefer, C E, *Handbook of Parent Training: Parents as co-therapists for children's behaviour problems*, New York, NY: John Wiley and Sons, pp. 98-152

Webster-Stratton, C and Herbert, M (1994) *Troubled Families, Problem Children: Bringing a collaborative approach to training*, London: John Wiley and Sons

Wolfs, R (2008) *Adoption Conversations*, London: BAAF

参考文献

社会的学習理論

Berridge, D (1999) *Effective Ways of Working with Children and their Families*, London: Jessica Kingsley Publishers

Dishion, T J and Patterson, G R (1992) 'Age effects in parent training outcome', *Behavior Therapy*, 23, pp. 719-29

Forehand, R L and Long, N (1996) *Parenting the Strong-Willed Child*, Contemporary Books

Herbert, M (1996) *Parent, Adolescent and Child Training Skills*, London: The British Psychological Society

Lochman, J and Wells, K (1996) 'A social-cognitive intervention with aggressive children: prevention effects and contextual implementation issues', in Peters R and McMahon R (eds), *Preventing Childhood Disorders, Substance Abuse and Delinquency*, Thousand Oaks, CA: Sage Publications, pp. 111-37

Sanders, M (1999) *Triple P: Positive Parenting Program*, Brisbane, Australia: Families International Publishing Pty Ltd

Sutton C, (1999) *Helping Families with Troubled Children: A preventive approach*, Chichester: John Wiley and Sons

養子縁組と里親養育

Clark, H B, Prange, M, Lee, B, Boyd, L, McDonald, B and Stewart, E (1994) 'Improving adjustment outcomes for foster children with emotional and behavioural disorders: early findings from a controlled study on individualised services', *Journal of Emotional and Behavioural Disorders*, 2:4, pp. 207-218

Fahlberg, V (1994) *A Child's Journey Through Placement*, London: BAAF

Howe, D and Fearnley, S (2003) *Disorders of Attachment in Adopted and Fostered Children: Recognition and Treatment*, Norwich: University of East Anglia

Hutchinson, B, Asquith J and Simmonds, J (2003) '"Skills Protect": towards a professional foster care service', *Adoption & Fostering*, 27:3, pp. 8-13

Kelly, G and Gilligan, R (2000) *Issues in Foster Care*, London: Jessica Kingsley Publishers

Rowe, J, Kane, H, Hundleby, M and Keane, A (1984) *Long Term Foster Care*, London: Batsford

Schofield, G and Beek, M (2004) *Providing a Secure Base: Parenting children in long-term foster family care*, London: BAAF

Schofield, G and Beek, M (2005) 'Risk and resilience in long-term foster care', *British Journal for Social Work*, 35, pp. 1-19

Schofield, G, Beek M and Sargent, K with Thoburn, B (2000) *Growing Up in Foster Care*, London: BAAF

Social Services Inspectorate (2003) *Modern Social Services: A commitment to the future: The 12th annual report of the Chief Inspector of Social Services 2002-2003*, London: Department of Health

Triseliotis J, Borland, M and Hill, M (2000) *Delivering Foster Care*, London: BAAF

UK Joint Working Party on Foster Care (1999) *UK National Standards for Foster Care*, London: National Foster Care Association

素行障害

Bank, L, Marlowe, J H, Reid, J B, Patterson, G R and Weinrott, M R (1991) 'Comparative evaluation of parent-training interventions for families of chronic delinquents', *Journal of Abnormal Child Psychology*, 19, pp. 15-33

Conduct Problems Prevention Research Group (1992) 'A developmental and clinical model for prevention of conduct disorder', *Development and Psychopathology*, 4, pp. 509-27

Conduct Problems Prevention Research Group (1999) 'Initial impact of the fast track prevention trial for conduct problems: 1. the high-risk sample', *Journal of Consulting and Clinical Psychology*, 67:5, pp. 631-47

Dishion, T and Andrews, D (1995) 'Preventing escalation in problem behaviours with high-risk young adolescents: immediate and 1-year outcomes', *Journal of Consulting and Clinical Psychology*, 63, pp. 538-48

Fergusson, D M and Lynskey, MT (1997) 'Early reading difficulties and later conduct problems', *Journal of Child Psychology & Psychiatry & Allied Disciplines*, 38:8, pp. 899-907

Fergusson, DM, Woodward, LJ and Horwood, L J (1999) 'Childhood peer relationship problems and young people's involvement with deviant peers in adolescence', *Journal of Abnormal Child Psychology*, 27:5, pp. 357-69

Patterson, G R (1974) 'Interventions for boys with conduct problems: multiple settings, treatments and criteria', *Journal of Consulting and Clinical Psychology*, 42, pp. 471-81

Poulin, F, Dishion, T J and Haas, E (1999) 'The peer influence paradox: friendship quality and deviancy training within male adolescent friendships', *Merrill-Palmer Quarterly*, 45:1, pp. 42-61

Scott, S (1998) 'Aggressive behaviour in childhood', *British Medical Journal*, 316, pp. 202-206

Webster-Stratton, C and Hammond, M (1997) 'Treating children with early-onset conduct problems: a comparison of child and parent training interventions', *Journal of Consulting and Clinical Psychology*, 65:1, pp. 93-109

Webster-Stratton, C, Hollinsworth, T and Kolpacoff, M (1989) 'The long-term effectiveness and clinical significance of three cost-effective training programs for families with conduct-problem children', *Journal of Consulting and Clinical Psychology*, 57:4, pp. 550–53

Webster-Stratton, C, Kolpacoff, M and Hollinsworth, T (1988) 'Self-administered videotape therapy for families with conduct-problem children: comparison with two cost-effective treatments and a control group', *Journal of Consulting and Clinical Psychology*, 56:4, pp. 558–56

アタッチメント

American Academy of Child and Adolescent Psychiatry (AACAP) (2005) 'Practice parameter for the assessment and treatment of children and adolescents with reactive attachment disorder of infancy and early childhood' *Journal of the American Academy of Child & Adolescent Psychiatry*, 44:11, pp. 1206–1219

Bretherton, I (1992) 'The origins of attachment theory: John Bowlby and Mary Ainsworth', *Developmental Psychology*, 28, pp. 759–775

Cairns, K (2002) *Attachment, Trauma and Resilience: Therapeutic caring for children*, London: BAAF

Chaffin, M, Hanson, R, Saunders, BE, Nichols, T, Barnett, D, Zeanah, C, Berliner, L, Egeland, B, Newman, E, Lyon, T, LeTourneau, E and Miller-Perrin, C (2006) 'Report of the APSAC task force on attachment therapy, reactive attachment disorder, and attachment problems', *Child Maltreatment* 11:1, pp.76–89

Main, M (1996) 'Introduction to the special section on attachment and psychopathology: overview of the field of attachment', *Journal of Consulting & Clinical Psychology*, 64:2, pp. 237–43

Plomin, R (1994) *Genetics and Experience: The interplay between nature and nurture*, Thousand Oaks, CA: Sage

Sroufe, LA (1985) 'Attachment classification from the perspective of infant caregiver relationships and infant temperament', *Child Development*, 56, pp.1–14

Sroufe, LA (1986) 'Appraisal: Bowlby's contribution to psychoanalytic theory and developmental psychology: attachment separation loss', *Journal of Child Psychology and Psychiatry*, 27:6, pp.841–849

情緒と行動の発達

Meltzer, H, Corbin, T, Gatward, R, Goodman, R and Ford, T (2003) *The Mental Health of Young People Looked After by Local Authorities in England Summary Report*, London: HMSO

Meltzer, H, Gatward, R, Goodman, R and Ford, T (2000) *The Mental Health of Children and Adolescents in Great Britain*, London: Office of National Statistics

監訳者あとがき

2013 年 11 月に『子どもの問題行動への理解と対応　里親のためのフォスタリングチェンジ・ハンドブック』を翻訳出版してから 3 年が過ぎました。この間、さまざまな理由により、生まれた家庭での生活を続けられない子どもの委託先として、里親が選択されることも各地で増えてきました。2016 年 5 月の児童福祉法改正で養育の場として家庭が優先されることが明示された今、日本の里親養育は子どものニーズに合わせてさらに変化し進化していくことが求められています。里親養育における子どもとの関係、養育の質の向上・維持のためには、里親とともに子どもを支援するシステムとしての専門職チームと、個々の里親の専門性向上のためのトレーニングが必要です。本書は里親支援に従事する専門職のこれまでの知見の整理と新たな知識の充実に寄与し、そのような専門職によって実施されるフォスタリングチェンジ・プログラムは個々の里親の養育の質を確実に高めるものとなるでしょう。

里親養育が子どもに最善の利益を保障する場として機能するためには、「日々の生活のなかで」養育者自身が、子どもの抱えるニーズに気づき、タイミングよくそれを満たせるようにならなければなりません。そのためには幼少期から虐待・ネグレクト環境におかれた子どもがそこで生き抜くために身につけざるを得なかった関係性や行動のパターンに隠されてしまいがちな子どもの真のニーズに気づくことが必要です。子ども本人もそれに気づいていないこともあります。本書は子どもの問題行動に目を奪われるのではなく、背景にある子どものニーズに気づき、「肯定的に注目」し、応じるために有効な多くの知見と方法を提供しています。里親から里子への日々のさまざまな対応は、里親が里子との間に良好な関係を築く過程でもあり、このような子どもとの関係構築こそが、フォスタリングチェンジ・プログラムが最も大切にしていることなのです。

本書の使用方法につきましては、原則的には本書をテキストとするファシリテーター養成コースを受講していただき、その後本書と付属資料（調査・評価用紙、各セッションパワーポイントと配布資料）を使用して里親向けにプログラムを実施して頂くことを想定しています。日本でのフォスタリングチェンジ・プログラム実施につきましてはファシリテーター養成コース受講後の実施を強く推奨します（養成コース実施予定等につきましては本文末にある監訳者代表の連絡先にお問い合わせ下さい）。

プログラム実施に当たってファシリテーターが本書の知見を里親に伝えられるよう理解し深めることは、里親支援に関わる専門職としてとても良いトレーニングとなるでしょう。また、プログラムを実施されない場合でも、本書を通して得られる知識や考え方、対応方法は里親への個別支援（相談・助言や家庭訪問）においてもたいへん役立つものと思われます。子どもの最善の利益を保障するべく、本書を参考に子どもや養育者を理解し、その支援に関わる専門職の方が増え、フォスタリングチェンジ・プログラムを実施できる地域が広がっていくことを切に願っております。

本書出版にあたり、お世話になりましたすべての方々に心よりお礼申し上げます。2016 年英国調査研究滞在中にもご助言等いただいたロンドン大学スティーヴン・スコット教授、ファシリテーター養成コース

の講師として来日いただき、プログラムの内容についても細かく御教示いただいたキャシー・ブラッケビィ氏とキャロライン・ベンゴ氏に深く感謝申し上げます。また、本プログラムの日本への導入のきっかけを作ってくださり2016年5月には日本で最初の里親向けフォスタリングチェンジ・プログラムの実施に導いてくださったSOS子どもの村JAPAN坂本雅子常務理事、福岡市こども総合相談センター藤林武史所長、九州大学大学院人間環境学研究院松﨑佳子教授、そしてこの間の取り組みを支え続けてくださっている日本財団ソーシャルイノベーション本部福祉特別事業チームリーダーの高橋恵里子氏に特段の謝意を表したいと思います。

さらに、450頁を超える本書の最初の訳稿を作成いただきました翻訳家の乙須敏紀氏、共同監訳者として英国にありながらその専門知識と経験を生かして全面的に協力してくださった臨床心理士の御園生直美氏、日本でのプログラム実践に向け組織されたフォスタリングチェンジ企画委員会委員の皆さまとこれを組織し本プログラム実施の準備とよりわかりやすい翻訳とするためのご助言を下さったSOS子どもの村JAPAN関係者の皆様に衷心より感謝申し上げます。日本への導入において大きな困難が予想されたファシリテーター用テキストの出版を、今後の日本の社会的養護の発展を願い、引き受けてくださった福村出版宮下基幸代表取締役社長と、テキスト本文に加えて付属資料も合わせて丁寧に編集作業をしてくださった小川和加子氏にも心よりお礼申し上げます。そして、子どものために養育水準の向上を考え、本プログラムの国内での一日も早い実施を願い、大きな期待を寄せてくださっている日本の里親の皆さまにも心より感謝の意を伝えたいと思います。

最後に、子どもが自分の家族との間で経験できなかった多くのことを新しい家庭で経験し、子どもそれぞれの発達が十分促され、子どもにとってより良い人生につながる生活を送れるようになることを祈りつつ、本書を関係者の皆さまに送り出したいと思います。

ともに子どものために最善を尽くしてまいりましょう。

2017年1月
監訳者を代表して
上鹿渡　和宏
長野大学　社会福祉学部
長野県上田市下之郷658‐1
Email: kamikado@nagano.ac.jp

監訳者紹介

上鹿渡和宏（かみかど かずひろ）

児童精神科医、博士（福祉社会学）。慶應義塾大学文学部・信州大学医学部卒業、京都府立大学大学院公共政策学研究科福祉社会学専攻博士後期課程修了。静岡県立こころの医療センター、京都市児童福祉センター等を経て、現在長野大学社会福祉学部准教授。2015年8月から2016年3月までオックスフォード大学セントアントニーズコレッジ・アカデミックビジター、日産現代日本研究所・ビジティングフェローとして社会的養護に関する調査・研究に従事。著書として『欧州における乳幼児社会的養護の展開――研究・実践・施策協働の視座から日本の社会的養護への示唆』（福村出版、2016年）、訳書としてクレア・パレット他『子どもの問題行動への理解と対応――里親のためのフォスタリングチェンジ・ハンドブック』（福村出版、2013年）等がある。

御園生直美（みそのお なおみ）

臨床心理士、博士（心理学）。法政大学文学部卒業、白百合女子大学大学院文学研究科発達心理学専攻博士課程単位取得退学。2002年よりNPO法人里親子支援のアン基金プロジェクト理事。2006年白百合女子大学研究助手（助教）を経て、2009年より英国 The Tavistock and Portman NHS留学。著書として『乳幼児虐待のアセスメントと支援』（岩崎学術出版社、2015年、共著）、『子育て支援に活きる心理学――実践のための基礎知識』（新曜社、2009年、共著）、『Q&A 里親養育を知るための基礎知識』（明石書店、2005年、共著）、訳書として『マルトリートメント 子ども虐待対応ガイド』（明石書店、2008年、共監訳）、『世界のフォスターケア―― 21の国と地域における里親制度』（明石書店、2008年、共訳）等がある。

（特非）SOS子どもの村JAPAN

「すべての子どもに愛ある家庭を」をスローガンに、「国連子どもの権利条約」や「国連子どもの代替養育に関するガイドライン」にもとづき、家族と暮せない子どもとその危機にある家族のために、世界135カ国で様々な活動を展開する国際NGO「SOS子どもの村インターナショナル」のメンバー。日本では、里親制度を活用した、専門家や市民、企業の支援を受けながら地域に根付いた家庭養育と支援のモデル開発を行っている。さらに、里親家庭のための「フォスタリングチェンジ・プログラム」の導入や、「子どもの遊びプログラム」などの支援プログラムを開発・展開している。また、地域で困難を抱えた家族のための相談支援機関である「福岡市子ども家庭支援センター『SOS子どもの村』」を運営している。

訳者紹介

乙須敏紀（おとす としのり）

翻訳家。九州大学文学部卒。西洋史、心理学、美術などの分野を専門とする。
主な訳書：『高齢者虐待の研究――虐待、ネグレクト、搾取 究明のための指針と課題』（R. J. ボニー・R. B. ウォレス編、明石書店、2008年）、『家庭内暴力の研究――防止と治療プログラムの評価』（R. チョーク・P. A. キング編、福村出版、2011年、共訳）、『キャリア開発と統合的ライフ・プランニング――不確実な今を生きる6つの重要課題』（S. S. ハンセン著、福村出版、2013年）、『サビカス キャリア・カウンセリング理論――〈自己構成〉によるライフデザインアプローチ』（M. L. サビカス著、福村出版、2015年）。

＊本書は、日本財団からの助成を受けて出版されました。

フォスタリングチェンジ

子どもとの関係を改善し問題行動に対応する里親トレーニングプログラム
【ファシリテーターマニュアル】

2017年3月1日　初版第1刷発行

著　者	カレン・バックマン
	キャシー・ブラッケビィ
	キャロライン・ベンゴ
	カースティ・スラック
	マット・ウールガー
	ヒラリー・ローソン
	スティーヴン・スコット
監訳者	上鹿渡和宏
	御園生直美
	(特非)SOS子どもの村JAPAN
訳　者	乙須敏紀
発行者	石井昭男
発行所	福村出版株式会社
	〒113-0034　東京都文京区湯島2-14-11
	電　話　03-5812-9702
	ＦＡＸ　03-5812-9705
	http://www.fukumura.co.jp
印　刷	シナノ印刷株式会社
製　本	

© Kazuhiro Kamikado 2017
ISBN 978-4-571-42062-7
定価はカバーに表示してあります。

Printed in Japan
落丁・乱丁本はお取替えいたします。
本書の無断複写・転載・引用等を禁じます。

福村出版◆好評図書

C. バレット・K. ブラッケビィ・W. ユール・
R. ワイスマン・S. スコット 著／上鹿渡和宏 訳

子どもの問題行動への理解と対応
●里親のためのフォスタリングチェンジ・ハンドブック

◎1,600円　　　ISBN978-4-571-42054-2　C3036

子どものアタッチメントを形成していくための技術や方法が具体的に書かれた，家庭養護実践マニュアル。

上鹿渡和宏 著

欧州における乳幼児社会的養護の展開
●研究・実践・施策協働の視座から日本の社会的養護への示唆

◎3,800円　　　ISBN978-4-571-42059-7　C3036

欧州の乳幼児社会的養護における調査・実践・施策の協働の実態から日本の目指す社会的養護を考える。

M. ラター 他 著／上鹿渡和宏 訳

イギリス・ルーマニア養子研究から社会的養護への示唆
●施設から養子縁組された子どもに関する質問

◎2,000円　　　ISBN978-4-571-42048-1　C3036

長期にわたる追跡調査の成果を，分かり易く，45のQ&Aにまとめた，社会的養護の実践家のための手引書。

特定非営利活動法人 子どもの村福岡 編

国連子どもの代替養育に関するガイドライン
●SOS子どもの村と福岡の取り組み

◎2,000円　　　ISBN978-4-571-42041-2　C3036

親もとで暮らせない子どもたちの代替養育の枠組みを示した国連のガイドラインと，福岡の取り組みを紹介。

才村眞理・大阪ライフストーリー研究会 編著

今から学ぼう! ライフストーリーワーク
●施設や里親宅で暮らす子どもたちと行う実践マニュアル

◎1,600円　　　ISBN978-4-571-42060-3　C3036

社会的養護のもとで暮らす子どもが自分の過去を取り戻すライフストーリーワーク実践の日本版マニュアル。

T. ライアン・R. ウォーカー 著／才村眞理・浅野恭子・益田啓裕 監訳

生まれた家族から離れて暮らす子どもたちのための
ライフストーリーワーク 実践ガイド

◎1,600円　　　ISBN978-4-571-42033-7　C3036

養護児童の主体性の確立と自立準備に不可欠なライフストーリーワークの基礎から実践をわかりやすく解説。

才村眞理 編著

生まれた家族から離れて暮らす子どもたちのための
ライフストーリーブック

◎1,600円　　　ISBN978-4-571-42024-5　C3036

子どもたちが過去から現在に向き合い，未来へと踏み出すためのワークブック。「使い方」を詳解した付録付き。

S. バートン・R. ゴンザレス・P. トムリンソン 著／開原久代・下泉秀夫 他 監訳

虐待を受けた子どもの愛着とトラウマの治療的ケア
●施設養護・家庭養護の包括的支援実践モデル

◎3,500円　　　ISBN978-4-571-42053-5　C3036

虐待・ネグレクトを受けた子どもの治療的ケアと，施設のケアラー・組織・経営・地域等支援者を含む包括的ケア論。

深谷昌志・深谷和子・青葉紘宇 著

虐待を受けた子どもが住む「心の世界」
●養育の難しい里子を抱える里親たち

◎3,800円　　　ISBN978-4-571-42061-0　C3036

里親を対象に行った全国調査をもとに，実親からの虐待経験や，発達障害のある里子の「心の世界」に迫る。

A. F. リーバーマン・P. V. ホーン 著／青木紀久代 監訳／門脇陽子・森田由美 訳

子ども―親心理療法
トラウマを受けた早期愛着関係の修復

◎7,000円　　　ISBN978-4-571-24054-6　C3011

DV，離婚，自殺等で早期愛着が傷ついた乳幼児・就学前児童と家族の回復を目指す子ども―親心理療法。

小野善郎 著

思春期の子どもと親の関係性
●愛着が導く子育てのゴール

◎1,600円　　　ISBN978-4-571-24060-7　C0011

友だち関係にのめり込みやすい思春期の子育てにこそ，親への「愛着」が重要であることをやさしく解説。

◎価格は本体価格です。